KB104927

사랑의열매 나눔총서 05

임팩트 세대

차세대
기부자들의
기부 혁명

GENERATION IMPACT: How Next Gen Donors Are Revolutionizing Giving, Updated and Expanded Edition

Copyright © 2021 by 21/64 Inc and Michael Moody
All rights reserved.
This translation published under license with the original publisher John Wiley & Sons, Inc.
through Danny Hong Agency, Korea.
Korean translation copyright © 2021 by GYOYUDANG Publishers

이 책의 한국어판 저작권은 대니홍 에이전시를 통한 저작권사와의 독점 계약으로 ㈜교유당에 있습니다. 저작권법에 의해 한국 내에서 보호를 받는 저작물이므로 무단전재와 무단복제를 금합니다.

사랑의열매 나눔총서 05

임팩트 세대

차세대 기부자들의 기부 혁명

샤나 골드세커,
마이클 무디 지음

신봉아 옮김, 노연희 감수

교유서가

차기 '차세대' 오언, 사샤, 로건, 에이드리엔에게
이 책을 바친다.

혁신과 근본적인 변화를 추구하는
임팩트 세대

사회복지공동모금회는 지난 2008년부터 우리 사회 나눔문화 확산을 위해 나눔총서를 발간하고 있습니다. 2008년 나눔총서I 『비영리조직의 역량강화 보고서(Sustaining Nonprofit Performance: The Case for Capacity Building and the Evidence to Support It)』를 시작으로, 2010년 나눔총서II 『착한기업을 넘어: 선진기업들의 전략적 사회공헌』(공저)과 나눔총서III 『기업 사회공헌활동의 동향과 전략』(공저), 2012년 나눔총서IV 『일곱빛깔 나눔』(공저) 등을 발간하여 우리 사회의 나눔문화 확산과 비영리 조직들의 역량강화를 위해 노력해왔습니다.

2012년에 네번째 나눔총서를 발간한 이후 9년 만인 올해 다섯번째, 여섯번째 총서 두 권을 발간하게 되었습니다. 비록 번역서지만, 이번에 다섯번째 나눔총서인 『임팩트 세대: 차세대 기부자들의 기부 혁명(Generation Impact: How Next Gen Donors are Revolutionizing Giving)』을 무려 9년 만에 발간하게 되어 감회가 새롭습니다.

2019년 통계청의 사회조사에 따르면, 한국인의 기부 경험 비율은

25.6%로 같은 해 미국인의 73%에 비해 현저히 낮은 편으로 나타나고 있습니다. 우리나라의 기부문화 확산을 위한 방법에 대한 질문에는 "사회 지도층과 부유층의 모범적인 기부 증대"라는 답변이 43.9%로 가장 높았습니다. 최근에는 우아한형제들 김봉진 의장과 카카오 김범수 이사회 의장이 미국의 빌 게이츠와 워런 버핏이 주도하고 있는 세계적인 기부클럽인 "더 기빙 플레지(The Giving Pledge)"에 가입하여 재산의 절반 이상을 사회에 환원하겠다고 선언하고 기부를 실천하고 있습니다. 김봉진 의장과 김범수 의장은 모두 이 책에서 임팩트 세대라고 불리는 엑스 세대입니다.

2014년 보스턴대학교의 연구에 따르면, 미국에서는 2007년과 2061년 사이에 59조 달러가 넘는 돈이 세대 간 증여될 것을 예측하고 있으며, 상위 20% 부유한 가정 내에서 약 88%의 자산 이전이 일어날 것으로 전망합니다. 이는 인류 역사상 가장 큰 부의 세대 간 이전이며, 마찬가지로 놀라운 수준의 자선 기부의 가능성을 보여준다고 하겠습니다. 한국도 비슷한 상황일 거라고 예상해봅니다. 향후 40년 동안 잠재적 기부자와 기부 금액이 상상을 초월할 정도로 풍부하다고 할 수 있습니다. 우리가 임팩트 세대들에게 관심을 가져야 할 중요한 이유 중 하나입니다.

이러한 시대적 상황에서 사회복지공동모금회 나눔문화연구소에서는 차세대 주요 기부자이자 현재 주요 기부자 그룹으로 떠오르고 있는 엑스 세대와 밀레니얼 세대를 더 잘 알고, 나날이 더 중요해지고 있는 비영리 섹터에서 그들과 함께 더 좋은 사회를 만들기 위해 『임팩트 세대』를 발간하게 되었습니다. 미국에서 2017년에 처음 출간되어 약 1만 5000부 가까이 팔린 이 책은 2020년에 초판의 모든 내용에 토론 가이드, 세 부류의 핵심 독자(비영리단체 및 모금 담당자, 가족, 조언자)를 위해 작성된 세 개의 최선의 전략 가이드를 추가하여 증보판으로 나오게 된 것입니다.

이 책의 저자들은 엑스 세대와 밀레니얼 세대에 속한 주요 기부자들이 더 나은 사회를 만들기 위한 임팩트 혁명의 시작을 열망하고 있고, 향후 수십 년간 주요 기부자로 활약하며, 이전의 그 어떤 세대보다도 더 많은 돈을 기부하게 될 것이라고 전망합니다. 더구나 이들보다 더 젊은 차세대 기부자들—어린 밀레니얼 세대와 제트 세대—이 나눔활동에 본격적으로 뛰어든다면 현재의 기조로 인해 그들은 이전 세대보다 좀더 행동주의와 사회정의에 초점을 맞출 것으로 예상하고 있습니다. 그러니 지금은 이 차세대 기부자들을 참여시킬 최고의 방법을 찾아내는 것이 무엇보다도 중요하다는 시사점을 우리에게 던져 주고 있습니다.

하루가 다르게 급격하게 변화하고 있는 환경 속에서 비영리 단체 및 기관에서 일하시는 모든 분들께, 부디 이 책이 쉽게 다가가 임팩트 세대 기부자들의 특성을 이해하고 파악하여 그들과 함께 우리 사회의 근본적인 변화를 만들어가는 데 훌륭한 길잡이가 되길 소망합니다.

끝으로, 이번 다섯번째 나눔총서가 발간되기까지 협조와 지원을 아끼지 않았던 교유당 출판사와, 적지 않은 분량의 내용을 꼼꼼히 번역해주신 신봉아 선생님, 나눔연구와 관련하여 깊이 있는 통찰로 이 책의 감수를 맡아주신 가톨릭대학교 노연희 교수님께 감사의 말씀을 전합니다.

2021년 8월
사회복지공동모금회
회장 조 흥 식

일러두기

- '필란트로피(Philanthropy)'는 '인류의 사랑(love of mankind)'이라는 그리스어의 어원적 의미에서 점차 변화하여 4세기 말에는 물질적 기부, 현대로 오면서는 기부행위를 뜻한다. 폭넓게는 공익을 위한 자발적 행동을 말한다.(김소영 외, 『나눔토대연구 한국의 나눔, 정의와 변천』, 나눔문화연구소, 2020)
- 'Philanthropy'는 국립국어원의 외래어표기법 '필란스로피' 대신 비영리 현장에서 보편적으로 사용되는 '필란트로피'로 일부 표기했고, 책의 전체 맥락에서 좀더 이해하기 쉽도록 '자선'으로 번역했다.

기부와 세상을 변화시키려는 임팩트 세대, 그리고 우리는 무엇을 해야 하는가?

노연희(가톨릭대학교 사회복지학과 교수)

최근 몇 년간 한국의 비영리 모금 조직들과 모금실무자들의 관심을 끌고 있는 두 가지 이슈가 있다. 첫번째는 밀레니얼 세대를 주축으로 하는 젊은 세대의 기부행위는 기성세대와 어떻게 다른가이고, 두번째는 고액 기부의 활성화와 고액 기부자와의 관계 형성 및 유지와 관련된 것이다. 젊은 세대 기부자와 고액 기부자는 표면상으로는 공통점을 찾기 쉽지 않다. 그러나 새롭게 등장하는 젊은 세대와 우리가 상상할 수 없을 정도의 고액을 기부하려는 사람들은 그들이 지향하는 다양한 가치를 기부행위에 연결하고자 하며, 그들의 기부가 이끌어내는 실질적인 임팩트를 보고 싶어한다는 점에서 본질적인 공통점이 있다. 무엇보다도 젊은 세대와 막대한 부를 지니고 있는 사람들이 보여주는 다양한 가치, 그리고 새로운 방식과 연결된 기부 행위는 비영리 부문뿐 아니라 전체 사회를 변화시킬 수 있는 잠재력을 갖고 있다는 점에서 유사하다.

비영리 모금 조직들과 모금실무자들 입장에서 보면 새로운 그리고 중요한 이 두 기부자 집단의 등장은 새로운 도전이기도 하다. 예측하기 어려운 젊은 차세대 기부자들의 다양한 관심사를 어떻게 우리 조직의 활동에 반영할 것인가? 자신들의 명확한 가치를 그들이 지원하는 사업에 결합하고자 하는 고액 기부자들의 새로운 요구에 어떻게 대응할 것인가? 샤나 골드세커와 마이클 무디가 저술한 『임팩트 세대』는 이런 질문에 대한 답을 찾아간다. 샤나 골드세커와 마이클 무디는 기성세대와는 완전히 다른 젊은 세대이며, 동시에 고액(또는 초고액) 기부라는 두 가지 특성을 동시에 지닌 기부자들에 대해 자세히 분석한다. 저자들은 미국의 젊은 고액 기부자들을 "역사상 가장 주목할 만한" 기부자라고 표현하는데, 이는 단순히 그들이 상상할 수 없는 규모의 돈을 기부하거나 기성세대와는 다르기 때문이 아니다. 그들의 기부행위는 전체 비영리 부문뿐 아니라 전체 사회를 변화시킬 수 있는 잠재력을 지니고 있기 때문이다. 차세대 고액 기부자들의 기부행위 변화는 사실상 이 사회가 어떻게 변화되고 있는지, 또는 변화되어야 하는지에 대한 방향성을 보여준다는 의미에서 중요하다.

저자들은 미국의 젊은 차세대 고액 기부자들의 특성을 각 장에서 자세히 보여준다. 그들의 분석은 설문조사나 심층면접 결과를 기반으로 하여 연구물로서의 기본체계를 갖추고 있다. 그렇다고 해서 이 책이 따분하고 건조한 연구 결과물에 그치는 것은 아니다. 각 장의 내용은 우리가 알 만한 또는 언론을 통해 들어보았을 법한 젊은 부자들이 어떤 분야에 어떻게 기부를 하며, 다양한 비영리 조직의 활동을 후원함과 동시에 그들이 원하는 사회적 임팩트를 이끌어내기 위해 어떤 노력을 하는지 그들의 활동에 대한 다양한 사례를 이야기처럼 재미있게 풀어내고 있다.

임팩트 세대 기부자들은 어떤 사람들인가? 이 젊은 기부자들은 자수성가한 사람들일 수도 있고, 막대한 상속을 받은 사람들일 수도 있다. 그들은 부의 불평등이나 빈곤 해결과 같은 전통적인 사회적 이슈에 관심을 갖고 있을 뿐 아니라 사회정의, 인권, 성소수자, 인종 평등, 환경 등 매우 다양한 이슈에도 관심을 갖고 있다. 그들은 단순히 돈을 기부하는 데 멈추지 않고 문제 해결을 위해 현장에서 직접 활동하고 싶어한다. 때로는 홀로 기부하기도 하지만 비슷한 상황에 있는 또다른 기부자들과 소통하고 협력하기도 한다. 또한 그들은 단순히 그들의 자산을 기부하는 데 그치지 않고 그들의 사업과 관련된 전문성을 적극적으로 활용하기도 하며, 좀더 나아가 그들의 사업과 관련된 분야에 투자하고자 한다. 저자들이 기술하는 차세대 기부자들을 하나의 특성으로 정의하기란 사실 불가능하다. 이 젊은 기부자들은 그들 스스로가 지향하는 것처럼 기부와 그들의 자선활동에도 다양성과 포용성을 그대로 보여준다. 새로운 차세대 기부자들은 궁극적으로 새로운 방식으로 사회문제를 근본적으로 해결하여 사회를 변화시키고자 한다는 점에서 동일한 특성을 지닌다고 말할 수 있다.

우리는—비영리 모금 조직들과 모금실무자들, 비영리 부문 연구자를 포함한 독자들—각 장을 따라가면서 차세대 기부자들의 새롭고 다양한 특성과 혁신적 기부의 경향을 이해하고, 그들 젊은 기부자와 고액을 기부할 수 있는 잠재적 기부자와의 관계를 전략적으로 어떻게 형성해야 하는지에 대한 매우 구체적이고 실질적인 아이디어를 얻을 수 있다. 특히 이 책 마지막에 첨부된 부록은 젊은 고액 기부자들이 막대한 금액의 기부를 통해 사회 변화와 혁신을 이끌어내기 위해, 그리고 비영리 조직 또는 모금실무자들이 이들 새로운 젊은 고액 기부자들과 함께하기 위해 어떻게 해야 하는지에 대한 유용한 실천 전략들을 제시한다.

그러나 그런 실천적인 전략 수립을 위한 아이디어를 얻는다는 것보다 이 책 『임팩트 세대』는 우리에게 중요한 질문을 던지게 만든다는 점에서 읽을 만한 가치가 있다. 첫번째 질문은 미국의 차세대 고액 기부자들을 보면서 과연 한국사회는 어떠한가라는 고민과 관련된다. 젊은 사람들, 특히 젊은 부자들이 사회에 대한 근본적인 문제를 제기하고, 이를 어떻게 해결할 것인지를 고민하고, 혁신적이고 임팩트를 가져오는 기부활동을 적극적으로 하게 만드는 사회적 요인은 무엇인가? 미국의 새로운 차세대 기부자들의 흥미로운 이야기처럼 한국사회의 사회 혁신을 이끌어낼 수 있는 젊은 부자(자수성가한 부자든 재벌가의 자손으로 태어난 부자든)들을 어디서, 어떻게 찾아내고 발견할 수 있을 것인가? 이에 대한 답을 찾는 과정이야말로 앞으로의 한국사회의 다양한 사회문제를 사회 구성원의 연대의 힘으로 해결하고 사회 혁신과 변화를 이끌어내는 과정이 될 것이다. 이런 질문을 던지면서, 특히 한국의 모든 세대를 포괄하는 부자들 또는 자수성가한 사람들이 이 책을 꼭 읽었으면 하면 바람이 생기기도 한다. 이 책의 내용은 사회 구성원으로서 어떤 가치를 지향하며, 그들이 창출한 또는 물려받은 막대한 부를 어떻게 사용해야 하는지, 사회를 위해 무엇을 해야 하는지, 이런 가치를 차세대에게 어떻게 교육해야 하는지에 대한 좋은 지침을 제공하기 때문이다.

젊은 세대이면서 동시에 고액을 기부하는 기부자들과 관계를 형성하고 유지하고자 하는 비영리 조직의 전략은 무엇인가? 이들에 대한 관리 전략은 일반 기부자들을 관리하는 전략과는 어떻게 다른가? 아니 젊은 고액 기부자들을 관리하는 방식은 정말 일반 기부자들을 관리하는 방식과 달라야 하는가? 이 책의 상당 부분은 일반 기부자를 관리하기 위한 비영리 조직의 전략이라고 맥락을 바꾸어 이해해도 전혀 이상하지 않다. 이 책은 기부자를 관리하는 것이 무엇인가를 다시 생각하게 만든다. 특히 모든 사례에서 중요하게 언급되는 기본적인 상호존중과 끊임없는 의사소통은 새로운 차세대 고액 기부자들만을 대상으로 하는 것이 아니라 본질적으로 기부자 관리의 기본 원칙이기 때문이다.

　임팩트 세대의 노력은 세상을 변화시킬 것인가? 그들의 노력만으로 가능한가? 이 책을 읽는 동안 우리는 이런 의문을 갖게 될 것이다. 이 책은 이 질문에 명확한 대답을 하지는 않는다. 다만 젊은 차세대 기부자들이 정부와의 협력에 대해 관심을 갖지는 않지만 그들의 새로운 시도와 혁신이 정부로 확대될 가능성에 대해서는 인식한다고 간단하게 언급할 뿐이다. 그러면서 저자들은 근본적인 사회문제 해결을 위해 젊은 차세대 부자들의 노력이 정부의 노력과 어떻게 맞물릴 수 있는지에 대해 고민하는 것이 중요하다고 지적한다. 이는 소수의 젊은 부자들이 기부를 통해 모든 문제를 해결할 수 있다고 그들 스스로 또는 모든 사람이 과신하지 않아야 함을 완곡하게 표현하는 것일 수도 있다. 세상의 구조적인 대부분의 문제는 소수의 젊은 부자들이 믿는 것처럼 그들의 힘만으로는 해결되지 않는다. 다른 한편으로는 부자인 소수 기부자들이 그들이 원하는 방식대로 세상을 바꾸는 것이 어떤 부작용을 초래할지에 대해서도 고민해야 한다. 이 책의 저자들 역시 전체 사회가 근본적인 문제를 해결하고 혁신하기 위해 새롭게 등장한 젊은 세대, 그리고 막대한 부와 역량을 지닌 젊은 부자들을 포함한 모든 사회 구성원이 함께 무엇을 할 것인가에 대한 고민이 필요하다는 점을 말하고 싶은 것은 아니었을까?

차례

3부 과거를 존중하는 혁명가들

임팩트 세대의 참여 유도를 위한 최선의 전략 _ 335

2017년 10월 『임팩트 세대(Generation Impact•)』를 처음 출간할 당시 우리는 '커튼을 젖혀' 차세대 주요 기부자들의 염원과 성향을 밝히고 싶다고 말했다. 우리가 예상하기로 막대한 자산과 뜨거운 열정을 지닌 그들은 역사상 가장 주목할 만한 자선가 집단이 될 터였다. 이들 기부자에 관해 말하거나 글을 쓴 사람들이 많았고, 대다수가 그들을 더 잘 이해해야 할 필요성을 느꼈지만, 그들과 함께 이야기를 나눈 사람은 거의 없었다. 우리 연구는 차세대 기부자들이 왜, 어떤 방식으로 기부를 하고자 하는지, 미래의 자선을 어떻게 바꾸고자 하는지 들어보고 그들의 언어로 기록한 첫 시도였다.

떠오르는 엑스 세대와 밀레니얼 세대 기부자에 대해 우리가 무엇을 발

• 우리말로 '충격', '성과', '영향' 등으로 흔히 번역되는 '임팩트(impact)'는 이 책에 소개된 차세대 기부자들을 이전 세대 기부자들과 구분 짓는 가장 큰 특징이자, 차세대가 자신의 기부활동을 통해 직접 확인하고자 하는 유무형의 '무엇'이다. 거기에는 획기적으로 향상된 지표, 좀더 느리고 근본적인 변화를 향해 나아가는 과정에서의 작은 성과, 심지어 훗날의 밑거름이 될 수 있는 과감한 도전과 실패 경험까지도 포함된다. 이처럼 핵심적이고 입체적인 단어를 하나의 대역어로 무리하게 옮기려고 할 때 그 뉘앙스를 온전히 담아내기 힘들고 때때로 균열이 발생한다고 판단해, 원어를 그대로 음차하고 본문을 통해 그 내용을 차근차근 설명하는 번역 전략을 택했다. (옮긴이)

견했는지 많은 이가 궁금해했다. 차세대 기부자들을 더 잘 이해하고 그들의 참여를 원하는 사람들 덕분에 이 책이 1만 5000부 가까이 팔렸다는 사실에 겸허함과 기쁨을 느낀다. 그들은 자선 가문의 구성원과 전문가, 모금담당자, 비영리단체 이사회 구성원, 순자산 가치가 높은 개인들을 돕는 조언자 등이다. 우리는 100회에 달하는 강연을 통해 수천 명의 관중을 만났다. 그보다 많은 사람이 우리의 언론 인터뷰를 읽고, 팟캐스트를 듣고, 일명 '임팩트 세대'에 대해 토론하는 인터넷 세미나와 워크숍에 참석했다. 기존 하드커버책과 전자책에 이어 오디오북도 출시되었다(우리의 많은 동료들과 친구들이 숨은 오디오북 독자임을 알게 되어 놀라우면서도 기뻤다).

하지만 수치로 드러난 성과는 이 책이 우리의 기대만큼 가치 있음을 보여주는 가장 설득력 있는 증거가 아니다. 더 강력하고 흐뭇한 증거는 사람들에게서 이 책을 자신들의 자선활동에 활용한다는 이야기를 듣는 순간이다. 우리는 가족재단의 기성세대 신탁관리자들이 이사회 구성원 및 직원들과 함께 읽고 토론하기 위해 이 책을 배포한다는 소식을 들었다. 우리는 이 책이 차세대 기부자들 및 고객들과의 협업 전략을 바꾸는 데 로드맵 역할을 한다고 말하는 조언자, 모금담당자와 이야기를 나누었다. "제가 몇 년 동안 우리 가족에게 하려고 했던 말이 바로 이거예요" 또는 "우리 세대가 무엇을 원할 거라고 예단하지 않고 우리가 진짜 원하는 걸 이제 사람들이 알아본다는 게 기뻐요"라고 말하는 차세대를 만나기도 했다. 한 차세대 기부자는 농담처럼 "내 머릿속 좀 그만 들여다봐요!"라고 말했다.

어느 작가라도 마찬가지겠지만 우리 책이 이처럼 많은 독자의 호응을 얻었다는 소식은 매우 반가웠다. 하지만 우리가 몇 년 전 이 연구를 시작한 주된 이유는 『임팩트 세대』 1장에서 소개했듯이 '젊은 엑스 세대든 이제 막 성년이 된 밀레니얼 세대든 미국의 차세대 주요 기부자들은 우리 사회와 지구에 막대한 영향을 미칠 것이기 때문이다.[1] 그들의 결정과 기부 방식은 모든 이슈와 모든 지역사회에—심지어 기후에도—직접적인 영향을 미칠 것이다. 사실 우리가 이 책을 출간한 이후 그들이 역사상 가장 주목할 만한 자선가가 될 것이라는 더 많은 증거가 나타났다.[2]

오늘날의 국제적·사회적 이슈의 심각성과 역사적으로 중요한 기부자들이 인생의 결정적인 발달 단계를 거치고 있다는 사실을 고려할 때 지금은 긴박한 순간이다. 그들은 현재 자신의 자선적 정체성을 형성해나가고 있고 그 정체성은 현재와 미래에 그들의 막대한 자산을 어떻게 사용할 것인지에 영향을 미칠 것이다. 『임팩트 세대』가 이 절체절명의 순간에, 특히 2020년에 일어난 모든 일에도 불구하고 조금이라도 도움이 될 수 있다면 우리는 목표를 달성한 것이다.

우리는 이 증보판이 기존 책보다 더 도움이 되기를 바란다. 증보판에는 명확하고 실용적인 가이드를 제시하는 여러 자료가 추가되었으며, 이는 초판의 심층 분석을 보완하고 확장하는 역할을 한다. 우리는 독자들이 무엇이 되었든 자신들의 상황에 맞게 적용할 수 있는 통찰을 이 책에서 얻기를 바란다.

* * *

『임팩트 세대』 증보판에는 초판의 모든 내용을 비롯해 토론 가이드, 세 부류의 핵심 독자—비영리단체 및 모금담당자, 가족, 조언자—를 위한 세 개의 최선의 전략 가이드가 포함된다. 각 가이드에는 이 책의 기존 데이터와 연구 결과를 바탕으로 한 최선의 전략이 일곱 개에서 열 개가 소개되어 있으며 구체적인 실천 방안과 조언이 담겨 있다. 각 가이드에는 새로운 데이터와 새로운 기부자를 소개한다. 이처럼 새로운 자료가 추가되어 증보판은 초판보다 25퍼센트 정도 분량이 늘어났다. 우리는 그들이 자선 분야 테이블에서 어느 쪽에 앉아 있든 이처럼 제공하는 자료를 통해 그들에게 필요한 무언가를 얻어갈 수 있기를 바란다.

이 책은 증보판이기는 하지만 수정판은 아니다. 초판 내용을 많이 편집할 필요를 느끼지 못했기 때문이다. 오히려 이 책에 처음 소개된 차세대 기부자들의 모습—그들이 어떻게 배우고 혁신하기를 원하는지, 어떤 새로운 방식으로 자신의 가족이나 단체의 자선활동에 참여하고자 하는지, 그들 세대와 이전 세대의 공통점과 차이점을 어떻게 인식하는지 등—이 옳았다는 확신이 더 강해졌다. 그 기부자들이 현재 중요한 '변화'의 시기를 거치고 있음에도 불구하고 말이다. 사실 『임팩트 세대』가 출간된 이후 우리는 동료, 비공식 피드백, 다른 출처로부터 우리의 연구 결과와 해석이 설득력 있다는 평가를 많이 접했다.

하지만 우리는 독자들이 가장 많이 질문한 네 가지 물음에 대해 추가적인 통찰을 제공하는 것이 좋겠다고 판단했다. 이 책을 처음 읽는 독자라면 기존 본문을 먼저 읽은 다음 다시 이 부분으로 돌아와 살펴볼 것을 추천한다.

임팩트 세대에서 '임팩트'는 무슨 의미인가?

임팩트 세대에 대해 알아가는 사람들에게 자주 듣는 첫번째 질문은 우리가 이 책에서 살짝 다룬 내용이다. 그 질문은 이것이다. 차세대 기부자들이 임팩트를 만들어내는 데 집착한다고 하는데, 그들이 생각하는 임팩트는 실제로 어떤 것인가? 그것을 어떻게 정의하는가? 그들은 그것을 측정하고자 하는가? 만약 그렇다면 어떻게 측정하고자 하는가? 그들은 임팩트의 의미에 대해 서로 동의하는가? 임팩트를 둘러싼 이런 질문들은 너무 중요하기 때문에 여기서 더 깊이 논의하고 넘어갈 필요가 있다.

짧게 답하면 차세대 주요 기부자 집단에게는 임팩트에 대한 단일한 정의가 없다. 이들 기부자가 유일하게 서로 동의하는 듯한 부분은 그들이 자신의 기여로 이루어진 임팩트를 '직접 보고자' 한다는 것이다. 그들 중 일부에게 임팩트는 교실 안 어린이들의 얼굴, 또는 보조금을 지원받은 방글라데시 사업가의 사진에 반영되어 있다. 다른 사람들에게 임팩트는 자신들의 고향에서 빈곤이 감소 추세임을 보여주는 스프레드시트를 의미한다.

"각자 기준은 다르지만 일단 기부자들이 직접 보면 알게 되어 있다"라는 대답은 일부 사람들에게 좌절을 줄 수밖에 없다. 하지만 우리는 임팩트에 대한 다양한 정의가 모든 단체는 엄격한 단일 잣대에 따라 성과를 증명해야 한다는 너무나도 부당한 기대를 차단할 수 있다고 생각한다. 임팩트를 눈으로 직접 확인하려는 열정은 일부 잠재적 파트너와 이슈에 이미 불리하게 작용한다. 얼마나 많은 아이가 길거리생활을 하게 될 위기에서 구해졌는지를 보여주는 것보다는 교실에 앉아 있는 아이들의 얼굴을 보여주는 것이 더 쉽다. 10년에 걸친 글로벌 기후 변화를 보여주는 것보다 늘어난 지역사회 공원을 보여주는 것이 더 쉽다. 거대하고 복잡한 단체보다는 작은 신생 기업에 가해지는 임팩트를 확인하는 것이 더 쉽다. 따라서 특정한 이슈, 비영리단체의 미션, 개별 기부자의 임팩트 정의 방식에 따라 임팩트의 정의가 달라질 수 있는 옵션은 차세대의 임팩트에 대한 집착을 만족시키는 동시에 비영리단체들이 각자의 미션과 목표에 따라 '임팩트'의 의미를 유연하게 조율해나갈 여지를 준다.

그렇다면 임팩트의 정의는 개인별로, 각 기부자마다 다르게 내려야 한다는 뜻일까? 주요 기부자들과 그들의 후원단체가 원하는 임팩트를 함께 정의해나가는 것은 결코 나쁜 생각이 아니다. 사실 이것은 우리의 주요 권장 사항 중 하나다. 차세대 기부자들은 임팩트의 정의가 명확하고 그 목표를 향한 진전의 지표를 확인할 수 있다면 해당 단체와 맥락에 따라 임팩트의 정의와 측정 방법이 조금씩 달라지는 것을 받아들일 자세가 되어 있다. 일부 단체의 경우 그들이 성취하려는 결과에 대한 새로운 측정 방식을 개발해야 할 것이다. 이를테면 지역사회 내에서 늘어나는 여성 지도자의 수를 세어보는 등의 방식 말이다. 다른 단체의 경우 자체적으로 이미 알고 있지만 숨겨져 있던 임팩트가 눈에 잘 띌 수 있도록 투명성을 높여야 한다. 가장 명확한 지표가 내부적인 요소—예컨대 새로 고용된 프로그램 담당 직원, 새로운 지역사회로의 기존 프로그램 확장 등—라면 그것 역시 기부자들에게는 임팩트가 될 수 있다.

대형 단체 또는 장기적·체계적 변화를 지향하는 단체의 경우 장기적이고 거대한 변화 속에서 눈에 잘 띄는 지표나 단기 이정표를 파악하는 것은 필수적이다. 우리 연구에 따르면 차세대 기부자들은 진전의 증거를 확인할 수만 있다면 장기적 임팩트를 위한 노력을 멈추지 않을 것이다. 이들 세대는 종종 즉각적인 만족만 추구한다는 부당한 조롱을 받지만 우리가 확인한 바에 따르면 그들은 해당 단체가 성공을 향해 나아가고 있다는 것을 눈으로 볼 수만 있다면 인내심 강하고 꾸준한 파트너가 되고자 한다. 성공의 열쇠는 차세대 기부자들과 보조를 맞추고 그들에게 정직해지는 것이다. 그들은 시스템의 근본적인 변화를 원하더라도 그 성공을 향한 발걸음 하나하나를 작은 성취로 인식하며 거기에서 힘을 얻고 동기부여를 받는다.

이렇게 이해해볼 수도 있다. 엑스 세대와 밀레니얼 세대 기부자들은 그들의 기부가 만들어내는 임팩트를 통해 그들 세대가 정의되기를 바라지만 그 임팩트가 반드시 한 종류일 필요는 없다. '임팩트 세대(Generation Impact)'는 실은 '임팩츠 세대(Generation Impacts)'인 것이다(임팩트가 한 종류가 아니라 여러 종류임을 강조하기 위해 복수형을 사용했다 — 옮긴이).

상속자와 자수성가자의 차이는 무엇인가?

이 책을 출간한 뒤 우리가 미국에서 — 때때로 해외에서 — 자주 들었던 두번째 질문은 상속자와 자수성가자에 관한 것이다. 『임팩트 세대』의 바탕이 된 연구에는 양 집단의 차세대 기부자들 — 상속(개인적인 상속 또는 가족 기부 수단으로서의 상속)을 받아 막대한 금액을 기부할 수 있는 개인과 스스로 일궈낸 부를 통해 고액 기부가 가능한 개인 — 이 모두 포함되었다. 많은 사람은 이와 관련해 의문을 가졌다. "차세대 기부자가 지닌 부의 원천이 그들의 기부 방식이나 어떤 기부자가 되고자 하는지에 영향을 미치는가?"

여기서도 대답은 '예' 그리고 '아니요'다. 그것도 굉장히 흥미로운 방식으로. 우리가 이 책에서 소개한 차세대 기부자들의 특징은 양 집단에서 별 차이 없이 발견되었다. 양 집단은 그들이 지지하는 대의의 종류보다는 기부 전략을 바꾸는 데 더 집중한다. 예컨대 상속자들과 실리콘밸리의 성공적인 기업가들 모두 아주 오래된 대의 — 이를테면 교육 발전과 암 치료 — 에 후원하면서도 새로운 수단을 이용하는 모습을 보였다. 양 집단 모두 혁신을 갈망하고 새로운 도구를 이용해 고질적인 문제를 획기적으로 해결하고자 한다. 양 집단은 그들이 후원하는 단체와 가깝고 솔직하고 직접적이고 장기적인 관계를 맺고 싶어한다. 그들 모두 동료에게 배우고 동료와 함께 기부하고자 한다. 그들 모두 임팩트에 집착한다.

가장 큰 차이점은 양 집단이 얼마나 신속하고 열정적으로 이런 목표를 추구하고 새로운 혁신을 시도할 수 있는지 여부다. 자수성가자는 지금 당장 자선 분야의 혁명에 뛰어들 수 있다. 그들은 '소란을 일으키는 사람들'이 될 수 있으며 그들 중 다수는 애초에 그런 방식으로 부를 얻었다. 그들은 자선 분야에 과감히 발을 들여놓고 당장 새로운 시도를 할 수 있다. 물론 이런 과감함 때문에 자수성가자는 종종 겸손하지 못한 사람, '그릇가게 안의 황소'처럼 거친 사람으로 여겨진다. 그들은 때때로 너무 급격한 변화를 추진하면서 문제를 일으킨다.

반면 상속자들, 특히 집안 어른들과 함께 기부하는 상속자들은 자신의 열망을 시도하기 전까지 보통 기다림의 시간을 갖는다. 이들 상속자는 아직 가족 내에서 지도자 역할을 얻지 못했지만 기성세대에게 자선적 혁신과 관련된 새로운 아이디어를 소개하고 싶어한다. 그들은 좀더 점진적인 단계를 밟아나가야 한다. 이 책에서 소개한 것처럼 기부 가문 내의 차세대 기부자들은 미래를 위해 혁신을 도입하고자 하는 욕구와 과거를 존중하는 태도 사이에서 갈등한다. 그들은 근본적인 변화를 바라는 동시에 가족 유산의 충실한 관리인이 되고자 한다. 그들은 지금 당장 기성세대의 자리를 꿰차는 대신 여러 세대로 구성된 팀의 일원이 되고자 한다. 하지만 목표를 향한 걸음이 더딜 수밖에 없기 때문에 그 과정에는 인내심과 타협이 요구된다.

이처럼 명확한 속도 차이에도 불구하고 상속자와 자수성가자는 자신의 자선적 정체성을 확립해나가고 자선적 자원과 그것을 배분할 힘을 갖는 것이 어떤 의미인지 이해하는 과정을 밟고 있다. 우리가 가족 구성원과 조언자에게 차세대의 이런 정체성 형성과정을 장려하고, 그들의 결정에 영향을 미치는 가치에 관해 대화하고, 그들의 홀로서기를 도울 것을 촉구하는 이유도 바로 이 때문이다.[3]

이들 기부자는 자신들 때문에
비영리단체가 힘들어진다는 것을 알까?
그들을 위해 그 정도까지 노력할 가치가 있을까?

차세대 기부자들이 이전 세대의 주요 기부자들보다 손이 많이 가는 존재라는 것은 충분히 인정한다. 엑스 세대와 밀레니얼 세대가 추구하는 변화는 이들 기부자에 대한 접근 방식을 재정비하고자 하는—그리고 재정비해야만 하는—비영리단체에게 틀림없이 커다란 영향을 미칠 것이다.

차세대 기부자들은 직접적이고, 깊이 있고, 의미 있는 참여를 바라는데, 그러려면 직원의 시간과 관심이 필요하다. 그들은 새로운 아이디어를 선보이려 하고, 비영리단체가 그 아이디어를 진지하게 고려하기를 바란다. 이 경우 비영리단체의 인내심과 기꺼이 실험하고자 하는 의지가 요구된다. 어떤 단체에게는 떠오르는 이 기부자들을 위한 시간과 자원을 마련하는 일이 다른 단체보다 수월할 것이다. 예컨대 직원이 몇 명뿐인 소규모 비영리단체는 지금 당장 해당 단체의 가장 큰 기부자가 아닌 젊은 기부자 집단을 위해 추가 업무를 처리하는 것이 어려울 수 있다. 하지만 모든 비영리단체는 나이 많은 기존 기부자들을 잘 관리하고 단체의 목표를 추구하는 동시에 차세대 기부자들의 욕구를 충족시켜야 하는 새로운 부담을 떠안게 될 것이다.

차세대 기부자들은 자신들이 이렇게 손이 많이 가는 존재라는 것을 알고 있을까? 물론 일부는 그런 사실을 아예 모르거나 크게 신경쓰지 않을 것이다. 이는 우리가 이들 기부자에게 주의해야 한다고 반복적으로 경고하는 부분이다. 우리는 조언자들과 집안의 연장자들에게도 차세대에게 이런 메시지를 전달할 것을 권한다.

하지만 우리가 인터뷰한 차세대 기부자들 중 상당수는 그들이 선호하는 참여 방식의 여파와 비영리단체가 그들의 요구를 (때로는 무리한 수준까지) 들어줄 수밖에 없는 권력 역학에 대해 잘 알고 있었다. 그들 중 다수는 이 문제를 오랫동안 고민했다. 『임팩트 세대』가 출간된 이후 많은 유명한 비평가는 여러 베스트셀러 도서, 다보스 포럼, 〈뉴요커(New Yorker)〉, 넷플릭스 등을 통해 부유층의 자선에 관한 까다로운 질문을 제기했다. 우리는 이런 비평을 읽고 고민하는 차세대 기부자를 많이 만났고 그들의 행동이 비영리단체 파트너에게 미치는 영향에 대해 논의했다.

게다가 자기 인식이 뛰어난 많은 기부자가 이런 깨달음을 얻었다는 것은 나머지 기부자들도 종국에는 그렇게 되리라는 희망을 준다. 우리가 만난 가장 경험 많고 능숙한 기부자들이 권력 역학에 대한 문제를 제기하고 그들의 야망을 억누르면서까지 후원단체와 보조를 맞추려고 노력하기 때문이다. 그들은 더 적극적인 파트너로서 비영리단체와 가까워짐에 따라 이런 깨달음을 얻게 되었다고 말한다. 이에 따라 그들은 비영리단체의 입장을 더 잘 이해하고 더 진솔한 대화를 나눌 수 있게 되었다. 해당 단체에게 진짜 필요한 것이 무엇인지—언제, 어떤 방식으로 변화를 추진하는 것이 도움이 되는지—배우게 되었다. 우리는 이 책에서 소개한 해나 킴비와 대니얼 루리의 이야기를 통해 그들이 비영리단체 파트너에게 배운 것을 그들의 전략에 적용하는 과정을 엿볼 수 있다. 이를 통해 알 수 있는 것은 차세대 기부자들이 파트너와 더욱 밀접해짐에 따라—이는 차세대가 원하는 바임을 우리는 알고 있다—그런 참여로 인해 발생되는 문제들을 더 잘 인식하게 되리라는 점이다. 그들은 더 나은 파트너가 될 것이다.[4]

그렇다면 차세대 기부자들이 원하는 밀도 높은 참여를 위해 그렇게까지 노력할 가치가 있을까? 비영리단체가 차세대 기부자들을 단체활동에 의미 있는 방식으로 참여하게 할 방법을 찾을 수 있다면 이들 기부자는 해당 단체의 이전의 모든 기부자를 능가하는 기부를 할 것이다. 그리고 그것이 올바른 관계라면 그런 기부는 오랫동안 지속될 것이다. 따라서 우리가 비영리단체와 모금담당자들에게 제시한 최선의 전략 1번은 바로 '기다리지 말라!'다. 이들 기부자는 기부금을 소액으로 나누어 여러 단체에 배분하기보다는 일찌감치 몇몇 단체와 친밀함을 쌓은 뒤 오랫동안 그 관계를 이어나가기를 바란다. 당신이 지금 당장 엑스 세대와 밀레니얼 세대 주요 기부자들과 관계를 쌓기 시작한다면 그들은 당신이 경험한 이전의 그어떤 기부자보다 더 적극적이고, 정보력이 뛰어나고, 인맥이 풍부하고, 관대한 파트너가 되어줄지도 모른다.

지난 몇 년 동안 무엇이 바뀌었나?

『임팩트 세대』를 위한 데이터를 수집한 이후 세상에 많은 일이 있었다는 표현만으로는 너무나도 부족할 것이다. 증보판 준비가 한창인 2020년 현재, 사회적 변화와 도전은 특히 더 두드러진다.

우리가 설문조사와 인터뷰를 진행한 시기는 2016년 도널드 트럼프 대통령이 당선되기 전이고, 펄스 나이트클럽과 스톤맨더글러스고등학교, 트리오브라이프 유대교회당의 총격사건 이전이고, 미투운동이 성적 학대와 성희롱에 대한 오랜 침묵을 깨기 이전이고, 그레타 툰베리(Greta Thunberg)가 전 세계 청년들을 기후운동가로 변신시키기 이전이고, 조지 플로이드(George Floyd)와 브레오나 테일러(Breonna Taylor)의 죽음을 통해 경찰의 잔인함과 구조적 인종차별이 새롭게 조명받기 이전이고, 코로나19가 유행하기 이전이다.

『임팩트 세대』가 해결하고자 하는 사회문제와 그 원인은 더 심각하고 긴박해졌다. 기부자들이 이런 문제와 싸워야 하는 사회환경은 더욱 양극화되고 긴장 상태로 바뀌었다. 사회정의, 인종차별, 총기 폭력, 성희롱과 성폭력, 기후 변화 등의 이슈는 2, 30대의 마음속에서 더욱 첨예하게 부각되고 있다.

『임팩트 세대』를 위한 우리의 설문조사에 참여한 기부자들은 '시민권 및 권익 옹호'와 '환경 및 동물 관련' 이슈에 대해 이미 부모와 조부모 세대보다 큰 관심을 갖고 있었다. 이 책에 인용하거나 소개한 많은 기부자는 부의 불평등과 제도적 빈곤 퇴치에 대해 많이 언급하며 사회정의와 인권운동을 후원하고 정치단체에 기부했다. 연구를 진행하는 동안 우리가 관찰한 바에 따르면 엑스 세대와 밀레니얼 세대 기부자들은 전반적으로 LGBTQ(성소수자 중 레즈비언Lesbian, 게이Gay, 양성애자Bisexual, 트랜스젠더 Transgender, 성 정체성에 대해 갈등하는 사람Questioning을 통틀어 가리키는 단어—옮긴이) 권리, 인종 평등과 성 평등, 다양성과 포용성, 기후정의와 같은 이상을 지지한다. 또한 이런 이슈는 그들의 자선활동에 분명 영향을 미친다.

우리가 지금 시점에 데이터를 수집한다면 이런 이슈는 더 많은 관심을 받을 테고 기부자들은 기부에서의 우선순위 및 임팩트를 만들어내는 방법과 관련한 질문에서 이런 이슈를 더 자주 언급할 것이다. 그들은 인종정의에 관한 질문을 더 자주 할 것이고, 정치 분열에 관한 우려를 더 많이 표명할 것이며, 변화로 향하는 과정의 행동주의에 더 초점을 맞출 것이다. 이 책에서 소개한 다른 염원과 꿈이 사라진다는 것이 아니라 이 무거운 주제들이 좀더 전면으로 드러날 것이란 뜻이다.

한 가지 짚고 넘어가면 우리가 『임팩트 세대』를 위해 인터뷰한 기부자들 중에는 미국 내 행동주의·사회정의 자선의 주역들도 있다. 그들을 비롯해 우리가 만난 다른 사람들은 지역사회 및 파트너와의 관계에서 '권력 이동'에 대해 열변을 토했다. 일부는 가족 내에서 LGBTQ 권리, 인종 및 경제정의 운동에 대한 후원 확대를 주장하거나 현재 지원금 수령단체들의 다양성 부족 문제를 제기함으로써 갈등을 일으킨다고 했다. 또한 우리의 데이터에는 차세대 기부자들이 자신들의 특권을 인정하고 그 한계를 넘어서기 위해 노력한다는 언급이 많다. 한 가지 사례는 다음과 같다.

> 내가 아는 이들 중에는 인종차별로 수감되거나 피해를 본 사람이 없다. 나는 내가 유색인종이기 때문에 경찰에게 매질을 당할 수 있다는 걱정을 단 한 번도 해본 적이 없다. 따라서 나는 이런 문제를 해결하기 위한 최선이 무엇인지 잘 모른다. 왜냐하면…… 단 한 번도 내 경험의 일부였던 적이 없기 때문이다. 내 돈을 어디에 기부할지와 관련해 불의를 당하고 직접적인 피해를 입은 사람들의 의견을 듣거나 그런 사람들과 함께 결정을 내리는 것이 중요하다. 불의를 당한 직접적 피해자들이야말로 그런 불의를 완화하고 근절하기 위해 어떻게 자원을 배분해야 할지 가장 잘 알기 때문이다.

『임팩트 세대』를 위한 연구와 집필을 2020년에 진행한다면 이런 주제들은 책에서 더 중요하게 다루어질 것이다. 더 젊은 차세대 기부자들—어린 밀레니얼 세대와 제트 세대—이 자선활동에 본격적으로 뛰어든다면 현재의 기조로 인해 그들은 이전 세대보다 좀더 행동주의와 사회정의에 초점을 맞출 것으로 예상된다.

마지막으로 우리가 이 서문을 마무리하는 동안 전 세계는 새롭고, 정말 글로벌하고, 진정 기념비적인 도전에 직면해 있다. 그것은 코로나19 대유행과 그로 인한 경제적 파급효과, 점점 뿌리 깊어지는 사회적 불평등이다. 우리는 이 책에서 설명한 내용과 부합하는 방식으로 차세대 기부자들이 이런 도전에 맞서고 있다는 초기 신호들을 감지하고 있다. 이와 관련한 새로운 데이터 수집을 시작했으므로 지속적으로 관심을 가져주기 바란다. 우리는 그들이 계속해서 '무언가를 하고자(do something)' 하고 그들의 돈은 물론 시간과 재능, 인맥을 총동원해 직접 참여하고자 할 것이라고 확신한다. 그들은 무엇이 되었든 어떤 분야가 되었든 간에 구호, 장기적 회복, 또는 사전 예방에 필요한 혁신과 아이디어를 계속 지지할 것이다. 그들은 더 많은 위험을 감수하고, 더 기민한 기부자가 될 수 있도록 가족들을 자극할 것이다. 그들이—그리고 다른 모든 기부자가—이런 도전에 당당히 맞설 수 있기를 바란다.

* * *

세상은 빠르게 변하고 있다. 그럼에도 불구하고 『임팩트 세대』는 너무나도 중요하고 강력한 차세대 기부자 집단의 사고방식과 계획을 이해하기 위한 가장 믿음직한 길잡이로 남아 있다. 이 책은 차세대 기부자들이 인생에서 중요한 시기에 자선적 정체성을 형성해나가는 과정과 그들이 원하는 향후 몇 년간의 계획을 보여준다. 이번 증보판에는 초판 내용과 더불어 실용적 조언과 구체적 실천 방안이 담긴 세 종류의 최선의 전략 가이드가 추가되었다. 우리는 임팩트 세대를 참여하게 하거나 돕거나 이해하고자 하는 모든 이에게 이 책이 한층 더 유용한 자료가 될 수 있기를 바란다.

우리가 소속된 두 단체—21/64와 도러시 A. 존슨 필란트로피 센터—

는 차세대 기부자들과 긴밀히 협력하는 이 분야의 많은 이와 동반자 관계를 이어나갈 것이다. 당신이 현재 업무를 통해 무언가를 발견했다면, 새로운 아이디어나 풀리지 않는 의문이 있다면, 건전한 '차세대'의 미래를 건설할 방법을 알고 있다면 우리에게 꼭 연락해주기를 바란다.

우리와 함께 이 여정에 나서준 데 대해 고마움을 전한다.

샤나 골드세커와 마이클 무디

generationimpactbook.org

1장

서문 : 가장 주목할 만한 자선가들

저스틴 록펠러(Justin Rockefeller)는 자본주의와 자선사업이라는 가족 유산의 전통에서 벗어나 웨스트버지니아에서 자랐다. 그는 뉴욕의 록펠러센터 인근 카페에서 약속이 잡혔을 때 록펠러센터가 어디냐고 길을 물어야 했다. 하지만 대학 시절 저스틴 록펠러는 자신의 (가문의) 이름을 통해 많은 기회를 얻고 좋은 일을 할 수 있음을 깨닫기 시작했다. 그때부터 그는 록펠러 가문의 한 자선재단에서 화석연료에 투자한 자산의 정리를 돕고 있다. 미국에서 가장 유명한 석유 가문 출신으로서 놀라운 행보가 아닐 수 없다. 이제 30대에 접어든 저스틴 록펠러는 기술업계에서의 경력 쌓기 외에도 록펠러 집안사람들이 그들의 가치에 맞추어 투자자산을 조정하는 일을 돕는 데 많은 시간을 할애한다.

캐서린 로렌즈(Katherine Lorenz)의 돌아가신 할아버지 조지 미첼(George Mitchell)은 셰일에서 천연가스를 추출하는 수압파쇄법을 개발해 억만장자가 된 텍사스의 부호였다. 하지만 캐서린 로렌즈는 멕시코 농촌에 농업·영양 관련 비영리단체를 설립해 운영하면서 가족사업과는 동떨어진 분야에서 경력을 쌓기 시작했다. 결국 그녀는 가족재단 운영을 위해 미국으로 돌아왔고 그녀의 집안사람들이 텍사스에서 환경 지속 가능성에 대한 지지를 강화할 수 있도록 돕고 있다.

존 R. 시델 3세(John R. Seydel III)는 애틀랜타에서 자라며 부모와 조부모에게 기부에 대해 배웠다. 특히 언론계 거물이자 CNN 설립자이며 유엔재단 설립을 위해 10억 달러를 쾌척한 할아버지 테드 터너(Ted Turner)에게 많은 것을 배웠다. 그들은 가문이 소유한 미국 서부의 거대한 초원 보존지를 함께 여행하거나 해외 기부의 임팩트 점검을 위한 '학습여행'을 떠나기도 했다. 이제 대학을 졸업한 존 R. 시델 3세는 기부자이자 사회적 기업가로서 자신의 정체성을 확립하기로 결심했다. 그는 자신이 맡게 될 역할이 만만치 않다는 것을 알고 있으며 자신의 방식대로 수행하고자 한다.

* * *

대다수 독자는 저스틴 록펠러나 캐서린 로렌즈, 존 R. 시델 3세에 대해 알지 못할 것이다. 그렇다면 그들이 하는 일이 무엇인지, 미래를 위해 무슨 일을 하는지가 왜 우리에게 중요할까?

이 세 명과 같은 부류를 주목해야 하는 이유는 그들이 우리 세상을 완전히 다른 모습으로 바꾸어놓을 것이기 때문이다.

젊은 엑스 세대든 이제 막 성년이 된 밀레니얼 세대든 미국의 차세대 주요 기부자들은 과거의 앤드루 카네기(Andrew Carnegie)와 존 D. 록펠러(John D. Rockefeller) 같은 인물들, 그리고 지금의 빌과 멀린다 게이츠 부부(Bill and Melinda Gates), 워런 버핏(Warren Buffett) 같은 인물들처럼 우리 사회와 지구에 막대한 영향을 미칠 것이다. 어쩌면 차세대 기부자들은 이전 세대보다 더 큰 임팩트를 발휘할지도 모른다. 우리가 '차세대 기부자'라고 부르는 사람들—저스틴 록펠러, 캐서린 로렌즈, 존 R. 시델 3세와 같은 상속자들과 스스로 부를 일구고 있는 젊은이들—은 어떤 질병에 가장 많은 연구 자금을 투입할 것인지, 어떤 환경단체가 대규모 인식 개선 캠페인을 진행할 것인지, 교육개혁에 관한 어떤 아이디어를 전국적으로 시행할 것인지를 결정할 것이다. 이런 결정은 우리의 건강, 지역사회, 경제, 문화, 심지어 기후에 직접적이고 일상적인 영향을 미칠 것이다.

부와 기부에 관련된 현재의 추세가 지속된다면 떠오르는 이 주요 기부자들은 역사상 가장 주목할 만한 자선가들이 될 것이다. 그들은 유례없는 막대한 자금은 물론, 그 자금을 어떻게 사용할지에 관한 원대한 계획을 갖고 있다. 요컨대 그들은 기부 방식을 개선해 자선의 근본 개념을 바꾸려고 한다. 또한 먼저 최대한 재산을 모아놓고 은퇴 이후 여유로운 자선가의 삶을 사는 대신 지금 당장 시작하고 싶어한다.

우리는 차세대 기부자들에 대해 그들이 누구인지, 어떻게 그들의 참여를 유도할 수 있는지 알아내야 한다. 그리하여 새롭게 떠오르는 자선 분야의 혁명으로부터 무엇을 기대할 수 있는지 파악해야 한다. 무엇보다 중요한 것은 그들의 역사적인 잠재력이 우리의 세상을 더 나쁘게 만드는 것이 아니라 더 좋게 만들 수 있도록 돕는 일이다. 이 책에서 독자들은 비영리 단체와 우리가 예의 주시하는, 사회적 대의를 불가역적 방식으로 야심차게 개혁하고자 하는 젊은 기부자들을 만날 것이다. 그들이 자선가로서의 '정체성 찾기'를 위해 고군분투하는 사연을 듣게 될 것이고, 과거를 존중하며 미래를 혁신하는 새로운 지도자로서 더 큰 역할을 맡고자 하는 그들의 주장을 듣게 될 것이다.

고액 기부자, 커다란 임팩트

이 책을 읽는 대다수 독자는 아마 '자선가'에 관한 이미지를 갖고 있을 것이다. 당신은 자선가들이 화려한 행사에 참가하는 돈 많고 나이 많은 사람들이라고 생각할지도 모른다. 그들은 기부를 하고 이사회에 참석하지만 가장 도움이 필요한 시기와 장소에 나타나 팔을 걷어붙이지는 않는다. 기부금을 내는 일은 고맙지만 그 돈은 대부분 그들처럼 부유한 노인들의 관심 분야에 쓰인다. 그들의 기부는 당신이 지역사회에서 일상적으로 겪는 문제나 당신이 열정을 갖고 있는 문제를 해결하는 데 쓰이지 않는다. 5학년쯤 되는 자녀를 데리고 박물관 견학을 가거나 대형 병원의 고급 병동에 입원하지 않는 한 자선가들의 기부는 당신의 일상에 별다른 영향을 주지 않는다.

하지만 이와 같은 자선가의 이미지는 현실과 거리가 멀다. 특히 이 책에서 소개할 차세대 기부자들과 관련해서는 더더욱 그렇다.

주요 기부자들은 생각보다 당신의 삶에 커다란 영향을 미친다. 어쩌면 너무 큰 영향을 미치고 있다는 사실에 조금 불편함을 느낄 수도 있다.

간호사의 보살핌을 받은 적이 있는가? 장학금을 받은 적이 있는가? 도서관을 이용한 적은? 저온살균우유를 마신 적은? 그런 경험이 있다면 당신은 현대의 의학교육, 미술, 공중보건 분야의 발전을 위해 힘쓴 주요 기부자들의 결정에 직접적인 영향을 받은 것이다. 미국공영라디오(NPR) 뉴스를 듣거나 자녀에게 〈세서미 스트리트(Sesame Street)〉 방송을 보여준 적이 있다면, 또는 자궁경부암 검사를 받아본 여성이라면 당신의 삶은 주요 기부자들의 행동으로부터 직접적인 영향을 받은 것이다. 이 모든 혁신은 자본시장이나 정부의 주도가 아니라 자선적 투자에 의해 이루어졌다.

우리가 당연하게 여기는 많은 것은 부유한 기부자들의 통 큰 기부 덕에 가능해졌다. 커뮤니티센터와 지역사회 공원들, 아름다운 교회, 유대교회당, 회교 사원, 세계적인 고등교육 시스템, 911 응급 서비스와 고속도로 가장자리의 흰색 선과 같은 아이디어에 이르기까지 말이다. 우리가 (최소한 미국에서) 이제 더이상 걱정하지 않는 많은 나쁜 것, 이를테면 길거리 하수 시설, 공장에서 노동하는 아동, 소아마비나 황열병 등의 문제를 해결하는 데도 기부의 역할이 컸다.

자선가들은 현대식 정신과 치료, 호스피스 치료, 자폐증 치료의 발전을 이끈 주요 후원자였다. 그들은 남편을 잃은 아내, 고아, 장애인을 돕는 많은 기관의 설립을 도왔다. 당뇨병 치료를 위한 인슐린이나 인체면역결핍바이러스(HIV) 치료를 위한 항레트로바이러스제 같은 의학적 혁신도 이와 같은 사안에 열정을 쏟은 기부자들 덕분에 가능했다. 또한 록펠러 가문부터 게이츠 가문에 이르기까지 고액 기부자들의 자선사업은 미국 바깥에서도 십이지장충 박멸, 결핵과의 싸움, 말라리아 예방용 모기장 공급을 통해 말 그대로 수백만 명의 목숨을 살렸다.

하지만 국제 기부의 역사가 잘 보여주듯이 주요 기부자들이 어떻게─그리고 얼마나 많이─우리에게 영향을 미치는지에 관해서는 논란이 많다. 고액 기부자들이 과거 노예제 폐지, 참정권 확대 및 시민권운동에 초기 자금을 지원한 것은 대체로 고맙게 생각하지만 그들이 후원하는 다른 운동들은 당사자들만큼이나 우리를 분열한다. 예컨대 주요 기부자들은 동성 결혼과 차터스쿨(charter school, 미국의 교육 시스템으로 대안학교의 성격을 지닌 공립학교─옮긴이) 논쟁에서 찬반 양쪽을 모두 후원하고, 낙태 찬성 진영과 낙태 반대 진영을 모두 후원하며, 이스라엘과 팔레스타인의 입장을 모두 후원한다.[1]

아직도 당신의 삶이 주요 기부자들의 결정에 의해 근본적으로 달라졌다는 사실에 동의하지 않는가?

* * *

그들의 업적은 복잡하고 때때로 논란의 여지가 있지만 앤드루 카네기, 헨리 포드(Henry Ford) 같은 거물급 자선가들이 미국인의 삶에 커다란 영향을 미쳤다는 사실은 부인할 수 없다. 그들은 병원, 대학, 박물관, 도서관, 현대식 자선단체 등 지금까지 활동하는 기관을 설립했다. 오늘날의 자선사업은 대체로 이 기업계 거물들의 아이디어와 혁신을 기반으로 한다. 그들은 주요 기부자들의 기부 방식에 대한 규범과 공통된 인식을 만들어냈다. 하지만 '고액 기부자'의 범주에 속하면서 커다란 자선적 영향력을 갖고 있었으나 우리에게는 그 이름이나 이야기가 알려지지 않은 사람도 많다. 그들 역시 우리 삶에 영향을 미쳤지만 종종 과소평가된다.[2]

이런 패턴은 오늘날 주요 자선가들에게도 반복된다. 많은 사람이 버핏, 휼렛, 패커드, 블룸버그, 월턴처럼 유명한 고액 기부자들을 잘 알고 있다. 또한 일명 '해커 자선(hacker philanthropy, 기존 재단의 전통적이고 느린 자선사업에 대한 반발로 생겨난 실리콘밸리 기업가 방식의 혁신적인 자선사업 — 옮긴이)'의 선두주자이자 기술업계의 억만장자인 숀 파커(Sean Parker)처럼 엑스 세대와 밀레니얼 세대에 속한 몇몇 고액 기부자도 알고 있을 것이다.[3] 하지만 막대한 재산을 소유하고 있으며 우리 모두의 삶에 커다란 영향을 미칠 수 있는 덜 유명한 차세대 기부자에 대해 우리가 아는 것은 무엇일까? 당신의 고향에서 지역사회 공연장을 위해, 또는 당신이 출근길에 스쳐지나가는 여성보호소를 위해 거금을 내놓는 기부자들—그들 중 일부는 2, 30대일 것이다—은 어떤가?

유명하든 유명하지 않든 주요 기부자들의 힘과 영향력이 확대되는 가운데 이런 인식 부족은 점점 더 문제가 된다. 기부자 피라미드의 최정상에 있는 사람들의 잠재적 기부자산이 늘어나고 있으며 차세대 기부자들―상속자든 자수성가자든―은 점점 더 최정상의 자리로 올라가고 있다. 따라서 그들에 대해 알아야 할 필요성이 시급하고 커지고 있다. 우리는 현재 국내외에서 정치적 격변을 겪고 있으므로 가장 영향력 있고 관대한 엘리트들의 계획을 더더욱 잘 해석하고 이해해야 한다. 불확실한 시기에 주요 기부자들은 그 분쟁에 개입해 더 근본적인 방식으로 우리의 삶과 미래를 바꾸어놓을 수 있다.

몇몇 유명인의 이야기로는 충분하지 않을 것이다. 누가 미래의 카네기나 게이츠가 될지 아직 알 수 없다 할지라도 우리는 차세대 기부자들의 집단적인 정서와 계획을 파악해야 한다.

차세대 고액 기부자들의 임팩트는 그 이전 세대의 거물들을 능가할 것이다. 그들은 선배들의 자리를 대신하는 수동적인 역할에 만족하지 않고 과감하게 새로운 길을 개척해 이전의 체계를 바꾸어놓고자 하기 때문이다. 1900년대 초의 전설적인 도금시대 자선가들이 오늘날의 기부에 관한 규범을 세웠다면 새롭게 떠오르는 기부 황금기의 기부자들은 그 규범을 개혁하기를 바란다. 그들은 더 큰 임팩트를 원한다.

새로운 기부의 황금기

우리는 자선 분야의 관찰자들이 '기부의 황금기(Golden Age of Giving)'라고 부르는 시대에 접어들고 있다. 이 새로운 시기의 자선 규모와 영향력은 현대의 자선사업이 처음 시작되었던 한 세기 이전의 도금시대를 넘어설 것이다.[4] 이전 시기와 마찬가지로 새로운 기부 황금기도 고액 기부자들의 과감하고 진취적인 아이디어와 그들이 제공하는 엄청난 자금에 의해 커다란 영향을 받을 것이다.

우리는 놀랍도록 빠른 속도로 진행되는 부의 집중 시대에 살고 있다. 미국인 중 가장 부유한 10퍼센트가 전체 자산의 75퍼센트를 소유하고 있고 제일 부유한 1퍼센트가 무려 43퍼센트를 갖고 있다.[5] 이런 불균형은 범위를 확대하면 더 심각해진다. 옥스팜과 정책연구소 같은 단체가 발표한 부의 불평등에 관한 통계는 충격적이다. 가장 부유한 억만장자 20명은 미국인 하위 절반(대략 1억 5200만 명)이 가진 것보다 더 많은 자산을 소유하고 있고, 세계에서 제일 부유한 개인 여덟 명은 전 세계 하위 절반(대략 37억 명)이 가진 것보다 더 많은 자산을 소유하고 있다.[6] 이런 비교는 머리로는 잘 이해되지 않는다. 각각 동등한 부를 가진 8명 대 37억 명이라니.

부의 집중은 놀라운 속도로 심화되고 있다. 1978년부터 2012년까지 미국 내 상위 0.1퍼센트의 가구가 소유한 부는 전체의 7퍼센트에서 22퍼센트로 증가했다.[7] 경제정책연구소에 따르면 1978년과 2014년 사이에 미국 내 CEO의 급여가 1000퍼센트 가까이 상승하는 동안 일반 노동자의 급여는 겨우 11퍼센트 올랐다.[8] 〈포브스(Forbes)〉의 연례 발표에 따르면 미국에는 1987년에 41명이었던 억만장자가 30년이 지난 2016년에는 540명으로 늘어났다.[9]

그렇다면 이처럼 놀라운 부의 창출과 집중의 시대는 마찬가지로 놀라운 기부의 시대가 될 것인가? 조사에 따르면 순자산 가치가 높은 가구 중 거의 대부분(91퍼센트)이 자선 기부를 하고 있다. 순자산이 100만 달러 이상인 미국 가구는 전체 인구의 7퍼센트에 불과하지만 미국 내 자선 기부금의 50퍼센트를 책임지는 것으로 나타났다.[10] 부유한 개인들의 기부 비율이 동일한 수준으로 유지되더라도 그들의 총 기부액은 늘어날 것이다. 따라서 이 고액 기부자들이 어떤 기부를 하느냐에 따라 큰 차이가 생길 것이다.

또한 더 많은 부가 더 적은 가정에 집중되는 가운데 이런 부는 가정 내에서 세대에 걸쳐 이전된다. 사실 우리는 인류 역사상 가장 편중된 부의 이전 속에서 살고 있다. 보스턴대학 재산과 자선 센터(Boston College Center on Wealth and Philanthropy)의 2014년 연구에 따르면 2007년과 2061년 사이에 59조 달러가 넘는 돈이 세대 간에 증여될 전망이다.[11] 590억 달러가 아니라 무려 59조 달러다. 이런 부의 이전은 비교적 소수의 순자산 가치가 높은 가정 내에서 대부분 이루어진다. 연구에 따르면 상위 20퍼센트의 부유한 가정 내에서 대략 88퍼센트의 자산 이전이 될 것으로 전망된다.

이토록 놀라운 수준의 세대 간 자산 이전은 마찬가지로 놀라운 수준의 자선 기부의 가능성을 의미한다. 보스턴대학 연구에 따르면 일반적인 기부율과 자선 목적의 자금을 고려할 때 앞서 언급한 55년 동안 거의 27조 달러가 자선 기부에 쓰일 것으로 보인다. 이런 기부는 재산을 지닌 사람이 살아 있는 동안 이루어질 수도 있고, 유증을 통해 이루어질 수도 있다. 물론 상속자가 물려받은 가족 재산 중 더 많은 부분을 기부하기로 마음먹으면 기부액은 더 커질 수도 있다. 이 책에서 소개할 많은 차세대 상속자는 앞으로 수십 년간 어마어마한 자산을 적극적으로 관리하게 될 것이다. 일부는 이미 열정을 품고 그 일에 뛰어들었다.

동시에 스스로 엄청난 수준의 부를 일구느라 바쁜 차세대들도 있다. 기술업계 종사자, 헤지펀드업계 종사자, 젊은 기업가 등은 많은 돈을 벌어들이며 상위 1퍼센트―심지어 0.1퍼센트―자산가 대열에 합류하고 있다.

간단히 말해 이 두 가지 사회경제적 역학이 합쳐지면서 엑스 세대와 밀레니얼 세대 자선가들은 이전 세대보다 훨씬 더 많은 자원을 손에 넣게 되었다. 더 많은 돈은 더 많은 기부의 가능성을 의미한다.

하지만 우리가 새로운 기부의 황금기로 접어들고 있는 것은 단순히 기부자들의 재산이 늘어나고 있기 때문만은 아니다. 더 놀라운 것은 차세대 기부자들이 더 효율적인 기부를 위한 혁신을 꾀한다는 점이다. 새로운 기부 황금기의 지도자들은 이른바 임팩트 혁명(Impact Revolution)을 불러오기를 원한다.

다가오는 임팩트 혁명

오늘날 신흥 부자들과 부잣집의 차세대 구성원들은 종종 특권과 지위에 따르는 장식물로 자선사업에 참여한다는 비난을 듣는다. 가족재단 소유는 일종의 관례가 되었다. 물론 이것은 새롭게 떠오르는 일부 차세대 기부자들도 어느 정도 포함될 것이다. 하지만 이 책의 연구에 따르면 자선 분야의 변화를 이끄는 차세대 기부자들은 이런 기존 이미지에는 맞지 않는다. 사실 그들은 그런 이미지를 극히 싫어한다. 그들은 신문 사회면에 실릴 사진을 찍기 위해 자선활동을 하는 동료들을 알고 있으며 그런 기부자들을 경멸한다. 이처럼 적극적이고 진지한 주요 기부자들이야말로 자선 분야의 차세대 선구자로 떠올라 그들 세대의 스타일로 기부문화를 바꾸어놓을 주역들이다. 그들은 무엇이 다를까? 먼저 기부자들의 이름이 새겨진 벽과 화려한 기부행사를 싫어한다. 그들은 현장에 나가 프로그램을 위해 직접 기여하거나 확대 적용이 가능한 실험적인 아이디어를 시도하고자 한다. 가시적인 성과를 얻기 위해 노력하고 그것이 불가능하다면 시도조차 하지 않는다. 그들이 원하는 기부의 시대는 혁명적인 변화의 시대나 다름없다.

차세대 기부자들은 임팩트를 확대할 수 있는 방식으로 기부문화를 바꾸어놓는 데 매우 골몰하기 때문에 우리는 그들이 기부의 임팩트 혁명을 주도하고 있다고 믿는다. 그들은 바뀌어야 할 것들을 바꾸기를 열망한다. 그것이 자선 분야가 해결하려는 문제들과 관련해 눈에 띄는 변화를 가져올 수 있다면 다른 기부자, 비영리단체, 또는 다른 어떤 주체를 불편하게 만드는 일도 서슴지 않는다. 또한 그들은 나이가 들 때까지 기다리지 않고 지금 당장, 그들이 2, 30대일 때 기부문화를 혁신하고자 한다. 그들은 임팩트가 그들 세대를 규정하는 특징이 되기를 바란다.

* * *

그렇다면 임팩트 세대의 진화과정에서 대규모 기부는 어떻게 변할 것인가? 이 떠오르는 기부자들은 젊은 테크 기업가들이 기술업계를 완전히 무너뜨린 것처럼 기부 전략을 와해하고자 한다. 그들은 기부금을 여러 분야에 얇게 펴 바르듯 골고루 나누어주는 이른바 '땅콩버터' 전략 대신 적은 수의 솔루션과 단체에 집중하는 것을 선호한다. 그들은 증상에 대응하기보다는 시스템을 바꾸고자 하고 자선보다는 변화를 위한 후원을 더 좋아한다. 이 떠오르는 기부자들은 더 과감하고, 실험적이며, 심지어 뻔뻔하기까지 하다. 그들은 지원금과 기부금 외에 다른 것까지도 활용하려고 한다. 소액 융자, 기부 서클, 크라우드 펀딩, 영리단체와 비영리단체의 전통적 경계를 허무는 비전통적 자금 지원 등을 시도한다. 이 모든 노력의 목적은 더 큰 임팩트를 만들어내는 것이다. 차세대 기부자들은 재산뿐 아니라 재능까지 기부하고, 비영리단체와 더 끈끈한 관계를 맺고, 다양한 도전과 성공을 공유하는 파트너로서 후원단체와 모든 것을 함께한다. 솔직히 말하면 그들은 이전 기부자들보다 손이 많이 가는 편이다. 하지만 그렇기 때문에 그들은 자신들이 더 나은 결과를 내는 더 나은 기부자가 될 수 있다고 말한다.

임팩트를 확대하고 세상에 더 많은 선을 만들어내기 위해 시작된 혁명은 멋진 생각이다. 하지만 목표를 달성할 수 있다고 할지라도 혁명은 결코 쉽지 않다. 차세대 기부자들이 추구하는 임팩트 혁명은 여러 사람의 마음을 상하게 할 것이다. 그들은 와해적인 방식으로 자선 분야를 혁신하고자 하는데, 이는 우리가 다른 분야에서 이미 보았던 것과 다르지 않다. 예컨대 스트리밍 서비스가 음악과 홈 엔터테인먼트 산업을 어떻게 바꾸어놓았는지 떠올려보자. 또는 '긱 경제(gig economy, 기업들이 필요에 따라 사람을 구해 임시로 계약을 맺고 일을 맡기는 형태의 경제 방식―옮긴이)'로의 전환은 어떤가. 이런 분야와 마찬가지로 자선 분야도 20년 후에는 몰라보게 달라져 있을 것이다.

혁명적인 차세대 기부자들이 나쁜 관행을 타파하면서 소중한 것을 놓치고 있다고, 변화를 향한 그들의 열정이 자선 분야를 위험한 방식으로 무너뜨릴 것이라고, 결국 우리의 핵심적인 비영리 기반시설―도서관, 병원 등―이 위기에 처하고 이미 검증된 프로그램들이 등한시될 것이라고 한탄하는 편이 훨씬 극적이고 편리한 요약처럼 느껴질 수도 있다. 하지만 다행히도 우리 연구에 따르면 차세대 기부자들의 계획에 대한 이런 설명은 정확하지 않다. 우리가 조사한 대다수 차세대 기부자는 자신이 물려받은 자선 역할을 매우 진지하게 받아들였다. 그들은 폭탄을 던지는 사람들이 아니다. '버릇없는 부잣집 아이들' 이미지와는 정반대로 이 세대의 적극적인 고액 기부자들은 가치에 따라 행동하고 '큰 특권에는 큰 책임이 따른다'는 사실을 잘 알고 있다. 그들은 비영리단체와 깊은 관계를 맺으면서, 또는 가족재단 이사회에서 활동하면서 질문을 하고 경청한다. 기부 전통이 있는 가문 출신들은 혁신을 통해 그 유산을 업그레이드하고 싶은 마음을 품고 있지만 그런 유산을 물려받는 것을 자랑스럽게 여긴다. 차세대 기부자들은 자신을 소란을 일으키는 사람으로 인식하고 있으나 변화를 위한 추진력과 더불어 겸손함도 지니고 있다. 그들은 관심을 얻기 위한 변화, 더 나쁘게는 변화 그 자체를 위한 변화가 아니라 임팩트를 위한 변화에 초점을 맞춘다.

차세대 혁명가들은 이전 세대와 비교했을 때 자신의 직업적·개인적·자선적 삶을 한 방향으로 일치시킴으로써 가정과 기부와 투자가 매끄럽게 연결되는 인생을 살고자 한다. 새로운 대의―이를테면 기후 변화와 성소수자들의 권리―의 중요성이 커질 테지만 우리의 연구에 따르면 대중의 예상과 달리 차세대는 그들의 부모와 조부모 세대가 선호했던 전통적인 대의를 외면하지 않을 것으로 보인다. 사실 이 책을 통해 곧 알게 되겠지만 많은 차세대 기부자는 이전 세대 기부자들의 유산에 진정한 경의를 표한다. 아마도 가장 희망적인 소식은 임팩트 세대가 뿌리깊은 사회문제에 대한 실질적 진전을 이루어내는 데 누구보다 집중한다는 사실이다. 이는 반가운 소식이다. 미래세계에서는 자선 분야가 더 효율적인 역할을 할 수 있다는 뜻이기 때문이다.

하지만 존중이 담긴 혁명이라 할지라도 의도하지 않은 파열이 생길 수 있다. 우리는 다가오는 임팩트 혁명을 최대한 활용하기 위해 정보를 수집하고 경계를 게을리하지 않아야 한다.

엑스 세대와 밀레니얼 세대는 누구인가?

당신이 지금까지 전해들은 이야기만으로는 이 세대의 주요 기부자들이 어떻게 그들의 엄청난 특권과 기회를 무기 삼아 임팩트를 만들어낼 것인지 감이 잡히지 않을 것이다. 하지만 더 자세히 들여다보면 그들 세대의 성격을 파악할 수 있다.

엑스 세대(1965년에서 1980년 사이에 출생)는 훨씬 수가 많고 폭넓게 연구된 베이비붐 세대와 밀레니얼 세대 사이에 낀 가장 머릿수가 적은 세대다. 미국의 엑스 세대는 성장기에 워터게이트사건, 이란-콘트라사건, 에이즈 창궐, 마약과의 전쟁, 이혼율 세 배 증가를 목격했다. 그들은 종종 전통적인 제도를 ─정부부터 결혼에 이르기까지─ 불신하고 베이비붐 세대보다는 대규모 사회 변화에 대해 냉소적인 세대로 여겨진다. '게으름뱅이', 가만히 혼자 '자기 일을 하기' 원하는 개인으로 알려져 있다. 애초에 '엑스 세대'는 대규모 사회운동과 대의에 대한 그들의 무관심, 집단적 열정이나 정체성의 부재 때문에 붙여진 이름이다.[12]

하지만 이런 엑스 세대의 이미지는 세월이 흐르면서 부드러워졌다. 처음에 무관심으로 오해받았던 성향은 이제 더 조용하고 지속적인 사회 변화를 불러오기 위한 융통성과 갈망으로 여겨진다. 엑스 세대는 사회운동이나 대형 기관이 오늘날의 문제를 해결해주기를 기다리지 않고 베이비붐 세대처럼 은퇴 후에 지도자 역할을 하려고 기다리지도 않는다. 그들은 최초의 '열쇠 목걸이를 하고 다닌 맞벌이 부부의 자녀'로서 독립적이고 자신의 문제를 스스로 해결하는 데 능하다. 예컨대 베이비붐 세대가 여전히 미국 내 주요 비영리단체의 이사회를 장악한 가운데 엑스 세대는 미국 내의 시급한 문제 해결을 위해 새로운 단체(티치 포 아메리카Teach For America와 아는 것이 힘 프로그램Knowledge Is Power Program : KIPP 등)를 설립했다.

밀레니얼 세대(와이 세대로도 알려짐, 1980년에서 1995년 사이에 출생)는 엑스 세대보다 더 큰 관심을 받는다. 21세 이상의 모든 세대 중 가장 인구가 많은 동시에 엄청난 구매력을 자랑하기 때문이다. 미국의 밀레니얼 세대는 한창 예민한 성장기에 콜럼바인과 오클라호마시티사건, 허리케인 카트리나, 9·11 테러를 목격했고 남북전쟁 이후 최초로 미국 본토에서의 참사를 통해 트라우마를 경험한 세대다. 하지만 그들은 인터넷, 휴대전화, 소셜 네트워크와 함께 성장했으며 1990년대의 금융 호황과 잇따른 경기 침체를 겪기도 했다. 늘 주변을 맴도는 '헬리콥터 부모'의 보살핌을 받고 우승이 아니라 단지 참여했다는 이유만으로 트로피를 받아온 밀레니얼 세대는 자기 도취적이고 자신의 권리를 당당히 요구하는 셀카 세대로도 알려져 있다.

하지만 더 많은 밀레니얼 세대가 성년이 되면서 이처럼 호의적이지 않던 시선이 바뀌었다. 조사에 따르면 그들은 기존 예상보다 사회의식이 훨씬 뛰어나고 집단적 사회 참여에 관심이 많은 것으로 드러났다. 그들은 기업이 사회적 책임을 지기를 기대하고 기술을 인류 발전의 도구로 본다. 또한 수평적인 소셜 네트워크 사고방식을 통해 동료에게 도움을 구한다. 자신이 무엇이든 할 수 있다고 믿으며 자라온 밀레니얼 세대는 이제 세상을 바꿀 수 있다고 여긴다. 게다가 그 일을 함께하려고 한다. 어쩌면 참가상 트로피는 나쁜 아이디어가 아니었는지도 모른다.

엑스 세대와 밀레니얼 세대가 일반적으로 세상과 만나는 방식을 보여주는 세대별 성격이 이러하다면 이 세대의 주요 기부자들 역시 이런 노선에 따라 행동할까? 순자산 가치가 높은 기부자들과 고액 기부자들의 인적 사항에 관한 연구가 많이 이루어지고 있지만(그 내용은 이 책에서도 많이 인용한다) 대부분 기성세대에 초점을 맞춘다. 반면 엑스 세대와 밀레니얼 세대의 고액 기부자들에 관한 사회적 평가는 세대 전반에 걸친 트렌드에 관한 것이거나 간접적으로 전해 받은 자료를 기반으로 한다. 우리는 차세대 주요 기부자들의 말을 그들의 언어로 직접 들은 적이 거의 없다.

이 책은 그 공백을 메우기 위해 차세대 기부자들에게 드리워진 커튼을 젖히고자 한다. 그리하여 하디 파르토비, 해나 킴비, 알렉산더 소로스 같은 임팩트 세대 기부자들에게 직접 질문하고 그들의 생각을 그들의 언어로 기록하고자 한다.

*　*　*

하디 파르토비는 테헤란에서 태어나 하버드대학에서 컴퓨터공학을 전공했고 기술업계 기업가이자 페이스북, 드롭박스, 에어비앤비 같은 회사의 초기 투자자로 큰 성공을 거두었다. 하지만 하디 파르토비는 더 큰 부를 쌓기 위해 열중하는 대신 자신의 사업 수완을 이용해 비영리단체인 코드닷오그(Code.org)의 CEO이자 공동창립자이자 주요 기부자로 활약한다. 그는 컴퓨터공학에 대한 여성 및 유색인종 학생들의 접근 확대라는 코드닷오그의 목표를 위해 자신의 모든 자산―금전자산과 그 밖의 것까지―을 쏟아붓고 있다.

해나 킴비는 전기와 수도 시설이 없는 메인주 시골의 오두막에서 쌍둥이 남자 형제와 함께 어린 시절을 보냈다. 그녀의 어머니 록샌은 히치하이크를 하던 중 버트 섀비츠(Burt Shavitz)라는 이름의 양봉가를 만났고 그들이 함께 시작한 작은 립밤사업은 오늘날의 유명 립밤 브랜드 버츠비(Burt's Bees)로 성장했다. 킴비 가족은 이제 메인주에서 손꼽히는 자선 기금자가 되었고 그 선두에 있는 해나 킴비는 서민을 직접 돕는 방식으로 가족 자산을 사용하고자 한다.

알렉산더 소로스는 캘리포니아대학 버클리캠퍼스의 역사학 박사과정을 밟고 있다. 하지만 그는 다른 학생들과는 눈에 띄게 다르다. 첫째, 그는 유대인 지식인들을 연구하는데, 그가 이 연구 주제에 애정을 갖는 이유는 자신의 유대인 혈통 때문이다. 둘째, 그는 자신의 행동주의적인 기부 스타일과 그의 아버지이자 억만장자 투자가 조지 소로스가 설립한 국제재단에서의 활약을 통해 전 세계의 역사를 바꾸고 있다.

이 책 뒷부분에서 소개할 이 차세대 기부자 세 명은 그들과 그들 동료들이 어떻게 역사상 가장 주목할 만한 자선가로 등극했는지를 파악하는 데 도움을 준다. 단지 그들이 내는 기부금 액수 때문이 아니라 그들이 원하는 기부 방식 때문에 말이다.

* * *

분명히 말하면 우리가 차세대 고액 기부자들이 역사상 가장 주목할 만한 자선가들이 될 것이라고 할 때 이는 젊은 엑스 세대와 성숙한 밀레니얼 세대가 그 이전의 세대들보다 자선적 성향이 더 강하고 너그럽다는 뜻이 아니다.[13] 많은 2, 30대 청년—그리고 많은 부유한 청년—은 자선활동에 별 관심이 없다. 역사적인 부의 집중으로 인해 어쩌면 우리는 돈이 넘쳐나는 젊은이들이 비자선적인(심지어 명백히 염세적인) 선택을 하는 것을 보게 될 수도 있다. 가파른 경제 사다리 꼭대기에 있는 그들은 자신의 위치를 마음껏 즐기면서도 사다리 아래쪽에 있는 사람들을 위해 아무것도 하지 않을지도 모른다.

하지만 엑스 세대와 밀레니얼 세대 중에서 기부 의사가 있는 구성원들은 유례없는 규모의 자산과 기업가정신으로 무장한 채 역사상 가장 영향력 있는 기부자로 성장하리라는 것도 엄연한 사실이다.[14] 그들 중 다수는 지금 당장 기부하기를 원하기 때문에 그들의 기부 방식은 이미 변화를 불러오고 있다. 그들은 은퇴할 때까지 기다렸다가 기부활동에 나서는 것을 시시하다고 생각한다. 그들은 평생에 걸쳐 기부하기를 원한다. 또한 처음부터 완전히 새로운 방식의 기부를 원한다.

차세대 기부자들은 자선적 삶은 물론 개인적이고 직업적인 삶 속에서도 '선행'을 하고자 한다. 투자자든, 소비자든, 고용주든, 비즈니스 전문가든, 자원봉사자든 그들은 자신의 자산이 직접적인 사회 변화를 일으키는 데 쓰이기를 바라고 단지 자금뿐 아니라 자신의 전문성, 시간, 인맥까지 기부할 의향이 있다. 그들은 자기 이름이 새겨진 건물을 세우는 데는 별 관심이 없고 그보다는 건물 내부에서 또는 '현장에서' 팔을 걷어붙이고 직접 문제 해결을 돕고 싶어한다. 그들은 비전 달성을 위해 동료들과 긴밀히 협력하는 등 목표한 바를 이루기 위해 모든 수단을 동원하고자 한다. 우리는 이 책을 통해 이런 동료 기반의 전략적·직접적·혁신적 접근법을 자세히 살펴볼 것이다.

그들의 언어로

이 책은 미국의 차세대 기부자들이 누구인지, 어떤 방식의 기부를 원하는지, 그것이 어떤 의미인지 살펴봄으로써 앞으로 그들이 남기게 될 자선적 발자취를 가늠해보는 역할을 한다. 지난 몇 년 동안 공식적인 연구 및 혁신적인 지도자들과의 인터뷰를 통해 그들의 경험과 전략, 꿈에 대해 알게 되었다.

우리가 차세대 기부자 관련 연구의 1차 결과를 전국에 발표했을 때 다양한 사람들이 이 중요한 기부자 집단에 대해 더 알고 싶다며 많은 관심을 보였다.[15] 기부와 비영리세계를 바꾸기 시작했으며 향후 몇 년 내로 우리 세계에 커다란 임팩트를 남기겠다고 당당히 말하는 개인들에게 사람들이 흥미를 느낀 것이다. 차세대 기부자들은 입장이 비슷한 동료들이 어떻게 자신이 원하는 모습의 기부자로 발전하는지 알고 싶어했다. 또한 차세대 기부자들과 직접 대면하는 모금담당자나 조언자는 차세대가 원하는 수준의 임팩트를 사회 이슈, 지역사회, 지구에 가져올 수 있도록 도울 방법을 알고자 했다. 이 책은 이처럼 다양한 관심에 대한 직접적인 답변이다.

우리는 저자로서 각자 다른 경력과 기부 경험을 갖고 있다. 샤나는 믿음직한 내부자의 통찰력과 접근성을 갖고 있고—본인이 차세대 기부자다—차세대 기부 참여 및 여러 세대가 참여하는 자선 관련 전문가이자 컨설턴트다. 마이클은 오랫동안 학계에서 정식 연구 훈련을 받았고 가족 자선활동과 관련해 세계 최초의 종신 회장직을 맡고 있다. 우리는 차세대 기부자들 및 그들의 가족, 조언자들과 쌓은 도합 40년간의 경험뿐 아니라 양적·질적 연구를 제공한다.

우리가 나누고자 하는 것은 떠오르는 기부자 집단에 대한 진정한 호기심과 이 역사적인 순간에 그들에 대해 더 알아야 한다는 확고한 믿음이다. 이는 그들이 이끄는 혁명을 이해하기 위해서이기도 하고 우리 모두가 그 혁명을 최대한 활용할 수 있도록 돕기 위해서이기도 하다. 이 책에서 우리는 그들을 직접 인터뷰하고 그들의 언어로 그 내용을 전달함으로써 새로운 혁명이 어떤 모습일지 보여줄 것이다. 패러다임 변화에 대해 우리보다 더 잘 알고 있을 차세대 기부자들의 목소리를 직접 들려주고 그들이 그들에 관해서 그들을 위해 이야기하도록 할 것이다. 우리가 지금까지 소개한 여섯 명의 기부자와 함께 다양한 분야에서 활동중인 일곱 명의 기부 이야기를 추가로 들려줄 것이다. 이들 중 다수는 이런 이야기를 공개하는 것이 처음이다.

우리는 차세대 기부자 수백 명을 인터뷰하고 조사한 내용을 바탕으로 얻은 통찰을 소개할 것이다. 그들 중에는 가족재단 자선사업의 상속자도 있고 닷컴업계의 백만장자도 있다. 재정 고문이 된 사람도 있고, 전업주부가 된 사람도 있으며, 스스로를 '획기적인 기부자'로 여기는 활동가도 있고, 주로 종교 관련 기부를 하는 보수적인 신앙인도 있다. 기부 분야 전문가로 활약하는 사람이 있는가 하면, 이제 막 자선활동 여정에 첫발을 내디딘 사람도 있다. 우리는 의도적으로 보건, 교육 접근성, 기후 변화, 여성 인권에 이르기까지 다양한 대의에 관심을 갖고 다양한 수단과 방법으로 기부하는 기부자들을 찾아 이야기를 나누었다.

또한 이 책을 통해 진지한 혁명가들이 털어놓은 염원과 계획 중에서 우리가 판단하기에 가장 충격적이거나 놀랍거나 우려스럽거나 고무적인 부분도 소개한다. 우리는 때로는 경고의 깃발을 올리고, 때로는 희망의 근거를 강조한다. 그런 다음 이것이 의미하는 바를 제시한다.

차세대 기부자들의 목소리와 우리의 코멘트가 하나로 더해져 이 역사적인 역할로 뛰어들고 있는 차세대에 대한 종합적이고 흥미진진한 그림은 물론, 그들이 이끌고자 하는 임팩트 혁명에 대한 평가를 제시할 것이다.

이 책을 활용하는 방법

우리는 오늘날의 트렌드에 관심이 많고 세상의 변화를 알고자 하는 사려 깊은 독자들이 차세대 기부자들의 성장과 함께 기대되는 미래의 모습을 더 잘 이해할 수 있기를 바란다. 당신은 차세대 기부자들이 당신의 인생, 당신이 지지하는 대의, 지역사회의 핵심 단체에 미칠 영향에 대해 감을 잡게 될 것이다.

이처럼 중요한 기부자 집단과 직접 일했던 경험이 있는 사람이라면—또는 기부자 본인이나 그 가족이라면—이 집단의 유례없는 잠재력을 최대한 활용하는 데 도움이 될 만한 조언과 통찰을 얻게 될 것이다. 모금담당자와 사회적 기업가는 차세대 기부자들로부터 자선·정치·종교 관련 기부를 받고 그들을 진정한 파트너로 만드는 방법을 배우게 될 것이다. 부모, 동료, 고용주, 자산관리인, 투자관리인을 비롯한 사람들은 역사에 발자취를 남기려 하는 차세대 기부자들을 안내하고 돕기 위한 최선의 방법을 배우게 될 것이다. 또한 우리는 도움의 손길이 절실한 세상에 큰 변화를 불러올 방식으로 이 거대한 부를 활용하기 위한 지식을 얻게 될 것이다.

* * *

미국의 자선 분야는 오랫동안 세대 간의 안정을 경험했다. 전통주의자(1925년에서 1945년 사이에 출생)와 베이비붐 세대(1945년에서 1965년 사이에 출생)는 수십 년간 주요 기관을 설립하고 운영해왔다. 하지만 우리가 잠시 한눈판 사이에 그들의 자녀들과 손주들은 어른으로 성장했다. 자선의 미래와 사회 변화의 방향에 대한 결정권은 그들의 손에 있다. 이제 그들이 무엇을 준비하고 있는지 살펴보자.

1부

임팩트
혁명

2장

임팩트를 보여줘

모금 캠페인의 상징으로 잘 알려진 초대형 온도계를 떠올려보자. 각각의 기부는 빨간색으로 표시되고 목표 금액을 향해 '온도'가 점점 올라간다. 이런 이미지는 이전 세대 기부자들에게는 잘 어울리는 상징이었을지도 모른다. 하지만 차세대 기부자들이 현재 그리고 미래에 참여하고자 하는 활동과는 정반대라고 할 수 있다.

먼저 온도계 은유는 오직 기부금에만 초점을 맞출 뿐 그 기부금이 이루어내는 성과와 임팩트에는 초점을 두지 않는다. 또한 온도계는 기부자가 돈을 내는 역할—또는 다른 사람이 돈을 내도록 격려하는 역할—만 할 뿐이라는 인상을 준다. 차세대 기부자들은 자신들에게 돈 외에도 귀한 자산이 있다고 주장하는데, 그 이유는 그 자산을 통해 더 큰 임팩트를 만들어낼 수 있기 때문이다. 그들은 자신들의 영향력이 모금 예산의 한 줄로 기록되는 것을 원하지 않는다. 대신 그들이 신경쓰는 문제에 그 기부금이 미치는 영향력을 직접적으로 측정하고 싶어한다. 기부와 관련해 그들이 열광하는 것은 실생활에서 확인 가능한 임팩트다.

임팩트에 대한 집착

어느 연령대의 어떤 기부자라 할지라도 자신의 기부금이 커다란 변화를 만들어내는지, 그렇지 않은지에 별 관심이 없다고 말하는 사람은 찾아보기 힘들 것이다. 하지만 차세대 기부자들에게는 임팩트가 전부나 다름없다. 새로운 기부 황금기의 지도자이자 자선 분야를 혁신할 만한 유례없는 자금과 권한을 지닌 기부자로서 가시적인 변화를 이끌어내는 것은 그들에게 제일 중요한 자선적 목표다. 그들은 임팩트 혁명을 원한다. 그들은 우리의 가장 고질적인 문제에 의미 있는 발전을 가져올 수 있는 방식으로 자선사업을 재편성하고자 한다.

우리는 차세대 기부자들이 이미 시작한 일부 자선사업을 통해 이런 임팩트에 대한 집착을 확인할 수 있다. 페이스북 공동창업자 마크 저커버그(Mark Zuckerberg)와 그의 아내 프리실라 챈(Priscilla Chan)은 임팩트 세대의 대표 주자다. 그들은 2015년 12월 첫아이의 탄생을 기념해 챈 저커버그 이니셔티브(Chan Zuckerberg Initiative: CZI)를 설립했고 CZI를 통해 수십억 달러의 자산 중 많은 부분을 평생에 걸쳐 기부하겠다고 밝혔다.[1] CZI는 자선 유한책임회사(limited liability company: LLC)로 창립자들의 야심만만한 목표와 비전통적 기부 방식—유망한 해결책을 찾기 위해 최대한의 유연함을 허용하는 방식—에 대한 의지를 반영한다. 한 예로 2016년 CZI는 보건 분야에 10년간 30억 달러를 투자하겠다고 밝혔는데, 이 투자의 대담한 목표는 '어린이가 겪는 모든 질병의 치료·예방·관리를 돕는 것'이다.[2] 이전의 기부자들은 이런 이니셔티브를 발표하면서 특정 질병의 치료(예를 들어 '새로운 당뇨 치료약을 위한 투자')나 특정 기관(예를 들어 '세계적으로 유명한 메이오 클리닉에 대한 기부 확대')에 집중했다. 반면 차세대 자선가들은 압도적으로 대담한 최종 결과, 즉 거대한 임팩트를 목표로 삼았다.

마크 저커버그와 함께 페이스북을 창업한 더스틴 모스코비츠(Dustin Moskovitz)와 그의 아내 카리 투나(Cari Tuna)는 '측정 가능한 임팩트'를 그들의 대규모 자선사업의 중점 사항으로 여긴다. 굿 벤처스(Good Ventures)와 오픈 필란트로피 프로젝트(Open Philanthropy Project)를 통해 그들은 오로지 '최대치의 선을 가져올 수 있는' 투자와 개입이 무엇인지를 기준으로 기부 결정을 한다.[3] 그들이 집중하는 이슈는 다른 많은 기부자처럼 개인적 열정이나 경험으로 결정되지 않는다. 대신 데이터나 연구를 통해 가장 많은 사람의 목숨을 구하거나 가장 많은 사람을 도울 수 있다고 여겨지는 이슈나 해결책에 집중한다. 시골 지역 도서관이나 도심 녹지 공간보다 형사사법제도 개혁이나 말라리아 예방이 더 많은 사람에게 혜택을 줄 수 있다면 고민 없이 그쪽을 택하는 것이다. 그들의 기부 결정 요인은 인류에게 측정 가능한 최대치의 임팩트를 줄 수 있는지 여부다.

임팩트 중심 접근법의 다른 버전은 기술업계 억만장자 숀 파커의 '해커 자선'이다. 숀 파커는 해커 집단이 이미 "놀랍도록 이상주의적이기 때문에 그들은 세상에서 가장 심각한 인도주의적 문제에 맞서 자신들이 그 문제를 해결할 수 있다고 믿을 만큼 젊고, 순진하고, 어쩌면 오만하다"라고 말한 바 있다.[4] 따라서 그는 자신의 재단을 설립하면서 이렇게 선언했다. "우리는 우리가 성공으로 가는 길을 확인할 수 있는 분야, 촉매제와 같은 임팩트를 남길 수 있는 분야처럼 '개입을 통해 해결 가능한' 아주 크고 구체적인 문제만을 다룰 것입니다."[5]

하지만 기술업계 출신 차세대 기부자들만 임팩트에 집착하는 것이 아니다. 상속자부터 스스로 부를 일군 사람까지 다양한 배경을 가진 엑스세대 및 밀레니얼 세대 기부자들과 인터뷰한 결과 그들은 비슷한 열망을 드러냈다. 그들이 가장 원하는 것—그리고 가장 우려하는 것—은 임팩트였다. 한 명이 이런 말을 했다. "늘 가려운 것처럼 궁금한 부분이 있는데, 그건 제가 정말 최선의 결과를 내고 있느냐 하는 거예요." 다른 한 명은 기부와 관련된 주된 어려움을 이렇게 설명했다. "기부를 하면서 '나는 과연 어느 분야에서 가장 큰 임팩트를 만들어낼 수 있을까?'라는 생각을 하면 압도되는 듯한 기분이에요." 우리는 300명이 넘는 2, 30대 주요 기부자를 조사하면서 자선활동에 참여하는 다양한 이유에 대해 질문했다. 23개의 선택 항목 중 '나의 기부금이 실질적 변화를 만들어내고 단체가 실질적 임팩트를 창출해내는 일을 확인하는 것'은 기부를 하는 중요한 이유 3위 안에 들었다.

실질적 변화 만들기

물론 기부를 통해 '변화를 이루어내고 싶다'라고 말하는 사람은 젊은 기부자들뿐만이 아니다. 순자산이 많은 고령층 자선가부터 밀레니얼 세대 기부자에 이르기까지 다양한 기부자들을 대상으로 한 기부 동기와 목적에 관한 인터뷰 및 설문조사에서 이런 정서가 공통으로 드러났다.[6] 기부자들의 행동 방식에 관한 연구는 임팩트가 중요하다는 것을 시사한다. 심리학자 폴 슬로빅(Paul Slovic)이 참여한 연구에 따르면 인명을 살리는 개입(예를 들어 난민 캠프에 구호품을 보내는 것)의 중요한 결정 요소는 도움을 받게 될 사람의 절대적인 수가 아니라 도움을 받게 될 사람의 퍼센티지였다.[7] 기부자들은 지진 피해를 입은 작은 마을 주민 100명 중 90퍼센트를 도울 수 있는 기부와 더 넓은 지역의 주민 1만 명 중 10퍼센트를 도울 수 있는 기부 중에서 전자를 선택하는 경향이 있었다. 도움을 받는 사람들의 절대적인 수는 전자가 훨씬 적은데도 말이다(90명 대 1000명).[8] 대다수 기부자는 자신의 기부금이 '양동이 속의 물 한 방울'이 되기를 원하지 않는 듯하다. 그들은 자신의 기부가 중요하다는 것을 확인하려고 한다.

그렇다면 차세대 기부자들의 임팩트에 대한 집착은 이전 세대와 어떤 면에서 다를까?

차이점은—그리고 우리가 그들을 '임팩트 세대'라고 부르는 이유는— 그들이 무엇보다 임팩트를 중요시하고, 다른 모든 기부 결정 요인보다 눈에 보이는 임팩트 확인을 강조하고, 구체적이고 열정적인 변화를 통해 더 큰 임팩트를 추구하고, 더 위대한 임팩트를 위한 혁신에 헌신하기 때문이다. 그들은 임팩트를 최우선으로 여기는 자신들의 자선 방식과 이전 세대의 자선 방식 사이에 선을 긋는다.

차세대 기부자들에게 부모 및 조부모 세대와 어떻게 다른지 질문했을 때 그들의 답변에서 가장 자주 등장하는 주제는 임팩트였다. 많은 차세대 기부자는 '사회적 지위를 얻거나 유명한 사교 클럽에 가입하기 위한 기부', 단순히 '의무감'에서 하는 기부, 또는 '네가 내 자선단체에 기부하면 나도 네 자선단체에 기부할게' 식의 맞교환 기부를 했던 이전 세대에 대해 강한 거부감을 드러냈다. 대신 그들은 실질적 변화를 만들어내기 위해, '어떤 문제를 근본적으로 해결'하기 위해 기부한다고 말했다. 한 기부자는 부모와 달리 자신은 "과시욕이 아니라 임팩트를 기준으로 삼는다"고 했다. 다른 기부자는 단지 "명성을 얻는 일"보다는 "문제에 집중하고 싶다"고 말했다. 이 기부자는 앞선 기부자와 놀랍도록 비슷한 말을 했다. "저는 임팩트의 증거를 원해요. 제 부모님은 '좋은 기분'을 느끼려고 기부를 하는 것 같지만, 저는 제 기부금의 임팩트를 최대치로 끌어올리는 일에 몰두하죠."

차세대 기부자이자 사회적 기업가인 대니얼 루리(Daniel Lurie)는 샌프란시스코만 지역의 뿌리깊은 빈곤문제를 해결하기 위한 새로운 모델을 개발하고 기부자들로부터 1억 2000만 달러 이상을 모금했다. 이 기부자들 중에는 그가 새로운 무언가를 발견했다고 믿는 차세대 기부자들도 포함되어 있었다. 그는 어쩌면 외골수로 보일 정도로 임팩트에 집중하는 차세대 기부자들의 특징은 물론 새로운 모델을 통해 자선 분야 지형을 바꾸고, 마침내 고질적인 문제를 해결하려는 의지를 잘 보여주는 훌륭한 사례다.

대니얼 루리

해결책의 일부가 되는 것

나는 샌프란시스코에서 나고 자랐다. 부모님은 내가 두 살 때 이혼했다. 랍비인 아버지는 재혼했고, 그때부터 지금까지 나는 의붓어머니와 마린카운티에 살고 있다. 친어머니도 피터 하스(Peter Haas)라는 분과 재혼했는데, 그는 샌프란시스코만 지역에서 자선활동을 많이 했던 리바이 스트라우스(Levi Strauss)의 후손이다.

아버지와 의붓어머니, 어머니와 의붓아버지 모두 지역사회 활동과 나눔에 적극적으로 참여했고 각자 가족 자선사업의 전통을 갖고 있었다. 지역사회의 일원이 되어 봉사해야 한다는 정신은 어릴 때부터 나와 내 형제들에게 전해졌다. 우리는 사회 환원에 동참하고 지역사회 발전을 위해 노력해야 했다. 그 해결책의 일부가 되어야 했다.

놀랍지 않게도 나는 일찍부터 나눔과 지역사회 봉사에 참여하기 시작했다. 내 형제와 나는 고등학생 때부터 의붓아버지와 어머니의 가족재단인 미미 앤드 피터 하스 펀드(Mimi and Peter Haas Fund)의 이사회에 출석했다. 나는 집에서 멀리 떨어진 듀크대학에 진학해 정치학을 전공했고 학생회장이 되었다.

듀크대학을 졸업한 직후—정말 졸업식 바로 다음날—나는 뉴저지주 웨스트오렌지로 가서 빌 브래들리(Bill Bradley)의 대선 캠페인에 참여했다. 그리하여 1999년부터 2000년까지 약 10개월간 아이오와주 전당대회에서 일했다.

빌 브래들리가 좋았던 것은 그가 늘 빈곤문제에 대해 이야기했기 때문이다. 그는 밥을 굶고 등교하는 1200만 명의 어린이에 대해 말했다. 당시 3500만 명에서 4500만 명에 달했던 미국 내 건강보험 미가입자들에 대해 말했다. 그렇게 재능 많고 똑똑한 사람이 남을 위해 봉사하려는 것이 멋있어 보였다. 그는 우리나라에서 덜 가진 사람들에 대해 이야기하고자 했다. 그것은 내게 감동으로 다가왔다.

나는 대선 캠페인이 끝나자마자 뉴욕으로 가서 뉴욕 최대 빈곤 퇴치단체인 로빈 후드 재단(Robin Hood Foundation)에서 근무했다. 내가 로빈 후드에서 일하기 시작한 것은 공교롭게도 2001년 9월 11일 테러사건이 발생하기 일주일 전이었다. 빌 브래들리의 이상과 9·11 테러사건, 로빈 후드 재단 근무 경험이 더해지면서 내가 어떤 일을, 어떤 방식으로 하고 싶은지 깨닫게 되었다. 내게는 늘 지역사회를 개선하고 지역사회에 봉사하고 싶은 욕구가 있었다. 그런데 로빈 후드 재단이 9·11 테러 대응의 중심에서 활약하는 모습—연민을 갖고 공감하며 가장 큰 타격을 입은 뉴욕 저소득층을 돕는 모습—은 내게 자극제가 되었다.

뉴욕에서 몇 년 일하고 대학원 진학을 위해 샌프란시스코만 지역으로 돌아온 뒤 나는 내 고향에 새로운 자선 모델을 도입하는 작업에 착수했다. 2005년 나는 몇몇 이사와 100여 명의 창립 기부자와 함께 티핑 포인트 커뮤니티(Tipping Point Community)를 설립했다. 이후 우리는 샌프란시스코만 지역의 빈곤층 지원을 위해 1억 2000만 달러를 모금했고 나는 여전히 자랑스럽게도 이 단체의 CEO를 맡고 있다.

새로운 기부 모델

나는 많은 가족재단이 좋은 일을 한다고 생각하고 각자 선택한 지역에서 똑똑한 기부를 하는 재단의 일원으로 일하는 것은 큰 영광이자 책임이라고 여긴다. 하지만 우리 집안의 가족재단은 의붓아버지와 어머니의 열정이자 유산이고 나는 그저 돕는 역할을 하는 것에 불과하다고 생각한다. 반면 티핑 포인트는 나의 열정, 나의 봉사 방식, 내가 지역사회 전체에 임팩트를 주는 방식이다. 나는 이것이 내가 원하는 임팩트를 얻기 위한 최선의 모델이라고 확신한다.

티핑 포인트는 지역사회를 더 튼튼하게 만들고, 현재 기초생활이 힘들 만큼 가난한 샌프란시스코만 지역 주민 130만 명의 삶을 개선하기 위해 존재한다. 티핑 포인트 모델은 가장 전도유망한 단체들을 물색한 다음 그 단체들이 더 효율적으로 빈곤층 아동과 여성을 도울 수 있도록 지원하는 것이다. 우리는 주거, 교육, 고용, 복지 등의 핵심 분야에 자금을 지원해 빈곤의 고리를 끊는 데 주력한다.

지난 12년간 샌프란시스코만 지역에서 일하면서 이런 문제에 관해 어느 정도 알게 되었지만 처음 시작할 때 우리는 전문가가 아니었다. 우리는 자선단체들이 자기 역할을 더 잘하도록 돕고, 역량을 키워주고, 단체들의 백오피스(back office)를 지원하는 일에 더 능하다고 생각했다. 따라서 우리는 일반적인 운영 지원을 제공한다. 이는 우리보다 기회와 도전에 대해 더 잘 알고 있는 비영리단체에 유연성을 부여한다. 이런 초기 결정으로 인해 나는 일반적인 운영 지원의 가치와 대부분의 재단이 이런 지원을 제공하지 않아 비영리단체가 겪을 수밖에 없는 문제들에 대해 배울 수 있었다.

티핑 포인트는 샌프란시스코만 지역의 모든 이를 위해 더 나은 지역사회를 만들고자 하는데, 여기에는 우리 지역의 기부자들도 포함된다. 우리의 모델은 그들에게 참여 기회, 튼튼한 지역사회 건설에 일조할 기회를 제공한다. 우리는 이사회 매칭 프로그램을 통해 지역사회의 젊은 전문가들이 우리가 후원하는 44개의 자선단체 중 한 곳의 이사회에서 활동할 수 있게 함으로써 그들의 참여를 유도한다. 또한 우리가 후원하는 자선단체에서 봉사활동을 할 수 있도록 웹사이트를 통해 자원봉사 매치 포털을 운영한다. 이런 활동은 티핑 포인트의 영향력을 확대하고 우리 지역사회의 재정적·인적 자원 활용을 극대화한다.

티핑 포인트에서 일하는 많은 사람은 이 일을 통해 우리가 그 누구보다 많은 것을 얻는다고 느낀다. 우리는 스스로를 이타적인 사람이라고 생각하고 싶어하지만 이 일을 통해 너무 큰 만족감과 성취감을 얻고 있으므로 다분히 이기적인 면도 있다.

실질적 변화 요인 찾기

이 지역뿐 아니라 우리나라에는 선한 의도를 갖고 있으나 자세히 들여다보면 결과를 내지 못하는 비영리단체가 너무 많다. 선한 의도만으로는 부족하다. 무엇보다 중요한 것은 결과이므로 우리에게는 결과를 내는 프로그램들이 필요하다. 지난 50년간 미국에서는 빈곤이 줄어들지 않고 오히려 늘어났다. 모든 비영리단체가 그 격차를 좁히려고 애쓰지만 기회의 불평등은 더 커졌다. 실질적 변화를 이끌어내기 위해 우리에게 필요한 것은 매우 효과적인 프로그램들이다. 그리고 어떤 프로그램이 효과적인지 알기 위해서는 그 효과를 측정할 방법이 있어야 한다.

티핑 포인트의 주요 목표는 티핑 포인트가 후원하는 단체들이 각자 맡은 일을 잘 해내고, 대상자들에게 더 나은 서비스를 제공하고, 이들이 가난에서 벗어날 수 있도록 항상 지원하는 것이다. 우리는 우리의 후원단체들이 각자 가장 유능한 분야에 집중하며 그들이 의도했던 효과를 낼 수 있도록 돕고 싶다. 별 효과를 내지 못하는 프로그램, 괜히 시간과 비용만 허비하고 삶의 질을 올리는 데 도움이 안 되는 프로그램을 중단하도록 돕는 경우도 많다. 우리는 우리의 후원단체들이 한정된 자원으로 최대한의 효과를 내기 바란다.

이를 위해 우리는 우리의 후원단체들이 각 분야에서 실질적 변화를 만들어내고 있는지 훌륭한 데이터와 임팩트 측정 방식을 통해 파악할 수 있게 돕는다. 우리는 우리의 후원단체들이 각각 변화이론을 거쳐 어떤 것이 중요하고, 어떤 것이 효과를 내는지 제대로 깨닫게 되는 순간을 좋아한다. 우리를 찾아온 어떤 후원단체들은 그 과정을 통해 실질적이고 진지한 자기성찰을 한 뒤 결국 전체 프로그램을 중단하기도 한다. 그들은 데이터를 보고 나서 1500만 달러 예산보다 1000만 달러 예산이 더 효과적일 수 있고, 예상한 효과를 거두지 못하는 무언가에 예산을 낭비하고 있다는 것을 깨닫게 된다.

우리는 이 방식이 옳다고 생각하기 때문에 첫날부터 이런 식으로 임팩트를 측정한다. 우리는 이런 측정 방식이 우리의 후원단체들에게 부담이 되기를 원하지 않지만 어떤 프로그램이 실질적 변화를 이끌어내고 있는지 더 명확히 이해할 필요가 있다는 점은 믿어 의심치 않는다.

결과를 가속화하기 위한 연구 개발

똑같은 일을 반복하면서 다른 결과를 기대할 수는 없다. 그런 일은 벌어지지 않을 테니까. 샌프란시스코만 지역에서 페이스북, 구글 같은 회사들은 연구 개발에 말 그대로 수십억 달러를 쏟아붓는다. 그것이 놀라운 결과로 이어질 수 있음을 알기 때문이다. 하지만 비영리 부문의 연구 개발 비용은 거의 0에 가깝다. 티핑 포인트에서 일하는 우리는 그것을 바꾸어야 한다고 생각한다. 우리는 비영리 부문이 사회 개선에 커다란 역할을 할 것을 요구한다. 우리는 비영리단체가 뚜렷한 결과를 낼 것을 기대하지만 그런 결과를 내기 위해 필요한 것을 제공하지는 않는다. 그들이 건강한 단체를 운영하는 데 필요한 일반적인 운영비를 지원하지 않고, 더 나은 결과를 내고 더 큰 임팩트를 만들어낼 가능성이 있는 새로운 접근법을 시도할 여지도 주지 않는다. 우리가 비영리단체들과 그 단체들의 지도자들을 그렇게 높이 평가한다면 왜 그들에게 필요한 것을 제공하지 않는 것일까?

우리는 우리 자신이 티핑 포인트에 있는 보조금 배분자, 혁신을 가속화하는 존재라고 생각한다. 우리는 후원단체들이 더 나아지고, 더 빨라질 수 있게 돕는다. 어떤 사람들은 우리의 방식을 '벤처 자선'이라고 할지도 모른다. 이는 2000년대 초반에 샌프란시스코만 지역에서 유행한 용어지만 우리는 이런 정의에서 멀어지려고 한다. 벤처 자선은 벤처 자본의 사고방식(실패할 가능성이 높지만 성공한다면 대단한 성과를 거둘 수 있는 실험적이고 혁신적인 자선 방식—옮긴이)을 비영리 부문에 적용한 개념인데, 여기에는 부정적인 의미가 뒤따른다. 마치 비영리 부문에 경험이 없는 벤처 투자자들이 비영리단체에게 사업 운영에 관한 조언을 해야 한다는 느낌을 주기 때문이다. 티핑 포인트가 하는 일은 그런 것이 아니다. 우리는 우리의 후원단체들이 효과가 있다고 말하는 사업과 그들이 더 나아지고 빨라지기 위해 우리가 도와야 할 부분과 관련해 그들의 말을 경청한다.

하지만 이런 '벤처' 접근 방식―특히 다양한 분야에 대한 자금 지원, 위험 감수, 연구 개발 지원 등 ― 의 다른 일부 원칙은 도움이 된다고 믿는다. 우리는 100년 역사를 자랑하는 단체와 이제 막 시작한 단체를 두루 지원한다. 티핑 포인트의 연구 개발 사업은 우리의 후원단체들이 지역사회가 직면한 중요한 문제 및 아이디어와 관련해 새롭고 근본적인 해결책을 내놓을 수 있도록 벤처 자본과 파트너십을 제공한다.

새로운 골드러시

'구식' 재단이든 신식 재단이든 하나같이 임팩트를 원한다. 기부자들은 과거부터 늘 임팩트를 만들어낼 수 있기를 바랐다. 20세기 초에는 도서관 건설이나 대학 설립이 지금보다 쉬웠다. 건물을 보고, 그곳을 드나드는 학생들을 보고, 도서 대출 권수나 대학 졸업생 수를 보고 확인할 수 있었다. 지난 10년에서 20년 동안 새롭게 등장한 것은 그 임팩트를 측정하고, 목표 달성과 관련해 단체들의 책임을 묻고, 더 큰 임팩트를 위해 새로운 아이디어를 시도해야 한다는 생각이다. 마크 저커버그와 프리실라 챈의 새로운 자선 유한책임회사 CZI 같은 것을 시도해볼 수도 있다. 또는 세일즈포스의 마크 베니오프(Marc Benioff)처럼 기술, 사람, 자원을 통합하는 1-1-1 모델을 사용할 수도 있다.

우리는 단기적인 임팩트 측정에는 능숙하지만 장기적인 임팩트 측정은 더 까다롭다고 생각한다. 그렇기는 하지만 이전과는 달리 젊은 부자들이 늘어나고 있으므로 우리는 어느 때보다 장기적인 성과에 집중하는 데 유리한 위치에 있다. 카네기 집안사람들은 비교적 인생 후반부에 부자가 되었다. 당시에는 재산을 모으는 데 시간이 걸렸으므로 20대 억만장자가 없었다. 하지만 지금은, 특히 이곳 실리콘밸리를 보면 5년이나 10년 만에 수십억 달러의 재산을 모은다. 우리는 새로운 골드러시 시대에 살고 있다. 매우 신나는 일이다. 하지만 이런 상황은 우리가 이 호황에 참여하지 못하는 사람들에게 좋은 일을 할 수 있는 놀라운 기회도 제공한다. 우리에게는 좋은 일에 쓸 수 있는 자원이 있고 나는 우리가 잘 해낼 것이라고 믿는다.

내가 이렇게까지 낙관적인 이유는 그 사람들이 더 젊은 나이부터 기부 습관을 기르기 시작하기 때문이다. 지역 규모가 되었든, 국가 규모가 되었든, 전 세계가 되었든 우리의 공동체를 개선하기 위해 노력하고 헌신하는 자선 분야의 젊은 지도자들이 아주 많다.

비영리단체들이 새로운 골드러시 시대와 젊은 자선가들을 최대한 활용하려면 이 단체들이 갖고 있는 임팩트를 잘 전달하는 능력이 꼭 필요하다. 많은 자선가들은 경영자들이라서 단체가 잘 운영되는지 알고 싶어한다. 그들은 강력한 리더십과 재정 건전성을 확인하고자 한다. 또한 비영리단체로부터 개선에 대한 의지를 확인하고자 한다. 투자자가 신생 기업에 투자하든 뛰어난 성과를 자랑하는 비영리단체에 투자하든 이런 개선 의지는 중요한 기준이 된다. 구글과 애플의 투자자들은 주주들을 위해 더 나아지려 노력하고 변화에 적응할 줄 아는 회사 운영진을 원한다. 이는 비영리단체도 마찬가지 아닐까. 티핑 포인트는 총 44개 단체를 후원한다. 우리는 이 단체들의 운영진이 모두 훌륭하다고 생각하지만 그들이 더 나아지기 위해 노력하고, 실패를 두려워하지 말고, 실패했을 때는 솔직히 인정할 수 있기를 바란다. 실패를 인정하는 것은 "우리는 더 나아지려고 이러저러한 노력을 하고 있다"라고 말하는 한 방법으로 그 가치를 인정받아야 한다. 이는 티핑 포인트에서 가치 있게 여기는 부분이다.

자선가가 되어 지역사회 발전에 기여하려면 반드시 기술업계의 억만장자가 되어야 한다는 뜻은 아니다. 티핑 포인트는 사회경제적 지위와 무관하게 모든 사람이 어떤 역할을 할 수 있다고 생각한다. 어떤 가문 출신인지, 얼마를 기부하는지는 중요하지 않다. 당신은 큰 문제를 해결하려는 공동체의 일원이 될 수 있다. 자원봉사를 통해 시간을 투자할 수도 있고, 이 사회에서 활동할 수도 있고, 형편에 맞게 기부를 할 수도 있고, 지역사회 활동에 동참할 수도 있다. 모든 사람에게는 각자의 역할이 있다. 다만 기다리지 말고 지금 당장 시작하는 것이 중요하다.

대니얼 루리는 빈곤 완화를 위한 노력에 열정을 쏟고 있지만 노력만으로는 충분하다고 생각하지 않는다. 또한 이전 세대가 오랫동안 빈곤 퇴치 프로그램을 후원했음에도 불구하고 빈곤이 계속 증가하고 있다는 사실에 좌절하고 있다. 더 큰 임팩트를 만들어내려면 변화가 필요하다.

대니얼 루리가 빈곤문제와 관련해 실질적 변화를 가져오기 위해 시도한 방식은 임팩트에 초점을 맞춘 자선활동을 원하는 다른 차세대 기부자들이 무엇을 바라는지를 잘 보여준다. 그들은 다른 모델을 시도하고, 새로운 위험을 감수하고, 효력의 증거를 확인하고자 한다. 그들은 결과를 원한다.

보는 것의 힘

차세대 기부자들은 임팩트를 원한다고 했는데, 이는 대체 무슨 의미일까? 그들이 말하는 임팩트의 정의는 서로 같은 것일까? 인터뷰 대상자들에게 임팩트의 의미를 물었을 때 우리는 다양한 설명을 들을 수 있었다. 어떤 사람에게 그것은 차터스쿨 학생의 대학 진학률처럼 입증된 성과─그들이 측정 가능한 변화를 만들어냈다는 일종의 증거─였다. 한 기부자는 감동적인 방식으로 임팩트를 확인하는 것은 실질적인 수치로 표현된 성과를 확인하는 것만큼 중요하지 않다고 했다. "대다수 비영리단체는 그들이 해결하려는 문제나 진행하는 사업을 설명한 뒤 행복한 아이들의 사진을 통해 그 자선사업의 임팩트를 보여주고 기부자의 심금을 울리려고 하죠. 하지만 그 사진은 1달러당 얼마만큼의 임팩트를 얻을 수 있는지, 얼마나 많은 아이가 행복해질 수 있는지 보여주지 않아요. 그건 전혀 명확하지 않죠."

다른 사람들에게 임팩트란 어떤 결과가 그들의 특정한 기여와 관련 있다는 더욱 명확한 증거, 또는 그들이 문제를 해결하거나 변화를 만드는 데 효과적으로 기여하고 있다는 증거를 의미한다. 한 사람은 기부금을 통해 "이용자, 지역사회, 또는 학교에 추가 혜택이 제공되고 그런 상황을 눈으로 확인할 수 있는 것"이 임팩트라고 설명했다.

궁극적으로 임팩트의 의미와 관련해 가장 일반적인 대답은 간접적인 것이었다. 차세대 기부자들은 임팩트를 "기부의 결과로 벌어지는 어떤 일을 볼 수 있는 것"이라고 정의했다. 차세대 기부자들이 생각하는 임팩트의 의미는 어쩌면 서로 같지 않을 수 있지만 그들이 임팩트를 보고 싶어한다는 것만은 확실했다. 이는 임팩트에 대한 최선의 정의가 아닐 수도 있지만—이 부분은 나중에 다시 논의할 것이다—어쨌든 가장 일반적인 정의였다.

놀랍지 않게도 차세대 기부자들은 특히 현장 방문에 열광한다. 그들은 '눈앞에서 임팩트를 확인하는 것'을 좋아한다. 한 기부자는 "도움이 필요한 곳을 확인하는 것과 비영리단체가 개입해 사람들의 삶에 가져오는 매우 구체적이고 실질적 변화를 확인하는 것"이야말로 가장 "궁극적인 경험"이라고 말했다. 다른 기부자는 중앙아프리카를 방문한 경험에 대해 흥분하며 말했다. "소그룹과 함께 현장 상황을 보고, 맨해튼의 이사회 회의실에서 제가 생각하기에는 다소 추상적으로 논의했던 것들을 직접 제 눈으로 확인했어요. 전 그게 너무 좋았어요. 놀라운 경험이었어요. 제가 앞으로 더 많이 후원하고 싶은 분야를 눈으로 확인하는 것 말이죠."

차세대 기부자들이 현장 방문을 좋아하는 이유는 기부 성과를 확인할 수 있고, 그 기부가 어떻게 임팩트를 만들어내는지 이해할 수 있기 때문이다. 물론 그들은 자신들이 후원하는 미국 소년 소녀 클럽(Boys and Girls Club)의 강령을 읽어볼 수도 있다. 하지만 클럽을 직접 방문해 어떤 프로그램이 아이들의 안전과 생활 기술 훈련, 대학 진학 준비에 특히 도움이 되었는지 아이들의 입을 통해 듣는 것은 훨씬 더 강력한 경험이다.

이 떠오르는 세대―특히 밀레니얼 세대―는 스크린으로 가득한 세상에서 자랐다. 어쩌면 그렇기 때문에 자신들의 기부금이 만들어내는 임팩트를 가상세계가 아니라 '대면 접촉'을 통해 확인할 수 있기를 열망하는 것은 아닐까. 컴퓨터공학계에 종사하는 한 기부자는 직접적으로 그런 주장을 했다.

나는 기술업계 사람이고 가상세계를 사랑한다. 하지만 사진, 3D 비디오 같은 것은 직접 떠나는 여행과 절대 같을 수 없다. 현장 방문을 가거나 [기부자로서] 마을 또는 지역사회를 찾아가면 그냥 혼자 가서 돌아다니는 것이 아니다. 투어를 떠나게 되고 그 투어에는 다른 사람들도 포함된다. 따라서 인간의 감정을 확인할 수 있다. 그들의 눈에서 열정이나 감사함, 또는 그 두 가지가 뒤섞인 무엇을 볼 수 있다. 내게는 그것이 원동력이다.

많은 엑스 세대와 밀레니얼 세대는 어릴 때부터 스크린만 들여다보지 말고 지역사회 서비스나 봉사활동에 참여하라는 격려를 많이 받았다. 따라서 임팩트를 확인하려는 열정은 기부와 관련해 직접적인 경험을 쌓으려는 열정과도 일부 연관이 있다. 현장 방문과 마찬가지로 차세대는 자원봉사를 통해 현장에 참여하는 기분을 느낄 수 있다. 한 기부자의 설명에 따르면 자원봉사는 차세대의 기부금이 "올바른 곳에, 올바른 사람들에게 전달되어 큰 변화를 만들어내고 있는지" 확인할 수 있게 해준다. 다른 기부자는 자원봉사를 통해 "내가 돕는 사람이 누구인지, 어떻게 그들에게 도움이 되는지 알 수 있다"고 했다. 또한 많은 차세대 기부자는 그들과 이전 세대의 결정적인 차이점이 이처럼 직접 보고 만지고 참여하고자 하는 욕구라고 했다.

물론 우리는 질문을 해야 한다. 이처럼 진지하고 자신감 넘치는 차세대 기부자들은 오랜 시간 투자해야만 달성하고 측정할 수 있는 임팩트에도 끈기 있게 투자할 수 있을까? 그들은 사람들의 목숨과 생계에 영향을 미치는 관행을 개혁하면서 겸손함과 개방성을 보여줄 수 있을까? 이것은 자선 분야의 임팩트 혁명이 전개되는 동안 중요한 질문이 될 것이다.

이 장의 내용이 의미하는 바는?

임팩트 혁명의 잠재적 장점은 어마어마하다. 유례없는 자원을 가진 기부자들이 실제로 놀라운 임팩트를 가져올 수 있는 새로운 방식의 기부를 한다면 우리는 고질적인 문제에 대해 진전을 이루고 이전과는 완전히 다른 차원으로 대의를 발전시킬 수 있을 것이다. 우리는 프리실라 챈과 마크 저커버그가 원하는 것처럼 모든 질병을 치료하거나 관리할 수 있을지도 모른다. 우리는 대니얼 루리가 원하는 것처럼 수백만 명을 가난에서 벗어나게 할 수 있을지도 모른다. 고액 기부자들이 원하기만 한다면 큰 임팩트는 충분히 가능하다.

하지만 혁명은 혼란스럽다. 그것이 가진 자와 못 가진 자의 대결로 인한 혁명, 또는 제도 변화 및 군중의 대결로 인한 혁명이라 할지라도 말이다. 혁명가들의 의도가 제아무리 숭고하고 긍정적이라 해도 혁명은 혼란스러울 수밖에 없다. 우리는 어떻게 이 혼란스러움에 대비할 수 있을까? 어떤 변화에 미리 대비해야 할까? 어떤 의도하지 못한 결과, 또는 예상하지 못한 함정을 주의해야 할까?

임팩트를 최우선으로 여기는 차세대의 성향은 이런 기부자들을 유치하거나 유지하려고 노력하는 비영리단체들에게 호재일 수 있으나 이런 단체들은 임팩트를 보여주는 방식과 관련해 신중하고 창의적이어야 한다. 모금담당자들은 차세대 기부자들 앞에서 분명 임팩트를 가장 중요한 메시지로 내세울 것이다. 비영리단체들은 차세대 기부자들이 이들 단체는 물론 단체 후원자들과 직접적이고 개인적인 관계를 맺을 수 있도록 현장 방문, 자원봉사, 또는 그들이 지원하는 대상자들의 실제 사연을 소개하는 기회를 통해 방법을 찾을 것이다.

직접 만남은 어렵더라도 임팩트는 접할 수 있다. 차세대 사회적 기업가 찰스 베스트(Charles Best)가 창립한 단체의 사례를 알아보자. 2000년 당시 브롱크스에서 고등학교 역사 교사로 일했던 스물네 살의 찰스 베스트는 도너스추즈닷오그(DonorsChoose.org)를 만들었다. 공립학교 교사들이 학급 프로젝트와 필요한 것에 관한 정보를 게시하고 기부자들은 후원하고 싶은 프로젝트를 직접 선택할 수 있는 웹사이트다. 기부자들은 도너스추즈닷오그를 통해 교사, 프로젝트, 심지어 지원금을 받게 될 아이들을 사진으로 확인하고 예산과 목표에 관한 세부 사항도 살펴볼 수 있다. 또한 프로젝트 진행 상황에 대한 최신 정보를 확인할 수 있고 웹사이트에는 '우리의 데이터 살펴보기' 버튼이 있는 '임팩트' 페이지까지 마련되어 있다. 이런 접근법이 차세대 기부자들의 관심을 받는 이유는 그들이 누구를 지원하고 있으며 그들이 만들어내는 임팩트의 명확한 총량에 대해 기부자들이 개별적인 느낌을 갖게 만들기 때문이다.

임팩트를 확인하는 것은 흥미진진하고, 동기부여가 되고, 기부자에게 개인적 의미와 만족감을 준다. 하지만 우리는 차세대 기부자들이 임팩트에 지나치게 열광하는 성향의 잠재적인 문제점을 경계해야 한다. 주된 초점은 항상 이들 기부자가 후원하는 실질적이고 복잡한 요구와 목표에 맞추어져야 한다. 비영리단체와 기부자 모두 임팩트 혁명이 연출된 현장 방문을 통해 사회 변화 노력의 좋은 면만 부각해 고액 기부자를 기분좋게 하려는 공허한 노력으로 변질되지 않도록 주의해야 한다. 이것은 많은 비영리단체 지도자가 걱정하는 부분이자 우리가 만난 가장 영민한 차세대 기부자들이 함께 우려하는 부분이다. 그들은 여전히 자신들의 기부를 통한 임팩트를 확인하려고 한다. 하지만 동시에 그 임팩트가 단체가 진정 필요로 하는 부분과 일치하기를 바라고 가시적 결과와 무관하게 실질적 변화의 발판이 되기를 바란다.

또다른 문제는 모든 대의나 단체가 '대면' 방식으로 명확하게 모니터링할 수 있는 임팩트를 만들어내지 않는다는 점이다. 어떤 단체들이 이루어내고자 하는 사업의 성과는 너무 크고, 멀고, 복잡하고, 미묘하고, 손에 잡히지 않아서 눈에 쉽게 보이지 않을 수도 있다(인종 폭력에 대한 태도 변화를 생각해보라). 또한 궁극적으로 가장 크게 누적되는 임팩트를 낼 수 있는 일부 해결책은 단기간에 기부자들이 만족할 만한 실질적 결과를 낼 수 없다(암의 유발 원인을 이해하기 위한 기초과학 연구를 생각해보라).

이 모든 복잡성에도 불구하고 비영리단체들이 그들의 임팩트를 보여주는 것—그리고 그 임팩트가 만들어지는 과정을 보여주는 것—은 중요한 일이다. 다만 그들은 어떻게 그 성과를 기부자들에게 호소력 있는 방식으로 보여줄 것인지 신중히 고민해야 한다. 기부자들에게 긍정적 성과를 강조하면서 그 성과를 기부자들이 품고 있는 대의의 성격과 일치하게 만들고, 게다가 장기적 변화의 증거까지 제시하기란 쉽지 않다.[9] 우리는 비영리단체들이 겪는 어려움을 차세대 기부자들이 배우고 직접 목격한다면 비영리단체와 기부자는 더 좋은 변화의 파트너가 될 수 있을 것이라고 믿는다. 좋은 소식은 차세대 기부자들이 비영리단체들과 이처럼 친밀하고 정직한 관계를 맺고자 한다는 것이다.

이상적으로 비영리단체들과 차세대 기부자들은 임팩트를 함께 정의해 나갈 수 있는 관계로 발전할 수도 있다. 기부자들은 그들이 원하는 세상의 변화에 대해 말하고, 비영리단체들은 그들이 해결하려는 문제의 복잡한 성격과 문제 해결과정의 장애물에 대해 설명할 수 있다. 양측은 각각의 복잡한 상황 속에서 임팩트가 어떤 의미인지에 대해 서로 합의하고 가장 적절한 성과 및 임팩트 측정 방법을 마련할 수 있다. 그런 다음 양측은 임팩트의 의미에 대해 서로 받아들이고 그것의 달성과 관련해 서로에게 책임을 물을 수 있다.

* * *

하지만 우리는 이 질문도 던져야 한다. 앞으로 수십 년간 기부를 하게 될 차세대 기부자들이 장기적이고 복잡한 사안과 관련해 그들의 기부가 실질적 변화를 가져올 때까지 진득하게 기다릴 인내심을 갖고 있을까? 그

답은 시간이 알려줄 것이다. 하지만 우리와 대화한 일부 차세대 기부자는 이런 어려움을 잘 이해하고 장기적 시각을 가지려고 노력하고 있었다. 한 사려 깊은 기부자는 이렇게 설명했다. "우리는 비영리단체에 투자하고 있고, 그들과 지속적인 관계를 맺길 원해요. 어쩌면 장기간에 걸쳐서 말이죠. 진짜 문제를 해결하는 데는 몇 년이 걸려요. 기반을 마련하고, 도움이 필요한 부분을 파악하고, 아주 많은 단계를 거쳐야 하죠. 한동안 성과가 없을 수도 있어요. 하지만 저는 우리가 일회성, 또는 1년짜리 기부가 아니라 장기간에 걸쳐 가장 큰 효과를 내는 방식의 기부를 할 수 있다고 생각해요."

차세대 기부자들은 분명 '살아 있는 동안의 기부'를 가능하게 하는 기부 수단에 집중함으로써 자선 분야를 변화시킬 것이다. 그들은 영구재단을 설립하거나 그들이 사망한 뒤 '계획 기부(planned gift)'를 제공하는 방식보다 이 방식을 선호한다.[10] 이 책에서 계속 언급하겠지만 그들은 기부를 은퇴 이후로 미루는 것조차 싫어하므로 사후 기부는 더더욱 매력적이지 않다. 다시 말해 차세대 기부자들에게 증여자산이나 유증을 통한 기부를 받는 것은 아마 어려워질 것이다. 하지만 그들은 비영리단체와 친밀한 관계를 맺고자 하며 그 과정에서 그런 지연된 성격의 기부금이 필요하다는 사실을 알게 된다면 선뜻 그런 기부를 할 수도 있을 것이다.

이와 관련된 한 가지 문제는 기부자들이 특정 프로그램과 핵심 운영 중 어느 쪽을 후원하고 싶어하느냐는 것이다.[11] 우리는 모든 부류의 기부자들이 프로그램 후원을 선호한다는 것을 알고 있다. 특히 그들은 수혜 대상이나 성과가 잘 드러나는 프로그램, 여러 약속과 혁신으로 가득한 신규 프로그램을 좋아한다. 설문조사와 실험에 따르면 기부자들이 공통적으로 가장 걱정하는 것은 너무 많은 돈이 간접비나 모금 비용으로 사용되지 않을까 하는 점이다.[12] 하지만 비영리단체 지도자들—그리고 우리와 대화한 많은 차세대 기부자—이 이미 잘 알고 있듯이 임팩트 확대를 위해 그들에게 가장 필요한 자원은 재능 있는 직원, 적절한 공간, 핵심 '연구 개발'을 위한 무제한적 자금 및 지원이다.

그들의 특별하고 커다란 역할을 고려할 때 차세대 주요 기부자들은 간접비만 보고 후원을 결정하는 단순한 접근에서 벗어나 자선 분야의 변화에 더욱 기여할 기회가 있다. 그렇다. 이들 차세대 기부자는 임팩트를 확인하고 싶어한다. 그렇다. 그들은 새로운 아이디어와 새로운 도구를 지원하는 것에 열광한다. 하지만 대니얼 루리도 말했듯이 단체 역량과 운영에 대한 자금 지원이 특히 장기적인 임팩트를 가속화하는 최선의 방법인 경우가 많다.

* * *

혁명은 절대 쉽지 않지만 더 나은 세상을 위한 혁명은 그 수고를 감내할 만한 가치가 있다. 우리가 두 눈 똑바로 뜨고 그 안으로 걸어들어가기만 한다면 자선 분야의 다가오는 임팩트 혁명은 그런 혁명이 될 것이다.

3장

새로운 황금기를 위한 전략 변화

차세대 기부자들에 관한 우리의 연구를 전국 각지에 소개했을 때 사람들이 보인 열정과 우려는 대략 비슷한 수준이었다. 열정을 가진 사람들은 이런 질문을 했다. 차세대 기부자들의 관심사는 무엇인가? 그들은 세상이 어떻게 바뀌기를 원하는가? 그들을 더 적극적으로 참여시킬 비결은 무엇인가? 우려의 질문은 다음과 같았다. 차세대는 이전 세대 고액 기부자들과 비슷한 수준의 기부를 할 것인가? 내가 차세대 기부자들의 지지를 얻으려면 그들에게 호소하는 방식을 바꾸어야 할까? 나는 앞으로 어떤 기부자들과 함께 일하게 될 것인가?

하지만 가장 자주 언급되는 질문은 단연 이것이었다. 그들은 이전 세대 고액 기부자들이 후원했던 대의와 단체에 계속 후원할 것인가?

우리는 자신의 단체가 우선순위에서 밀려날까봐 걱정하는 비영리지도자들에게 이 질문을 받았다. 또한 우리는 현재의 기부자들과 사회의식이 뛰어난 시민들에게도 이 질문을 받았다. 그들은 앞으로 큰 역할을 하게 될 엑스 세대와 밀레니얼 세대 기부자들에게 자신들이 지지하는 대의가 별 관심을 받지 못할까봐 걱정하고 있었다. 그러나 집안에서 오랫동안 후원해왔던 일들을 젊은 세대가 외면할까봐 근심하는 나이 많은 가족 구성원에게도 이 질문을 받았다.

이 질문에 대한 우리의 답은 엇갈린다. 차세대 기부자들은 전반적으로 그들의 부모와 이전 세대 기부자들이 후원해왔던 것과 동일한 대의와 사회문제에 관심을 보인다. 그들은 의료 서비스, 교육, 기본 욕구와 관련된 주요 기부를 중단할 마음이 없다. 또한 지역사회에 대한 후원을 끊을 계획도 없다.

우리는 설문조사를 통해 차세대 기부자들에게 직접 질문을 했다. 전반적으로 그들은 다른 가족 구성원이나 이전 세대와 비슷한 대의를 지지할까, 아니면 다른 대의를 지지할까? 대략 3분의 2에 해당하는 응답자(67.1퍼센트)가 '비슷한' 대의를 지지한다고 답했다. 그 이유를 설명해달라고 했을 때 많은 기부자는 가족들과 가까이 지내면서 해당 사안에 대한 지식을 얻고 특정 단체와 친밀한 관계를 맺게 되었으므로 이전 세대와 동일한 대의에 집중하고 싶다고 했다.[1]

하지만(여기서부터가 핵심이다) 차세대 기부자들은 그런 대의와 단체에 근본적으로 다른 방식—그들이 느끼기에 더 의미 있고 가시적인 임팩트를 줄 수 있는 방식—으로 후원하고자 했다. 그들은 누구와 무엇을 위해 기부하느냐가 아니라 어떻게 기부하느냐를 혁신하고자 했다. 그들은 수준 이하의 교육, 건강 불균형, 빈곤, 그 밖의 고질적인 사회문제에서 진전을 이루기 위해 자선 전략 혁신이 꼭 필요하다고 믿었다. 이는 그들이 반드시 동일한 기관을 동일한 방식으로 후원하지는 않을 것이란 뜻이다. 앞서 경고했듯이 임팩트 혁명은 분명 여러 사람을 불편하게 만들 것이다.

전략에 대한 열정

차세대 기부자들은 자신들이 원하는 기부 방식 변화에 대해 말할 때 종종 이런 전략적 변화를 사소한 전술 수정이 아니라 대대적인 세대교체의 일부로 묘사했다. 20대 초반의 한 기부자는 열의를 보이며 "우리는 이전 세대와는 아주 다른 길을 만들어가고 있다"라고 선언했다. 차세대 기부자들은 변화를 만들어내는 데 열정을 쏟고 있고 이미 이것을 자선 분야 혁신에 대한 그들 세대의 역사적 기여로 보고 있다.

그런 면에서 차세대 기부자들은 전략을 강조하는 자선 분야의 중요한 트렌드를 잘 반영한다. '더 전략적인 자선'은 비록 그 용어가 다양한 방식으로 정의되었지만 지난 몇십 년 동안 자선 관련 출판물과 회의에서 가장 중요한 주제였다.[2] 이 '새로운' 접근 전략의 핵심—솔직히 말하면 복잡한 기부 역사와 밀접하게 연결되어 있다—은 '머리로부터 더 많이, 가슴으로부터 더 적게' 주는 것이다. 전략적 자선은 올바른 대의에 대한 후원을 넘어 가장 효율적인 기부에 대한 냉정한 판단과 기부 방식과 수단 선정에서의 상당한 주의로 특징지어진다. 이 전략을 옹호하는 사람들은 오로지 개인의 열정이나 감정에 따라 움직이는 기부자들을 비판한다.

이 접근 방식이 차세대 고액 기부자들에게 매력적으로 느껴지는 이유를 쉽게 알 수 있다. 이들은 전략적 자선이 가장 중요한 주제가 된 바로 그 시기에 자선 분야에 대해 알게 되었기 때문이다. 또한 '더 나은 성과를 위한 더 나은 전략'에 대한 관심은 임팩트를 우선시한다는 점에서 더없이 매력적이다. 사실 우리는 차세대 기부자들이 이런 전략에 대한 강조를 점진적이고 전술적인 수준이 아니라 혁명적인 수준으로 끌어올릴 것이라고 예상한다.

그렇다고 해서 그들은 열정이 없고 가슴이 아닌 머리로만 기부하려 한다고 말하는 것은 잘못된 평가일 터다. 그보다는 그들의 열정 자체가 전략에 가깝다. 임팩트 세대에게 좋은 자선은 늘 전략적인 자선이다. 머리에서 비롯된 기부는 가슴을 따뜻하게 하기 때문이다.

동일한 이슈, 더 큰 임팩트

우리 역시 주요 기부자들이 후원하는 이슈와 관련해 어떤 변화가 생길지 궁금했다. 그래서 차세대 기부자들에게 그들이 개인적으로 후원하는 이슈 분야와 그들의 가족이 후원하는 이슈 분야에 관해 질문했다.[3] 〈그림 3.1〉은 양쪽이 지지하는 이슈 분야 1위와 2위가 각각 교육과 기본 욕구로서로 일치한다는 것을 보여준다. 다른 많은 이슈 분야에서도 차세대 기부자들과 그들의 가족들은 비슷한 수준의 선호도를 보여주었다. 물론 약간의 차이점도 있는데, 그 부분은 뒤에서 논의할 것이다.

여기서도 각 세대가 지지하는 이슈 간의 차이점보다는 유사점이 더 눈에 띈다. 차세대 기부자들은 부모 세대와 마찬가지로 주거와 식량 같은 기본 욕구 충족에 초점을 맞춘다. 또한 의료 서비스에도 여전히 어느 정도 지원하고자 한다. 사실 주요 기부의 오랜 역사를 살펴보면 각 기부자 세대 간에는 이슈의 변화보다는 연속성이 더 많이 발견된다는 사실을 알 수 있다.[4]

그렇다면 〈그림 3.1〉에 나타난 차이점은 무엇인가? 차세대 기부자들의 경우 건강, 청소년 및 가족, 예술 및 문화, 종교 같은 전통적 이슈 등—물론 이 네 항목은 여전히 차세대 기부자들의 기부 선호도의 상위 절반에 포함되어 있다—에 대한 관심이 조금 줄어들었다. 차세대 기부자들은 다른 가족

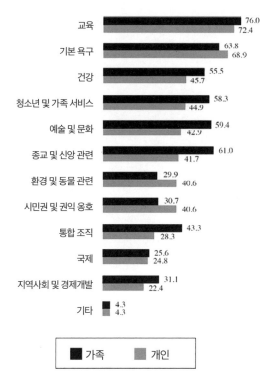

<그림 3.1> 각 이슈에 대한 가족의 기부와 개인의 기부

구성원들보다 환경 및 동물 관련, 시민권 및 권익 옹호 이슈에 더 많이 기부했다.[5] 그들은 부모 세대와 달리 이 두 가지 이슈 분야를 일명 통합 조직—전통적으로 인기 있는 유나이티드 웨이(United Way)나 유대인연맹(Jewish Federation)처럼 자금을 모금한 다음 다양한 이슈 분야에서 일하는 자선단체에 배분하는 '중개자(middle man)' 역할을 하는 조직—보다 선호했다.

우리는 대다수의 엑스 세대와 밀레니얼 세대가 그들의 부모와 조부모보다 공식적인 종교활동에 덜 참여하고, 한 세대로서 LGBTQ 커뮤니티와 유색인종의 시민권을 더욱 지지하고, 환경 인식이 더 높아진 세상에서 성장했다는 것을 알고 있다.[6] 하지만 건강이나 예술, 또는 중개자 조직에 대한 상대적으로 낮은 관심은 어떻게 설명할 수 있을까?

그 답은 임팩트와 관련 있다고 생각한다. 이런 이슈에 대한 관심이 줄어들었다는 뜻이 아니라 차세대가 이런 이슈 분야에서 일하는 단체에 기부하면 이 단체가 직접적이고 의미 있는 임팩트를 만들어내는지 확인하기 어렵다는 뜻이다. 또한 이런 단체와는 밀접하고 사적이고 전략적인 관계를 맺기도 더 어렵다. 의료 서비스 분야에는 다른 어떤 분야보다 대형 비영리단체가 많고 예술 및 문화 분야는 개선된 효과를 보여주는 계기판보다는 특별 모금행사로 더 유명한 전통적인 기관으로 가득하다.

임팩트를 확인하고자 하는 성향은(그리고 전통적인 대형 기관을 기피하는 성향은) 종교단체 기부에 대한 차세대의 상대적으로 낮은 관심을 설명해줄 수 있을지도 모른다. 사실 종교 예배에 정기적으로 참석한다고 응답한 젊은 기부자들의 경우 이전 세대와 같은 수준으로 종교단체를 후원했다. 이는 그들이 그 종교단체들을 직접적으로 알고 있고, 그곳 지도자나 참석자와 관계를 맺고 있으며, 후원의 임팩트를 내부에서 확인할 수 있기 때문이다.

우리가 직접 인터뷰한 차세대 기부자들은 설문조사에 참여한 차세대 기부자들과 같은 말을 했다. 한 인터뷰 대상자는 '전통적인 대형 단체'에 대한 후원을 중단하고, 대신 '해당 이슈에 대한 실질적 변화를 가져올 수 있는 여러 지원금의 포트폴리오' 쪽으로 방향을 돌리고 싶다고 했다. 다른 인터뷰 대상자는 그의 가족재단 이사회에서 젊은 세대가 가족들에게 '서로서로의 사립학교에 대한 후원'을 중단하고 '실제 자금 대비 더 큰 임팩트'를 거둘 수 있는 방식을 찾을 것을 압박하고 있다고 말했다.

이것은 대형 비영리단체도 마찬가지다. 많은 차세대 기부자는 작은 단체가 더 큰 임팩트를 낼 수 있어서—그리고 그것을 확인할 수 있어서—작은 단체에 대한 후원을 선호한다고 했다. 작은 단체와는 친밀한 관계를 맺고 혁신적 전략을 통해 변화를 촉진할 수 있기 때문이다. 한 기부자는 이렇게 간단히 정리했다. "저는 제가 큰 임팩트를 만들어낼 수 있는 작은 단체와 일하고 싶지, 작은 임팩트밖에 못 만들어내는 큰 단체와는 일하고 싶지 않아요. 작은 단체와 함께 일한다면 저는 의미 있는 임팩트를 이루어낼 수 있고 그 단체에 필요한 변화를 가져오도록 도울 수 있어요."

대형 단체를 후원할 경우 그들은 특정 프로그램이나 캠페인 참여를 통해 관심을 유지했다. 대형 비영리단체 내에서 그들은 특별히 애착을 느끼고 있고 가까이서 관찰할 수 있는 구체적인 사업에 후원했다.

유나이티드 웨이나 유대인연맹 같은 중개자 모금 조직에 대한 차세대의 관심이 낮은 것도 아마 규모의 문제와 관련 있을 것이다. 그들은 사랑의 온도계에서 눈금 한 칸을 차지하는 일에는 별 관심이 없다. 차세대 기부자들은 이런 통합 조직에 대한 기부가 어떤 임팩트를 만들어내기는 하는 것인지 의문을 품는다. 그들의 기부와 가시적 결과 간의 거리가 너무 떨어져 있기 때문이다.

성공을 위한 전략

차세대 기부자들이 무엇에 기부하느냐보다는 어떻게 기부하느냐(그들의 기부 전략)를 바꾼다고 할 때 이 질문이 떠오른다. 그들은 구체적으로 어떤 전략을 바꾸려는 것일까? 그들은 고액 기부자로 떠오르고 있기 때문에 모든 것을 한꺼번에 바꿀 수는 없다. 그들은 자선의 임팩트 확대에 가장 필요한 전략과 관련해 우선순위를 정해야 한다.

현재의 기부 방식 또는 전통적인 기부 방식을 평가해달라고 했을 때 일부 차세대 기부자들은 이전 세대의 기부 방식이 얼마나 '비공식적'이고 '즉흥적'이고 '개인 취향' 중심인데다 '실제 프로그램이 아니라 인맥 바탕'인 지를 비판했다. 그들은 '수동적으로 수표를 발행해주는 자선 전략에서 더 적극적이고 촉진적인 전략'으로의 방향 전환을 원했다. 그들은 "유방암연구 재단 만찬을 위해 수표를 써주는 전통적인 자선 전략은…… 우리 조부모 세대가 돌아가시면 모두 사라질 것이고 큰 변화가 찾아올 것"이라고 했다. 이 책 도입부에서 잠깐 소개했으며 가족의 오랜 기부 전통에 동참하고 있 는 캐서린 로렌즈 역시 눈에 띄는 변화에 대해 언급했다. "우리는 자선사업 전략을 조부모님 세대와는 다른 방식으로 보고 있어요. 우리는 건물 외부 의 벽돌보다는 건물 내부의 프로그램에 더 신경쓰죠."

다른 기부자들은 이런 변화를 낡은 전략을 새로운 전략으로 전면 교 체하는 것이라기보다는 과거 전략을 일부 개선하면서 새로운 전략을 도입 하는 것으로 본다. 모든 차세대 기부자가 이 부분을 명확하게 설명하지는 못했다. 한 사례를 소개하면 다음과 같다. "제 생각에는 최고의 기존 관행 을 받아들이고 배우고 이어나가는 동시에, 다른 쪽에서는 다른 최고의 기 존 관행이나 습관을 배척하거나 거기에 맞서는 게 아닐까 해요."

우리는 차세대 기부자들에게 긴 서술 목록을 주고 그들이 생각할 때 자선 전략에서 가장 중요한 부분이 무엇인지 선택하게 했다. 〈그림 3.2〉는 가장 많은 선택을 받은 다섯 항목이다.

우리는 데이터를 통해 이 다섯 요소의 매력을 거듭 확인했다. 우리가 인터뷰한 기부자는 차세대 기부자들이 원하는, 조사와 임팩트를 중요 시하고 몇몇 사안에 집중하는 자선 전략을 이렇게 정리했다. "저에게 저만 의 재단이 있고 아무도 참견하지 않는다면 저는 매우 전략적으로 제가 관 심 있는 몇 가지 이슈만 선택해 그 분야를 직접 공부한 뒤 어떤 결과를 낼

1

나는 후원 대상을 결정
하기 전에 상당한 주의
를 기울여 조사한다.

2

나는 먼저 자선 목표나 이
상적인 해결책을 정한 다
음 그에 부합하는 후원단
체를 찾는다.

3

나는 근본 원인을 검토하고
체계적인 해결책을 시도하
는 노력을 후원한다.

4

나는 후원 여부를 결정하기
전에 해당 단체의 입증된 효
과나 측정 가능한 임팩트에
대한 정보를 얻는 것을 선호
한다.

5

나는 종종 다른 사람에게 어
떤 이슈나 단체를 추천한다.

<그림 3.2> 자선 전략에서 가장 중요한 다섯 요소

수 있겠다고 여겨지는 계획을 세울 거예요."

다음은 이 다섯 요소 중 처음 네 가지를 요약한 내용으로 차세대 기부
자들이 더 큰 임팩트를 위해 이런 전략이 필수라고 여기는 이유를 설명해
준다. 또한 우리는 그들의 언어로 예시를 들기 위해 차세대 기부자들과의
심층 인터뷰 내용을 일부 인용했다. 다섯번째 전략인 '다른 사람에게 이슈
나 단체를 소개하기'는 7장에서 자세히 살펴볼 것이다.

1. 상당한 주의

차세대 기부자들은 문제와 해결책에 대한 그들의 정보 수집 능력을 이
용해 좀더 신중한 기부 결정을 하고자 한다. 또한 그들이 원하는 정보를

단체들이 보다 투명하게 공개해야 한다고 생각한다. 그들은 마치 금융 투자를 할 때처럼 그들의 잠재적 기부 대상에 대해 상당한 주의(due diligence, 그들이 많이 사용하는 용어다)를 기울인다.

"제가 100만 달러를 쓴다고 쳐요. 저는 동네 분위기, 집이 지어진 연도, 배관 교체 연도 같은 걸 확인하지 않고 100만 달러짜리 집을 사지 않아요. 100만 달러는 큰 투자이기 때문에 그 집에 대한 모든 걸 알고 싶을 거예요. 비영리단체에 대한 기부도 마찬가지죠. 제가 제대로 알지 못하는 단체에 100만 달러를 기부하기는 싫어요. 저는 제가 그곳에서 무엇을 얻을 수 있는지 정확히 알아낼 거고 조사와 정보에 집중할 거예요."

"[아버지는] 선의로 좋은 일을 많이 하는 비영리단체 10여 개의 목록을 갖고 있지만, 저는 다른 방식으로 접근하고 싶어요. 아버지에게 실제 비영리단체의 목록이 있다면, 저는 제가 관심 있는 이슈의 목록을 만든 다음 조사를 통해 최선의 해결책을 찾으려고 할 거예요."

2. 주도적이고 집중적

차세대 기부자들은 기부금을 너무 다양한 영역에 얇게 펴 바르는 '땅콩버터' 또는 '사랑 퍼뜨리기' 같은 전통적인 기부 방식보다는 몇 개의 검증된 해결책이나 단체에 집중하고자 한다. 그들은 과거의 고액 기부자들과는 달리, 수동적으로 반응하기보다는 주도적으로 나서고자 한다. 그들은 먼저 목표와 변화이론을 정하고 그에 부합하는 후원단체를 찾은 다음 그 단체를 장기적으로 후원하고자 한다.

"좋은 일을 많이 하는 훌륭한 사람들을 보면 대단하다 싶지만, 안타깝게도 우리에겐 돈이 무한정 많지 않아요. 한정된 금액의 돈이 있을 뿐이죠. 그걸 모든 사람에게 골고루 나눠줄 순 없어요. 너무 소액으로 나누면 그 누구에게도 도움이 되지 않죠. 그래서 때로는 하나의 단체를 선택해 기부금을 몰아주는 게 더 나아요. 전부를 받은 한 단체가 절반을 받은 두 단체보다 더 많은 일을 할 수 있기 때문이죠."

"가족재단은 집중을 안 하는 것 같아요. 한 프로그램을 오랫동안 진득하게 후원하지 않아서 결국 자기들이 전문가도 아닌 분야에 자금을 대주죠. 저는 늘 사람들에게 두세 가지 이슈에 집중하라고 조언해요. 이 세계에서는 '아니요'라고 말하는 능력이 '예'라고 말하는 능력만큼이나 중요해요."

3. 근본 원인 해결

차세대 기부자들은 언젠가는 자신들이 이 사회의 가장 고질적인 병폐를 해결할 수 있으리라는 희망을 품은 채 근본 원인을 다루는 방식의 기부를 하고자 한다. 그들은 증상에 대응하는 것이 아니라 시스템을 바꾸려고 한다. 그들은 전통적인 자선활동이 아니라 변화를 위한 기부를 원한다.

"저는 커다란 사회문제와 정의문제를 해결하기 위한 '근본 원인'에 집중하는 단체, 개인, 그룹에게 집중적으로 후원할 거예요."

"저의 조부모님은 종종 개인들에게 집중하며 그들이 망가진 시스템에서 길을 찾을 수 있게 도울 방법을 찾으셨어요. 반면 제 세대는 모든 개인에게 동등한 성공의 기회를 줄 수 있도록 망가진 시스템을 바로잡을 방법을 찾죠."

"제 개인적인 생각인데, 이상적인 세계의 모든 비영리단체는 폐업을 목표로 삼아야 해요. 문제를 해결하고자 한다면 그 문제가 완전히 사라지게 하는 것을 목표로 끝장을 봐야 하죠."

4. 효과와 임팩트 측정

차세대 기부자들은 그들이 후원하는 단체로부터 검증된 효과와 입증된 결과를 확인하고자 한다. 그들은 그들의 기여에 대한 잠재적 투자 자본 수익률(return on investment : ROI)을 기반으로 기부 결정을 하는데, 한 기부자는 이를 가리켜 '세상을 위한 ROI'라고 했다. 그들은 비영리 부문에 임팩트 및 효과성 측정 수단이 미비한 점을 아쉽게 생각하고 그들의 투자 결정에 도움이 될 만한 더 나은 측정 수단을 원한다.

"[나이든] 세대가 은퇴하고 이사회에서 물러나면서 비영리 부문은 진화와 혁신을 겪을 거라고 생각해요. 그분들이 은퇴하고 우리가 그 자리를 차지하게 되면서 우리 세대가 비영리단체에게 기대하는 행동 방식과 결과에 커다란 변화가 나타나고 있어요."

"측정은 제게 아주 중요해요. 그게 불가능하면 제가 잘하고 있는지 어떻게 알 수 있죠? 시간 낭비가 아니란 걸 어떻게 알죠? 우리가 세상을 더 나은 곳으로 만들었단 걸 어떻게 알죠? 우리는 그저 기분좋은 상태와 계량, 측정을 통해 정확히 아는 상태 중에서 선택할 수 있어요. 전 목적을 갖고 기부하기 때문에 성과 측정이 가능한지를 먼저 확인하죠."

다음에 소개할 기부자 메리 갤러티(Mary Galeti)는 지금까지 살펴본 전략 변화에 대한 욕구와 여러 구체적인 전략을 특히 잘 보여준다. 메리 갤러티는 기부자라는 역할을 물려받았다. 사실 억지로 그 자리에 앉혀진 것에 가깝다. 어머니와 이모의 갑작스러운 죽음으로 인해 메리 갤러티는 가족재단—그것도 구성원들의 죽음으로 곧 자산이 급격히 불어나게 될 가족재단—내에서 중요한 직책을 떠맡게 되었다.

어떤 사람은 가족을 잃은 아픔을 겪은 스물두 살 난 여자는 슬픔에 압도되거나 본인 인생을 고민하느라 바빠서 사려 깊고 헌신적인 기부자 겸 지도자가 될 수 없을 것이라고 짐작할지도 모른다. 하지만 메리 갤러티의 성숙함은 당시 그녀가 스스로에게 던진 질문에 드러나며 진지함과 자기주장이 섞인 듯한 그런 자세는 우리가 발견한 차세대 기부자들의 공통적인 특징이기도 하다. 그녀의 질문은 이렇다. "나는 어떤 기부자가 되고 싶은가? 어떻게 하면 가족의 유산을 기리고 이 기금으로 임팩트를 만들어낼 수 있을까?" 곧 알게 되겠지만 이 질문에 대한 그녀의 대답은 흥미진진하다.

메리 갤러티는 이처럼 삶의 비극적 사건이 자신에게 엄청난 기회를 주었다는 것도 잘 알고 있었다. 그녀는 가족재단의 기부와 관련해 매우 전략적인 접근법을 택함으로써 그 기회를 받아들이기로 했다. 모든 자산을 책임감 있게 사용하는 동시에 기업가정신과 미래지향적 사고가 담긴 전략이었다.

메리 갤러티

우리 가족이 재산을 일군 이야기는 다소 독특하다. 그것은 무엇보다 철조망 발명과 밀접한 연관이 있다. 1870년 미국 남북전쟁 이후 서부로 대대적으로 이주할 당시 사람들은 넓은 땅을 샀고, 그들의 소나 양 같은 가축을 밤새 도둑과 들짐승의 습격으로부터 지키기 위해 울타리를 쳐야 했다. 이런 필요에 따라 철조망이 발명되었다.

증조할아버지 윌리엄 H. 부시(William H. Bush)는 우연찮게 조지프 글리든(Joseph Glidden)이라는 사람의 도제로 일하게 되었는데, 그는 철조망을 둘러싼 특허전쟁의 최종 승자가 되었다. 조지프 글리든은 증조할아버지에게 텍사스로 가서 가진 돈으로 최대한 많은 땅을 매입하라고 했다. 증조할아버지는 현재 애머릴로가 있는 텍사스 북부의 땅 1300제곱킬로미터에서 1600제곱킬로미터를 손에 넣었다.

증조할아버지 부시는 그곳에 목장을 차린 뒤 다시 돌아와 조지프 글리든의 딸과 결혼했다. 당시에는 그런 일들이 흔했다. 안타깝게도 조지프 글리든과 그의 딸은 6개월 간격으로 모두 세상을 떠났는데, 그 딸과 증조할아버지가 결혼한 지 1년 내에 벌어진 일이었다. 그래서 증조할아버지는 아주 짧은 시간에 큰 부자가 되었다.

아내를 잃은 지 얼마 지나지 않아 증조할아버지는 증조할머니가 될 분과 재혼했다. 증조할머니는 영국과 미국 중서부에 흩어져 사는 매우 유서 깊은 명문가 출신이었다. 따라서 증조부모님이 남긴 유산 중 절반은 '유서 깊은 혈통'이고, 나머지 절반은 '미국의 위대한 성공담'이다. 나는 증조할아버지 쪽에서는 4대째, 증조할머니 쪽에서는 8대째 큰 재산을 물려받은 세대에 해당한다. 따라서 지금 이 시점에서 나에게 돈—비단 돈뿐 아니라 목장을 비롯한 모든 자산—이란 무거운 책임과 세심한 관리의 대상처럼 느껴진다.

증조부모님에게는 딸이 두 명 있었다. 할머니와 이모할머니는 목장생활을 마음껏 즐겼다. 시간이 흐르면서 우리 가족은 목장을 기반으로 재산을 쌓았다. 따라서 철조망 특허권이 만료된 현재 우리 가족사업에는 토지 관리, 목축, 목초, 풍력 등이 포함되어 있다.

나는 오하이오주 클리블랜드에서 태어났지만 클리블랜드와 애머릴로 모두 고향이라고 생각한다. 애머릴로의 목장에 굉장히 많은 관심과 에너지를 쏟고 있기 때문이다. 우리에게는 테코바스 재단(Tecovas Foundation)이라는 가족재단이 있는데, 목장 주변의 샘에서 따온 이름이다.

가족의 일원이자 가족과는 별개의 개인으로서 나는 자선 및 사회적 기업 분야에서 많은 일을 한다. 여기에는 테코바스 재단의 운영 관리도 포함되는데, 현재 거주지인 워싱턴 D.C.나 내 노트북을 가져갈 수 있는 모든 곳에서 일하고 있다. 지금은 남편 러셀의 직장 때문에 워싱턴 D.C에서 살고 있다. 우리는 최근 첫아이 비지를 얻었다.

혁신의 유산 되찾기

우리 가족의 현대 자선사업 이야기는 1998년에 시작되었다. 당시 여든아홉 살이었던 할머니는 애머릴로에서 생의 마지막 프로젝트를 시작하려고 했다. 할머니의 '변화이론'—물론 할머니는 이 용어를 전혀 몰랐을 테지만—은 젊은이들의 혁신 능력을 키우려면 기술과학교육과 균형을 맞추기 위한 예술 및 인문학 교육이 필요하다는 것이었다. 애머릴로의 예술계는 이미 번성하고 있었으므로 할머니는 이렇게 말했다. "우리는 애머릴로 예술계를 후원하기 위한 공연예술센터를 건립하고 원격교육을 시작할 거야." 1998년 할머니는 테코바스 재단을 설립했는데, 대부분의 자산은 공연예술센터 건립에 사용하고 50만 달러에서 60만 달러의 작은 기금은 자녀들이 자선활동에 사용하게 할 계획이었다.

그러다가 할머니가 돌아가시고 공연예술센터 완공이 임박한 2004년 상황이 급작스럽게 변했다. 어머니와 두 이모 중 한 분이 4개월 간격으로 세상을 떠났기 때문이다. 두 분은 대부분의 재산을 재단에 남겼는데, 그 때문에 재단 기금은 그 누구의 예상보다 급격히 늘어났다. 50만 달러였던 기금이 대략 1400만 달러까지 증가한 것이다. 하지만 나와 나의 두 사촌 등 대부분의 이사는 매우 어렸다. 우리는 스물다섯 살 미만이었고 고등학교도 졸업 안 한 열여덟 살 미만의 이사도 있었다. 우리는 "이제 어떻게 해야 하지?" 하며 고민했다.

나는 가족재단 부이사장이 되었고 이모가 이사장을 맡았다. 우리에게 는 유급 직원이 없었다. 스물두 살이었던 나는 결혼과 대학 졸업을 준비하 면서 가족을 잃은 충격에 몹시 슬퍼했다. 가족재단에서 중요한 역할을 맡 기에는 매우 힘든 시기였다. 나는 도피 차원에서 2008년 대선 캠페인에서 일하기로 했고 이후 그래스루츠닷오그(Grassroots.org)라는 작은 비영리단 체에서 일했다. 비영리단체 근무 경험을 통해 내가 모금에는 전혀 소질이 없지만 진심으로 사회 변화를 원한다는 것을 깨달았다. 그러다 내게는 세 상을 바꾸기 위한 수단이 이미 있다는 사실이 떠올랐다. 바로 가족재단이 었다.

나는 2009년 초부터 가족재단 일을 맡기 시작했고 우리의 보조금 지 급 방식을 개선하려고 했다. 우리에게 보조금 신청서를 제출하는 방식, 상 당한 주의를 기울인 실사 방식, 잠재적 후원단체와 협업하는 방식 등 모든 것을 점검했다. 하지만 곧 우리가 기부에 관해 좀더 주도적인 사고를 할 경 우 더 큰 잠재력을 발휘할 수 있으리라는 사실을 깨달았다. 어떤 의미에서 우리 집안은 할머니에게 혁신성과 미래지향성이라는 유산을 물려받은 셈 이었다. 할머니는 1990년대 말에 예술교육계에서 실제로 그런 일이 벌어지 기 한참 전에 이미 공연예술센터를 통한 원격교육의 기회를 구상했다. 하 지만 나는 우리가 그 유산의 잠재력을 온전히 활용하지 못하고 있다고 느 꼈다. 우리 가족은 우리가 뛰어들 수 있는 틈새를 찾아야 했다. 우리의 유 산을 진정으로 이어나가려면 더 혁신적일 필요가 있었다.

이런 혁신으로 나아가기 위해 나는 스타팅블록 사회 혁신 펠로십(Start-ingBloc Social Innovation Fellowship)에 참여했다. 이 프로그램은 사회적 기 업가(social entrepreneur, 자기 기업을 시작하려는 사람), 사회적 사내 기업가 (intrapreneur, 대형 단체 내에서 신규 프로그램이나 프로젝트를 개발하려는 사람),

사회적 인프라 전문가(infrapreneur, 사회적 인프라 변화에 집중하는 시스템 개혁가) 과정으로 나뉜다. 나는 사회적 인프라 전문가와 가장 가까운 유형이었으므로 그런 접근법을 우리 가족의 자선활동에 접목하기로 마음먹었다.

더 멀리 나아가기 위한 전략

우리의 전략에 집중하기 위해 우리 재단은 다음 단계로의 도약을 앞두고 한두 차례의 현금 유입과 신뢰 확인이 필요한 군소 단체와 함께 일하기 시작했다. 이 분야에서 비영리단체들은 종종 진퇴양난에 빠진다. 이미 다른 재단의 후원을 받고 있지 않으면 새로운 후원을 받기 쉽지 않기 때문이다. 그래서 우리는 우리가 신뢰하는 비영리단체에 처음으로 지원금을 지급하는 재단이 됨으로써 실질적인 임팩트를 만들어내기로 했다. 우리는 상당한 주의를 기울여 조사했고, 비영리단체에 산더미 같은 서류 작업을 요구하지 않았으며, 이 전략을 제대로 적용하기 위해 많은 대화를 나누었다.

이런 자금 지원 방식으로 인해 우리는 근본적인 시스템 변화에 집중하는 사회적 기업가를 비롯한 여러 사람과 많은 시간을 보내게 되었다. 시간이 흐르면서 우리는 세금 구조 문제도 검토하게 되었는데, 사회적 책무에 관한 일을 하면서도 영리단체로 세금 신고를 하는 사회적 기업가들이 많았기 때문이다. 우리는 무이자나 낮은 금리 대출로 프로그램 기반 투자(Program-Related Investment : PRI)를 후원하며 임팩트 투자 분야에 뛰어들었다. 분야를 넘나드는 이 모든 혁신은 자선을 근본적으로 바꾸고 있고, 우리 가족은 기회가 될 때마다 그것을 우리 전략에 접목해 임팩트를 확대하고자 한다. 실제로 현재 자선과 관련된 가장 중요한 질문 중 하나는 수단의 중요성에 관한 것이다. 어떤 영리단체와 투자 프로젝트는 비영리단체보다 세상을 바꾸는 데 더 많은 일을 하고 있다. 임팩트에 대한 목표를 명확히 설정하면 자금을 어디에, 어떤 방식으로 투입해야 할지에 대한 답이 달라질 수 있다.

자선 분야의 새로운 현실 중 내가 눈여겨보고 있는 또다른 부분은 스스로 부를 일군 자선가들이 과연 어디에 투자할 것인지다. 큰 재산을 상속받은 우리 같은 경우 "부자가 삼대를 가지 못한다"라는 말이 사실로 드러날 가능성이 있다. 하지만 뉴욕과 실리콘밸리, 오스틴과 인도, 폴란드와 중국에서 새롭게 부를 쌓은 사람들은 어떨까? 그들은 엄청난 돈을 벌어들이고 있는데, 이 신흥 부자들이 생각하는 '자선'은 미국의 전통적인 방식과는 매우 다르다. 이들 중 다수는 무엇인가 새로운 것을 개발해 부를 축적했으므로 자선에도 이런 기업가적 접근법을 접목하는 성향이 강하다.

이 세상과 비영리 부문의 발전과 관련된 일부 혁신은 우리의 상상을 초월한다. 특히 기술 분야의 발전이 너무 빠른 속도로 진행되기 때문이다. 엑스프라이즈 재단(XPrize Foundation)의 회장이자 CEO이자 『어번던스(Abundance)』의 저자인 피터 디아만디스(Peter Diamandis)는 당신이 구식 휴대전화를 가진 아프리카 마사이족 전사라면 25년 전 미국 대통령보다 많은 정보에 접근할 수 있다고 한다. 또한 당신이 스마트폰을 가진 마사이족 전사라면 15년 전 미국 대통령보다 많은 정보에 접근할 수 있다고 말한다. 따라서 우리는 앞으로 20년 후가 어떤 모습일지 상상조차 할 수 없다.[7]

하지만 분명히 짚고 넘어가자. 나는 자선 분야가 기금 운영이나 예술 및 교육에 대한 지원금을 중단해야 한다고 생각하지 않는다. 다만 좀더 앞을 내다보고, 주도적으로 행동하고, 다양한 투자와 해결책을 모색하는 기부자들이 있어야 불확실한 변화에 잘 대응할 수 있을 것이다. 하지만 자선 분야는 우리 세대가 원하는 것만큼 그렇게 신속하고 민첩하지 못한 경우가 많다. 그것이 늘 나쁜 것은 아니다. 때로는 생각의 속도를 늦추는 것이 좋다. 하지만 두 세계를 오가면서 내가 느낀 바는 그들이 내가 원하는 수준까지 보조를 맞추지 못하고 있다는 것이다.

시간이 흘러 이제 내가 사회적 기업 분야에서 어르신으로 여겨진다는 사실이 얼마나 웃긴 일인지! 하지만 지난 시간 동안 나는 차세대 기부자, 자원봉사자, 사회적 기업가의 사고방식에 대해 꽤 많은 것을 배웠다. 또한 이 분야가 이전의 모든 것을 폐기 처분하지 않으면서 차세대의 요구에 효율적으로 대응한다면 얼마나 더 많은 일을 해낼 수 있을지에 대해서도 알게 되었다.

오래된 것과 새로운 것의 균형잡기

나는 아주 어릴 때부터, 불과 서너 살 때부터 '가족'에 대해 강한 책임감을 느꼈다. 여기서 가족이란 집안의 모든 자산—사람과 토지, 자원—을 뜻한다. 나는 가족의 자산이 내 인생에 많은 기회를 줄 것이고, 가족이 내가 원하는 바를 이루도록 돕는 대신 가족을 잘 돌보는 것이 내 책무라고 배웠다. 이런 책임감은 후원자로서의 내 태도와 접근 방식에도 영향을 미쳤다. 나는 우리 가족이 아니었다면 초대받을 수 없는 장소에 초대받는 특권을 누리고 있고 그것을 매우 진지하게 받아들이고 있다. 나는 더 많은 임팩트를 만들어낼 수 있는 방식으로 이 자원을 관리하기 위해 애쓴다. 그것이 우리 가족의 기부 방식을 바꾸는 것을 의미할지라도. 관리와 전략은 상반되면서도 보완적이라고 생각하며 나는 옛것과 새것의 균형을 활용하는 법을 배웠다.

20년 후 미래를 내다보며 나는 우리 가족재단이 후원단체와의 관계에서 더 명확한 철학, 더 분명한 변화이론, 더 확실하게 규정된 신념을 갖고 있기를 바란다. 또한 나의 기부와 관련해서는 더 많은 자원으로 더 넓은 지역사회에 도움이 될 수 있기를 바라고 가장 도움이 필요한 곳을 내가 잘 알아볼 수 있기를 희망한다.

20년 후에는 우리 가문의 5대째 자손들도 기부에 참여하게 될 것이다. 새롭게 참여하게 될 이 세대에게 우리가 가족재단 운영과 가족 기업 운영이라는 양쪽 분야에서 모두 좋은 본보기가 될 수 있기를 바란다. 서로 협력하고 가족 자산을 잘 관리하는 것이 중요하다는 우리의 견해를 아이들도 잘 따라주기를 바란다.

우리 아이들이 새로운 전략을 만들 수 있는 공간을 마련해주는 것은 쉽지 않으리라 생각한다. 그 아이들의 전략은 나와 내 사촌들이 세운 전략과 아마도 매우 다를 테니까. 운이 따른다면 그 아이들은 그때 이 글을 들고 나타나서 전략이라는 것이 궁극적으로 앞을 내다보는 것, 미래를 위한 것, 실험과 예상하지 못한 기회에 관한 것임을 우리에게 상기시켜줄 것이다. 그날이 몹시 기다려진다.

자선과 사회적 기업의 세계에 깊이 발을 들인 메리 갤러티의 경험은 우리가 많은 차세대 기부자에게 들었던 이야기들을 집약적으로 보여준다. 그녀는 진심으로 가족 유산의 훌륭한 관리인이 되고자 하고 그 유산을 자신의 자녀들에게도 물려주고자 한다. 하지만 동시에 그녀의 가족이 혁신적인 자선 전략을 도입한다면—그들이 더 집중적이고 능동적이고 기업가적이고 시스템지향적인 동시에 조심스럽고 영리할 수 있다면—얼마나 더 큰 임팩트를 가져올 수 있을지에 대해 열광한다. 사실 메리 갤러티에게 혁신성은 가족의 유산이다. 그녀는 자신의 아이들도 그 유산을 잘 받아들이고 이어나갈 수 있기를 바란다.

하지만 다른 한편에서 보면 메리 갤러티는 다른 차세대 기부자들과 상황이 같지 않다. 물론 그녀는 혁신이라는 가족 유산을 물려받았지만 가족 재단에는 이미 굳어진 전략이라고 할 것이 없었고 나이들고 고집 센 내부 관리인도 없었다. 그녀에게는 자신의 혁신적 전략을 도입하기에 앞서 폐기 처분해야 할 낡은 전략이 없었다. 하지만 다른 많은 차세대 기부자의 경우 전략 변화에 더 험난한 길이 예상된다.

지역사회에 대한 다른 방식의 기부

우리는 엑스 세대와 밀레니얼 세대가 정보 접근이 쉬운 시대에 태어나 글로벌 인식이 매우 높다는 것을 알고 있다. 어쩌면 그들은 자신들의 고향의 기아보다는 아프리카 수단의 기아에 대해 더 잘 알고 있을지도 모른다.

하지만 우리는 그들에게 직접적인 참여와 임팩트 확인에 대한 강렬한 욕구가 있다는 것도 알고 있다. 이런 욕구는 우리 연구를 통해 발견된 다소 뜻밖의 내용을 해석하는 데 도움이 될지도 모른다. 그것은 바로 차세대 기부자들이 여전히 현지 단체에 기부하고 싶어한다는 것이다. '내가 사는 지역사회나 고향의 문제 해결'은 자선에 참여하는 여러 이유 중 5위권에 들었다. 한 기부자는 지역사회 기부에 집중하고자 하는 이유를 설명하면서 재미있는 비유를 했다. "그건 카페에 앉아 주변 소음을 다 듣고 있는 상황과 비슷해요. 그럴 땐 그냥 헤드폰을 쓰고 눈앞에 놓인 컴퓨터만 쳐다보고 싶죠. 글로벌 인식이 커질수록―전 세계에서 벌어지는 모든 일을 다 알게 될수록―그냥 제가 사는 곳에서 어떤 임팩트를 만들어낼 수 있는지에만 집중하고 싶어져요." 이런 발견은 차세대가 고액 기부자로 성장하면서 지역사회 후원을 줄일까봐 걱정하는 사람들에게는 좋은 소식으로 다가올 것이다.

하지만 기억하자. 차세대 기부자들이 원하는 지역사회 후원 방식과 후원하고자 하는 단체의 종류가 달라지고 있다는 사실을 말이다. 그들은 지역사회 기부를 이어나가려고 하지만 그 과정에 새로운 전략과 도구를 이용하고자 한다. 다시 말해 지역사회 관련 이슈는 여전히 후원을 받겠지만 해당 이슈를 다루는 일부 자선단체는 새로운 방식을 도입하지 않는 한 차세대 기부자들의 지원을 받기 힘들 것이다.

마찬가지로 가족재단 분야─특정 지역과의 연고가 깊은 가족재단들이 주도하는 분야─에서의 흔한 우려는 차세대 기부자들이 해당 지역사회에 거주하지 않을지도 모른다는 것이다. 하지만 이와 관련해서도 희소식이 있다. 특정 지역 기반의 가족재단과 관련이 있는 차세대 기부자들은 자신들이 현재 그곳에 살고 있지 않다고 하더라도 가문의 유산이 남아 있는 지역사회를 계속 집중적으로 후원할 것이라고 거듭 강조했다. 이는 메리 갤러티의 이야기와도 일치하며 다른 여러 기부자도 비슷한 말을 했다. 이들 기부자는 자신들의 가족이 후원하는 지역에 살지 않는 것을 벌충하기 위해 인근 지역에 잠시 머물 일이 생기면 현장 방문을 자주 간다. 또한 가족재단이 후원하는 단체들과 친밀한 관계를 맺기 위해 노력한다. 이런 지역과의 접점이 없다면 멀리 떨어진 곳의 가족재단이 하는 기부에 대한 흥미와 관심은 떨어질 수밖에 없다. 그에 따른 임팩트를 볼 수도, 들을 수도, 만질 수도 없을 테니 말이다.

지역사회 기부는 가족기금과 가족재단의 이사로 함께 활동하지만 관심사와 열정이 서로 다른 형제자매, 사촌들을 연결해줄 수도 있다. 여기서 우리는 앞서 강조했던 차세대의 핵심 전략을 재차 확인할 수 있다. 바로 소수의 이슈와 단체에 집중적으로 기부하고자 하는 욕구 말이다. 가족재단 이사로 활동하는 한 기부자가 사촌과 함께 내린 결정을 설명하는 내용을 한번 살펴보자. "우리는 각자 사는 지역이 아주 멀리 떨어져 있어서 우리 어머니 세대가 성장했고 우리 집안이 큰 재산을 모을 수 있었던 도시를 집중적으로 후원하기로 했어요. 가족재단의 초점을 분산하지 않으면서 우리가 사랑하고 아끼는 대상에 집중할 수 있어서 좋았죠."

이런 연구 결과는 차세대 고액 기부자들이 선호하는 이슈가 혁명적으로 바뀌는 일은 없으리라는 것을 잘 보여준다. 혁명은 그 이슈와 관련된 기부 전략 내에서 일어날 것이다.

이 장의 내용이 의미하는 바는?

차세대 기부자들은 다른 기부자들과 마찬가지로 자신의 열정에 따라 기부한다. 하지만 그들의 열정은 자선 전략 자체를 혁신하고 임팩트를 극대화하는 것이다. 많은 사람은 기부문화를 바꾸려는 그들의 욕구에 대해 우려한다. 차세대 기부자들은 동일한 대의와 지역사회에 기부할 것인가? 혁신의 정도가 너무 지나쳐 자선 기부가 알아볼 수 없을 정도로 바뀌는 것은 아닌가? 아니면 더 나쁘게는 자선활동이 우리의 삶과 지역사회에 미치는 긍정적 영향이 등한시되지 않을까?

우리가 이 장을 통해 알게 된 내용은 어느 정도 위안을 주지만 경계해야 할 이유도 있다. 분명 거대한 변화가 다가오고 있다. 다른 분야에서의 임팩트 혁명과 마찬가지로 차세대의 기부 방식 변화는 때때로 혼란과 좌절을 불러올 것이다. 그들은 자선단체 및 비영리단체의 협상 테이블에 앉은 많은 사람에게 변화를 강요할 것이다. 하지만 우리가 이런 새로운 현실에 적응한다면, 그리고 차세대 기부자들이 겸손함, 성실함, 인내심을 갖고 이 과정에 임한다면 임팩트 세대는 가장 고질적이고 심각한 사회문제 해결에 진전을 이루어낼 수 있으리라.

미래의 고액 기부자들이 주도하는 자선 방식의 큰 변화는 그들이 특정 단체를 선호하면서 나머지 단체들은 어려움을 겪게 될 것이라는 뜻이다. 이것이 바로 임팩트 혁명의 냉혹한 현실이다.

모든 비영리단체가 새로운 주요 기부자들의 전략 변화에 적응해야 할 테지만 일부 단체는 더 발 빠르게 적응해야 한다. 전통적인 대형 단체들이 마술처럼 작은 단체로 변신할 수는 없다. 하지만 창의력을 발휘해 차세대 기부자들의 눈에 몸집이 작은 것처럼 보이게 할 수는 있다. 새로운 기부자들의 경우 대규모 모금 캠페인에 동참시키기보다는 특별 프로그램이나 새로운 이니셔티브를 소개해주면 된다. 그들이 자신의 기부를 통해 실질적이고 의미 있는 임팩트를 확인할 수 있는 그런 프로그램 말이다. 유나이티드 웨이나 유대인연맹 같은 통합 조직은 특히 더 힘들 수 있다. 이런 조직은 차세대 기부자들이 그들의 궁극적인 기부 수혜자들과 가깝게 연결되어 있거나 증거 기반의 전략을 통해 근본적인 문제 해결에 앞장서고 있다는 느낌을 줄 수 있어야 한다.

또한 차세대 기부자들은 비영리단체에게 더 많은 정보와 임팩트 측정 수단을 요구한다. 따라서 비영리단체 전문가들은 더 정직한 정보 수집과 공유를 요구받는다. 차세대 기부자들은 이슈에 관해 공부하고 검증된 해결책에 집중하려는 욕구가 있으므로 비영리단체 전문가들이 그들의 적극적 참여를 유도할 좋은 방법을 찾아낸다면 단체 운영의 훌륭한 파트너가 될 수 있을 것이다.

살펴본 바와 같이 차세대 기부자들이 자선 전략을 바꾸려는 이유는 전통적인 기부에 싫증이 나서가 아니라 이런 변화가 더 나은 결과로 이어질 것이라는 확신이 있어서다. 사실 이런 확신은 너무나도 강력해 그들은 변화 외에는 달리 방법이 없다고 생각한다. 게다가 그들은 구세대가 동참하든 말든—물론 구세대가 동참한다면 두 팔 벌려 환영하겠지만—변화를 강행할 작정이다.

다시 말해 전략을 둘러싼 갈등은 여러 세대가 함께 활동하는 기부 가문과 가족재단 내에서 잡음의 주원인이 될지도 모른다. 메리 갤러티의 이야기를 통해 알 수 있듯이 차세대 기부자들은 가족 기부를 좀더 주도적·집중적·효율적·기업가적 방향으로 끌고 나가고 싶어한다. 하지만 어떤 전통 방식에 대한 확고하고 오랜 믿음이 있거나 특정 단체를 선호하는 기성세대가 있는 가족의 경우 새로운 접근법으로 전환하려는 열망은 저항에 부딪칠 것이다. 이런 저항—또는 경직성—은 차세대가 가족 기부과정에서 완전히 손을 떼는 결과로 이어질 수도 있다.

차세대의 기부 참여를 유도하려는 자선 가문이라면 이 젊은이들의 새로운 전략에 대한 열정을 수용할 방법을 찾는 편이 좋을 것이다. 또한 이 떠오르는 기부자들이 그들의 새 계획이 이루어낸 결과를 직접 확인하게 하는 등 그들의 집안이 갖고 있는 지역사회에서의 영향력을 더 친밀하게 느낄 수 있게 해주는 것이 좋다.

우리는 차세대 기부자들에게 선한 의도가 예상하지 못한 결과로 이어지지 않도록 변화 도입과정에 주의를 기울일 것을 당부한다. 예컨대 근본 원인 해결과 '전통적인 자선이 아닌 변화에 대한 후원은 필수적이고, 심지어 시급한 서비스와 구호를 소홀히 하는 것을 의미할 수도 있다. 미래의 시스템을 위한 상류의 문제에만 지나치게 집중한다면 당장 오늘 하류에서 익사하고 있는 사람들은 지나치게 된다. 따라서 기부 포트폴리오의 균형을 맞추어 양쪽 문제 모두 다루는 것을 의도적인 전략으로 삼아야 할 것이다.

마지막으로 투명성과 단체 보고에 대한 확대 요구는 추가 작업이 따르겠지만 도움이 될 수 있다. 다만 이것은 자선사업에서 힘의 균형을 기부자쪽으로 좀더 옮겨놓게 될 것이고, 기부자들은 성공의 정의나 프로그램의 우선순위 결정과 같은 비영리단체의 선택에 더 큰 영향을 미치게 될 것이다. 기부자들은 제대로 활용하지도 않을 정보를 무작정 요구할 것이 아니라 정보와 조사에 대한 열정이 생활 습관이 되도록 해야 한다. 우리가 인터뷰한 한 기부자는 이렇게 한탄했다. "제게 여러 단체와 그들이 하는 다양한 일을 조사해보고 싶은 마음이 있냐고요? 네. 지금 그 일을 하고 있냐고요? 아니요. 그것 때문에 내적 갈등을 겪고 있냐고요? 네."[8]

* * *

차세대 기부자들은 가시밭길이 예상된다고 하더라도 기부를 혁신하고자 한다. 그런 변화가 기부문화를 더 나은 방향으로 이끌 것이란 확신이 있기 때문이다. 한 차세대 기부자는 이렇게 말한다. "제가 [저의 기부와 관련해] 갖고 있는 비전은 오랜 시간이 걸릴 거예요. 많은 에너지 소모가 예상되죠. 그건 전통적인 자선 모델보다 훨씬 노동집약적이에요. 하지만 전그에 대한 시간을 할애할 각오가 되어 있어요. 지금 저에게 그건 인생의 소명처럼 느껴져요."

4장

혁신하지 않을 이유가 없잖아?

차세대 기부자들은 전통적인 자선사업에서 많은 결점을 발견했는데, 그 중 가장 심각한 것은 수십 년간 자선 기부를 했는데도 불구하고 우리 사회의 가장 심각한 여러 문제가 여전히 지속되고 있다는 점이다. 그동안 교육 기부에 돈을 쏟아부은 결과가 오늘날의 고장난 시스템이라면 무언가 문제가 있는 것이다. 빈곤 해결을 위한 수억 달러의 자선 기부에도 불구하고 빈부격차가 확대된다면 이제 새로운 접근법을 시도해볼 타이밍이 아닐까. 이것이 차세대 기부자들의 논리다.

언뜻 해결 불가능해 보이는 문제를 해결하고자 하는 욕구 덕분에 차세대 기부자들은 혁신적인 방법을 시도한다. 사실 자선 분야에서 흔히 쓰이는 방법은 멀리하고 새로운 방법을 실험하려는 의지는 아마도 그들이 지닌 가장 혁신적인 성향일 것이다. 그들은 자신들이 원하는 더 큰 임팩트—교육 개혁, 건강 불평등 해소 등—를 만들어내기 위해 더 다양하고 훌륭한 도구 벨트가 필요하다고 느낀다. 더 극적인 조치를 취해야 한다고 느낄 때도 있다. 비록 그것이 비영리 부문과 다른 부문의 경계 무너뜨리기를 의미한다고 할지라도 말이다.

차세대 기부자들은 변화를 가져오기 위해 새로운 메커니즘을 시도하는 데 이전 세대보다 겁이 없는 것이 아니다. 다만 그들은 비전통적 기부수단을 실험해보고 싶어 안달이 나 있다. 어떤 면에서 그들은 아마존과 에어비앤비가 각각 출판업계와 호텔업계를 무너뜨렸던 것처럼 자선 분야를 와해하고자 한다.

혁명과 마찬가지로 실험은 혼란스럽고 위험할 수 있다. 실패는 지극히 현실적인 가능성이다. 하지만 그에 따른 보상이 우리 사회의 가장 어려운 이슈에 관한 발전이라면 차세대 기부자들은 일시적 혼란쯤은 충분히 치를 만한 작은 대가라고 생각한다.

변화에 대한 열광, 모호함에 대한 관용

차세대 기부자들은 기부라는 게임에 처음 참가해본다는 이점이 있다. 또는 최소한 그들은 그것을 이점으로 여긴다. 한 기부자는 자기 집안의 차세대 기부자들이 "일이 어떻게 처리되어야 하는지에 관한 기존 지식에 발목 잡히지 않는다"라고 했다. 이런 '순진함'은 '훌륭한 자산'인데, 그들은 왜 항상 일을 그렇게 처리해야 하는지, 어째서 다른 방법은 찾아보지 않는지 등 '아주 기본적인 질문을 예사로 던지기' 때문이다.

우리의 인터뷰를 통해 차세대 기부자들이 이런 질문으로 분위기를 환기하는 것을 좋아한다는 사실이 밝혀졌다. 그 원인 중 하나는 '분명 더 나은 방법이 있으리라'는 그들의 확고한 믿음 때문일 것이다. 그들은 혁신의 힘을 믿고 더 나은 방법을 설계하고자 한다. "이런 문제들은 오랫동안 계속되었고 이전과 같은 방식으로는 절대 해결되지 않을 테니 우리는 혁신가들에게 투자하고 싶어요." 한 차세대 기부자의 설명이다.

다른 기부자는 이것이 세대 간의 변화이자 이전에 당연시했던 것들을 버리려는 의지이자 앞으로의 가능성에 대한 열린 태도라고 강조했다. "차세대 기부자들의 특징 중 하나는 오랫동안 금기시되어왔던 것들에 완전히 열려 있는 점이라고 생각해요. 기성세대는 받아들이지 못하는 것을 쉽게 받아들이는 경향이 있죠. 좋은 쪽으로든 나쁜 쪽으로든 경계가 완전히 사라지고 있어요."

모든 경계가 '사라지고' 있는 것은 아니더라도 차세대가 열광하는 혁신으로 인해 분명 많은 경계—특히 영리 부문과 비영리 부문의 경계—가 모호해지고 있다. 그들은 이것을 긍정적인 변화, 심지어 자선 분야의 대대적인 지형 변화의 전조로 보고 있다.

이런 경계 허물기의 가장 눈에 띄는 사례는 이 책 앞부분에서 소개했던 챈 저커버그 이니셔티브(CZI)일 것이다. CZI는 전통적인 가족재단이나 자선기금이 아니라 '자선 유한책임회사(LLC)'다. 법적으로 영리단체 형태이기 때문에 마크 저커버그와 프리실라 챈은 다양한 분야에서 좋은 일을 하면서 그들의 자산을 자유롭게 사용할 수 있다. 그들은 자선 기부도 할 수 있지만 전통적인 비영리단체에 따르는 제약에 구애받지 않고 사회적 기업에 투자하거나 공공 정책 옹호 및 캠페인에 자금을 지원할 수도 있다. 일각에서는 마크 저커버그와 프리실라 챈이 LLC를 통해 자선기금을 사용함으로써 투명성과 공개 의무를 회피한다는 비판이 있다. 하지만 두 설립자는 최대한 많은 변화의 메커니즘을 시도해보고 순수한 자선단체의 한계를 극복하기 위해 평범하지 않은 길을 갈 수밖에 없다고 주장한다.[1]

기성세대는 종종 경계 허물기를 불편하게 여기지만—그들은 이것이 행여 자선의 상업화로 이어지지 않을까 우려한다—엑스 세대와 밀레니얼 세대는 이런 접근에 대해 훨씬 관용적이다. 아니 열광한다는 표현이 더 맞을 것이다. "저는 지금이 이런 분야에 참여하기에 아주 신나는 시기라고 생각해요. 자선에 대한 사람들의 생각이 바뀌고 있어요. 유나이티드 웨이나 적십자 같은 기존 비영리단체에게 수표를 발행해주는 게 다가 아니죠. 그들은 '키바(Kiva, 대출―개발도상국의 소규모 사업가들과 학생들에게 인터넷으로 소액을 대출해주는 미국의 비영리단체로 마이크로파이낸스의 대표적 사회적 기업이다―옮긴이)도 있고 사회적 기업도 있고 이중 목표, 삼중 목표 투자도 있다'라고 말하고 있어요. 1985년에는 불가능했지만 2012년에는 가능한, 수없이 다양한 자선활동이 존재하죠."[2]

유년기 내내 분야 간의 경계가 사라지는 혁신을 경험한 것을 감안한다면 이 세대가 왜 이런 경계 허물기를 아무렇지 않게 받아들이는지를 이해하기란 어렵지 않다. 그들은 맛도 좋고 유방암 연구도 후원할 수 있는 분홍색 엠앤드엠즈 초콜릿을 사거나, 훌륭한 음료인 동시에 원주민 농부들을 도울 수 있는 다양한 공정무역 커피를 두고 어떤 것을 살지 고민하거나, 상품을 구매할 때마다 배고픈 사람에게 제공되는 끼니나 영양식 꾸러미의 수가 표시되어 있는 멋스러운 피드(Feed) 브랜드 핸드백을 구입하며 자랐다.[3] 젊은 세대, 특히 밀레니얼 세대가 성장하던 시기에 기업들은 '사회적 책임'을 다한다고 스스로를 홍보했다. 그 밀레니얼 세대는 이제 머릿수로 베이비붐 세대를 추월했고 거대한 소비자 집단이 되었다.

하지만 모호함에 대한―그리고 비즈니스 방식, 논리, 언어에서 차용한 도구에 대한―관용이 자본주의에 대한 신세대의 더 강력해진 신뢰와 심취에서 비롯된다고 속단해서는 안 된다. 진짜 이유는 '도구 벨트에 더 많은 도구'―우리가 자주 들었던 비유로 '언제든지 활용할 수 있는 더 많은 전략'을 의미한다―를 구비해두고자 하는 바람이 아닐까 한다. 그 목표 달성을 위해 비즈니스 세계의 아이디어를 빌려오지 못할 이유가 어디 있을까? 분야 간의 경계는 차세대에게 전혀 신성하지 않다. 똑똑한 경계 허물기나 경계 넘나들기를 통해 어려운 사람을 돕거나 환경 지속 가능성을 향상하거나 의료를 발전시킬 수 있다면 그 방법을 택하지 않을 이유가 있을까?

새로운 도구 벨트

우리는 연구를 진행하는 몇 년 동안 새롭고 혁신적인 방법을 시도해야 한다는 혁명적인 요구를 똑똑히 확인했다. 차세대 기부자들은 자신들의 자선 포트폴리오에 추가하고자 하는—어쩌면 이미 추가했을지도 모르는—다양한 기부 방법에 관해 이야기했다. 그들이 우리 사회의 주요 기부자가 되었을 때 사용해보고 싶은 새로운 도구 중 가장 자주 언급되는 것들을 다음과 같이 정리했다.

임팩트 투자

501(c)(3)으로 분류되는 미국의 전통적인 민간재단은 법에 따라 매년 증여자산의 최소 5퍼센트를 보조금, 활동비, 그 밖의 프로그램 운영비로 사용해야 한다. 최근 몇 년 동안 전통적인 기부자들이 그들의 막대한 자산 중에서 딱 5퍼센트만 좋은 일에 쓸 수 있다거나 그래야 한다고 생각하는 것 같다는 비판이 있었다. 그들이 투자금으로 남아 있는 나머지 95퍼센트의 증여자산의 가치를 무시한다고 말이다.[4] 우리와 대화한 많은 차세대 기부자는 이런 비판에 강하게 동의했다. 그들은 올바른 투자에 사용된 95퍼센트의 기금이 실제로 지급되는 5퍼센트의 보조금보다 훨씬 더 좋은 일을 할 수 있을지도 모른다고 말한다.

사실 '임팩트 투자(impact investing)'라 불리는 이 방식은 우리가 만난 차세대 기부자들 사이에서 가장 많이 거론되는 새로운 도구였다. 그들은 본인 자산의 전부까지는 아니더라도 상당 부분을 재정적 목표뿐 아니라 사회적 목표 달성까지 노릴 수 있는 방식으로 투자하고자 했다. 임팩트 투자는 유해한 기업에 대한 투자 축소를 의미하는 디베스팅(divesting)일 수도 있고 착한 기업에 대한 투자 확대를 의미하는 인베스팅(investing)일 수도 있다. 다시 말해 이 장에서 소개한 저스틴 록펠러가 말한 것처럼 가족 재단의 증여자산을 화석연료업계에서 거두어들이는 것일 수도 있고 친환경에너지 신생 기업, 노조가 설립된 호텔, 또는 유기농 농장에 투자하는 것일 수도 있다. 임팩트 투자가 여러 재단과 개인 기부자들 사이에서 큰 인기를 끄는 가운데 이 방식을 옹호하는 이들 중 상당수는 차세대 기부자들이다.[5]

하지만 어떤 면에서 보면 임팩트 투자에 대한 차세대 기부자들의 뜨거운 관심은 놀랍지 않다. 그들에게는 투자 방향을 결정해야 하는 상당한 수준, 심지어 유례없는 수준의 (상속받거나 직접 벌어들인) 금융자산이 있다. 또한 그들은 이 금융자산이 그들에게 우리 사회의 문제를 해결할 수 있는 힘을 준다는 것을 안다. 그렇다면 그 힘을 좋은 일에 쓰지 않을 이유가 있을까?

이런 접근은 자본주의에 대한 차세대 기부자들의 신중하고 실용적인 태도를 반영한다. 그들은 자본주의로 인해 전 세계에 문제가 발생하고 불평등이 악화된다는 것을 안다. 물론 그들은 이 불평등으로부터, 때로는 충격적인 수준까지 수혜를 입은 사람들이다. 하지만 그들은 자본주의를 전복하기보다는 그것을 활용해 불평등을 바로잡고 그로 인해 일어나는 전 세계의 문제들을 사전에 예방하려고 한다.[6]

보조금 이상의 재정 지원

차세대 기부자들은 전통적인 보조금을 넘어서서 자선 분야에서 떠오르고 있는 수많은 창의적인 재정 지원 방법에 흥미를 보인다. 가장 인기 있는 것은 무이자나 낮은 금리 대출이다. 여기에는 소상공인―예컨대 케냐 나이로비에서 작은 가게를 내려고 하는 재단사 등―을 위한 소액 대출이 포함된다. 키바닷오그(Kiva.org) 같은 사이트에서 기부자들은 소액 대출을 원하는 사람들의 실제 얼굴과 사연을 확인하고 '채무자를 선택'할 수 있으며 이후 정기적으로 지원사업에 관한 진행 상황을 알아볼 수 있다. 소액 채무자들이 대출을 상환하면 기부자는 그 돈을 다른 가치 있는 프로젝트에 재투자할 수 있다. 프로그램 기반 투자(PRI)라 불리는 다른 대안적인 후원 방식은 메리 갤러티가 3장에서 설명한 것처럼 점점 더 많은 재단에서 사용하고 있다. PRI는 대출, 대출 보증, 또는 은행에서 흔히 쓰는 그 밖의 다른 방식일 수 있다.

보조금이 아니라 이런 대안적인 접근은 차세대 기부자들에게 그들의 자산을 활용해 더 큰 임팩트를 만들어낼 수 있는 방식으로 각광받는다. 일부 기부자가 대출을 선호하는 이유는 주요 기부자를 불편하게 만드는 보조금 지급자와 보조금 수령자 간의 전통적인 권력 역학에서 벗어나는 데 도움이 되기 때문이다.

크라우드 펀딩과 협업 기부

자선 분야에서 다른 사람들과 함께하는 기부는 새로운 도구가 아니지만 새로운 방식―특히 기부 서클, 협업 기부, 온라인 크라우드 펀딩 플랫폼―의 개발로 인해 전개 양상이 확실히 바뀌었다. 젊은 기부자들은 이처럼 새로운 방식의 '함께하는 기부'에 무엇보다 매력을 느끼는 듯하다. 차세대 기부자들은 다양한 협업 기부, 특히 솔리데어(Solidaire)와 펀더스 포 저스티스(Funders for Justice)처럼 진보적인 협업 기부의 원동력이다. 7장에서도 확인할 수 있지만 그들은 기부 서클에 열광한다. 우리 연구에 따르면 '기부 서클과 공동투자 펀드'는 차세대 기부자들(14.8퍼센트)이 이미 자신의 가족들(4.8퍼센트)보다 개인적으로 더 많이 사용하는 몇 안 되는 자선 방식이다.

새로운 온라인 크라우드 펀딩 사이트 중 다수는 명백히 자선을 위한 것이 아니지만 자선 목적으로도 이용 가능하고 일부는 자선 프로젝트 모금 전용으로 쓰인다. 우리는 교육 관련 기부를 위한 도너스추즈닷오그, 국제 프로젝트를 위한 글로벌기빙(GlobalGiving), 예술을 위한 킥스타터(Kickstarter) 등 차세대 기부자들로부터 다양한 크라우드 펀딩 벤처 기업에 대해 전해들었다. 소액 대출을 해주는 키바와 마찬가지로 이런 자선 크라우드 펀딩 사이트는 차세대 기부자들에게 후원 대상이 누구인지 알려준다. 이는 앞서 2장에서 소개했듯이 임팩트를 확인하고자 하는 욕구의 핵심 요소다. 이 사이트들은 보조금을 받게 될 사람들을 친근하면서도 존중하는 방식으로 소개한다. 또한 차세대 기부자들은 크라우드 펀딩 특유의 영향력과 동료 기반의 협업정신을 높이 평가한다. 그들은 공동출자를 통해 기부 규모를 키우고 다른 기부자들과의 협업을 통해 많은 이점을 누린다. 우리는 5장에서 빅토리아 로저스를 통해 킥스타터의 매력에 대해 더 알아볼 것이고, 7장에서는 차세대 기부자들에게 동기부여가 되는 동료의 영향에 대해 자세히 살펴볼 것이다.

소셜 비즈니스와 사회적 기업

일부 차세대 기부자에게는 이중 목표 또는 삼중 목표를 가진 '사회적 책임 기업'을 홍보하고 지원하는 것이 비영리단체 후원보다 더 나은 대안으로 여겨진다. 예를 들어 어떤 사업가가 빈곤 지역 여성들의 의료 접근성을 높여주고자 할 경우 많은 차세대 기부자는 그 사업가가 비영리단체를 설립하는 것보다는 혁신적인 '사회적 기업'을 세워 이 목표를 달성하는 것이 낫다고 생각한다.

아큐먼 펀드(Acumen Fund)와 디라이트(d.light)는 차세대 기부자들에게 어필할 수 있는 사회적 기업의 좋은 예다. 아큐먼 펀드는 기부자들이 개발도상국의 사회적 기업과 사업가에게 투자할 수 있도록 돕는 비영리단체다. 아큐먼 펀드의 사업 중 하나는 아프리카 여성들에게 말라리아 예방용 모기장을 살 수 있는 자선 지원금을 지급하는 대신 현지 공장을 설립하고 여성들을 고용해 모기장을 생산한 다음 판매하는 것이다. 2006년 20대 중반의 스탠퍼드대학 MBA 학생 두 명이 설립한 디라이트는 전력 부족에 시달리는 전 세계인들에게 저렴한 태양광 조명과 전력 솔루션을 제공하는 사회적 기업이다.

미국 내에서는 B코퍼레이션(B Corps)과 자선 LLC 같은 새로운 영리/비영리 혼종 조직도 투자자들의 이목을 끌고 있다.[7] 투자자들은 수익 창출 방법을 알면서 그 수익 중 일부를 사회에 환원하겠다고 공식 선언한 B코퍼레이션의 잠재력을 높이 평가한다. 한 예로 파타고니아(Patagonia)는 2016년 전 세계 블랙프라이데이 수익금을 '미래세대를 위해 지역사회의 공기와 물, 토양을 지키기 위해 애쓰는 풀뿌리단체'에 전액 기부했다.[8]

권익 옹호, 정책, 사회운동 기부

근본 원인을 해결해 시스템 변화를 가져올 전략을 찾고자 하는 욕구 때문에 차세대 기부자들은 특히 풀뿌리 단계에서 권익 옹호, 정책 개혁, 사회운동 단체를 후원한다. 그들은 이전 세대 기부자들이 자신의 기부행위가 대중에게 노출되는 것을 꺼리는 마음에 그런 형태의 기부를 경계해왔다고 생각한다. 하지만 차세대 기부자들은 때로는 행동주의가 필요하고 얼굴이 알려져서 얻을 수 있는 이점은 대중의 검열이라는 단점을 넘어선다고 믿는다. 한 기부자는 이렇게 말했다. "부모님 세대는 본능적으로 이런 반응이었죠. '모르겠어, 우리가 꼭 거기 참여해야 할까? 언론에 얼굴이 공개될 수도 있잖아.' 하지만 우리 세대는 이렇게 생각해요. '음, 중요한 건 다른 사람들에게 이 문제에 관해 알리고, 참여를 유도하고, 다 같이 한목소리를 내는 거야.'"

많은 차세대 기부자는 소셜 미디어를 통해 '더 요란하게' 기부하고 싶어한다. 일부는 풀뿌리단체를 후원해 동성결혼이나 '흑인의 목숨도 소중하다(Black Lives Matter)' 운동을 펼치는 것이 자신의 소명이라고 생각한다. 그로 인해 그들이나 그들 가족이 주요 기부자로서 얼굴이 알려진다고 하더라도 말이다. 그들은 전통적인 기부자들이 박물관이나 병원, 대학보다 그런 운동에 관심을 덜 갖고 있음을 알고 있으며, 주요 기부의 방향 전환이 필요하다고 느낀다. 권익 옹호와 정책 관련 기부는 '중요한 전략적 지렛대'이자 직접적 서비스에 대한 기부보다 '훨씬 더 큰 임팩트'를 지닌 수단으로 여겨진다. 일부 기부자는 자선적 기부와 더불어 정치적 기부의 중요성을 강조한다. 9장에서 소개한 알렉산더 소로스 같은 사람들은 501(c)(3) 단체뿐 아니라 501(c)(4) 단체에 대한 적극적인 투자를 강조하고 공공정책 연구나 권익 옹호 관련 기부가—시간은 좀더 걸릴 수 있겠지만—더 큰 사회변화로 연결된다고 주장한다.[9]

임팩트를 위한 모든 도구 사용하기

오늘날 '자선가'라는 단어를 들었을 때 머릿속에 바로 떠오르는 이름 중 하나는 미국에서 비범한 기부의 대명사로 여겨지는 록펠러다. 록펠러 가문이 석유사업으로 미국 역사상 최고 수준의 부를 쌓았고 맨해튼 미드타운의 록펠러센터와 연관이 있다는 것을 모르는 사람은 거의 없다. 게다가 이 가문은 많은 대학을 세우고, 뉴욕현대미술관(Museum of Modern Art) 같은 기관을 공동 설립하고, 록펠러대학을 통해 24명의 노벨상 수상자를 배출하고, 1913년 설립된 록펠러 재단을 필두로 여러 자선재단을 운영해 왔다. 록펠러의 자선사업은 그랜드티턴국립공원(Grand Teton National Park) 설립, 황열병 백신 개발 등에 기여했다.

록펠러 집안사람들은 초창기부터 효율적이고 효과적인 기부에 관심을 가졌다.[10] 존 D. 록펠러 1세(John D. Rockefeller Sr.)의 고손자 저스틴 록펠러는 본인 가문의 자선적 성과를 매우 자랑스럽게 여긴다. 하지만 다른 차세대 기부자들과 마찬가지로 그는 그의 가족이 임팩트를 확대하는 쪽으로 자선 방식을 발전시킬 수 있고, 그래야만 한다고 생각한다.

저스틴 록펠러

이름에 담긴 의미는?

아버지는 이미 너무나도 유명한 '존 D. 록펠러 4세'라는 이름을 갖고 뉴욕에서 자랐으며 그 이름의 무게를 덜기 위해 '제이(Jay)'라는 별칭을 사용했다. 아버지는 대학을 졸업하고 일본 유학을 마친 뒤 워싱턴 D. C.로 이주했고 1960년대 초에 평화봉사단과 국무부에 근무하면서 로버트 F. 케

네디(Robert F. Kennedy), 딘 러스크(Dean Rusk), 사전트 슈라이버(Sargent Shriver), 로저 힐스먼(Roger Hilsman) 같은 워싱턴 정계 거물들과 친분을 쌓았다. 아버지는 미국 빈민지구파견봉사단원(Volunteers in Service to America : VISTA)이 되어 용감하고 근면하지만 형편이 어려운 미국인들을 위해 일했다. 1960년대 중반에는 웨스트버지니아주로 옮겼고 그 땅은 물론 그곳 주민들과 사랑에 빠졌다. 결국 웨스트버지니아주 의회에 진출해 1976년에는 주지사가 되었다. 그런 이유로 아버지는 거의 30년째 WETA 공영방송 CEO인 어머니 샤론 록펠러(Sharon Rockefeller)와 함께 우리 사남매를 웨스트버지니아주에서 키웠다.

내가 이런 내용을 언급하는 이유는 아버지가 뉴욕이나 록펠러와 연관된 모든 것으로부터 지리적·심리적으로 멀어졌다는 것을 짚고 넘어가기 위해서다. 나는 자라면서 재산이나 자선에 관한 이야기를 전혀 듣지 못했다. 대신 공공 서비스와 공영방송에 관한 이야기를 많이 들었고, 부모님이 매우 열심히 일하는 모습을 보았으며, 두 분에게 근면의 중요성을 듣고 자랐다. 큰 집에 살았기 때문에 나는 우리 형편이 넉넉한 것은 알았지만 아버지는 우리 가문 구성원들이 세운 기관이나 관련 역사에 대해서는 별말이 없었다. 가정 내에서 대화 주제는 대체로 정치였다. 그래서 나는 프린스턴대학에서 정치를 전공했다. 물론 그곳에서 나는 철학자 피터 싱어(Peter Singer)를 만나 '당신이 돈으로 하는 일에는 도덕적 결과가 따라온다'라는 개념을 처음 접했다. 그 개념은 나의 정체성과 내가 하는 일에 심오한 영향을 끼쳤다.

대학 새내기 시절 이미 뉴욕에 살고 있던 형이 내게 말했다. "너도 여기 와서 이 도시에 대한 공부를 시작하는 게 좋을 거야. 이번 주말에 한번 와. 록펠러센터 근처에서 점심이나 먹자." 나는 "그래, 좋아. 그런데 거기가 어디야?" 그것은 내가 우리 집안에 대한 공부를 시작해야 한다는 신호였다. 나는 존 D. 록펠러에 관한 책 『타이탄(Titan)』을 읽었고 우리 가문의 여러 기관과 사촌들에 대해 더 알기 위해 뉴욕으로 가기로 했다.

대학 졸업 후 뉴욕으로 가서 뉴욕현대미술관에서 대(對)정부 관련 활동을 했다. 예술과 정치라는 나의 두 관심사의 교차점이기도 하고 내 고조모가 공동설립한 기관이기도 하여 뉴욕현대미술관은 우리 가문의 기관 중에 내가 꼭 한번 일해보고 싶은 곳이었다. 그곳에서 활동하는 동안 나는 록펠러가족기금(Rockefeller Family Fund : RFF) 이사회의 일원이 되었다. RFF는 우리 가문의 3, 4대 구성원들이 설립한 보조금 지급 재단으로 더 오래된 두 개의 가족재단보다는 규모가 작았다—내가 들어갈 당시 재단 증여자산은 대략 8000만 달러였다. 그곳에서 나는 전반적인 자선활동에 대해 많은 것을 배웠다.

사회적 기업가와 민간 영리 부문(시장 부문)의 저력

이 경험을 바탕으로 나는 30대 중반에 독자적인 아이디어를 발전시켜 제너레이션인게이지(GenerationEngage)라는 사회적 기업을 설립했다. 이 기업은 지역 전문대학 학생들에게 정치과정을 알려주고 정치인들과 전문대학 학생들을 연결해주는 역할을 했다. 나는 5년간 제너레이션인게이지의 성장을 도우면서 많은 것을 배웠다.

그 당시 아소카(Ashoka)의 빌 드레이턴(Bill Drayton), 도너스추즈닷오그의 찰스 베스트, 인데버(Endeavor)의 린다 로텐버그(Linda Rottenberg)와 피터 켈너(Peter Kellner) 등 내게 영웅이나 다름없는 많은 사회적 기업가를 만났다. 나는 그들에게 무엇이 통하고 무엇이 통하지 않는지 물었고 그들이 대체로 좌절하는 부분이 규모에 관한 것임을 알게 되었다. 그들은 너무 많은 시간과 에너지를 모금에 투자하고 있었다. 나는 이렇게 생각했다. '비영리 부문은 규모가 비교적 한정적이고, 정부는 규모가 상당하지만 관료주의적이고, 민간 영리 부문은 단연 가장 큰 규모를 자랑한다.' 나는 내가 민간 영리 부문이나 자본시장에 대해 너무 아는 것이 없다는 사실을 깨달았고, 그래서 그 분야를 공부하기로 마음먹었다.

나는 우후루 캐피털 매니지먼트(Uhuru Capital Management)라는 헤지펀드 쪽으로 다분히 의도적이면서 눈에 띄는 방향 전환을 했다. 그 회사는 수익금의 25퍼센트를 재단에 기부했고 그 재단은 소셜 비즈니스에 투자하고 아소카와 인데버—개발도상국의 영향력 있는 기업가들을 지원하는 사회적 기업—에 수표를 발행해주는 역할을 했다. 자본주의의 개념 자체가 시험에 들었던 2009년 우후루의 제드 에머슨(Jed Emerson)과 상무이사 피터 켈너는 자본주의가 더 나은 방향으로 새로운 장을 열어갈 준비가 되었다고 나를 설득했다. 나는 우후루 모델을 사랑했지만 타이밍이 나빴고 우후루는 경기 대침체(Great Recession) 시기에 살아남지 못했다.

이후 나는 기업가들과 직접 함께 일할 수 있는 벤처자본회사로 옮겼다. 처음에는 뉴욕에서 일하다가 아내가 스탠퍼드대학 경영대학원에 입학한 뒤로는 팰로앨토에서 일했다. 2012년 초 실리콘밸리의 금융 기술 기업인 아데파(Addepar)에 입사했고 지금까지 일하고 있다. 아데파는 복잡한 포트폴리오를 이해하기 쉽게 만들어줌으로써 투자자와 조언자가 분명한 정보를 바탕으로 결정할 수 있게 도와주는 회사다. 아데파는 고객들이 자신이 무엇을 소유하고 있는지 파악하게 해준다. 이는 가치와 투자를 일치시킬 때 매우 중요하지만 쉽지만은 않은 첫걸음이라 할 수 있다.

임팩트 극대화를 위한 순진한 질문들

한편, 나는 가족재단에서의 활동을 이어나갔고 록펠러형제기금(Rocke-feller Brothers Fund : RBF)의 이사회에 참석하기 시작했다. RBF는 할아버지 존 D. 록펠러 3세를 포함해 존 D. 록펠러 2세의 다섯 아들이 1940년에 설립한 재단으로 RFF와는 사뭇 다르고 우리가 후원하는 이슈에 관한 전문성을 확보하기 위해 절반은 가족 회원, 절반은 비가족 회원으로 구성되었다. 1940년부터 1953년까지는 증여자산이 없었지만 1953년에 다섯 아들의 활동—대부분 전쟁 후 재건사업—을 자랑스럽게 여긴 존 D. 록펠러 2세가 RBF에 증여자산을 제공했다.

RBF의 임무는 광범위하다. 이른바 더욱 정의롭고 지속 가능하며 평화로운 세계에 기여하는 사회적 변화를 발전시키는 것이다. 프로그램 영역은 평화 구축, 지속 가능한 개발, 민주적 관행, 예술 지원이다. 우리는 일명 '중추 지역'에 이 네 가지 주제와 관련해 가장 많은 자금을 투입한다. 또한 시간 경과에 따라 프로그램별로, 각 프로그램 전략별로 자금 투입 수준을 적절히 조절한다.

RBF 내에서 나는 프로그램 측면—이사회에는 그 분야의 전문지식이 뛰어난 브레인이 따로 있다—이 아니라 증여자산 투자를 책임지는 투자위원회를 통해 부가가치를 더해줄 기회를 포착했다. 나는 재단 전체에 이익이 되기를 바라는 마음으로 투자 관리에 대한 다소 순진한 질문을 했다. 이를테면 이런 질문이다. "우리는 기후 변화와의 싸움에 매년 1000만 달러 가까운 돈을 쓰고 있으면서 왜 인도 국영 석탄 기업인 콜인디아(Coal India)에 250만 달러를 묻어두고 있는 거죠? 저는 재정 운영의 미묘한 뉘앙스 같은 걸 다 이해하지 못하지만 이건 뭔가 이상해 보이네요." 다행히도 재단 회장과 다른 직원들은 이미 이런 생각에 관심을 갖고 있었고 주주행동주의를 통해 영향력을 행사하고 있었다. 다만 재단은 아직 투자계획서를 수정하거나 의미 있는 행동을 취하고 있지 않은 상태였다.

2010년 재단 이사회는 외부에서 영입한 최고투자책임자에게 증여자산의 최대 10퍼센트를 우리의 임무에 알맞은 방식으로 투자하라는 지시를 내렸다. 당시 RBF의 증여자산은 약 7억 5000만 달러였으니 10퍼센트인 7500만 달러를 재단의 임무와 일치시켜야 했다. 2014년 2월 우리는 이런 일치 전략의 일환으로 화석연료에 대한 투자를 축소하기 시작했다. 유가가 배럴당 106달러 언저리일 때 투자금을 회수하기 시작했는데, 현재 유가는 배럴당 40달러 아래다. 도덕적인 이유에서 출발했지만 이 결정은 우리에게 재정적으로도 만족스러운 결과를 안겨주었다. 화석연료에 대한 투자 규모는 초기의 절반 이하로 떨어졌고 나중에는 제로(0) 수준에 가까워질 수 있을 것이다. 전체적으로 보았을 때 RBF 증여자산은 현재 8억 5000만 달러까지 늘어났고 그중 40퍼센트 이상—이 비율은 점점 높아지고 있다—은 환경, 사회, 지배 구조(ESG)와 임팩트 매니저들을 통해 우리의 임무에 부합하는 방식으로 투자되고 있다.[11] 나는 우리가 하는 일을 매우 자랑스럽게 여긴다.

궁극적으로 RBF가 묻는 핵심 질문은 이것이다. "우리의 도구 벨트는 어떤 모습인가? 보조금 외에 무엇이 포함되어 있는가? 변화를 불러오기 위한 우리의 자원은 무엇인가? 재단 전체의 긍정적 영향력을 극대화할 방법은 무엇인가?" 나는 긍정적 영향력의 극대화가 모든 재단의 목표가 되기를 바란다.

RBF에서 이런 질문을 하면서 재단의 증여자산 자체는 변화를 가져올 수 있는 주요 도구 중 하나일 뿐이라는 사실을 깨달았다. 솔직히 록펠러 가문과 화석연료업계의 역사적 연관성을 고려했을 때 록펠러라는 이름이 강력한 무기가 될 수 있음을 알았다. 따라서 공공 담론을 활성화하고 기후 변화 문제를 해결하기 위해 우리는 의도적으로 2014년 기후위크(Climate Week) 기간에 '디베스트-인베스트운동' 동참 의지를 표명했다. 우리는 사람들이 이런 질문을 하기를 바랐다. "록펠러 가문―석유 덕분에 부자가 된 가문―의 재단이 화석연료 투자를 축소한다는데, 우리의 자금도 재정적 손해 없이 회수할 방법은 없을까?"

모두를 위한 더 큰 임팩트

RBF에서의 모든 활동을 통해 나는 스스로에게 분별 있는 질문들을 하게 되었다. "나의 도구 벨트는 어떤 모습이고, 사회 변화를 위해 어떻게 그것을 극대화할 수 있을까?" 나의 무기가 영향력 있는 인맥, 기회의 문을 열어주는 이름, 시간, 에너지, 의욕, 관련 경험, 어느 정도의 개인 자산, 최고 기술을 갖춘 회사 소속 등이라면 나는 더 근본적인 변화를 위해 이것들을 어떻게 활용할 수 있을까?

이에 따라 나의 독특한 무기들을 이용해 임팩트 투자에 더 깊이 관여하고 다른 사람들을 도울 방법을 물색하게 되었다. 내가 다른 가족 구성원들에게 왜 그들의 가치와 투자를 일치시키지 않느냐고 물었을 때 똑같은 답이 돌아왔다. "어떤 게 통하고 어떤 게 통하지 않는지 잘 모르겠어. 수익 감소를 감수해야만 할까? 가장 유능한 매니저는 누구지? 요즘 트렌드는 어때? 그런 생각 자체는 정말 마음에 들지만 막상 발을 담그자니 겁이 나는걸."

나는 기부 약정(Giving Pledge, 자선 기부에 재산의 절반 이상을 쓰겠다는 억만장자들의 약속) 같은 것이 필요하다고 판단했다. 임팩트 투자를 위한 약정 말이다. 임팩트 투자 벤처회사인 시티 라이트 캐피털(City Light Capital)의 파트너로 일하는 내 친구 조시 코언(Josh Cohen)과 점심을 먹다가 우리는 디임팩트(The ImPact)를 설립하기로 했다. 이것은 비영리 투자에 뜻을 둔 가족사업체(패밀리 오피스family office, 가족 재단, 가족기업)의 비영리 네트워크다.[12] 디임팩트의 목적은 측정 가능한 사회적 임팩트를 만들어내는 투자에 대한 자금 유입을 확대해 사회문제 해결의 가능성과 속도를 높이는 것이다.

디임팩트는 이 목적 달성을 위해 가족들과 그들의 재단에 더 효율적인 임팩트 투자에 관한 정보와 네트워크를 제공하고 데이터 수집·분석·보고를 위해 정교한 기술―아데파가 기부한 자사 소프트웨어―을 이용한다. 디임팩트는 회원들이 서로로부터, 그리고 지금껏 대화에서 대체로 배제되었던 임팩트와 재무 데이터로부터 새로운 내용을 배우기 위한 도구다. 디임팩트는 안전한 공간을 제공하기 때문에 회원들은 각자의 투자처와 관심사, 해결 과제들을 마음껏 공유할 수 있다.

우리는 자선과 임팩트 투자에 관한 대화가 인풋(기부한 돈의 액수)에 관한 것에서 아웃풋(그로 인해 발생한 임팩트)에 관한 것으로 바뀌기를 바란다. 기부 약정은 디임팩트 설립의 영감이 되었고 세상을 위해 굉장히 좋은 일이지만, 억만장자들이 재산 절반을 내놓겠다는 것은 표면적으로 인풋에 관한 내용일 뿐 그로 인한 실제 결과에 관한 내용은 아니다. 반면 디임팩트는 성과와 임팩트에 초점을 맞추고자 한다.

차세대는 그들의 도구 벨트에 있는 모든 도구를 이용하고자 하고, 지속적인 변화를 일으키고 긍정적인 임팩트를 극대화하기 위해 새로운 도구를 개발하고자 한다. 궁극적으로 그런 임팩트야말로 목표인 것이다.

저스틴 록펠러는 자기 가족의 자선 제국 내에서 권위 있는 자리를 차지하고 수십 년간 지속해왔던 일을 이어받음으로써 세상에 좋은 일을 할 수도 있었다. 그는 자신이 물려받은 자산—유명한 이름, 증여자산, 애초에 자선을 목표로 설립된 기관들—의 위력을 알고 있다. 하지만 그는 혁신가가 되고자 한다. 단지 록펠러 가문의 차세대 주자로 알려지는 것을 넘어 '자신만의 흔적을 남기려는' 욕심 때문이 아니다. 그가 새로운 접근법을 사용하는 것은 임팩트 극대화를 위해 그것이 필요하다는 확신 때문이다.

그는 진정한 변화를 만들어내기 위해 임팩트 투자라든지 사회적 기업가들의 다른 혁신을 새로운 도구로 추가하려고 한다. 그것이 그의 가족이 애초에 돈을 벌었던 사업 분야에서 가족재단의 투자금을 회수하는 것을 의미한다고 할지라도 말이다. 그는 자기 세대의 다른 사람들도 이 일에 동참할 수 있도록 돕고, 이를 통해 주요 기부의 미래 지형을 바꾸어놓을 기업가적인 차세대 기부자와 임팩트 투자자의 움직임을 확대해나가고 있다.

혁신가들의 염원

저스틴 록펠러와 달리 모든 차세대 기부자는 새로운 도구들을 열심히, 다양하게 사용하고 있지 않다. 적어도 지금 당장의 기부에서는 그렇다. 우리의 설문조사에 따르면 차세대 기부자들은 여전히 주로 전통적인 방식—가족재단, 기부자조언기금(donor-advised fund : DAF), 온라인, 기부 포털, 수표, 현금, 직장 기부 등—을 통해 기부했다.[13] 하지만 미래의 기부 계획에 대해 물었을 때 그들 중 다수는 기부 수단 다양화를 원한다는 분명한 증거를 발견할 수 있었다. "제가 중요하다고 생각하는 것과 현재의 제 기부 방식에는 격차가 있어요." 한 기부자는 이렇게 설명했다. "제가 너무나도 원하지만 아직 시도하지 못한 이상적인 방법들이 많이 있죠." 저스틴 록펠러처럼 현재 실험적인 방법을 시도하고 있는 기부자들의 경우 그것에 대해 매우 열정적이었다. 그들은 종종 다른 차세대 기부자들에게 새로운 방법을 추천하며 그쪽으로 유도하려고 했다.

이전 세대가 설립한 가족재단을 통해 주로 기부하는 차세대의 경우 그들이 가진 새로운 도구에 대한 열정은 가족 내에서 변화를 위한 로비활동을 벌이는 것을 의미한다. 많은 차세대 기부자는, 예컨대 자선기금으로 임팩트 투자를 하거나 프로그램 기반 투자(PRI) 또는 권익운동 후원을 고려해야 한다며 가족들을 압박한다고 말했다. 일부는 자신의 가족재단이 새로운 작업 방식을 받아들이기를 간절히 바랐다. 한 가족재단의 젊은 이사는 이렇게 한탄했다. "재단의 모든 벽을 부수고 그 한가운데에 설계용 책상을 두고 싶어요. 모든 사람이 머리를 맞대고 일할 수 있도록!"

열정적인 차세대 변화의 기수들은 가족재단 내에서 이런 변화는 속도가 느리다는 것을 알지만 어떻게든 그 일의 추진을 목표로 삼는다. 대형 가족재단에서 적극적으로 활동중인 한 기부자는 이런 어려움을 이렇게 설명했다. "[나이 많은 가족 구성원과 직원 사이에서] 다른 모델을 시도해보려는 욕구가 어느 정도 있는 듯하지만 하나의 조직으로서 그 변화는 아주아주 느릴 수밖에 없다고 생각해요. 그건 크루즈선과 쾌속정의 비유로 설명될 수 있어요. 크루즈선은 핸들을 돌린다고 해서 바로 방향 전환이 시작되지 않아요. 덩치가 아주 크기 때문에 한 5분은 지나야 서서히 방향을 틀기 시작하죠."

정확히 짚고 넘어가면 여러 새로운 방법을 추구하는 것이 전통적 도구의 포기를 의미하는 것은 아니다. 차세대 기부자들은 그들이 이미 보유하고 있는 자선을 위한 포트폴리오에 이런 혁신들을 추가하고자 한다.

비범한 일을 해내는 데 필요한 비이성

차세대 기부자들이 원하는 자선 분야의 변화라는 것은—또한 그들이 열광하는 혁신이라는 것은—앞서 말했듯이 와해적이다. 흥미롭게도 우리는 이 와해를 중심으로 자선가로서의 정체성을 확립해나가는 젊은 기부자들을 많이 만날 수 있었다. 그들은 현상 유지에 반기를 들고, 소외된 아이디어를 후원하고, 모두가 서로 원만히 지내는 것을 중요시하는 분야에서 '비이성적' 자세를 유지한다. 이 와해를 통한 대가는 그들에게 더 큰 임팩트, 어쩌면 굉장히 비범한 임팩트다.

스콧 벨스키(Scott Belsky)는 바로 그런 와해를 일으키는 사람이다. 성공한 기술업계 사업가이자 투자자인 스콧 벨스키는 교육 창업자 스탠리 캐플런(Stanley Kaplan)의 손자이며 가족 전통의 자선사업의 계승자다. 스콧 벨스키는 자신의 회사를 어도비(Adobe)에 매각하고 아내 에리카와 함께 본인 재단을 설립하기 전부터 가족재단 이사로서 자선활동에 참여했다. 현재 그의 기부 방식—그는 '책임감 있는' 동시에 '역방향 접근'이라고 설명한다—에는 그가 기업가이자 초기 투자가로서 배웠던 많은 내용이 반영되어 있다. 그는 자신이 투자자로서 혁신 모델을 찾기 위해 사용하는 전략이 기부자로서 활약하는 데도 큰 도움이 된다고 확신한다.

스콧 벨스키

할아버지는 사업가였고 나는 늘 할아버지처럼 팀을 조직하고 키우는 데 관심이 많았다. 그 관심 덕분에 팀을 조직하고 키우는 다른 사람들을 도와주는 일을 하고 싶어졌고 현재 그런 일을 하고 있다.

나는 대학에서 디자인과 비즈니스를 공부했고 하버드대학 경영대학원을 졸업한 뒤 창의적인 세계를 연결해주는 비핸스(Behance)라는 회사를 설립했다. 그 신생 기업을 5년간 외부 투자 없이 자력으로 운영했다. 우리는 손익분기점을 앞두고 굉장히 힘든 몇 달을 보냈고 직원 월급을 못 줄 뻔한 적도 있었다. 나는 이 5년의 경험을 통해 많은 것을 배웠다.

다행히도 우리에게는 매우 빨리 성장중인 네트워크 상품이 하나 있었다. 덕분에 벤처 자금을 받을 수 있었고 그렇게 계속 키워오던 사업은 2012년 어도비에 인수합병되었다. 이는 팀원들에게 대단한 기회였다. 회사 지분을 다른 투자자들에게 많이 매각하지 않은 상태였으므로 우리 중 다수는 그 인수합병을 통해 큰 이익을 챙길 수 있었다. 나는 인수합병 이후 모회사에서 3년 넘게 일하다가 그곳을 떠나 새로운 회사를 세웠다. 동시에 샌프란시스코만 지역의 한 벤처 자본 회사의 벤처 파트너가 되었다.

자선에 대한 체험교육

나는 할아버지 스탠리 캐플런이 자신의 사업체인 스탠리 H. 캐플런 교육센터를 워싱턴 포스트 컴퍼니에 매각하면서 설립한 가족재단에서 아주 어린 나이부터 자선에 대해 배웠다. 이와 비슷하게 내 회사를 매도한 뒤 에리카와 나는 우리만의 자선활동을 위한 재단을 세웠다. 비록 나와 내 아내의 기부 방식은 내 조부모님의 기부 방식과 다를 테지만 나는 나의 배경과 가족과의 경험이 나를 기부자로 만드는 준비과정이었다고 생각한다.

1984년에 설립된 리타 J. 앤드 스탠리 H. 캐플런 가족재단(Rita J. and Stanley H. Kaplan Family Foundation)은 새로운 가족 구성원들의 이사회 참여를 통해 영구적인 운영을 목적으로 한다. 여자 형제, 부모님, 이모도 이 재단에서 활동한다. 조부모님은 유대인 자선, 보건, 교육에 적극적인 관심을 보였고 우리가 그들의 목표를 위해 일하는 동안 따라야 할 기준들을 마련해두었다.

이사회에서 활동하는 동안 각 가족 구성원은 관심 있는 이슈를 후원하기 위한 일정량의 기금을 할당받는다. 나는 대학생 때 처음 이사가 되었고 당시 약 2만 달러의 예산을 배정받았다. 그 어린 나이를 생각하면 엄청난 기회였다. 조부모님에게 따로 유산을 물려받지는 않았지만 대규모 재단에서 나만의 예산을 배정받는 기회를 얻은 것이다. 그 어린 나이에 그 정도 무게의 책임감은 부담스러운 동시에 흥분되었다. 나는 그 역할을 매우 진지하게 받아들였고 그 경험이 나에게 기부와 관련된 체험교육을 제공한다는 것을 깨달았다.

나는 내가 자선의 세계로 안내된 방식에 매우 만족한다. 그것은 정말 대단한 영광이었다. 사실 나는 차세대 기부자들에게 기부 예산—아주 적은 금액일지라도—에 대한 자율권을 주는 것부터 시작하라고 다른 가족들에게 조언하고 싶다. 그렇게 하면 차세대는 책임감을 느끼게 되고, 동시에 그들의 후원단체에 깊이 관여하는 것에 자부심을 갖게 된다. 차세대가 개인적으로 결정을 하고 거기에서 교훈을 얻는 효과는 강력하다고 생각한다. 나는 한 재단의 공동 설립자가 된 지금도 그때 배운 교훈을 기억하고 있고 언젠가 이 가족재단에 참여하게 될 내 아이들에게도 같은 방식을 사용할 계획이다.

책임감 있는 역방향 접근

나는 누군가에게 부탁받았기 때문에, 또는 자기만족을 위해 어떤 기부를 하는 함정에 빠지지 않으려고 노력한다. 대신 에리카와 나는 우리가 가장 관심 있는 몇몇 분야를 추려서 그 이슈에 관해 공부할 시간을 가진 다음, 가장 큰 임팩트를 만들어낼 수 있는 방식으로 우리의 시간과 열정을 투자해 해당 이슈를 후원한다.

나는 본인이 지지하는 이슈와 관련해 끊임없는 열정과 학구열을 보여주는 자선가들에게 늘 감명받는다. 빌과 멀린다 게이츠는 그들의 투자 대상에 대해 가장 박식한, 이 분야의 아이콘이다. 나는 이것이 수탁 책임의 한 요소라고 생각한다. 대중이 어느 정도 권리를 갖고 있는 돈—기부는 세제 혜택 대상이다—을 기부한다고 할 때 당신은 당신의 후원 대상을 잘 이해하고 의미 있는 관계를 맺을 책임이 있다.

물론 책임감도 중요하지만 나는 전략적 태도를 유지하고, 심지어 어느 정도 위험 감수도 하고 싶다. 나는 현재 소외되어 있으나 후원받을 경우 사회에 큰 변화를 가져올 수 있는 이슈에 집중하는 등 자선에 대한 일종의 역방향 접근법을 개발했다.

그 예로 에리카와 내가 후원하는 디파이벤처스(DefyVentures)라는 단체가 있다. 이 단체는 과거 수감자였다가 이제 창업을 하려는 사람들에게 피드백, 코치, 조언, 자금을 제공함으로써 사업이 본궤도에 오를 수 있게 도와준다. 우리가 발견한 바에 따르면 사회는 한때 실수를 저질러 감옥에 갔던 사람들을 가치 없는 사람으로 취급하려는 경향이 있다. 그들은 석방된 뒤 구직에 실패하고 사회로부터 따돌림을 받는다. 자신을 증명해 보이고 새로운 사람이 되어 신뢰를 회복하고자 하는 그들의 욕구는 다른 어떤 사람보다 강한데도 말이다. 나는 우리가 그들에게 베팅해야 한다고 생각했고, 그래서 이처럼 천대받지만 대단한 잠재력을 지닌 사람들을 돕는 전략적 후원을 시작했다.

이 접근법을 개발하면서 내가 원하는 자선 참여 방법을 발전시켰다. 나는 20대 초반에 가족재단 회의에 참석해 많은 것을 배웠고 그랜드 스트리트(Grand Street)—자선에 참여할 예정이며 동료 집단에서 가치, 비전, 자선 목표를 확립하고자 하는, 18세에서 28세 청년을 위한 네트워크—같은 모임에 참여할 기회를 얻었다. 이 기회는 당시 내 삶에 중요한 역할을 했는데, 덕분에 나는 내 목소리를 키워나가고 가족재단 내에서 내 역할에 대한 자신감을 얻을 수 있었다. 그것은 내 삶에 매우 깊은 영향을 미쳤다.

30대가 된 지금도 여전히 내 관심 분야와 자선에 관한 지식을 늘리고 싶지만 회의에 참석해 시간 보내는 것을 가치 있게 여기지 않는다. 대신 나에게 흥미 있는 이슈와 내가 더 큰 영향을 미칠 수 있는 분야에 관한 이해도를 높이고 싶다. 또한 가장 큰 임팩트를 만들어낼 수 있는 분야에 집중하고 싶다. 따라서 현재 비영리단체 이사회에 앉아 있는 것은 내 시간을 가장 귀하게 쓰는 방법이 아니라고 생각한다. 그런 이사회는 기부자들의 비위를 맞추며 계속 기부금을 얻어내는 데만 초점을 맞추는 듯하다. 나는 내가 어떤 단체에 신뢰와 열정, 흥미를 갖고 있는 한 그 단체에 대한 후원을 이어나갈 것이다. 또한 내가 임팩트를 만들어낼 수 있다고 느끼는 방식으로 후원단체들에게 돈 이외에 다른 것도 제공하려고 노력한다. 예컨대 나는 내 전문 분야에 한해 어떤 요구를 하거나 피드백을 하는 등 단체에 도움될 만한 일들을 하는 것을 좋아한다.

비이성적 혁신

기부에 대한 나의 접근법은 투자자로서의 경험을 바탕으로 한다. 예를 들어 투자세계에서는 너무 많은 사람에게 의견을 묻고 그들의 피드백을 전부 진지하게 받아들일 경우 절대 훌륭한 투자 결정을 내릴 수 없다. 왜냐하면 모두 익숙하지 않은 것에 대해 틀렸다고 말할 테고, 결국 익숙한 것으로 회귀할 수밖에 없기 때문이다. 비슷한 이치로 무언가 이색적인 일을 하는 단체를 후원해야 할지 고민할 경우 여러 사람에게 피드백을 받을수록 그 단체의 잘못된 부분을 지적하는 사람이 많아진다. 단지 그 단체가 이미 알려진 것의 평균에서 벗어나 있다는 이유로 말이다. 그런 신중한 피드백을 계속 듣고 있으면 당신이 애초에 어떤 단체나 이슈의 매력이라고 생각했던 부분이 전부 의심스러워지기 시작한다.

이런 이유로 나는 여러 투자자가 함께하는 에인절 투자 그룹을 좋아하지 않는다. 그것이 투자의 본질, 즉 남들이 보지 못하는 것을 알아보고 트렌드나 인기에 의해 왜곡되는 일 없이 독립적으로 결정을 내리는 것과 충돌한다고 생각한다. 나는 투자자로서든 기부자로서든 너무 많은 사람의 잡음에 휩쓸리고 싶지 않다.

내가 자선에 적용하는 투자 원칙 중 다른 한 가지는 혁신은 비이성의 영역에서 이루어지므로 때로는 약간 비이성적이어야 한다는 것이다. 너무 이성적인 사람은 항상 검증된 비즈니스 모델이나 마케팅 전략만 이용하게 되고, 따라서 안전한 투자처로 여겨지는 회사만 선택하게 된다. 하지만 그런 회사는 절대 100배 이상의 수익을 안겨줄 수 없다. 세상에서 가장 훌륭한 투자는 산업을 더 효율적으로 만드는 수준이 아니라 산업의 판도를 바꾸어놓을 만한 완전히 새로운 비즈니스 모델, 새로운 시장 전략, 새로운 개념이다.

자선에서도 마찬가지로 정말 대단한 일을 하고 싶다면—또는 이전까지 제대로 다루지 않았던 문제를 다루고 싶다면—이성의 끝자락에서 사고하는 능력이 필요하다. 다시 말해 약간 비이성적이어야 한다. 안타깝게도 협업을 중요시하는 분야에서 그런 전략을 구사하다보면 당신은 나쁜 팀원이 될 수밖에 없다. 매우 비이성적인 구성원이 있는 팀에서 일하고 싶은 사람은 없다. 하지만 나는 이것이 가장 큰 임팩트를 만들어내는 방법이라고 생각한다.

이런 마음가짐은 내가 투자자로 일하면서 얻은 것이다. 사실 나는 순응을 거부하는 서부 해안 기술 투자업계의 사고방식이 오늘날 자선 분야를 변화시키고 있다고 생각한다. 나는 우리가 바꾸려고 애쓰지 말아야 할 것들도 있지만 의문을 품어야 할 것들도 있다고 믿는다. 그것이 바로 서부 해안 자선이 목표하는 바다. 따라서 기업가적 접근의 적용과 기발한 무언가를 기꺼이 후원하는 청개구리 같은 마음가짐이 필요하다.

달리 말하면 차세대는 대형 단체를 후원하고 현상 유지를 위해 자금을 지원하고자 하는 욕구가 약하다. 나는 누군가는 그런 단체를 후원해야 한다는 것을 알고 있다. 역방향 접근이 항상 옳은 답은 아니다. 박물관이 계속 운영될 수 있도록 하는 일은 중요하다. 하지만 차세대 기부자들이 그 역할을 꼭 해야 한다고 생각하지는 않는다. 나는 약간 비이성적인 사업을 후원하는 데 특히 뛰어나고 그런 일에 가장 흥미를 느낀다. 따라서 보수적인 대형 단체에 고액의 수표를 발행해주기보다는 그런 일을 하고 싶다. 수표를 발행해주는 것은 어차피 기성세대 기부자들이 해줄 것이 아닌가. 나는 더 전략적인 후원을 하고 싶고, 나와 같은 차세대 기부자들은 변화를 만들어낼 수 있는 단체를 후원하고 싶을 것이라고 생각한다.

나는 지위 과시를 위한 기부에는 흥미가 없다. 월스트리트에서 일했던 초창기에 나이 많은 동료들이 공개석상에서 자신들이 어떤 이슈에 얼마를 기부했다고 이야기하는 것을 본 적이 있다. 마치 자신이 가진 재산이나 지위에 대한 과시처럼 보였다. 그런 모습이 불편하게 느껴졌다. 만약 당신이 올바른 이유에서 기부하고자 한다면, 어떤 단체의 목표가 당신이 원하는 변화의 방향과 일치하기 때문에 해당 단체를 후원하고자 한다면 자아는 오히려 방해가 된다고 생각한다. 물론 자아는 늘 그곳에 존재하겠지만 나는 어떤 이슈에 대한 지식과 열정을 기반으로 결정을 하려고 노력한다. 나는 차세대 기부자들이 기부자 명단이나 건물 외벽에 이름이 적히거나 동료들 앞에 서서 뽐내는 것에서 동기부여를 받기보다는 무언가 특별한 일을 해내는 데 더욱 초점을 맞출 것이라고 생각한다.

다시 한번 말하면 나는 만인이 옳다고 생각하는 투자처가 있다면 이미때가 늦었다는 것을 비즈니스를 통해 배웠다. 그곳은 너무 혼잡하고 경쟁이치열할 것이다. 이런 정신은 좋든 나쁘든 자선 분야에도 똑같이 적용된다. 훌륭한 투자자는 다른 사람들이 틀렸다고 생각하는 곳에 투자하는데, 그래야만 무언가 비범한 일을 해낼 수 있기 때문이다. 자선도 마찬가지다.

스콧 벨스키는 우리가 앞 장에서 살펴본 선호 전략 중 몇 가지—상당한 주의에 대한 책임과 성과에 대한 집중 등—를 강조한다. 하지만 그를 통해 진지함과 책임감이라는 전략적 요구가 반드시 조심스러움을 의미하는 것은 아니라는 사실을 알 수 있다. 우리는 그를 통해 새로운 영역을 탐험하고 청개구리 같은 방식으로 혁신을 수용하는 데 대한 차세대 기부자들의 열정을 느낄 수 있다. 그는 인기 없는 이슈, 소외된 사람들과 단체들—'다소 비이성적인' 아이디어들—을 후원하는 위험을 감수하고자 하는데, 정말 대단한 변화는 그런 곳에서 만들어질 수 있기 때문이다.

위험 감수와 실패를 통한 진전

스콧 벨스키 같은 차세대 기부자들은 그들이 원하는 변화를 만들어내기 위해 때때로 실험하고, 과감해지고, 많은 사람에게 일반적이지 않고, 심지어 비이성적으로 보이는 위험을 감수할 수 있어야 한다고 주장한다. 그들은 단순히 오래된 방식을 더 효율적으로 만드는 것이 아니라 각자 신경 쓰는 이슈를 해결하기 위해 완전히 새로운 방법을 시도하는 위험을 감수하고자 한다. 또한 그들은 이런 위험 감수에 따른 실패 가능성을 기꺼이 받아들인다.

이런 기부자들은 전통적인 자선사업의 위험 회피적인 접근법을 거부한다. 그들은 이런 접근법이야말로 맨날 시시한 임팩트를 만들어내는 처방이라고 주장한다. 더 큰 위험 감수를 옹호하는 많은 차세대 기부자는 자선 분야가 이런 마음가짐을 비즈니스 세계에서 배워야 한다고 믿는다. 스콧 벨스키처럼 성공한 기술업계 사업가 겸 투자자이며 6장에서 소개할 하디 파르토비도 전통적인 자선을 비판하면서 기술세계의 위험한 '큰 베팅(big-bet)' 전략을 모방할 것을 요구한다.

전통적인 재단들은 위험 회피 성향이 매우 강하다. 성공할 것이라는 보장은 없지만 실제로 성공하면 매우 대단한 효과를 낼 수 있는 무모한 아이디어를 위해 전통적인 재단으로부터 100만 달러의 후원을 받는 것은 불가능한 일이다. 하지만 가장 큰 임팩트는 그런 아이디어를 통해 만들어진다. 영리 부문을 살펴볼 경우 가장 큰 임팩트를 내는 회사들은 아무도 성공할 것이라고 믿지 않던 미친 발상에서부터 출발한다. 하지만 누군가 그 발상에 판돈을 걸고 어느새 제2의 우버 또는 제2의 페이스북이 탄생된다. 비영리 부문에서도 그런 일이 일어나지 말라는 법은 없다.

2장에서 소개한 카리 투나와 더스틴 모스코비츠 같은 차세대 기부자도 실패의 현실을 받아들이는 것을 자선 전략 개선을 위한 필수 요소로 꼽았다. 카리 투나는 이렇게 말했다. "사실 나는 우리의 작업이 대부분 임팩트를 만들어내는 데 실패할 거라고 생각해요. 위험성이 큰 자선사업을 제대로 운영하면 그럴 수밖에 없어요."[14] 우리가 만난 기부자들은 이 새로운 접근법에는 일명 '위험에 대한 선호'가 어느 정도 요구된다고 입을 모았다.

그렇다면 이 '고위험 고수익' 기부란 무엇일까? 이는 많은 사람에게 검증되지 않았고, 대단한 포부를 가진 대체로 작은 단체에 후원하는 것을 의미한다. 이런 단체에 대한 기부는 '거대한 변화를 만들어낼 수는 있지만 성공의 보장은 없다.' 다른 사람들에게 고위험이란 무이자나 낮은 금리 대출 같은 새로운 기부 모델을 시도해보는 것, 초기 단계의 사회운동을 후원하는 것, 남들이 동참할지 안 할지 모르는 협업 기부에 가장 먼저 뛰어드는 것 등을 의미한다.

이런 고위험 기부는 항상 실패할 가능성이 있다. 하지만 젊은 기부자들은 때로는 실패가 도움이 된다는 강한 믿음을 갖고 있다. 이는 배움과 개선으로 연결될 수 있기 때문이다. '실패를 통한 발전'은 미덕으로 여겨진다. 한 기부자는 이렇게 말했다. "일부 단체는 실패할 겁니다. 단체가 무너지고 사라질 거예요. 하지만 저는 그것도 괜찮아요. 그 경험을 통해 어떻게 하면 발전할 수 있는지에 관한 새로운 모델을 알게 될 테니까요."

이 장의 내용이 의미하는 바는?

우리는 이 책에서 차세대 주요 기부자들이 역사상 가장 주목할 만한 자선가들이 될 것이라고 주장한다. 그들에게 유례없는 막대한 자산이 있기 때문만은 아니다. 그들이 기부 방식을 근본적으로 바꾸려고 하기 때문이다. 이는 때때로 더 큰 위험이 따르더라도 새로운 방법과 도구를 사용해보는 것을 의미한다.

우리는 자선 분야 내에서 변화와 혁신이 매우 빠른 속도로 진행될 시행착오와 '뉴노멀(new normal)'의 시기에 대비해야 한다. 기부자들은 재단이나 공동 모금, 매칭 보조금 같은 새로운 도구를 개발하는 등 자선을 개선하기 위해 늘 노력해왔다. 하지만 차세대 기부자들은 혁신의 속도를 극적으로 끌어올리고자 한다. 임팩트 세대는 이전 세대보다 더 큰 변화를 더 빨리 만들어내고 싶어한다.[15]

우리는 실패에도 대비해야 한다. 차세대 기부자들은 어떤 아이디어나 접근법을 시도하다가 실패했을 때 긍정적인 교훈을 얻을 수도 있겠지만, 그것이 실질적인 방식으로 사람들의 삶과 생계에 영향을 미칠 수 있음을 명심해야 한다.[16]

차세대에게서 명백히 드러나는 '새로운 것에 대한 편향'은 그 자체로 주의를 기울여야 할 이유가 된다. 연구에 따르면 혁신은 사회문제를 해결하는 특효약이 아니다.[17] 혁신을 성공적으로 실행하는 과정에는 엄청난 행정 업무가 요구되고 대다수 혁신 옹호자들이 생각하는 것보다 훨씬 많은 장애물이 존재한다. 때로는 오래되고 검증된 해결책이 여전히 최선이다. 그 해결책이 오랫동안 사용된 이유는 가장 효과적이기 때문이다. 차세대 기부자들은 이런 어려움을 인식하고 차세대의 강력한 위상으로 인해 혁신이 불필요하거나 부적당한 분야에까지 그것을 강요하는 일이 없도록 해야 한다.

덧붙여 차세대 기부자들의 이목을 끄는 일부 혁신—영리 부문과 비영리 부문의 전통적인 경계를 허물고 시장 메커니즘을 활용해 사회 변화를 유도하는 노력 등—을 많은 사람이 불안해하는 것은 당연하다. 일부는 이런 혁신들이 '만물의 상업화'와 '자선의 시장화'라는 미끄러운 비탈길을 만들어낼 것이라고 우려한다.[18] 비즈니스 모델을 너무 직접적으로 가져와 선불리 자선의 맥락에 적용하면 비영리 부문의 작동 방식에 관한 미묘하지만 중요한 차이(예를 들어 어떻게 변화를 측정하고 기간을 어떻게 정할 것인가)를 간과하게 된다. 우리가 인터뷰한 차세대 기부자 중 한 명은 이 세상에는 시장이, 심지어 사회 책임의식이 뛰어난 시장조차도 해결할 수 없는 문제가 많다고 지적했다.

> 세상에는 거의 전적으로 금융시장과 우리의 비즈니스 운영 방식 때문에 발생한 문제들이 많다. 임팩트 투자는 자선보다 더 도발적이기 때문에 다들 입을 모아 "오, 이게 바로 답이야"라고 말하게 될 위험이 있다. 그것은 아주아주 위험한 일이다. 왜냐하면 꼭 필요한 사회환경적 변화를 위해 전면 수정해야 하지만 어쨌든 현존하고 있는 권력 구조와 시스템을 영속화하는 결과를 낳을 수 있기 때문이다.

이런 우려에도 불구하고 강력한 차세대 기부자들은 임팩트 투자, 사회적 기업, 대출 지원 등 새로운 접근에 대한 남다른 열정을 계속 이어나갈 것이다. 만약 잘 관리하기만 한다면 사회 변화를 위한 이런 방법들은 엄청난 사회적 이익을 낳고 더 많은 사람이 덩달아 이런 새로운 도구를 이용하게 될지도 모른다.

예컨대 오늘날 소규모 투자자들은 많은 정보를 얻은 뒤 임팩트 투자를 하는 호사를 누리고 있는데, 이는 막대한 자산을 가진 많은 차세대 기부자가 그들의 가치에 걸맞은 투자처와 금융업계의 투명성 제고를 요구한 덕분이다. 차세대가 임팩트 투자를 개발한 것은 아니지만 차세대 기부자들의 요구 덕분에 금융전문가들이 더 많은 임팩트 투자 옵션을 시장에 출시하게 된 것은 사실이다.[19] 사회적 책임 기업으로의 분명한 방향 전환도 같은 맥락이다. 밀레니얼 세대는 친환경 제품을 요구하거나 사회적 기업이 만든 액세서리와 안경을 구입하거나 여러 개의 목표를 가진 회사에 입사 지원을 함으로써 경제가 긍정적인 방향으로 흘러가도록 돕고 있다.

임팩트 투자, 소액 대출, 권익 옹호 및 사회운동 후원과 같은 새로운 도구에 대한 차세대의 흥미는 차세대 기부자들과 사회적 투자자들에게 그런 기회를 제공하는 단체들에게 분명히 호재가 될 것이다. 하지만 기존 비영리단체, 특히 대형 단체는 차세대의 관심을 얻기 위해 다른 방식에 적응해야 한다. 그들은 차세대 기부자들이 원하는 변화와 혁신의 속도에 보조를 맞춤으로써 한 기부자가 우려한 바와 같이 '재단이 그 재단의 후원단체보다 더 빠르게 혁신하는' 상황을 모면할 수 있을 것이다. 또한 열정적인 차세대 기부자들과의 적극적인 협업을 통해 새로운 도구―보조금 이외의 새로운 재정 지원 메커니즘―를 실험해보고, 차세대 기부자들이 (다른 곳에서 신나는 기회를 찾는 것이 아니라) 단체의 맥락 안에서 새로운 아이디어를 펼칠 수 있는 길을 터줄 수도 있다.

자선 가문들도 위험에 대한 관용을 확대하고 혁신에 대한 차세대의 열정을 가족 기부에 활용하는 방식으로 적응해나가야 한다. 가족들은 가족의 역사를 창의적으로 활용할 수도 있다. 기업가적인 위험 감수와 혁신의 결과로 부를 쌓은 가족이 많고, 이는 여러 차세대 기부자가 인정한 부분이다. 그들은 새로운 변화의 길을 개척하고자 하는 그들의 열정이야말로 부모나 조부모가 시작한 '혁신의 유산을 계승하는 것'이라고 여긴다. 그들은 단순히 그 유산을 가족 자선에 적용하고 있을 뿐이다. 가족 내 나이 많은 구성원은 가족 유산을 혁신에 대한 허가로 여기며 차세대 기부자들이 가족재단의 맥락 안에서 그들의 열정을 펼치도록 도울 수 있다.

현재 차세대 기부자들은 세상에 좋은 일을 하고 더 큰 임팩트를 만들어내기 위한 새로운 시도에 열광한다. 그들은 아직 그들이 원하는 혁신적인 도구를 다 사용해보지 못하고 있지만, 가족 내에서 또는 개인적으로 기회가 생기면 한번 시도해보고 싶어한다. 이런 새로운 접근법이 표준이 되는 것은 이제 시간문제다. 이 임팩트 혁명이 지나간 뒤 자선활동은 결코 이전과 같지 않을 것이다.

2부

올인

| 5장 |

'두 섬싱' 세대

1부에서는 임팩트 세대가 주도하고자 하는 기부 혁명을 소개하고 그 혁명이 고액 기부자들의 기부 방식을 어떻게 바꾸어놓을지 설명했다. 2부에서는 차세대 기부자들이 기부와 관련해 '올인'하고자 하는 세 가지, 즉 그들의 시간을 기부하는 것, 그들의 재능을 기부하는 것, 동료와 함께 기부하는 것 등을 자세히 살펴본다.

* * *

차세대 기부자들에게―우리가 했던 것처럼―나쁜 자선이 무엇인지 물어보았을 때 '그냥 수표만 발행해주는 것'이라는 대답이 나올 가능성이 높다. 차세대는 무엇보다 임팩트를 원하고 단지 돈만 기부하는 것은 진정한 임팩트를 얻는 최선의 방법이 아니다.

이 떠오르는 기부자들에게 좋은 자선활동은 직접 실천하고 참여하는 자선활동이다. 여기에는 기부자가 돈뿐 아니라 시간을 기부하는 것도 포함된다. 또한 좋은 자선활동은 기부자들이 후원단체와 친밀한 관계를 형성해 그들의 시간과 돈이 만들어내는 임팩트를 직접 확인하고, 단체에게 정말 필요한 것이 무엇인지 파악하는 것을 의미한다. 요컨대 차세대 기부자들은 단체와 가까워짐으로써 더 큰 기부자, 더 훌륭한 기부자가 될 수 있다고 믿는다. 참여는 더 큰 임팩트를 향해 나아가는 그들의 길이다.

현장에 나가 일하기

오늘날 2, 30대 미국인들은 의무까지는 아니더라도 지역사회 봉사활동에 참여하라는 격려를 꾸준히 받으며 자랐다.[1] 이제 어른이 된 그들은 기부를 시간 기부와 연관짓는다. 오랫동안 가족 단위 자선활동에 참여해온 한 젊은 주요 기부자는 이렇게 말한다. "저는 그런 식이에요. 어릴 때부터 직접 체험하고, 현장 방문을 나가 프로그램이 잘 진행되는지 확인해보고 싶었어요. 그냥 수표만 발행해주는 건 싫었어요. 좋은 일을 하면서 누릴 수 있는 기회는 전부 경험해보고 싶었죠. 제 세대는 학창 시절에 지역사회 봉사활동을 했기 때문에, 매우 직접적인 방식으로 경험하면서 성장해온 문화가 있어요."

언론계의 거물 테드 터너의 손자이자 8장에서 소개할 밀레니얼 세대 기부자인 존 R. 시델 3세는 자신의 세대가 '트로피 세대'인 것이 이런 현상과 무관하지 않다고 생각한다. 트로피 세대란 단지 열심히 참여했다는 이유만으로, '안일하게 굴지' 않았다는 이유만으로 상을 받았던 세대를 말하는데, 존 R. 시델 3세는 이렇게 설명한다. "우리는 굉장히 작은 일에도 만족감과 영감을 얻고 싶어하는데, 우리가 그런 식으로 배웠기 때문이에요. 우리는 '나는 채워줄 수 있고 내 시간을 투자해 일할 수 있는 단체를 찾아야

해'라는 사고방식을 갖고 성장했어요."

그렇다면 차세대 기부자들이 계속 '무언가를 하고(do something)' 싶다고 노래를 부르는 것도 놀랍지 않다.[2] 그들은 손에 흙을 묻혀가며 '실질적인 것을 경험'하거나 '자신의 도구 벨트를 들고 나가 무언가를 하고' 싶어한다. 그들은 단지 기부자를 위한 화려한 행사에 참석하고, 고액의 수표를 발행하고, 무슨 일이 벌어지는지 뒤에서 지켜보고 싶어하지 않는다. 한 기부자는 이렇게 말한다. "가족들이랑 이런 칵테일파티에 갈 때마다 저는 한탄해요. '난 실제로 뭔가를 하는 일에 참여하고 싶어'라고 되뇌면서 말이죠." 그러다보니 젊은이들의 자원봉사를 장려하는 가장 크고 활동적인 단체 중 하나의 이름은 두섬싱닷오그(DoSomething.org)다.

우리의 설문조사를 통해 이처럼 무언가 하려는 욕구의 근원이 어린 시절 봉사활동 경험이라는 점이 거듭 확인되었다. 온라인 기부가 가장 흔한 유형의 자선활동—77.7퍼센트가 지난 12개월 내에 이런 방식으로 기부했다고 답했다—이었지만 이는 그들이 더 직접적인 참여를 원하지 않는다는 뜻이 아니다. 자원봉사는 세번째로 흔한 자선활동(70.2퍼센트)이었지만 온라인 기부나 차량, 컴퓨터 같은 현물 기부와 큰 차이가 없는 수준이었다. 좀더 비공식적이고 개인적인 후원도 높은 순위를 차지했다. 열 명 중 거의 여덟 명(78퍼센트)이 열다섯 살 이전에 자원봉사 경험이 있다고 했고 35.5퍼센트는 열 살 이전에 자원봉사 경험이 있다고 했다. 한 기부자는 이렇게 말했다. "저는 버튼을 눌러서 10만 달러를 한 단체에 기부해놓고 다시는 그 단체와 연락도 안 하는 방식이 싫어요. 그건 전혀 매력적이지 않죠." 다른 기부자들의 경우 돈만 기부하는 것은 좋게 생각해도 불충분하고, 때로는 비효율적이고 해롭기까지 하다고 응답했다.

이런 기부자들은 그들이 자원봉사자로서 무엇을 하고 싶은지 항상 구체적으로 아는 것이 아니었다. 그들은 그저 그들이 후원하는 단체의 핵심 업무를 개인적으로 알고자 했고 사이드라인에서 응원하기보다는 직접 경기에 참여하고자 했다.

* * *

물론 기부자가 단체활동에 직접 참여하고 싶어하는 것은 새로운 생각이 아니다. 이전 세대 기부자들도 모금 캠페인에서 자원봉사를 하거나 비영리단체 이사회에서 활동했다. 하지만 젊은 주요 기부자들에게 직접 참여란 그들 세대를 규정하는 주된 기부 방법이자 차세대의 뚜렷한 특징이다. "이전 세대는 직접 참여와는 거리가 먼 후원을 하는 것 같아요. '수표를 발행하거나 돈을 주겠지만, 무슨 일이 벌어지든 우리와는 상관없어'라고 말하는 듯하죠. 하지만 저는 실제로 벌어지는 일에 깊이 관여하고 싶어요. 사이드라인에 서 있긴 싫어요. 사회 변화를 위한 작업에 동참하고 싶어요."

다른 기부자는 부모 세대가 '사회 환원의 의무' 때문에 기부하지만 본인 세대는 '매우 적극적인 참여'를 목표로 삼는다고 했다. 그녀와 같은 기부자들은 이처럼 무엇이든지 하려고 나서는 성향을 자랑스럽게 여긴다. 그들은 이것이 그들 세대를 논할 때 빼놓을 수 없는 특징이라고 생각한다.

이들 세대 중 큰돈을 기부할 여력이 있는 사람들도 여전히 그들의 시간을 기부하는 것이 더 가치 있다고 생각한다. 잘 생각해보면 정말 놀랍다. 그들의 마음가짐이 이러하다면 향후 몇 년 동안 비영리단체와 주요 기부자의 관계에 상당한 변화가 예상되기 때문이다.

이런 현장 참여 욕구는 어느 정도는 배움에 대한 욕구에서 비롯된다. 우리는 설문조사를 통해 기부자들에게 그들이 기부자로 성장하는 데 영향을 미친 여러 요소에 관해 물었다. 그들 중 72퍼센트는 '기부자, 자원봉사자, 이사회 구성원으로 활동했던 개인적 경험'이 그들의 배움에 '매우 중요한' 역할을 했다고 답했다. 이 답변은 여러 옵션 중에 가장 많은 선택을 받았다.

차세대 기부자들은 경험과 친밀한 관계를 통해 그들이 후원하려는 분야에 관한 통찰을 얻고 주요 기부자로서 오랫동안 활용하게 될 기술과 전문성을 키움으로써 더 나은 기부자가 될 수 있다고 말한다. "이 일을 하면서 모래에 머리를 처박고 있으면 너무 편하죠. 가족재단 이사는 정말 외부와 단절된 자리예요. 아무것도 '할' 필요가 없죠. 책임이 없어요. 그냥 1년에 한두 번 회의에 참석하고, 그 거품 바깥으로 아예 안 나가도 돼요. [하지만 더 나아진다는 것은] 밖으로 나가 직접 배우는 걸 의미하죠. 우리가 괜히 보조금 수령 대상(grantee)을 '보조금 수령 파트너(grantee partner)'라고 부르는 게 아니에요. 그런 파트너를 통해 우리가 돕고자 하는 현장에서 무슨 일이 벌어지는지 배울 수 있죠."

빅토리아 로저스(Victoria Rogers)는 훌륭한 기부자가 되는 지름길이 자원봉사라고 생각하는 차세대 기부자다. 그녀는 어린 나이부터 돈뿐 아니라 시간을 들여 지역사회에 기여하고 그 경험을 통해 배울 기회를 마련해준 부모님에게 감사드린다. 그녀는 어린 시절 다양한 배경의 학생들이 참여하는 시카고 랩스쿨(Lab School)에 다녔다. 빅토리아 로저스보다 몇 살 어린 버락 오바마(Barack Obama)의 두 딸도 그 학교에 다녔다. 빅토리아 로저스는 뮤추얼 펀드 회사의 설립자이자 미국에서 가장 성공한 흑인 자선가 중 한 명인 아버지로부터 자선활동에 대해 배웠다. 현재 킥스타터에서 일하는 빅토리아 로저스는 밀레니얼 세대가 그들이 함께 일하는 단체에 대해 어떤 바람을 갖고 있는지 잘 보여준다. 밀레니얼 세대는 '커튼 뒤쪽을 보고' 싶어하고 '더 가까이에서 현장을 느끼고' 싶어한다.

빅토리아 로저스

나는 시카고 도심에서 자랐지만 사우스사이드에 있는 학교를 다녔다. 이는 나의 정체성에서 큰 부분을 차지한다. 하이드파크, 그리고 특히 랩스쿨은 내 인생에 결정적인 영향을 미쳤다. 그곳은 독립심을 키워주는 열린 공간이었고 아이들은 설교를 듣기보다는 스스로 탐구해볼 자유를 누렸다. 우리는 각자 자신의 길을 찾도록 격려받았다. 나는 세 살부터 열여덟 살 때까지 같은 친구들과 함께했고 익숙한 친구들과의 탐험은 유익했다. 그 친구들과는 지금도 친하게 지내고 있다.

하이드파크는 매우 다양한 사람들이 모여 살고 아주 다양한 목소리가 합쳐지는 지역이므로, 나의 양육환경 맥락에서 그곳은 굉장히 특별한 의미를 지닌다. 내 학교 친구들 부모님 중에는 시카고대학 간호사도 있고, 노벨상 수상자도 있고, 시내에서 가게를 운영하는 분도 있고, 교수도 있었다. 그곳은 매우 다양하고 역동적이었고 열린 태도와 활발한 문화 교류가 특징적이었다. 또한 다양한 배경의 학생들이 섞여 있었지만 나는 한 번도 '흑인 테이블'이나 '백인 테이블'이 따로 나뉘어 있다고 느낀 적이 없었다. 오바마 대통령은 당시 일리노이주 주지사였고 정치 경력을 쌓는 중이었다. 나보다 어렸지만 말리아와 사샤도 랩스쿨 학생이었다. 당시 하이드파크는 정말 마법 같은 곳이었다. 나와 내 친구들은 오바마의 주지사 선거와 대선 때 자원봉사를 했다. 주말에 아이오와주로 선거 유세를 갔고 변화를 위한 힘을 보태는 데 우리의 시간을 투자했다.

아버지도 그 동네에서 자랐고, 랩스쿨을 다녔으며, 내가 시카고의 여러 지역사회를 경험할 수 있도록 나를 길러주었다. 예컨대 아버지는 어린 나를 공공 주택사업인 카브리니-그린(Cabrini-Green)으로 데려가 사람들과 만나 이야기를 나누게 했다. 우리는 크리스마스 아침에 교도소를 방문하는 제시 잭슨(Jesse Jackson) 목사의 프로젝트에도 참가했다. 그 일을 통해 서로의 차이를 이해하는 동시에, 모든 인간은 뿌리가 같으므로 서로 그렇게 다르지 않다는 것도 알게 되었다.

참여를 통한 배움

나는 전 교육부장관 안 덩컨(Arne Duncan)의 어머니가 설립한 수 덩컨 아동센터(Sue Duncan Children's Center)에서 개인적으로 자원봉사를 했다. 아버지는 안 덩컨과 함께 랩스쿨을 다녔고 내가 7학년 때 내게 그곳을 소개해주었다. 안 덩컨도 자신의 어머니가 방과후 아동센터를 시작할 무렵 그곳에서 자원봉사를 하며 자랐다고 한다. 나는 성장하면서 수 덩컨 아동센터의 아이들이 처해 있는 환경을 보고 적잖이 놀랐다. 그 아이들에게는 바로 옆 동네인 하이드파크 아이들과 같은 자원이나 기회가 주어지지 않았다. 예컨대 나는 늘 미술 수업을 좋아했지만 그곳에는 학교에서 미술 수업을 받아보지 못한 아이들이 많았다. 수 덩컨 프로그램은 수학을 가르치고 숙제를 도와주는 위주였다. 하지만 나는 수 덩컨에게 내가 방과후 미술 수업을 제공해도 괜찮겠냐고 물었다. 처음에는 월 1회 수업으로 진행하다가 결국 주 1회 수업으로 늘렸는데, 나는 7학년 때부터 고등학교를 졸업할 때까지 그 미술 수업을 계획하고 도왔다.

그것은 자원봉사와 예술의 세계로 뛰어들어 사람들에게 영향을 미치고, 사람들을 연결하고, 대화의 장을 만드는 계기가 되었다. 이런 비언어적 언어는 언어가 쉽게 끼어들 수 없는 영역에서 연결과 소통의 수단 역할을 하는 듯했다. 수 덩컨 아동센터 봉사활동에서 출발해 예일대학에서의 미술사 공부, 여름에 근무했던 예술 관련 단체들, 크리에이티브 타임(Creative Time)—예술이 대중 공간과 그 예술을 보는 사람들을 참여시키는 방식에 초점을 맞추는 뉴욕 기반의 비영리단체—의 기부자이자 이사로 활동하는 현재에 이르기까지 그것은 내 삶의 모든 부분을 관통한다. 또한 그것은 오늘날 내가 맡고 있는 킥스타터에서의 전문적인 역할로까지 이어진다.

아버지는 늘 나 자신을 넘어선 세상을 인식하고 관심이 가는 프로젝트에 자원봉사뿐 아니라 재정 지원까지 할 것을 내게 권했다. 아버지가 일찍이 나를 위해 투자해둔 자산은 시간이 흐르면서 불어났고 나는 그 투자 수익금을 비영리단체에 기부해왔다. 물론 돈을 기부하는 것 외에 아버지는 내게 참여를 통한 배움도 권했다. 때로는 내가 관심을 가질 만한 프로젝트, 이를테면 극단 같은 것을 언급하며 "여기도 함께 투자해볼래?"라고 묻곤 했다. 아버지는 늘 경험을 통한 배움이 중요하다고 했는데, 그런 격려가 없었다면 아마 그렇게 일찍 자선의 세계로 뛰어들지 못했을 것이다.

그것은 어쩌면 아버지의 역사와도 관련이 있을지 모른다. 아버지는 스물네 살 때 아리엘 인베스트먼트(Ariel Investments)라는 뮤추얼 펀드 회사를 시카고에 설립했다. 당시 흑인이 세운 투자회사는 그 회사밖에 없었다. 아버지는 엑셀론(Exelon)과 맥도널드(McDonald's)의 기업 이사회에 참여했고, 시카고대학의 신탁관리인으로 일했으며, 현재는 미국 예술과학아카데미(American Academy of Arts and Sciences)의 회원이자 정의와 인권을 위한 로버트 F. 케네디 센터(Robert F. Kennedy Center for Justice and Human Rights)의 이사이고, 최근 버락 오바마 재단의 이사가 되었다. 어머니 역시 우리 주변 세계에서 적극적으로 활동해왔다. 어떤 식으로든 참여하고만 있다면 부모님에게는 내가 어떤 식으로 사회활동에 참여하는지는 중요하지 않았다. 부모님의 사회 참여는 나의 초기 경험에 많은 도움이 되었다.

커튼 너머를 들여다보다

전 세계의 공공 미술 프로젝트를 위탁하고 소개하는 크리에이티브 타임의 기부자이자 자원봉사자로서 나의 역할은 이런 맥락에서 시작되었다. 나는 이 단체의 인턴이었고 이 단체의 미션이 마음에 들었다. 나는 이 단체의 일에 열정을 갖고 있었고 재정적 어려움이 있다는 사실을 알 만큼 가까워졌다. 아버지와 나는 내가 먼저 인턴 겸 자원봉사자로 그곳에서 일한 뒤 내가 단체에 직접 관여하면서 재정적으로 도움을 줄 수 있는 방법이 있는지 알아보기로 했다.

나는 참여하는 기부자가 어떤 모습일지에 대해 이 단체의 대표와 여러 차례 대화를 나누었다. 그러다가 이사회에 참석하고, 기부를 하고, 내 시간을 투자하고, 다양한 예술 영역에서 단체를 지원하고, 신임 대표를 물색하는 조사위원회에서도 활동하게 되었다. 나의 참여는 매우 다방면에서 이루어지고 있고, 그 관계는 상호보완적이다. 내게는 굉장히 훌륭한 배움의 기회였다. 이 단체는 이제 내게 가족이나 다름없는데, 내 인생의 이 단계에서는 특히 사랑스러운 일이 아닐 수 없다.

정확히 말하면 나에게 기부란 이사회에 참석하는 것 이상을 의미한다. 이사회 회의 참석은 때로는 아주 높은 자리에서 결정을 내리는 것처럼 느껴진다. 크리에이티브 타임에서 앞서 자원봉사를 경험하지 않았다면 이사회 활동과 관련해 나의 시각은 지금과 다를 수밖에 없었을 것이다. 가령 기존 대표가 이곳을 떠나 브루클린미술관으로 가게 되었을 때 나는 직원들과 함께 일했던 경험 덕분에 이 사건이 팀에 미칠 영향을 쉽게 알 수 있었다. 어떤 단체의 내부 구조를 잘 알면 이사회 활동을 이해하기도 쉬워진다.

우리 세대는 단체가 어떻게 돌아가는지 파악하기 위해 커튼 뒤쪽을 들여다보고자 한다. 예술에 관심이 많은 나는 예술가의 작업실에 찾아가고, 함께 식사를 하고, 예술가의 생각을 듣는 것을 좋아한다. 나와 우리 세대의 많은 사람에게 중요한 것은 마음이 시키는 일을 하고 직접 참여하는 것이라고 생각한다. 나는 이런 질문을 하게 된다. "어떻게 하면 내가 그 작업의 일부가 되는 것을 비영리단체가 허락해줄 것인가?" 또는 "어떻게 하면 내가 그 일을 해볼 수 있게 그들이 도와줄 것인가?" 위험을 감수하는 것은 괜찮다. 특히 나처럼 젊은 나이라면. 나는 많은 선택지 앞에서 경직되기보다는 무엇이든 시도해보고 결과가 괜찮은지 살펴보고 기회를 줄 여유가 있다.

나는 킥스타터에서 예술가, 음악가, 영화감독, 디자이너, 그 밖의 제작자가 그들의 아이디어를 실현할 수 있도록 자원과 지원을 알아봐주는 일을 하고 있다. 현재까지 수만 건의 크고 작은 창작 프로젝트가 킥스타터의 도움으로 진행되었다. 나는 그중 386건의 프로젝트를 지원했다. 나는 미술 분야에 집중하고 있으며 각 프로젝트가 금전적 지원과 인적 지원—이를테면 1000명의 사람이 이 프로젝트가 진행되기를 바란다는 의사를 밝히는 것—을 모두 받을 수 있게 도와주고 있다. 킥스타터는 사람들이 전통적인 경로를 거치지 않고 예술을 창작할 수 있기를 바랐던 한 예술가에 의해 7년 전 설립되었다. 킥스타터의 후원자들은 무엇인가가 만들어지는 데 자신이 한몫하고 있다는 기분을 느낄 수 있다.

킥스타터는 예술 후원 방식을 민주적 형식으로 바꾸었고, 따라서 예술 제작의 지형을 바꾸어놓았다. 왜냐하면 이제 모든 사람이 누군가의 창작에 힘을 실어주는 목소리를 낼 수 있기 때문이다. 우리는 이런 질문을 던진다. "음반사 없이 음반을 만든다는 건, 또는 제작사 없이 영화를 만든다는 건, 또는 갤러리 전시 없이 화가가 그림을 그린다는 건 어떤 의미일까?" 이런 방식이 우리 세대에게 매력적으로 다가오는 이유는 누구나 기부자가 될 수 있게 해주기 때문이다. 최소 1달러 기부도 가능하므로 문은 누구에게나 열려 있다. 특히 내가 이곳을 좋아하는 이유는 예술과 문화가 상아탑 같은 이미지에서 벗어나 모든 이에게 영향을 줄 수 있다고 생각하면 흥분되기 때문이다. 서로 힘을 모아 미술관이나 갤러리를 후원했던 이전 세대와 달리 킥스타터는 누군가가 프로젝트를 업로드하면 그 즉시 일본에 있는 다른 누군가가 그것을 확인할 수 있는 온라인 플랫폼이다. 이제 그런 기술이 가능하기 때문에 우리 세대는 예술이나 디자인을 현재 자신이 위치한 그곳에서 곧바로 만날 수 있기를 바라는 듯하다. 따라서 이것은 새롭고도 강력한 콘셉트다.

삶을 위한 기부

이제 스물다섯 살인 나와 내 동료들은 스스로 이런 질문을 한다. "나는 지금 새로운 것을 배울 수 있는 공간, 새로운 것에 노출된 공간에 있는가?" 지금의 나는 인생의 방향을 확정하기보다는 아직 많은 것을 흡수해야 하는 스펀지 같은 시기라고 생각한다. 물론 어떤 기회의 문은 이미 닫혔고 내 미래가 그쪽으로 향하는 일은 절대 없겠지만 나는 여전히 탐험 단계에 있다. 나는 내가 늘 예술과 관련된 일을 할 것이라고 확신했지만 거기에는 불필요한 부분을 정리하는 것을 포함해 아주 많은 내용이 포함되어 있다고 생각한다.

궁극적으로 아버지는 금융 지식을 매우 중요하게 여긴다. 나도 그것이 중요하다고 생각하지만 내가 열정을 기울이는 분야는 아니다. 아버지는 내게 금융 지식 프로그램 후원을 강요하지 않았다. 대신 내가 나의 관심 분야를 찾아 열정을 쏟도록 했다. 차세대 기부자 모임을 통해 모든 가정에서 이런 유연함이 허락되는 것이 아니라는 사실을 알고 놀랐다. 직접 탐험하고 실험하고 체험하도록 격려받고 자란 것은 굉장히 의미 있는 일이었다고 생각한다. 덕분에 기부는 즐겁고 흥미진진한 일로 느껴졌고 재정적 약속을 넘어 삶의 약속으로 발전할 수 있었다.

빅토리아 로저스 이야기는 직접 참여하고 무엇이라도 시도하려는 차세대 기부자들의 접근법이 이른 나이에 시작된 지속적인 자기 탐색과 연관이 있다는 것을 보여준다. 그들이 이 접근법에 열광하는 이유는 단지 더 생동감 있고 보람 있게 느껴지기 때문이 아니다. 물론 그것도 중요한 요소지만 진짜 이유는 그들이 자신의 정체성을 파악하고, 세상을 위한 선행 중에서 무엇이 그들에게 가장 적합한지 알아내는 데 도움이 되기 때문이다.

진정한 관계 찾기

빅토리아 로저스는 차세대 기부자들이 더 큰 선을 위해 실제 현장에서 일하는 사람들과의 진정한 관계를 얼마나 갈망하는지, 그리고 왜 그런지를 잘 보여준다. 우리는 많은 차세대 기부자에게 이처럼 가까운 관계에 대한 갈증을 전해들었다. 한 기부자는 어떤 단체가 "내부에서 일하는 사람과 나를 직접 연결"해주지 않는 한 기부를 하지 않겠다고 말했다. 다른 기부자는 자신이 후원하는 "조직 공동체의 일원이 될" 수 있도록 "내가 누구인지와 내 시간과 자원에 대한 지속적인 관심과 투자"를 원한다고 말했다.

차세대 기부자들은 단지 단체의 운영진뿐 아니라 최전방에서 일하는 사람들, 심지어 (가능할 경우) 수혜 대상자들까지 만나보고 싶어했다. 이를 통해 기부자들은 더 큰 만족감을, 단체는 더 큰 임팩트를 얻을 수 있다. 한 기부자는 이렇게 말했다. "저는 폭이 1리(哩), 깊이는 100리쯤 되는 사람이에요. 모든 사람을 매우 잘 알고, 깊은 관계를 맺고, 단체는 전적으로 신뢰하고, 내 돈이 그 단체에 큰 영향을 미치고 있음을 알아야 하는 사람이죠."

차세대 기부자들이 원하는 관계는 '100리의 깊이'인 동시에 장기적인 것이다. 한 기부자는 이것을 지속적인 투자에 비유하며 다음과 같이 설명한다. "우리는 관계에 투자해요. 공동의 목표를 가진 사람들과의 파트너십에 투자하죠." 많은 사람에게 깊은 관계를 맺는다는 것은 곧 한계를 인정하는 일이다. 이사회 참여 요청을 많이 거절한 한 기부자는 "나는 하나의 단체에 완전히 헌신하고 있고 이 단체의 이사회 업무를 가볍게 받아들이지 않기 때문"이라고 그 이유를 설명했다.

모든 관계와 마찬가지로 이런 파트너 관계가 제대로 작동하려면 개방성, 정직성, 투명성이 요구된다. 차세대 기부자들은 후원단체의 내부 작동 방식과 전체적인 그림을 '단점까지 전부' 파악할 수 있게 해주는 것을 매우 가치 있게 여긴다.

차세대 기부자들은 진정한 관계를 통해 신뢰가 쌓이며 가장 효과적인 기부 파트너십에는 그런 신뢰가 필요하다고 주장한다. 또한 이들 기부자는 그들에게 전체 이야기를 들려주지 않는 상황을 금방 눈치챈다고 말한다. "모금운동이든 직접 기부든 어떻게든 자선 분야에 발을 담그고 있다보면 헛소리를 금방 눈치채게 돼요. 사람들은 완벽하지 않고 실수를 하기 마련이죠. 늘 완벽할 수는 없어요. 그런데 만약 너무 완벽해 보인다면 그건 조작된 거예요. 누군가 거짓을 꾸며낼 때 한눈에 알아볼 수 있죠."

이처럼 친밀한 관계에 대한 차세대 기부자들의 갈망은 이 파트너십의 상대편 당사자인 비영리단체에게 큰 이익이 될 수도 있지만 튼튼한 관계 유지의 걸림돌이 되기도 한다. 한 단체와 관계가 틀어진 기부자의 이야기를 들어보자.

"우리는 쟤를 배제할 거야"라는 의도가 있었던 것은 아니다. 단지 의사소통이 엉망인 단체라서 내가 정기적으로 연락하지 않으면 나는 우선순위에서 밀려났다. 나는 이렇게 말했다. "나도 사람인 거 알죠? 지난 몇 년간 그 모든 시간과 땀과 눈물을 여기에 쏟았는데, 내가 당신들에게 우선순위가 아니라면 어떻게 나더러 더 투자하라는 거죠? 이건 관계예요. 내가 당신들에게 투자하는 것처럼 당신들도 내게 투자할 마음이 있어야 한다고요." 우리는 밀레니얼 세대 기부자와 임팩트에 대해 많은 말을 하지만, 사실 나는 이것이 단순히 임팩트가 아니라 관계의 문제라고 생각한다. 데이트의 비유가 최악이란 것은 알고 있지만 이 [기부자들과의] 관계는 2, 30년간 계속될 테니 그 점을 명심하고 그들을 실제 사람처럼 대해야 한다. 생일 정도는 챙겨야 한다는 뜻이다.

거대한 힘에는 거대한 책임이 따른다

이런 친밀하고 정직하고 생산적인 관계 형성의 가장 큰 장애물은 궁극적으로 기부자들이 더 큰 권력을 쥐고 있다는 것이다. 누가 또는 어느 곳이 후원을 받게 될지 최종적으로 결정하는 사람은 그들이기 때문이다. 기부자가 직원 및 다른 자원봉사자와 나란히 일하는 좋은 파트너라 할지라도 이런 현실을 외면하기는 어렵다.

기부와 적극적인 참여를 동시에 원하는 많은 차세대 기부자는 이런 현실을 인식하고 이 권력 역학을 해결할 방법을 찾는다. 메리 갤러티 같은 기부자들의 경우 핵심은 권력 역학을 인정하고 그 안에서 본인의 역할을 찾는 것이다. "기대치를 조정하고 후원자로서 제 역할에 대해 겸손해지려고 노력해요. 그건 우리의 후원단체와 동등한 관계를 맺는 것이고, 실질적인 업무 담당자는 후원단체이고 저는 자금 제공자일 뿐이란 사실을 인정하는 것이죠." '현장 사람들'과의 친밀하고 정직한 관계가 커다란 효과를 발휘한다고 말하는 사람들도 있다.

어떻게 해야 사람들 사이에 존재하는 장벽을 허물고 진정한 협력, 진정한 파트너십, 상호교류, 상호가치 창조의 가능성을 높일 수 있을까? 나는 [이런 일이 일어나는 것은] 우리가 익숙한 곳의 바깥으로 밀려날 때, 그리고 나와는 완전히 다른 사람들, 힘과 권리를 박탈당한 가난한 사람들을 직접 만나는 충격적인 경험을 통해 나의 안정감과 존재가 크게 흔들릴 때라고 생각한다. 나는 공감이 우리 세계에서 가장 강력한 힘이라고 여기며, 수표를 발행하는 일을 통해서는 공감을 얻을 수 없다고 믿는다. 오히려 그 반대의 효과를 가져올 뿐이다. 수표를 발행해주면서 "오, 난 정말 힘있는 사람이야"라고 생각할 테니까.

또다른 사람들에게 핵심은 후원단체가 하는 말을 경청하는 것이다. "당신이 후원하는 사람이나 단체들과 장기적이고 안정적인 관계를 유지하는 게 중요해요. 부당함이나 제도적인 문제를 겪는 공동체야말로 그 문제의 해결책을 가장 잘 알고 있으니까요. 자원을 가진 사람으로서 우리의 역할을 이래라저래라 명령하는 게 아니라, 그들의 말을 경청하는 거예요."
하지만 권력 역학을 다루기 위한 가장 일반적인 대책은 정직하고 개방적인 태도로 솔직한 대화를 나누라는 인간관계의 오래된 조언일 것이다.

당신이 뭐라고 하든 [비영리단체는] 항상 당신이 권력을 쥐고 있는 것처럼 대할 것이다. 따지고 보면 그것은 사실이니까. 나는 아주 솔직해지려고 애쓰고, 우리가 원하는 것은 완벽함이 아니라고 강조한다. 상황이 뜻대로 풀리지 않는다는 것을 알고 있고, 그렇다고 해서 후원을 중단하지는 않을 것이라고 말한다. 늘 대화의 통로를 열어두려고 하는데, 그들이 하는 일을 우리가 진심으로 지지한다는 것을 보여주기 위해서다. 이는 "지금 수표를 들고 있는 사람은 나야"라고 말하는 것이 아니라, 좀더 친밀한 관계를 쌓는 일이다.

다른 기부자도 자신이 권력을 휘두르는 사람으로 인식되는 것을 우려하며, 그런 이미지에서 벗어나기 위한 방법에 대해 다음과 같이 말한다. "당신이 하는 일이나 참여 방식 때문에 그 단체가 숨막히는 일이 없도록 정기적으로 확인해야 합니다. 그러려면 당신이 후원하는 사람들과 좀더 정직한 관계를 유지하려고 노력해야겠죠. 전 '헬리콥터 후원자'가 되고 싶지 않아요."

해나 킴비는 이런 관계의 문제에 대해 많은 생각을 하는데, 그 이유 중하나는 이 관계의 양쪽을 모두 경험해보았기 때문이다. 해나 킴비는 넉넉지 못한 가정에서 '소박한' 어린 시절을 보냈고 현재는 그녀의 고향인 메인주에서 손꼽히는 기부 규모를 자랑하는 가족재단의 책임자이자 유명한 집안의 일원이다. 하지만 그녀는 비영리단체에서 자원봉사자이자 직원으로 일한 경험도 있다. 그녀는 현장 경험이 더 효과적으로 일하는 방법을 알아내는 최고의 비결임을 안다. 그래서 후원자가 된 지금도 똑같은 접근법을 사용한다. 그녀는 사무실 밖으로 나가 직접 현장을 확인하고 싶어한다. 이처럼 그녀는 차세대 기부자들의 특징인 직접 참여를 몸소 실천한다.

해나 킴비

나는 메인주 북부에서 자랐다. 부모님은 1960년대 말에서 1970년대 초 무렵의 '땅으로 돌아가기(Back-to-the-Land)' 운동에 동참했다. 나에게는 쌍둥이 형제인 루커스 세인트클레어(Lucas St. Clair)가 있다. 우리는 전기와 수도 시설이 없는 숲속 오두막에서 지냈다. 어머니 록샌 킴비(Roxanne Quimby)는 아버지와 결혼한 뒤에도 성을 바꾸지 않았다. 쌍둥이가 태어났을 때 부모님은 내 남자 형제에게는 아버지의 성을 물려주고 나에게는 어머니의 성을 물려주기로 했다. 이미 눈치챘겠지만 우리는 대다수 아이들과는 매우 다른 방식으로 성장했다.

1982년 어머니는 버트 섀비츠라는 남자를 만났다. 버트는 뉴욕에서 사진가로 활동하다가 소박한 삶을 살기 위해 메인주로 이주한 사람이었다. 그는 양봉을 배웠고, 길가에 자신의 픽업트럭을 세워놓고 차량 뒷문에서 꿀을 팔아서 생계를 유지했다. 하루는 어머니가 웨이트리스로 일하던 식당에 가기 위해 히치하이크를 하다가 버트의 차를 얻어 타게 되었다. 어머니는 버트가 양봉가이며 밀랍을 쌓아두고 있다는 말을 듣고 그와 거래를 했다. 그의 양봉 작업을 돕는 대가로 밀랍을 달라고 한 것이다. 어머니는 샌프란시스코의 예술학교를 다녔고 늘 예술 작품이나 공예품을 만들었다. 어머니는 밀랍으로 수제 양초, 꿀단지용 라벨, 난로 광택제, 립밤을 만들어 현지 공예품시장에 내다 팔기 시작했다.

버츠비(Burt's Bees)는 1989년에 공식 설립되었고 무리한 대출 없이 차근차근 성장했다. 지금 돌이켜 생각해보면 그 과정에 참여할 수 있었던 것이 얼마나 신나는 일이었는지. 학교를 마치고 돌아오면 어머니는 나와 내 형제에게(때로는 내 친구들에게도) 비누를 포장하거나 립밤을 통에 붓는 일을 시켰다. 주말이면 루커스와 나는 여기저기 찌그러지고 낡은 포드 이코노라인 밴 차량—파란색 섀그 카펫이 깔려 있고 번개무늬가 박혀 있었다!—에 물건 싣는 것을 돕고 뉴잉글랜드 전역의 공예품시장을 돌아다녔다. 작은 마을에서 벗어나 새로운 장소들을 볼 수 있어서 참 즐거웠다.

여전히 소박한 삶

나는 사람들에게 나와 버츠비의 관계에 대해 잘 이야기하지 않지만 어머니와 어머니의 업적을 매우 자랑스럽게 여긴다. 아이비리그 교육이나 MBA 학위, 사업 경험도 전혀 없는 어머니가 한 회사를 성공적으로 키워낸 것이 감탄스럽다. 전통적인 경로를 밟지 않더라도 노력, 창의성, 타협하지 않는 가치관, 커다란 목적의식을 통해 성공할 수 있다는 것을 보여주는 좋은 사례라고 할 수 있다. 나는 내가 대학생이 될 때까지 버츠비가 재정적으로 아주 큰 성공을 거두지 않은 것도 고맙게 생각한다. 그 덕분에 우리는 많은 물건을 소유하지 않고 굉장히 소박하게 살 수 있었고, 그것은 나의 가치관 형성에 도움이 되었다. 나는 우리 부모님의 가치관 때문에라도 많은 재산이 나의 유년기를 망쳐놓지 않았을 것이라고 믿는 입장이지만, 아무래도 돈이 넘치는 가정에서는 자녀에게 좋은 가치관을 심어주기가 더 힘들지 않았을까 한다. 그렇기 때문에 이 주제에 관한 책들이 그렇게 많은 것일 테고!

어머니는 돈이 아주 많은 사람들의 흔한 생활 방식을 절대 원하지 않았다. 어머니는 버츠비 제품의 판매 수익금으로 세 개의 재단을 설립했고 지금은 농장에서 말, 닭, 칠면조, 토끼를 기르고 커다란 정원과 밭을 가꾸는 데서 가장 큰 기쁨을 느낀다. 나는 그것이 매우 존경할 만한 부분이라고 생각한다.

우리 가족의 자선활동 이야기는 이런 핵심 가치에서 비롯되었고 회사 이야기와도 밀접한 관련이 있다. 내가 자랄 당시 우리에게는 전통적인 의미에서 자선활동을 할 만한 재원이 없었지만 초창기부터 버츠비의 운영 방식은 자선적이었다. 회사가 수익을 내기 시작하자 그 수익 중 일부는 메인주의 토지 보전을 위해 사용했다. 이후 버츠비가 성장하고 더 큰 성공을 거두면서 우리 회사는 물론 어머니가 2004년 설립한 가족재단을 통해 더 많은 돈을 기부할 수 있게 되었다.

쌍둥이 형제와 나는 메인주 서부의 기숙학교에 다녔고 나는 환경학에 주력하는 작은 인문대학인 애리조나주의 프레스콧대학에 진학했다. 대학을 졸업한 뒤 버츠비에서 6년간 기업교육과 판매를 담당했고, 이후 회사가 매각되었다. 나는 가족회사에서 일하는 동안 회사의 모든 사람이 보전의 중요한 가치를 이해하고 있음을 확인했다. 이는 어머니가 회사를 계속 성장시키도록 동기를 부여한 중요한 요소다.

이것은 나에게도 중요한 요소다. 나에게는 환경 관련 비영리단체와 함께 일하고 싶은 태생적인 욕구가 있다. 어린 시절 나는 자연을 탐험하며 많은 시간을 보냈다. 우리에게는 하루종일, 여름 내내, 밖에서 놀 수 있는 완전한 자유가 주어졌고 그 경험이 내 삶에 어마어마한 영향을 미쳤다. 30대가 된 지금도 나는 주말이면 등산을 간다. 따라서 자연에 대한 관심은 소박한 어린 시절을 보내면서 부모님에게 물려받은 가치관과 매우 밀접한 연관이 있다.

우리의 학습 곡선

버츠비에서 6년간 일한 뒤 대학원에 진학해 통합의학을 배웠다. 샌프란시스코에서 지낼 당시 나는 캘리포니아주 오클랜드에 있는 베이 에어리어 윌더니스 트레이닝(Bay Area Wilderness Training)이라는 비영리단체와 매우 인연이 깊었다. 그곳에서 자원봉사를 많이 했고 남편이 될 사람도 만났다. 우리는 그 모델을 전국으로 확장하는 것을 돕기 위해 전국을 여행하기도 했다.

그 무렵 나는 가족재단에서 풀타임으로 일하기 시작했다. 이사회 참여를 시작한 지 이미 9년이 흐른 뒤였다. 킴비 가족재단을 처음 설립하면서 어머니는 나와 내 쌍둥이 형제—당시 스물여섯 살이었다—에게 이사회 참여를 요청했고 우리는 머리를 맞대고 가족재단의 미션과 중점 지역을 선정했다. 하지만 우리는 마침내 재단을 위해 풀타임으로 일할 사람이 필요하다는 것을 깨닫게 되었다. 다만 그 사람이 내가 될 줄은 꿈에도 몰랐다.

나는 이 일을 좋아하기는 했지만 가족재단의 직원이 되는 것은 쉽지 않은 결정이었다. 이 분야에서 경력이 많은 사람만큼 잘 해낼 수 있을지 자신이 없었다. 내가 그 역할을 맡을 자격이 있었을까? 어쨌든 나는 이것을 지속적인 배움을 위한 좋은 기회이자 의미 있는 일에 동참할 기회로 보게 되었고, 그 기회를 놓치기는 아까웠다. 여러 회의와 단체들, 우리와 함께 일했고 내가 계속 많은 것을 배우고 있는 컨설턴트에 이르기까지 많은 이가 지지해주었다. 정말 놀라운 경험이었고 나는 내가 예상했던 것보다 이 역할을 더 잘해냈다고 믿는다.

재단 설립 초반에는 매우 기본적인 것부터 배워야 했다. 이를테면 우리의 미션을 어떻게 표명할 것인가? 지역사회와 어떻게 소통할 것인가? 10년이 지난 지금 우리는 이런 질문을 던진다. "어떻게 하면 한발 물러나서 우리가 변화를 만들어내고 있는지 확인할 수 있을까? 우리의 노력은 실제로 임팩트를 만들어내었는가? 우리가 목표를 전환해야 할 좋은 근거가 될 만한 사건이 메인주에서 벌어지고 있는가? 어떻게 하면 가장 존중이 담긴 방식으로 그 일을 해낼 수 있을까? 가장 많은 단체에게 도움이 될 만한 방식이 이제 바뀌었다는 것을 과거의 후원단체들에게 어떻게 잘 설명할 수 있을까?"

가족재단 직원으로서 나는 이런 질문의 답을 얻고 필요한 것을 파악하기 위한 인터뷰를 많이 했다. 처음에는 농업에 집중하고 싶었다. 메인주의 현지 농업운동은 이제 성장과 번영의 시기를 맞고 있었는데, 우리는 그것을 지지하고 싶었다. 그래서 몇몇 농부를 만났다. 도움이 필요한 곳과 관련해 지역사회의 피드백을 많이 들었고, 먼저 그 분야부터 후원하기 시작했다. 많은 사람—다른 후원자들과 비영리단체들 모두—이 머리를 맞대고 서로의 생각과 의견을 나누는 모습을 보는 것은 정말 기쁜 일이었다.

친밀한 관계 구축

나는 비영리단체와의 만남이 정말 즐겁다. 현장 방문은 내가 가장 좋아하는 부분이다. 비영리단체의 활동에 직접 참여하고, 프로그램으로 도움을 받은 사람들의 이야기를 듣고, 작업과정을 직접 확인하는 것은 즐거운 일이다. 비영리단체의 보조금 신청서만 읽고 직접 만나지 않는 것—이를테면 단체는 뉴욕에 있지만 실제 활동은 메인주에서 벌이는 것—과는 완전히 다를 수밖에 없다. 그렇게 일하는 것과 농지 신탁을 직접 찾아가는 것과는 큰 차이가 있다. 내가 지난주 방문한 농지 신탁에서는 아이들이 길찾기 훈련을 하고 한 여성이 야외 미술 수업을 진행하고 있었다. 리모델링을 앞둔 헛간을 구경하고 그곳 이사회를 직접 만날 수 있어서 좋았다. 해당 단체에 대한 전반적인 이해도를 높이면서 프로그램의 직접적인 수혜자들을 만나볼 수 있는 풍부한 경험이었다. 나는 일부 후원자가 단체의 시간을 너무 많이 빼앗을까봐 걱정한다는 것을 안다. 하지만 적어도 초반에는 대화를 나누고 프로그램이나 참여자들을 소개받아야 이후 전화나 메일로 꾸준히 연락하며 관계를 쌓아나갈 수 있다고 생각한다.

나는 비영리단체의 자원봉사자들을 만나는 것도 좋아한다. 윌더니스 트레이닝에서 자원봉사를 했던 경험 때문인 것 같다. 나 역시 열정적인 자원봉사자인데, 다른 열정적인 자원봉사자들을 보면 그들이 해당 단체의 완벽한 지지 세력임을 깨닫게 된다. 그들이 시간과 재능을 기꺼이 투자할 수 있는 것은 해당 단체의 미션을 진심으로 신뢰하기 때문이다. 나는 자원봉사자들의 열정에 공감하므로 다른 단체의 자원봉사자들이 왜 그렇게 시간을 내서 자원봉사를 하는지에 대해 듣는 것을 매우 좋아한다.

이제 어머니는 무대 밖으로 물러나 있기를 원하고 비영리단체의 대형 행사나 모임에는 잘 참석하지 않는다. 하지만 나는 모임과 현장 방문을 모두 좋아하고, 내 쌍둥이 형제 역시 후원자나 후원단체와의 만남에 관심이 많다. 사실 비영리단체와 만나 그들과 친밀하고 솔직한 관계를 맺는 것은 후원자로서 나의 핵심 전략에 가깝다. 나는 이런 관계가 서로에게 가장 도움이 되도록 하는 방식에 관해 많은 것을 배웠다.

나는 이런 모임을 통해 우리가 무엇에 관심이 있는지, 또는 우리가 후원할 수 있는 것과 후원할 수 없는 것은 무엇인지에 관한 솔직한 대화가 상상했던 것보다 쉽다는 것을 알게 되었다. 우리는 이런 공개 절차를 거치고 있으며, 작은 재단이라서 지원 서류를 내는 많은 단체를 전부 후원할 수는 없다. 하지만 우리가 왜 이런 결정을 내렸는지 이유를 설명하면서 충분한 대화를 나누고 있다. 그리고 우리가 새롭게 시도하거나 후원 비율을 조정할 만한 새로운 프로젝트에 대해서도 가능성을 늘 열어놓고 있다.

친밀하고 정직한 관계의 이점

한 기부자가 비영리단체—특히 어려움을 겪고 있거나 자금 지원을 받은 뒤 목표 달성에 실패한 단체—로부터 최대한 많은 정보를 얻기 위해 노력한다고 말하는 것을 들은 적이 있다. 그런 다음 그 사람은 거의 매번 해당 단체의 정직함에 대해 보상한다고 했다. 비영리단체가 당신에게 "이번 프로젝트는 우리 계획대로 되지 않았고 그 원인은 이것이다"라고 말할 경우, 그리고 당신이 여전히 그 단체의 리더십과 사명을 신뢰할 경우 계속 지원금을 지급하는 것이 좋다. 나는 그것이 얼마나 중요한지 잘 알고 있다. 그런 과정을 통해 단체와의 친밀한 관계가 형성된다.

우리가 6년간 후원했던 한 단체에서 그런 일이 있었다. 기록 사진, 작문, 라디오 관련 수업을 제공하는 학교였다. 그 학교는 등록 학생이 줄어들어 수업을 듣는 대학생들에게 학점을 줄 수 있는 권한을 상실했고, 이후 여러 가지 일이 벌어졌다. 결국 42년 역사를 뒤로 하고 폐교할 위기에 처했다. 그러다 졸업생들 사이에서 반발의 목소리가 나왔다. "왜 우리는 진작 이 소식을 못 들은 것이냐? 왜 우리를 참여시키지 않은 것이냐? 왜 우리는 지금에서야 이 사실을 알게 된 것이냐?"

그 학교 대표는 나와 오랫동안 친분을 쌓은 사람이었다. 우리는 학생들에게 주거 보조금과 학자금 대출을 지원해왔다. 그래서 나는 그 학교 대표와 마주앉아 현재 상황을 전해들었다. 우리는 솔직한 대화를 나누었고 그녀는 거의 친구처럼 느껴졌다. 그녀는 내게 학교가 겪고 있는 어려움과 과제에 대해 말했다. 그녀는 우리 재단의 다른 이사 몇 명을 만났고 우리는 다른 예술학교와도 대화를 나누었다. 그런 다음 그 사람들을 전부 모아 2시간 동안 전략회의를 했다. 그러고는 그 학교가 계속해서 독특한 프로그램과 브랜드를 유지할 수 있도록 운영 자금을 지원하기로 했다. 대신 다른 예술학교도 이 노력에 동참하기로 했다. 결과는 매우 긍정적이었는데, 이는 내가 친밀한 관계를 형성하고 모두를 한자리에 모으는 데 시간을 들인 덕분이라고 생각한다. 내가 그냥 수표만 발행해주고 우리가 직접 만날 기회가 없었다면 절대 일어날 수 없는 일이었다.

다른 사례를 들면 어떤 단체를 직접 만나고 오랜 시간에 걸쳐 관계를 맺으면서 나는 어떻게든 살아남으려고 고군분투하는 그 단체가 실은 매우 기업가적이고 많은 일을 할 수 있다는 것을 깨닫게 되었다. 메인주의 비영리단체들은 궁핍하다. 후원 자금이 부족하기 때문이다. 적은 직원과 빡빡한 예산으로 운영되고, 프로그램을 확대하는 단계로 도약하지 못하고, 보조금 지원서를 작성할 자원봉사자를 구하지 못해 절절매는 단체들이 많다. 하지만 이런 단체들은 강력한 지도자와 훌륭한 아이디어를 갖고 있다. 우리가 종종 그런 단체들을 후원하는 이유는 그들이 지닌 기업가정신의 잠재력과 가치가 확연한데다 약간의 지원금이 더해진다면 훌륭한 일을 해낼 수 있을 것이라는 믿음이 있기 때문이다.

우리가 지난 몇 년 동안 후원자로서 얼마나 많이 성장했는지 돌이켜볼 때 나는 내가 비영리단체로부터 얼마나 많은 것을 배웠는지 새삼 깨닫게 된다. 나는 그들이 확실한 전문가라고 생각한다. 실제 현장에서 일하는 사람들에게 많은 것을 배우는 것은 멋진 일이다. 나는 이런 친밀한 관계를 계속 쌓아나가고 배움을 이어가고 싶다.

해나 킴비는 그녀의 가족이 후원하는 단체들과 가까워지고자 한다. 그녀는 단순히 비영리단체의 보조금 신청서를 읽고, 재정 지원 결정을 하고, 수표를 발행한 뒤 사업 기간이 끝날 무렵에 날아올 보고서만 기다리지 않는다. 대신 자원봉사자들을 직접 만나고, 직원들의 말을 경청하고, 전략과 해결책에 관해 솔직한 대화를 나누고, 그들이 만들어내는 임팩트를 직접 확인하고자 한다. 심지어 그녀는 비판의 목소리를 내는 사람들과도 대화를 나누고 싶어한다. 그녀의 어머니 세대와는 달리 해나 킴비에게는 이것이 더 진실되고 효과적인 자선적 관계처럼 느껴진다. 또한 권력 역학에 따른 문제를 극복하는 최선의 비결처럼 느껴진다.

더 크고 더 나은 기부자는 참여하는 기부자

직접 참여를 원하는 차세대 기부자들의 긍정적인 면은 앞서 해나 킴비가 언급한 것처럼 그들이 이 방식을 통해 더 큰 기부자, 더 나은 기부자가 될 수 있다고 확신한다는 점이다.

한 인터뷰 응답자는 사촌 형제들과 함께 가족재단의 의사 결정에 적극적으로 참여하기 시작하면서 가족재단의 모든 이사에게 후원단체에서 직접 봉사활동을 해볼 것을 권한다고 했다. '기부금이 올바른 곳으로, 올바른 사람들에게로, 큰 변화를 만들어낼 수 있는 곳으로 전해졌는지' 확실히 알아보기 위한 목적으로 말이다. 다른 기부자들은 큰돈을 기부하기에 앞서 자원봉사를 한다고 했다. "제 전략은 자원봉사에 참여하는 것인데, 그건 단체의 이름 뒤에 숨어 있는 사람들에 대해 알고 싶어서예요. 저는 먼저 적은 금액을 기부하고 해당 단체가 그것을 어떻게 사용하는지 확인한 뒤 서서히 관계를 더 깊게 발전시키죠."

이는 기부자들을 잘 끌어들이는 비영리단체에게 좋은 소식이 될 수 있다. 비영리단체는 더 열린 자세를 취하고 한정된 시간 중 더 많은 부분을 기부자들에게 투자해야겠지만 그만큼 보상이 따를 것이다. 한 기부자는 '책임감 있는' 기부자가 되기 위한 필요조건을 이렇게 설명한다. "제가 후원하는 단체에 매우 적극적으로 참여해야만 해요. 저는 단체의 재정, 직원, 이사회까지 전부 알고 싶어요. 직접적인 참여를 대체할 수 있는 건 아무것도 없죠." 그렇다면 그 보상이란 무엇일까? 적극적인 이사회 구성원이자 6장에서 소개할 제나 시걸은 이런 직접 참여 방법에 대해 다음과 같이 말한다. "아마도 제가 골칫거리처럼 느껴지겠지만, 저는 그들에게 더 많은 돈을 기부하게 될 사람이기도 해요."

우리와 대화를 나눈 많은 기부자는 이런 접근법을 패러다임 전환—기부자가 비영리단체에게 후원금으로 이런저런 일을 해야 한다고 명령하는 것에서 비영리단체가 기부자에게 어떤 일에 돈이 필요하다고 말하는 것으로의 전환—으로 인식했다. 한 차세대 기부자는 책임감 있고 발 빠른 기부에 대해 이렇게 설명한다. "그건 힘과 권리를 박탈당한 지역사회 주민들에게 그들에게 뭐가 필요한지 우리가 다 안다고 말하는 게 아니라 진짜 필요한 것이 무엇인지 잘 들어주는 거예요."

2장에서 살펴보았듯이 차세대 기부자들은 그들의 기부가 만들어내는 임팩트를 확인하고자 한다. 이런 갈망은 더 많은 기부를 유도하고, 더 큰 임팩트를 만들어내는 방법을 탐색하게 한다. 자원봉사자로 직접 참여하거나, 직원을 정기적으로 만나거나, 또는 어떤 식으로든 수혜 대상자들과 교류하는 것보다 더 좋은 임팩트 확인 방법이 있을까? 한 기부자는 "본인의 손과 눈으로 직접 확인하는 것이 필수"라고 주장했다. 다른 기부자는 이렇게 설명했다. "자선에 참여하는 다른 젊은 사람들에게 제가 늘 하는 말이 있는데, '당신이 함께 일하는 단체를 직접 봐야 한다'예요. 세상에서 가장 설득력 있는 제안서를 읽고 그들의 웹사이트에 들어가 사진을 확인할 수도 있지만, 직접 그 사람들을 만나 대화하고 그들의 이야기를 듣지 않으면 균열이 생길 수밖에 없으니까요."

일부 기부자의 경우 후원단체에서 자원봉사를 하는 것의 최대 장점은 거짓 없는 완전한 그림을 보고 있는지 자신이 직접 확인할 수 있다는 것이다. "직접 소매를 걷어붙이고 현장에서 일한 경험을 바탕으로 당신의 '보물'을 배분해주는 건 매우 효과적이라고 생각해요. 앉은자리에서 수표만 발행해준다고 할 때 비영리단체가 어떻게 돌아가는지 파악하기란 어렵거든요. 일반적인 현장 방문의 경우 기부자가 올 때만 조랑말을 예쁘게 꾸며서 전시해놓을 위험이 있죠."

이 장의 내용이 의미하는 바는?

우리가 중요시하는 이슈의 주요 후원자들이 비영리단체와 친밀하고 지속적인 관계 맺기를 기대한다는 것은 무엇을 의미할까? 먼저 그들은 먼 곳에서 돈만 보내는 데 익숙했던 이전 세대들보다 훨씬 적극적이고 손이 많이 가는 기부자들일 것이다.

'두 섬싱' 세대와 관련해 비영리단체들은 이 기부자들을 참여시킬 방법을 재정비하고 무엇이 중요한지 그 과정에서 다시 고민해야 할 것이다. 참여는 이제 화려한 연례행사, 홍보 우편물, 상징적인 이사회의 형식적인 활동이 아닐 것이다. 그보다는 직접 참여와 자원봉사, 비영리단체가 직면한 가장 어려운 문제에 초점을 맞춘 정기적인 회의를 의미하게 될 것이다. 차세대 기부자들이 간절히 원하는 솔직하고 진실된 관계를 맺는 일ㅡ한 기부자의 표현을 빌리면 '쌍방향 대화와 파트너십'ㅡ을 의미하게 될 것이다.

하지만 엑스 세대와 밀레니얼 세대는 빈정거림을 금방 눈치채기 때문에 무의미한 참여 기회를 마련하거나 차세대 기부자들의 비위만 맞추는 비영리단체들은 호응을 얻지 못할 것이다.[3] 7장에서 소개할 적극적인 기부자 제나 와인버그는 이 문제에 대해 한탄했다.

자원봉사를 하고 싶어서 갔더니 단체에 실제로 도움이 되는 방식이 아니라 단지 나를 '참여시키기 위한 수단'으로 자원봉사 기회를 일부러 마련해준 것을 알게 된 경험이 많다. 우리는 그런 것을 바로 인지할 수 있다. 더 많은 단체가 실질적이고 의미 있는 자원봉사 기회—단체의 미션과 일치하는 기회—를 만들어줄 수 있다면 기부자들은 직접 참여하면서 자신이 그냥 수표만 발행해주는 존재가 아니라 단체의 일원이 된 듯한 기분을 느낄 수 있을 것이다.

하지만 우리 모두에게 좋은 소식이 있다. 진정한 방식으로 비영리단체와 연결되어 있다고 느낄 경우 차세대 기부자들은 앞으로 수십 년 동안 이전 세대보다 훨씬 통 큰 기부자, 훌륭한 기부자가 될 수 있다는 것이다. 그들과의 관계는 장기적으로 이어질 가능성이 높고 그들의 유례없이 어마어마한 자원—이 경우 시간과 돈 모두—은 그들이 특히 신뢰하는 소수 단체에 집중될 확률이 높다. 이처럼 충성스럽고 헌신적인 주요 기부자들이 있다는 것은 훌륭한 해결책, 훌륭한 대의, 훌륭한 비영리단체로 더 많은 자원이 꾸준히 유입될 수 있다는 뜻이다.

자선 가문의 차세대 기부자들이 실무를 맡게 되었을 때 그 가문이 오랫동안 후원했던 현지 단체나 대의에 대한 지원을 중단할까봐 걱정하는 사람들에게도 좋은 소식이 있다. 3장에서 설명했듯이 차세대는 국제 이슈나 글로벌 비정부기구(NGO)에 대한 인식이 높고, 이전 세대보다 단일 지역사회에 정착하는 경우가 드물다. 하지만 그들은 여전히 현지 단체와 고향의 지역사회에 후원하고 싶어한다. 그런 마음이 이해되는 것은 그들의 직접 참여에 대한 욕구가 얼마나 강한지 우리가 알게 되었기 때문이다. 간단히 말하면 지구 반대편에 있는 단체의 활동에 직접 참여하는 것이 훨씬 더 어렵다.

또하나 좋은 소식은 단순히 프로그램에 대한 지원이 아니라 비영리단체의 핵심 운영 예산과 역량에 지원하려는 기부자들이 늘고 있다는 점이다. 이는 앞서 2장에서 논의했던 부분이기도 하다. 이런 논의는 (간접비 지원을 지지하는) 비영리단체 옹호자들과 (특정 프로그램 지원을 선호하는) 기부자들을 분열하는 경우가 많다. 하지만 비영리단체의 내부 사정을 잘 아는 기부자들이 의견 차를 좁혀주는 역할을 할 수 있을지도 모른다. 단체의 내부 사정을 가까이서 지켜본 뒤 더 나은 이사회 구성원이 될 수 있었다는 빅토리아 로저스의 이야기처럼 참여형 기부자들은 핵심 운영 지원의 필요성을 더 잘 이해하고 좀더 단체의 관점에서 상황을 이해할 수 있게 될 것이다.

하지만 이런 관계가 제대로 작동하려면 기부자들은 자만심이나 질식에 관한 경고를 명심해야 한다. 근본적으로 불평등한 권력관계를 인지하고, 후원과 관련된 상대편 파트너와 꾸준히 연락하고, 무엇보다 사람들과 비영리단체가 진짜 필요로 하는 것이 무엇인지 경청해야 한다. 그들이 그렇게 해준다면 이처럼 참여 의지가 강하고, 정보력이 뛰어나고, 적극적인 고액 기부자들을 통해 엄청난 혜택을 누릴 수 있을 것이다.

| 6장 |

현금자동인출기 이상의 존재

차세대 기부자들은 분명 자신의 기부활동에 직접 참여하기를 원한다. 그들은 현장을 체험하고 돈뿐 아니라 시간까지 기부하고자 한다. 하지만 무언가를 하고 싶어하는 '두 섬싱 세대'는 아무거나 다 하는 '두 애니싱 세대(Do Anything Generation)'와는 거리가 멀다. 모든 참여가 같지 않다는 뜻이다.

차세대 기부자들에게 그냥 돈만 달라고 하면 그들은 자신이 통장 계좌 취급을 당한다고 느낄 것이다. 그들에게 재능, 지식 또는 힘들게 쌓은 전문 지식의 기부를 부탁하면 그들은 모든 것을 제공할 것이다.

나를 나로 인정해주는 것

이제 겨우 2, 30대 나이지만 차세대 기부자들은 대부분 교육 수준이 높고 상당한 기술과 경력을 갖고 있다. 성공한 사업가도 있고, 변호사도 있으며, 거대한 가족재단의 실무자도 있다. 하지만 차세대 기부자들이 재능 기부를 간절히 원한다고 해서 쉽게 그렇게 할 수 있는 것이 아니다. 그들 중 일부는 비영리단체가 자신을 인적 자원이 아니라 금전적 자원으로만 여긴다고 생각한다. 또다른 일부는 차세대 기부자들을 참여시키려고 하는 비영리단체가 그들의 실질적인 기술이나 경험은 거의 활용하지 않고 얄팍한 시늉만 한다고 생각한다. 어느 쪽이든 결과적으로 기부자들은 자신들이 제대로 활용되지 않고, 가치를 인정받지 못하며, 심지어 존중받지 못한다고 느낀다. 분명한 것은 그렇게 느끼는 기부자는 장기 기부자로 남지 못한다는 사실이다.

최악의 상황은 차세대 기부자들이 '인간이 아닌 현금자동인출기' 취급을 받는다고 느낄 때라고 지배 구조 및 모금 컨설턴트 에밀리 데이비스(Emily Davis)는 말한다. 그들은 돈 말고도 많은 것을 가진 유능한 기부자로 진지하게 받아들여지기를 원한다. 그들은 '수단과 두뇌'를 모두 가진 사람으로 인정받고, '그들이 몰고 다니는 차가 아니라 비영리단체에 도움이 될 수 있는 그들의 기술과 지성'을 통해 평가받고 싶어한다.

전통적인 자선 가문의 차세대 기부자들도 이와 비슷한 경험을 한다. 그들은 유명한 가문의 이름 또는 마르지 않는 샘물 같은 재산 이상의 존재로 평가받기를 원한다. 그들은 자신들이 활용할 수 있는 직업적 역량이나 전문성을 인정받고 싶어한다. 한 기부자는 자신의 재능이 널리 알려지면서 도움이 되는 사람, 더 존중받는 사람이 된 것 같은 기분을 느낄 수 있었다고 말한다. "이 공동체에 속한 사람들은 저를 그냥 저로 봐줘요. 우리 어머니의 아들이나 할아버지의 손자가 아니라. 저는 독자적으로 많은 도움을 주고 있어요. 아직 서른 살도 안 되었고 경험도 많지 않지만 저의 정체성, 경험, 능력이 도움이 되는 영역을 비롯해 여러 면에서 가치를 인정받고 있어요. 단순히 유명한 이름 때문이 아니란 말이죠."

이 기부자는 유명한 가문의 이름과 가족의 유산이 도움이 된 부분도 인정하며 다음과 같이 말했다. "저는 상황에 따라 그것을 저에게 유리한 방식으로 활용할 수도 있어요." 하지만 그는 자신의 이름이 아니라 자신의 본질과 관련된 일에서 가장 자기효용감을 느낀다고—그리고 가장 헌신할 마음이 생긴다고—했다.

하지만 우리와 이야기를 나눈 기부자들 중에서 특히 섬세한 사람들은 재능 기부에 대한 욕구를 경계했다. 때때로 일부 차세대 기부자는 자신의 기술과 전문성이 타인—그들이 후원하는 단체에서 일하는 전문가들—보다 뛰어나다고 여기기 시작한다. 한 기부자는 동료들에게 좀더 '겸손'해져야 한다고 말한다.

우리 세대 중에는 "난 돈을 왕창 벌었으니 에인절 투자자가 되어 내 사업 수완을 이용할 거야"라고 말하는 [부류의] 사람들이 있다. 분명 좋은 면도 있다고 생각한다. 하지만 비영리 부문 전문가들이 그들의 활동 분야나 사회문제에 관한 지식이 있다는 것을 보여줄 기회를 얻지 못하는 경우도 생긴다. 기부자에게 '더 좋은 아이디어'가 있다는 이유로 말이다. 나는 우리가 조심해야 한다고 생각한다. 왜냐하면 우리의 아이디어가 좋든 나쁘든 그 상황에서 우리는 엄청난 권력을 쥐고 있고, 비영리단체 운영을 위해 우리의 돈이 필요한 그들은 우리의 뜻을 따를 수밖에 없을 테니까.

파티플래너 이상의 존재

차세대 기부자들은 자신들의 전부를 기부하기를 원하는데, 이는 기부자로서의 정체성 형성에 중요하기 때문이다. 그들이 수표만 발행해주는 전통적인 기부를 거부하는 이유는 비영리단체로부터 자신들이 가진 다른 자산의 가치도 인정받고 싶어하고—앞서 확인한 것처럼—비영리단체의 실제 업무를 제대로 파악하고 싶어하기 때문이다. "제가 돈은 주고 있는데도 저와는 아주 동떨어진 일처럼 느껴질 수 있어요. 그렇다면 저의 자존감, 독자성, 정체성은 어떻게 되는 거죠? 어떻게 하면 저의 자존감과 가치에서 핵심적인 다른 부분까지 기여할 수 있을까요? 제가 그냥 돈만 준다면 저의 시간과 재능이 아니라 돈으로만 가치를 인정받는 기분이 들 거예요. 제 목소리와 경험도 마찬가지로 가치가 있는데 말이죠."

영리한 비영리단체들은 미래의 주요 기부자들이 지갑을 여는 것 이외에 다른 방법으로 기여할 수 있는 방법을 모색하고 있다. 하지만 그 방법은 비영리단체들이 기부자의 재능을 활용한 개인적으로 의미 있는 참여 기회를 만들 때 가장 효과적이다. 한 기부자는 이렇게 말한다. "노숙자 쉼터에서 배식하는 자원봉사는 별로 하고 싶지 않아요. 그건 제 재능을 가장 잘 활용할 수 있는 일이 아니에요. 제 전문 분야는 판매, 마케팅, 커뮤니케이션이에요. 비영리단체 입장에선 많은 도움이 필요한 분야죠."

차세대는 젊은 기부자들을 향한 무의미한 참여 요구를 금세 알아차린다. 이를테면 그들의 친구에게 기부 권유를 부탁한다거나 실질적 권한이 없는 '청년자문위원회' 참석을 요구하는 것 등이 포함된다.[1] 차세대 기부자들은 법률이나 기술과 관련해 각자의 전문 분야에 따라 직원들에게 자문 역할을 할 기회를 원한다. 그들은 이사회에 참석하는 것보다는 실질적인 봉사를 원한다.

앞서 3장에서 소개한 메리 갤러티는 이 부분을 특히 강조하며 자신의 동료들로부터 같은 의견을 많이 들었다고 전한다.

젊은 사람들은 보통 청년을 위한 파티를 계획하는 위원회에 배정받는다. 멋진 일이다. 한 1, 2년은 재미있겠지만 곧 내 친구들은 이렇게 말한다. "난 매킨지(McKinsey)[컨설팅회사]에서 3년 근무했어. 게다가 골드만삭스(Goldman Sachs)에서 3년째 일하고 있어. 내가 파티 준비하는 것보다 더 똑똑한 일을 못 할 거 같아? 난 그것 말고도 할 줄 아는 게 많다, 이 말이야." 우리는 우리의 재능과 시간을 통해 가치를 인정받고 싶어한다. 차세대 기부자들은 우리가 어디로 향하는지, 그 안에서 우리의 역할은 무엇인지를 정확히 알고 싶어한다. 나는 적극적인 청년들의 공동체를 조성하려는 비영리단체들에게 이렇게 말한다. "우리에게 행동할 수 있는 분명한 신호를 주세요. 같이 문제를 해결합시다. 당신들이 하는 일을 우리에게 알려주고 그 일을 함께 해나갑시다. 내가 뭘 하면 되는지 알려주세요." 우리는 시간과 재능을 기부할 수 있는 전문가로서 가치를 인정받기를 원한다.

이런 문제는 종종 기부자들에 대한 존중으로 귀결된다. 그들은 비영리단체가 자신들의 시간이 소중하다는 것을 알아주기를 바란다. 그들은 가치 있는 파트너, 그 가치를 인정받는 파트너가 되기를 원한다. 한 차세대 기부자는 이렇게 말한다. "제가 기여할 수 있는 방식이 파티에 어울리는 색상을 정하거나 기프트백에 넣을 선물을 고르는 일이라고는 생각하지 않아요. 전 그런 게 하나도 즐겁지 않아요. 아직 젊은 나이라 봉투에 내용물을 담는 일까지 해보진 않았어요. 그건 나이 많은 여성들이 차와 간식을 먹으며 하는 일이니까요. 저는 그런 티파티 같은 건 필요 없어요. 그런 일을 할 시간도 없어요. [그보다는] 좀더 단체활동에 직접 참여하고 싶어요. 이를테면 겸손한 자세로 아이디어를 나누는 파트너가 되는 거 말이죠."

* * *

브로드웨이 제작자이자 여성권익운동가이자 뉴욕의 차세대 기부자인 제나 시걸(Jenna Segal)은 많은 시간을 자선에 할애한다. 그녀는 현금자동인출기나 파티플래너 취급당하는 것을 몹시 싫어한다. 그녀는 자신의 재능을 유달리 잘 활용하는 비영리단체들을 유심히 지켜본 뒤 자신을 진지하게 받아들이는 단체를 위해 모든 것을 투자한다.

제나 시걸

나는 문화적 배경이 다양한 사람들이 모여 사는 중산층 마을인 뉴저지주 노스브런즈윅에서 자랐다. 고등학교 동창과 결혼했는데, 졸업하고 몇 년간 연락이 끊겼다가 뉴욕에서 다시 만난 사람이었다. 늘 정치에 관심이 많았던 나는 워싱턴 D.C.의 대학에 진학했다. 이후 나는 내가 엔터테인먼트에도 관심이 있다는 것을 알게 되었다. 그래서 졸업한 뒤 워싱턴 D.C.의 CNN, 로스앤젤레스의 MTV, 뉴욕의 니켈로디언(Nickelodeon)에서 근무했다. 뉴욕에 도착하자마자 마침내 내게 어울리는 도시를 찾은 기분이었다.

부모님은 재산이 많지 않았지만 나를 자선적인 인간으로 키웠다(다만 그분들은 정확히 이 단어를 사용하지는 않았다). 어머니는 40년간 공립학교 행정관리인이자 외국인을 대상으로 하는 영어 선생님으로 일했고, 아버지는 항상 베푸는 것을 중요하게 여겼다. 시부모님은 구소련의 반체제 활동가(Refusenik)로 남편과 함께 미국으로 건너왔고 대단한 사업체를 일구었다. 현재 남편이 그 회사를 운영중이고 운좋게도 우리에게는 자선 기부를 할 만큼 넉넉한 재산이 있다.

기존 단체라 할지라도 내게 맞는 단체 찾기

내가 자선세계에 발을 들이게 된 것은 아이를 가져서 풀타임 근무를 그만둔 다음부터다. 나는 늘 하고 싶었지만 바빠서 못 했던 일들을 해보기 위해 일부러 시간을 냈다. 뉴욕주니어리그(Junior League of New York)에서 비영리단체 관리 및 이사회 운영에 관한 수업을 들었는데, 이사회 구성원으로 활동하는 방법을 알려주었다. 그 수업은 이사회 참여를 앞두고 내가 할 수 있는 최고의 선택이었을 뿐 아니라 내가 주눅들지 않고 이사회 활동을 시작할 수 있게 해주었다. 수업을 다 들은 뒤 나는 한 이사회에 배정받았는데, 나의 관심사와는 전혀 무관한 곳이었다.

그 경험을 통해 값진 교훈을 얻었다. 나는 자기 관심사와 무관한 이사회에서 활동하는 사람도 있다는 것을 알게 되었고, 다시는 내가 그런 사람이 되는 일은 없을 것이라고 다짐했다. 자신에게 맞는 이사회를 찾는 것이 중요한 이유는 아무리 자신이 열정을 갖고 있는 단체의 이사회에서 활동한다고 해도 그 일은 결코 만만치 않기 때문이다. 이사회 구성원의 역할을 제대로 파악하는 데는 시간이 걸린다. 먼저 이사회 내에서 자기 역할을 찾아야 하는데, 그것은 수동적인 회의 참석을 의미하는 것이 아니다. 또는 자신의 참여 방식을 파악할 때까지 일상 업무에 과도하게 관여하는 무급 직원이 되는 것도 아니다. 이런 학습 곡선을 통과하는 데는 시간과 인내가 요구되기 마련이고, 그래서 나는 내 관심사와 일치하는 미션을 가진 단체에서만 이사로 활동하고 싶었다.

나는 새로운 자선단체를 설립하는 것보다는 기존 단체 중에서 내게 맞는 곳을 찾는 것이 더 낫다고 생각한다. 그런 단체를 개선하는 일도 충분히 가능하다. 나는 내 역량을 이용해 차세대를 위해 기존 단체를 다시 활용하는 것을 좋아한다. 많은 돈과 시간을 들여 만들어놓은 단체를 차세대가 잘 활용하지 않는 것은 너무 낭비처럼 느껴진다. 왜 우리는 "이미 투자된 자산을 기반으로 더 많은 것을 구축할 방법은 없을까?"라는 질문을 하지 않는 것일까? 자선활동을 위한 자원이 너무나도 부족하므로 지역사회들은 기존 기관들을 폐지할 여유가 없다. 대신 우리는 이 기관들을 재창조하고, 재해석하고, 차세대에 의해 새롭게 이용되거나 유지될 수 있는 부분을 다시 활용해야 한다.

나는 몇몇 기존 기관에서 새로운 프로그램을 시작하면서 이런 접근법을 이용했고 그 과정에 내 기술과 경험을 적극 활용했다. 자선활동과 관련된 나의 가장 큰 성공은 단연 뉴욕의 어퍼웨스트사이드에 있는 맨해튼 유대인 커뮤니티 센터(Jewish Community Center of Manhattan : JCC)와의 파트너십일 것이다. 나는 앞서 큰 성공을 거둔 '버스라이트 이스라엘(Birthright Israel)' 프로그램을 마치고 온 사람들을 위해 '패스포트(Passport)'라는 프로그램을 그곳에서 처음 시작했다. 버스라이트는 18세에서 26세 청년에게 제공하는 열흘간의 무료 이스라엘 여행으로 그들이 이스라엘 땅을 경험하고 이스라엘의 유산이나 그곳 사람들과 유대감을 갖게 한다. 이스라엘에서 돌아온 청년들은 JCC에서 수업을 들을 수 있는 '패스포트'를 받게 되는데, 이를 통해 유대인 공동체의 젊은 구성원들은 비영리단체는 물론 자신의 동료나 공동체와도 연결된다. 이 프로그램은 30명의 참가자와 함께 시작했지만 지금은 [그것이] 크게 성장해 지난 5년간 3000명이 넘는 젊은이들이 JCC를 거쳐갔다.

물론 나는 일단 무언가를 시작했으면—씨앗을 심고 성장을 도왔다면—내가 직접 물을 주지 않아도 물을 얻을 수 있는 상태가 될 때까지 곁에서 보살펴주어야 한다고 믿는다. 그래서 나는 이 JCC 프로그램이 성장할 수 있도록 지난 몇 년간 지속적인 참여와 투자를 이어오고 있다. 또한 우리 관계에도 지속적인 투자를 할 수 있도록 JCC측에 합의 사항을 요구하기도 했다. 한발 더 나아가 나는 이 프로그램이 전국의 JCC로 확산되는 것을 보고 싶다.

자신에게 맞는 역할 하기

지난 몇 년간 이 프로그램을 비롯해 다양한 활동을 하면서 나는 비영리단체 활동에 성공적으로 참여하는 몇 가지 방법을 터득하게 되었다. 첫째, 어떤 단체에 관여할 마음이 생겼다면 나는 먼저 그 단체의 유연성을 확인하려고 한다. 나는 내가 기존 단체에 새로운 아이디어를 적용하는 데 소질이 있다는 것을 알고 있으며, 그런 변화에 대한 거부감이 적은 단체를 찾고자 한다. 내가 "이런저런 새 아이디어가 있는데 한번 시도해보겠어요?"라고 물었을 때 그쪽에서 듣자마자 "여기서는 안 통할 거예요. 왜냐하면……"이라고 말한다고 가정해보자. 그런 단체는 새로운 아이디어에 열려 있지 않을뿐더러 나의 후원 방식과 잘 맞지도 않는다. 비영리단체에서의 내 역할과 관련해 나는 이런 질문을 한다. "나는 변화를 촉진하고 활동가가 되기 위해 이곳에 있는가, 아니면 현상 유지를 위한 프로그램에 무조건 도장을 찍어주기 위해 이곳에 있는가?" 직접 참여형 후원자로 경험을 쌓으면서 배운 바에 따르면 후자는 나와 맞지 않는다.

나와 관심사가 일치하고 새로운 아이디어를 시도할 의향이 있는 단체를 실제로 만난다면 나는 내가 얻은 두번째 교훈으로 눈을 돌린다. 우리가 함께 진행할 일들에 관한 기대치를 서로 일치시키는 것이다. 예컨대 JCC에서 패스포트 프로그램을 도입한 첫해에 우리는 서로의 기대치를 일치시키지 않았고 해당 단체가 기대하지 않은 결과를 나 혼자 기대했다가 공연히 실망하기도 했다. 프로그램 도입 두번째 해에 나는 컨설턴트의 도움을 받아 JCC측과 기부자 합의서를 작성했고 서로 기대하는 바를 문서화했다. 양적인 성과부터 프로그램 담당자가 내게 진행 상황을 전달하는 방식, 나의 후원금 규모, 모금 목표액에 이르기까지 이제 우리는 이 파트너십의 현실적인 결과에 대한 공통된 기대치를 갖고 있다.

프로그램 후원과 더불어 이사회 참여까지 하는 경우 추가 질문을 해보기도 한다. 나는 처음 한두 번의 회의는 조용히 듣고만 있다가 그다음부터 의견을 내기 시작한다. 그렇다고 질문 사항이 있는데 이사장이나 직원에게 물어보지 않는다는 뜻은 아니다. 다만 내가 깨달은 바에 따르면 해당 단체의 역사를 모르거나 이사들과 그들의 역할에 관한 선입견이 있는 사람은 회의 진행을 방해하는 존재가 되기 쉽다. 그래서 나는 먼저 분위기를 파악한 다음 내가 원하는 역할을 정한다. 초반에는 다른 이사들보다 적은 금액만 기부하기도 한다. 나는 내 시간과 재능을 기부하는 동시에 경험 많은 이사들에게 먼저 많이 배우려고 한다. 그러다가 해당 단체와 그 단체가 필요로 하는 바에 대해 많이 알게 되면 그때부터 더 적극적으로 기여한다. 우리 같은 차세대 기부자들은 이 부분이 매우 중요하다고 생각하기 때문에 나는 나의 자원이 단체에 가장 유용하게 쓰일 수 있을 때 그것을 제공한다.

파티플래너가 아니에요

마흔을 앞둔 나는 내가 자선 분야에서 할 수 있는 다양한 역할을 충분히 알고 있다. 나는 기부자, 자원봉사자 또는 이사가 될 수 있으며, 내가 알게 된 바에 따르면 이 모든 역할은 서로 다르다. 내가 진짜 기여할 수 있는 부분은 JCC 프로그램에서처럼 특정 프로그램에 대한 비전 구상과 그 비전의 실현을 위한 모금이라고 생각한다. 그런 경우 나는 내 시간과 재능,

돈을 모두 쏟아붓고 그 경험을 통해 교훈과 사람들을 얻음으로써 보상을 받는다. 나는 단체의 이사라는 직함보다 목표 달성을 통해 임팩트를 만들어내는 일에 더 관심이 많다.

나는 여성으로서 자선활동에 참여할 올바른 방법을 찾는 데 특히 신중히 한다. 어떤 이사회에 들어가면 그들은 어김없이 내게 모금 업무나 모금위원회를 맡아달라고 부탁한다. 그렇다. 나는 브로드웨이 공연을 제작하고 MTV에서 근무한 경력이 있으므로 행사 기획 능력이 탁월하고 눈 돌아가게 멋진 파티를 준비할 수 있다. 하지만 그것은 내가 이사회에 참석하는 이유가 아니고 내게 만족감을 주는 일도 아니다. 그래서 이제는 새로운 이사회에 들어가게 되면 먼저 한발 물러나서 말을 아낀다. 그러다가 처음에는 모금과는 무관한 일만 돕는다. 이것은 내 역할과 나에 대한 비영리단체의 인식을 바꾸기 위해 내린 선택이다. 내가 비영리단체에 전략적인 아이디어를 제안하기 시작하면서 나에 대한 인식은 '파티플래너'에서 좀더 의미 있는 역할로 바뀌었다.

역설적으로 이사회에서 오랜 시간을 보낸 뒤에 나는 그 단체를 위해 모금을 계획하고 실행하는 일을 맡기도 한다. 그즈음이면 그 비영리단체와 그 단체의 미션을 안팎으로 완벽히 이해하고, 따라서 내 지식과 재능을 이용해 기꺼이 모금운동을 도울 수 있다는 확신이 들기 때문이다. 하지만 그런 수준이 되기 전까지 모금활동은 처음 이사회에 들어온 사람에게 맡길 수 있는 최악의 임무다. 그것은 그 사람이 누구인지, 어떤 기술이 있는지, 자원봉사를 통해 무엇을 주거나 얻고 싶어하는지에 대해 해당 단체가 전혀 관심 없다는 인상을 주기 때문이다. 대신 그 신규 이사의 돈에만 관심 있다는 느낌을 준다. 나는 비영리단체들에게 이런 말을 하고 싶다. "당신의 이사들은 그냥 수표만 발행할 수도 있어요. 하지만 그들이 시간을 투자해 이사회에 참여한다는 건 그 단체의 미션에 대해 열정을 갖고 있고 더 의미 있고 수준 높은 참여를 원하기 때문이에요."

차세대의 길

내 경험에 따르면 차세대 기부자들은 최선의 참여 방법, 본인의 기술에 알맞은 참여 방법을 찾으려고 한다. 사실 나는 두 청년이 완전히 똑같은 방식으로 자선활동을 하는 것을 보지 못했다. 이전 세대는 그렇지 않았다. 예전에는 자선행위의 '정도(正道)' 같은 것이 있었던 듯하다. 이사회에 가입한 다음 주변 친구들에게 기부를 부탁하는 전화를 돌리는 식으로 말이다. 하지만 우리 세대와 더 젊은 세대의 주요 기부자들은 각자 자신에게 맞는 방법을 찾고자 한다.

기부자가 되는 다양한 방법에도 불구하고 차세대 기부자들은 공통적으로 자신들에게 가장 잘 맞는 방식을 찾아 적극적으로 참여하고 싶어한다. 내가 아는 젊은이들 중에 큰돈을 기부해놓고 그 기부금을 받은 단체에 어떻게든 실질적으로 참여할 마음이 없는 사람은 거의 없다. 예컨대 내가 옷가게에 가서 "500달러를 줄 테니까 500달러어치 옷을 주세요"라고 말하는 일은 없을 것이다. 생각해보면 그렇게 단순하다. 어떤 단체를 찾아가서 "500달러를 줄 테니 원하는 대로 사용하세요"라고 해놓고 나중에 확인해보니 내가 동의하지도 않고, 관심도 없고, 임팩트를 만들어낼 수도 없는 일에 그 돈을 썼다면 기분이 언짢을 테니까.

우습게도 차세대 기부자들이 참여를 원하지 않는다는 불평과 지나치게 참여하려고 해서 문제라는 불평이 양쪽에서 들려온다. 개인적으로 내가 어떤 단체의 미션에 열정을 갖고 있을 때 나는 '지나치게 참여'하려고 하는 쪽이다. 심지어 골칫덩이처럼 보일 수도 있다! 하지만 궁극적으로 나는 더 많이 참여하는 동시에 더 많이 기부하게 될 것이다. 다른 차세대 기부자들에게서도 그런 성향을 엿볼 수 있다. 우리는 직접 밖으로 나가 일하고 유의미한 방식으로 참여할 수 있을 때 열정을 쏟는다. 그럴 경우 우리는 적극적으로 참여하는 동시에 장기간에 걸쳐 더욱 너그러운 기부자가 될 것이다.

참여를 위한 규칙

나는 비영리단체 지도자들에게 차세대 기부자들을 최대한 많이 참여시키라고 권하고 싶다. 나라면 적어도 처음에는 차세대 기부자들에게 모금이나 고액 기부를 강요하지 않을 것이다. 차세대 기부자들에게는 단거리 경주가 아니라 마라톤이다. 단거리 경주처럼 기부를 하면 한 번의 기부로 끝날 위험이 있다. 서로 신뢰를 쌓아가며 마라톤 방식으로 기부한다면 훨씬 더 오랜 시간 동안 결실을 맺을 수 있다.

또한 기부와 참여를 모두 원하는 차세대 이사나 기부자가 당신의 비영리단체를 위한 아이디어를 갖고 왔을 때 "한번 살펴볼게요"라는 말은 절대 해서는 안 된다. 어쩌면 이 말은 비영리단체들이 남발하는 캐치프레이즈가 아닐까 싶다. 비영리단체 운영자나 프로그램 개발 담당자들이 "한번 살펴볼게요"라고 해놓고 아무 답변도 해주지 않는 것을 너무 많이 보았다. "이런저런 이유에서 이 아이디어는 우리 단체랑은 맞지 않는 것 같아요" 같은 실망스러운 답변이라도 좋다. 적어도 당신이 앞에 있는 사람을 존중하고 있으며 그 사람의 의도에 대해 고민해보았다는 뜻이니까.

일부 단체는 이사들이나 기부자들이 단체 업무에 직접 관여하는 것을 원하지 않는다는 사실을 나는 안다. 그런 일은 직원이 다 할 수 있다고 생각하기 때문이다. 비영리단체는 나의 조언을 원할 수 있겠지만 내가 직원처럼 일하기를 바라지는 않는다. 나는 그것을 이해한다. 하지만 이런 태도는 비영리단체가 기부자들의 열정과 시간, 재능을 최대한 활용하는 것을 방해한다. 특히 그 기부자가 차세대인 경우라면 더더욱 그렇다. 비영리단체는 우리의 열정이 무엇인지 귀 기울이고 우리의 기술을 잘 활용해야 한다. 나의 많은 동료는 매우 믿음직한 사람들이고 진심으로 자선활동에 직접 참여하고 싶어한다. 많은 젊은 기부자도 이와 같다는 것을 알고 있다. 나도 그중 한 명이라는 사실이 자랑스럽다.

제나 시걸의 정서는 많은 차세대 기부자에게 들었던 그들의 딜레마와 연관이 있다. 사려 깊은 참여에는 많은 시간이 요구되지만 그들의 인생에서 지금의 여유시간은 각자 경력을 쌓고 가정을 꾸리느라 특히나 부족한 자원이다. 따라서 제나 시걸 같은 기부자들은 고민에 빠질 수밖에 없다. 하지만 그들은 돈만 전달하는 쉬운 길을 이 딜레마에 대한 해결책으로 생각하지 않는다. 그들은 여전히 자신의 모든 것―시간, 재능, 돈―을 한두 단체에 '올인'하든지, 그것이 아니면 아예 아무것도 하지 않으려고 한다.

재능의 가치

비영리단체들과 좋은 일을 하는 다른 단체들은 분명 돈이 필요하다. 특히 지속적이고 금액이 큰 기부가 필요한데, 제나 시걸이 말한 바와 같이 자선활동에 적극적인 차세대 기부자들은 장기간에 걸쳐 그런 기부금을 낼 수 있다. 하지만 그들은 돈만 기부하는 것보다는 돈과 재능을 함께 기부하는 편이 더 낫다고 주장한다. "재정적 지원의 중요성을 과소평가하고 싶진 않아요. 모든 단체가 돈이 절실히 필요하다는 걸 알고 있으니까요. 하지만 너무 재정적인 관점에만 치우치면 다른 많은 것을 놓칠 수 있어요. 특히 그 돈을 배분하는 데 시간과 재능이 미칠 수 있는 영향 같은 것들 말이죠."

다른 기부자들은 재능의 가치를 더 개인적인 시각에서 바라보면서 그들이 자선활동에 사용할 수 있는―간절히 사용하고자 하는―특별한 기술에 대해 말했다. 한 기부자는 변호사로서 자신이 비영리단체들의 입법 활동을 도움으로써 제공할 수 있는 가치에 대해 말했다. "저에게는 개인적인 문제예요. 저는 법학 학위와 전문성을 갖추고 있으므로, 이 분야에서의 활동을 통해 더 나은 세상을 만들고 싶어요." 다른 한 명은 자신이 후원하는 단체에 특별한 보탬이 되고 싶다고 강조했다. "저는 회사를 설립하고 키우는 데 재능이 있고, 비영리단체에도 유용한 사람이 될 수 있을 거라고 확신해요. 그래서 그런 일에 시간을 투자하고 싶어요."

이런 발언들을 관통하는 공통된 정서, 즉 자신의 특별한 전문성을 보탬으로써 단체의 미션 달성을 돕는 등 후원단체와 밀접하고 참여도 높은 관계를 맺고 싶은 욕구를 확인할 수 있다. 기부자들은 이런 관계가 가장 잘 작동하는 것은 그들이 재능과 자금을 모두 테이블로 가져올 때라고 주장한다. 재차 강조하지만 '올인'은 모두에게 더 나은 방법이다.

하디 파르토비는 올인을 믿는다. 젊은 나이에 성공해 부자가 된 기술업계 사업가이자 투자자로서 하디 파르토비는 더 나은 세상을 만들기 위해 이 재산을 사용하고 싶어한다. 특히 그는 그의 아버지가 고국인 이란의 교육 시스템을 위해 노력한 것처럼 미국의 교육 시스템을 개선하고자 한다. 하지만 그가 아는 다른 젊고 부유한 사업가들과 달리 하디 파르토비는 먼저 돈부터 잔뜩 벌어두는 것을 최선의 전략이라고 생각하지 않는다. 그래서 자신과 자신의 가족이 평생 쓸 돈을 마련한 후부터는 모든 아이에게 컴퓨터공학교육의 기회를 열어주는 비영리단체를 설립하고 후원하고 운영하는 데 모든 시간을 투자하고 있다.

하디 파르토비

나는 이란의 테헤란에서 태어났다. 내 가족—어머니, 아버지, 나, 쌍둥이 형제—은 내가 아주 어릴 때 미국과 테헤란을 오가며 지냈다. 우리는 이란을 떠났다가 1970년대 말에 귀국한 몇 안 되는 이란 가족이었다. 당시에는 많은 이란인이 조국을 떠나고 있었다. 내가 여섯 살 때 이슬람 혁명이 나라를 휩쓸고 지나갔으며 이라크와 전쟁이 일어나 우리 가족의 삶은 크게 달라졌다. 내가 열한 살 때 우리는 이란을 영영 떠나 미국으로 왔다.

아버지는 이란의 주요 기술대학의 창립 교수로 재직했고 나의 롤모델이다. 아버지는 놀라울 정도로 타인을 위한 삶을 살았다. 우리가 미국에 도착한 뒤 아버지는 가족의 안전을 확인하고 다시 이란으로 돌아가기로 했다. 당신이 창립을 도운 대학이 없어지지 않기를 원했고, 당신이 정립해놓은 교육 시스템이 무너지지 않기를 바랐기 때문이다. 그래서 우리 가족이 미국에 정착한 뒤 아버지는 이란으로 돌아가 오로지 그곳의 교육 시스템을 지키기 위해 2년간 우리와 떨어져 지냈다. 나는 엄청난 감명을 받을 수밖에 없었다. 나는 아버지가 당신의 모든 삶을 교육과 타인을 돕는 일에 바쳤다고 생각한다. 아버지의 여정은 내 여정의 방향을 결정했다.

기술업계에서의 이른 성공

내가 열 살 때 아버지는 집에 컴퓨터 한 대를 가져왔다. 코모도어 64 모델이었고 아마 미국에서도 몇 대 없는 개인용 컴퓨터였을 것이다. 아버지는 "이 컴퓨터에는 소프트웨어나 게임이나 애플리케이션이 안 깔려 있다"라고 하면서 나와 내 쌍둥이 형제에게 베이식 프로그래밍을 배울 수 있는 책 한 권을 주었다. 미국에서 보낸 10대 시절 친구들은 여름에 식당이나 주유소에서 아르바이트를 했지만 나는 기술회사에서 훨씬 시급이 높은 코딩 업무를 맡았다. 나는 나중에 하버드대학에서 컴퓨터공학을 전공했고 이른 나이에 마이크로소프트에 입사해 기술업계 일을 시작했다.

이후 사업가가 되었고 마침내 투자자가 되었다. 나는 텔미 네트웍스(Tellme Networks)와 아이라이크(iLike)라는 두 기술 기업을 세웠다. 하나는 큰 성공을 거두었고, 다른 하나는 성공의 문턱까지만 갔다. 나는 신생 기술 기업의 투자자이자 자문으로서 매우 운이 좋았는데, 특히 페이스북, 드롭박스, 에어비앤비처럼 대박이 난 많은 신생 기업 초창기에 투자할 수 있었다.

나는 일정 수준의 소득을 기부하며 세상을 돕는 일에 사용했다. 나와 내 가족에게 필요한 모든 돈을 준비한 다음부터는 더 나은 세상을 만드는 데 내가 버는 돈을 쓰고 싶었다. 그래서 지금은 그렇게 살고 있다. 다시 한 번 강조하면 이런 가치는 내 아버지에게서 물려받았다.

나는 몇 년 전 소액 기부부터 시작했는데, 신예 자선가로서 기부가 굉장히 어렵다는 것을 깨달았다. 나는 이런 궁금증이 생겼다. "후원할 만한 좋은 비영리단체는 어디인가? 더 큰 임팩트를 만들어낼 분야를 어떻게 알 수 있는가?"

나는 투자세계에서 신생 기업과 기술주에 투자하는 법은 잘 알고 있지만 비영리세계에서는 손익계산서 같은 것이 없기 때문에 분석 방법이나 성과 보고의 잣대가 미비했다. 영리단체에서 손익은 소득이나 주가에 반영되지만 비영리단체에는 성공 여부를 평가할 기준이 없다.

올인

나는 쌍둥이 형제와 함께 수표를 발행하면서 기부자조언기금을 시작했다. 하지만 시간이 흐르면서 단순히 수표만 발행할 것이 아니라 내 시간과 재능을 기부한다면 훨씬 더 큰 도움이 되리라는 것을 깨달았다. 그런 도움을 주기 위해 쌍둥이 형제와 함께 코드닷오그라는 비영리단체를 설립했다. 나는 현재 코드닷오그에서 풀타임으로 일하고 있다. 이 단체는 나의 풀타임 직장이자 내 인생의 미션이다.

아이러니하게도 나는 원대한 꿈을 품고 코드닷오그를 시작하지 않았다. 실은 컴퓨터공학을 홍보하고 사람들에게 컴퓨터공학 교과과정의 필요성을 알리는 동영상—여전히 코드닷오그 홈페이지에 있다—을 제작하기 위한 일회성 프로젝트로 시작했다. 출발부터 상상을 초월하는 결과가 나왔다. 그 동영상의 조회 수는 일주일 만에 1000만 건을 기록했고 학교와 교육 담당자들에게 도움을 요청하는 수만 통의 전화가 왔다. 당시 코드닷오그에는 나와 동영상 제작을 돕던 자원봉사자 몇 명뿐이었으므로 1만 건이 넘는 교육 상담 요청에 일일이 답변할 직원이 없었다. 나는 곧바로 이 모든 것을 아우를 수 있는 새로운 단체가 필요하다는 것을 깨달았다.

3년이 지난 지금 코드닷오그 직원은 50명이고 우리의 미션은 미국 내 모든 학교에서 컴퓨터공학 수업을 진행하도록 하는 것이다. 우리는 모든 학교가 컴퓨터공학을 가르쳐야 하고, 모든 학생에게 기술이 어떻게 작동하는지, 그것이 우리 세계를 어떻게 바꾸는지 배울 기회가 주어져야 한다고 믿는다.

나에게는 다른 관심사도 있지만 내 시간과 재능, 자금의 95퍼센트는 현재 코드닷오그에 투입되고 있다. 내 형제와 나는 지금까지 코드닷오그에 약 200만 달러를 기부했고 무엇보다 이곳은 거의 3년째 내 직장이다. 내 시간을 온전히 이곳에 투자하는 것은 쉽지 않은 결정이었다. 내가 기술업계 투자자로서 얼마나 유능한지를 감안할 때 그 수익성 좋은 직업을 버리고 비영리단체에서 풀타임으로 근무하는 것은 대단한 재정적 희생—또는 대단한 재정적 기여—이었다.

내가 이 일을 시작하기 전에 누군가 이런 말을 했다. "당신이 가장 큰 임팩트를 만들어낼 수 있는 일이 있다면 그건 돈을 왕창 버는 거예요. 당신은 분명 그 일에 재능이 있으니까요. 그런 다음 그 돈을 기부하는 거죠." 하지만 내 생각은 정반대다. 모든 사람이 이 조언을 따른다면 비영리세계에는 'B팀' 선수들만 남게 될 것이고 최고의 기량을 가진 사업가들은 전부 돈을 버는 데만 집중할 것이다.

그래서 나는 이 단체에 자금을 지원하면서 운영까지 책임진다. 대다수 비영리단체 운영자들은 모금은 하더라도 직접 큰돈을 기부하지는 않는다. 비영리단체에 고액 기부를 할 만큼 돈 많은 사람들은 기부재단을 설립하고 직원을 고용해 후원단체들을 관리하는 일을 일임한다. 기술업계 출신으로서 나는 늘 이 부분이 비효율적이라고 생각해왔다. 우리 시대의 가장 성공적인 기업 중 다수는 기술 기업이다. 그런데 그 성공적인 신생 기술 기업을 세운 사업가가 나중에 비영리단체를 창설하고 그 단체를 직접 운영하지 않는 것을 흔히 볼 수 있다. 결국 비영리단체는 실제 기술 기업들의 강점을 얻지 못한다. 기술 전문가로서 내가 거둔 성공을 감안할 때 나도 그런 길을 갈 수 있었다. 하지만 내 돈뿐 아니라 시간을 비영리단체에 투자하는 것과 사회문제를 해결하기 위해 기술업계 최고의 인재들과 소프트웨어 엔지니어들을 고용하는 것이 더 큰 기여라고 생각했다. 따라서 코드닷오그는 내가 가장 많은 돈을 쓰고 있는 분야고, 내 시간과 재능을 쏟는 분야이기도 하다. 나는 이런 노력이 코드닷오그의 임팩트를 확대하는 데 큰 도움이 된다고 생각한다.

인재 중심의 모델

코드닷오그에서 우리는 최종 목표에 초점을 맞춘다. 그것은 미국 내 모든 학교에서 다양한 학생들에게 컴퓨터공학 교육과정을 제공하는 것이다. 우리는 그 목표 달성을 위해 모든 것을, 특히 우리가 고용한 인재들을 잘 활용한다. 현재 직원은 50명인데, 우리는 1000명을 인터뷰한 뒤 최고의 50명을 선발했다. 우리 엔지니어 중에는 아마존, 마이크로소프트, 드롭박스, 구글 출신도 있다. 비영리단체에서 흔한 일은 아니다. 심지어 행정 직원들도 너무 유능해 우리 웹사이트를 위한 HTML 코드 정도는 직접 처리할 수 있다. 투자자로서 나는 훌륭한 팀이 훌륭한 성과를 낸다고 생각한다. 이는 영리단체는 물론 비영리단체도 마찬가지다.

문화적 측면에서 우리는 약간 기술적인 업무를 맡게 된 교육 관련 비영리단체가 아니다. 우리는 철저히 기술회사고, 따라서 우리의 업무 방식은 대다수 비영리단체들과 매우 다르다. 대부분의 비영리단체에는 15명으로 구성된 기술팀이 없지만 우리는 우리의 최종 목표 달성을 위해 그런 팀이 필요하다. 우리의 기술팀은 규모를 키우기 위한 자동화 시스템을 구축해 우리가 하는 모든 작업—교육과정부터 정책 지지, 교사 채용에 이르기까지—을 촉진하고 확대한다. 예컨대 우리는 현재 매달 2000명의 교사를 훈련한다. 대면교육을 통해 교사들을 훈련하려면 너무 많은 인적 자본이 필요하지만 우리는 기술을 활용하므로 미국 내 다른 교사 훈련기관보다 더 큰 규모로 운영이 가능하다.

따라서 코드닷오그는 비영리단체와는 다른 모델이고, 이 모델이 더 큰 임팩트를 가져올 것이라는 증거가 나타나고 있다. 미국 내 일부 교육 관련 비영리단체는 기여 대비 비용이 너무 비싸다. 한 예로 내가 아는 한 교육 관련 비영리단체는 학생 한 명당 1000달러를 들여 임팩트를 내고 있지만 코드닷오그가 임팩트를 만들어내기 위해 사용하는 비용은 학생 한 명당 0.56달러에 불과하다.

우리가 만들어내는 임팩트는 내가 이전에 기부했던 단체들과 비교하면 경이로운 수준이다. 그 임팩트 증거 때문에 더 많은 시간과 재능은 물론 내 재산의 상당 부분을 이곳에 투자하고 싶은 욕구가 더욱 강해진다. 내가 코드닷오그에 기부하는 이유는 단지 내가 세운 비영리단체라서가 아니다. 우리가 미국 내에서 만들어낸 임팩트와 성과가 다른 비영리단체들보다 월등히 뛰어나기 때문이고, 우리가 개발한 모델과 우리 팀을 매우 신뢰하기 때문이다.

시스템 바꾸기

나는 코드닷오그가 채택한 시스템 규모의 접근법이 필수적이라고 생각한다. 이 일을 처음 시작할 때 쌍둥이 형제는 아주 귀한 충고를 해주었다. 처음 나는 우리 동네에 학교나 여름 캠프, 클럽을 하나 만든 다음 어떻게 진행되는지 살펴보고 거기서부터 확장해나갈 생각이었다. 대다수 비영리단체는 그렇게 출발한다. 한 지역사회에서 시작해 해결책이 효과가 있는지 확인하고 확장을 고려하는 것이다. 하지만 쌍둥이 형제는 기술업계에 비유했다. "스티브 잡스가 이런 상황이었다면 그는 2, 30년 후 세상이 어떤 모습일지 먼저 상상한 다음 지금부터 그 지점까지의 과정을 계산해나갈 거야." 그 말은 우리의 목표 달성을 위해 어떤 것을 준비해야 하는지에 관한 내 견해를 완전히 바꾸어놓았다. 그 결과 우리는 지역학교 같은 것을 운영하지 않는다. 대신 이 폭넓은 시야 덕분에 우리는 전국 단위로 전체 학교 시스템에 대해 고민하고 교육 시스템의 변화와 관련해 매우 다른 접근법을 취한다.

코드닷오그에서 우리는 '물고기를 잡아서 줄 것인가' 아니면 '물고기 잡는 법을 가르쳐줄 것인가'라는 고전적인 접근을 뛰어넘는다. 우리는 학생들에게 물고기 잡는 법을 알려줄 수 있도록 학교를 가르친다. 그렇게 하면 우리가 학교 운영비를 따로 지출하지 않아도 되기 때문에 확장성과 관련해 이중의 혜택을 누릴 수 있다. 우리는 교사 훈련 비용만 지불하고 학교 시스템이 엔진을 가동해 나머지 일을 처리하면 된다. 우리는 기관 운영이 아니라 인력 개발에만 집중한다. 학생을 가르치는 교사를 잘 훈련해 학생들이 준비된 상태로 향후 20년을 맞이할 수 있게 하는 것이다. 이런 교사들의 놀라운 지지와 희생, 열정은 우리의 성공 열쇠였다. 교육 시스템을 개선하려는 움직임은 우리가 처음이 아니었지만 교사가 주도하게 만든 것은 우리가 최초일지도 모른다. 교사들의 지지 덕분에 코드닷오그와 컴퓨터공학운동은 진정한 성공을 거둘 수 있었다.

앞으로 20년 후를 위한 새로운 교육 시스템을 만드는 것은 학생, 학부모, 교장, 학군, 주정부, 연방정부를 향해 손을 뻗는 것을 의미하기도 한다. 컴퓨터공학을 정규 교과로 편입하려면 모든 참여자는 각자의 몫을 해야 한다. 모두가 동참하지 않으면 성공할 수 없다. 컴퓨터공학 수업을 둘러싼 정책 역시 매우 중요하다. 예컨대 여학생, 흑인, 히스패닉 어린이는 컴퓨터공학 수업 참여율이 낮다는 면에서 기술교육에 다양성 문제가 있다는 것을 알고 있다. 메릴랜드주에서의 실험을 통해 이 문제 해결의 실마리를 찾을 수 있었다. 우리는 컴퓨터공학이 졸업 학점에 반영되는 한 학군과 그런 정책이 없는 다른 학군에서 여학생들의 수업 참여율을 비교했다. 컴퓨터공학 학점이 인정되지 않는 학군에서는 해당 수업의 여학생 비율이 15퍼센트였다. 반면 학점이 인정되는 학군에서는 여학생 비율이 50퍼센트였다. 작은 정책 변화가 컴퓨터공학 수업 참여 학생의 성비를 극적으로 바꾸어 놓았고 해당 수업에 참여하는 각 민족 집단의 비율도 비슷한 변화를 보였다. 이런 성과를 얻으려면 모든 당사자가 이 작업에 동참해야 하고, 따라서 우리는 다양한 영역에서 노력해야 한다.

진정한 성공의 척도는 세상에 미치는 임팩트

앞서 나는 스티브 잡스의 성장 마인드에서 영감을 받았다고 언급했다. 나는 빌 게이츠에게서도 영감을 받았다. 나의 롤모델인 그 덕분에 나는 코드닷오그 운영에 최선을 다하기로 마음먹었다. 나와 마찬가지로 빌 게이츠는 자선활동에 돈은 물론 시간과 재능도 기부한다. 하지만 내가 생각했을 때 가장 놀라운 것은 그가 자선활동에 쏟아붓는 열정의 규모다. 그는 세계 최고의 부자로 세상에서 가장 노동할 필요가 없는 사람이다. 그는 아무것도 아쉬울 것이 없다. 하지만 자선활동을 위해 풀타임으로 굉장히 열심히 일한다. 그의 자선활동은 단순히 돈만 기부하고 나머지는 알아서 처리하게 내버려두는 방식이 아니다. 그는 개인적인 시간과 전문 지식을 함께 제공하고 꾸준히 그 일을 해나가며 임팩트가 확실히 만들어지도록 한다.

나는 보노(Bono)에게서도 동기부여를 받는다. 자선단체에 기부하는 대다수 뮤지션이나 유명인에게 자선활동은 부차적인 것이다. 하지만 보노에게는 자선단체 기부를 위해 음악이 존재한다. 그가 계속 투어를 다니는 이유는 자선활동을 이어나가고 에이즈와 가난을 척결하기 위해서다. 이것은 나도 공감하는 부분인데, 나는 일정 수준의 돈을 벌어놓은 이후에 추가 소득은 모두 사회에 환원해야 한다고 생각하기 때문이다. 내가 지속적으로 투자하는 이유는 코드닷오그에 기부하기 위해서다. 물론 대부분의 시간도 코드닷오그를 위해 쓰고 있다.

나는 모든 인간이 고심하는 질문이 있다고 생각한다. 나는 왜 이곳에 있는가? 무엇을 위한 것인가? 내게 중요한 것은 돈을 얼마나 버느냐가 아니라 세상에 얼마나 큰 임팩트를 남길 수 있느냐, 이 세상에 선한 영향력을 얼마나 많이 남길 수 있느냐다. 나는 내가 만들어내는 영향력을 통해 기쁨을 느낀다. 받는 것이 아니라 주는 것으로부터, 특히 내 시간과 재능을 주는 것으로부터 기쁨을 얻는다.

하디 파르토비는 분명 재능을 믿는다. 그는 교육 시스템의 구조적 변화를 위한 지렛대 역할을 할 수 있는 인재—훈련받은 교사라는 형태의 인재—를 믿는다. 그는 오늘날 경제에 필수적인 재능을 개발하기 위한 어린이를 대상으로 한 기술교육을 믿는다. 그는 자신이 설립하고 운영하는 기술 기반의 비영리단체에 최고의 인재를 고용해야 한다고 믿는다. 그는 자신이 기부한 수백만 달러보다 더 가치 있는 최고의 선물이 자신의 재능이라고 믿는다.

하디 파르토비는 우리가 상속자부터 1세대 부자에 이르기까지 다양한 기부자들을 통해 끊임없이 들었던 재능에 대한 믿음을 잘 보여주는 사례다. 기존의 기부 가문에서 기부자 역할을 물려받은 차세대의 경우 이와 같은 재능에 대한 믿음은 단지 가문의 명성에 기대거나 현금자동인출기로 여겨지고 싶지 않은 그들의 바람과 종종 연결된다. 사업 성공을 통해 부를 쌓고 고액 기부자가 된 사람들의 경우 재능 기부에 대한 열정은 더더욱 두드러진다.

하디 파르토비만큼 재능에 대한 믿음을 바탕으로 자신이 후원하는 단체에서 풀타임으로 근무하는 사람은 매우 드물 것이다. 하지만 거의 모든 기부자가 어떤 방식으로든 자신이 지닌 특별한 재능을 기부에 활용하고 싶다고 전했다.

이 장의 내용이 의미하는 바는?

"문제를 향해 돈을 던지는 것"은 좋은 해결책이 아니라는 오랜 격언이 있다. 쉽기는 하지만 효과적인 경우가 드물기 때문이다. 우리 세계에는 까다로운 문제가 점점 많아지고 있고 차세대 주요 기부자들에게는 문제를 향해 던질 수 있는 막대한 자금이 있다. 하지만 차세대 기부자들은 이 오랜 격언을 신뢰한다. 그들은 사회 변화에는 인적 자본과 금융 자본이 모두 필요하다고 믿고, 이 두 가지를 기꺼이 투자할 준비가 되어 있다.

이들 기부자가 제공할 수 있는 기술과 전문 지식은 비교적 덜 활용되고 있다. 사회문제 해결이나 비영리단체 효과성 개선을 고민하는 사람이라면 차세대 기부자의 시간과 돈은 물론 그들의 재능을 활용할 방안을 찾는 편이 좋을 것이다. 그렇게 하면 그들이 더 많은 돈을 기부하는 결과를 낳을 수 있기 때문만은 아니다. 실제로 그들의 재능이 매우 유용할 수 있기 때문이기도 하다. 기존 단체에 새 생명을 불어넣은 제나 시걸의 이야기와 재능을 활용해 교육 시스템에 측정 가능한 임팩트를 만들어낸 하디 파르토비의 이야기는 이를 잘 보여주는 증거다.

또한 우리는 차세대 기부자들이 자선가로서의 정체성을 찾아가는 인생의 한 지점에 있다는 것을 기억해야 한다. 앞으로 더 많이 만나겠지만 많은 상속자는 밖으로 나와 '자신의 길을 개척'하든지, 가족의 길을 새롭게 개선하는 일에 착수하고 싶어 안달이다. 우리는 하디 파르토비처럼 젊은 나이에 부자가 된 사람들이 그들을 성공으로 이끈 개인적 자질을 활용해 사업가적인 참여형 기부자로도 성공할 수 있으리라 장담하는 것을 많이 들어왔다. 상속자든 직접 돈을 번 사람이든 그들의 능력은 정체성의 구성 요소 중에서 돈보다 더 중요하다. 엑스 세대와 밀레니얼 세대는 자신이 돈보다 더 가치 있는 존재라고 믿도록 양육되었다는 것을 고려하면 이는 놀라운 일이 아니다. 그렇다면 이들 기부자가 현금자동인출기 취급을 당하는 것을, 특히 여성의 경우 경험과 역량을 갖춘 인간이 아니라 그저 모금담당자나 파티플래너로 여겨지는 것을 얼마나 끔찍하게 생각하는지 알고 난 뒤 충격받지 말아야 한다.

반면 비영리단체와 사회문제 해결 방법을 모색하는 그 밖의 단체들은 돈이 필요하다. 일부는 기부자의 재능보다는 돈─특히 이런 고액 기부자들이 제공할 수 있는 규모의 돈─이 더 절실하다고 말한다. 비영리단체들은 직원들의 귀한 시간과 자원을 고액 기부자들을 위한 '의미 있는' 자원봉사 기회를 마련하는 데 사용하는 것에 분개할지도 모른다. 그 자원은 꼭 필요한 사람들을 위한 서비스 제공이나 정책 건의를 위한 노력에 사용될 수도 있는데 말이다.

양측 모두 마음 상하는 일 없이 이 난국을 타개할 방법은 서로 존중하는 자세를 갖는 것이다. 비영리단체들은 주요 기부자들을 유명한 가문 출신 또는 통장 계좌 이상의 존재로 존중해야 한다. 기부자들은 돈을 무기로 삼지 말고 명령하기보다는 경청하며 이 단체들을 존중해야 한다. 우리는 겸손함과 단체를 위한 최선을 강조하는 기부자들도 만날 수 있었다. 그중 한 명은 이렇게 말했다. "저는 제가 모든 문제에 대한 해결책을 안다고 생각하지 않고, 제게 시간이 주어진다고 해서 비영리단체의 효과성을 개선할 수 있으리라고도 생각하지 않아요. 하지만 저는 분명 어떤 역할을 할 수 있고, 제가 가진 기술을 이용해 임팩트를 만들어낼 수 있을 거예요."

재능을 인정받고 그것을 통해 의미 있는 방식으로 기여하고자 하는 차세대 기부자들은 쓸모없는 특권의식과 권위에 심취할 위험이 있다. 이를 막기 위해 기부자들은 단체가 요구하는 바를 경청하고 존중해야 한다. 자기에게 이런저런 재능이 있으니 "내가 이걸 활용할 방법을 찾아달라"며 무작정 요구하면 안 된다는 말이다. 기부자들이 후원단체와 가까워질수록 이런 존중과 이해는 더 쉬워질 것이다. 우리와 이야기를 나눈 일부 기부자는 이미 이처럼 겸손한 태도를 갖고 있었고 편지 봉투에 내용물을 넣는 단순노동도 마다하지 않았다. 그것이 당장 단체에 가장 시급한 업무이며, 필요할 경우 그들은 더 전문적인 도움을 줄 수도 있음을 알기 때문이다.

비영리단체의 경우 우리는 여러 단체가 젊은 기부자들의 재능을 창의적으로 활용할 방법을 모색중이란 것을 알고 있다.[2] 안타깝게도 이것이 매우 일반적인 경향은 아니라는 증거가 있다. 먼저 많은 비영리단체는 차세대 지도자들의 참여가 중요하다고 목소리를 높이며 밀레니얼 세대에게 듣기 좋은 말을 하지만, 대다수는 차세대 기부자들을 이사회에 초대하지도 않고 전문성이 요구되는 봉사활동에 참여할 기회도 주지 않는다. 예컨대 보드소스(BoardSource) 연구에 따르면 전국적으로 비영리단체 이사회 구성원 중 16퍼센트만이 40세 미만이었다. 그나마 다행인 점은 그 비율이 증가 추세라는 것이다.[3]

차세대 기부자들—앞으로 수십 년간 주요 기부자로 활동하게 될 사람들—이 원하는 바와 같이 재능과 존중, 의미가 포함된 새롭고 창의적인 참여 방법을 마련한 비영리단체는 더더욱 드물다. 많은 비영리단체 경영자는 이 일이 시급하다는 것을 알고 있지만 우리가 이 연구에서 만난 비영리단체가 흔히 던지는 질문은 이것이었다. 대체 그 일을 어떻게 해야 하는가?

제나 시걸 같은 차세대 기부자들은 비영리단체가 젊은 기부자들의 참여를 유도할 수 있는 다양한 방법을 제안한다. 차세대 기부자들을 조심스럽게 이사회에 초대하는 것과 밀레니얼 세대에게 트위터 글 작성을 부탁하는 뻔한 접근 외에도, 우리의 인터뷰와 현장 경험을 통해 여러 아이디어가 쏟아졌다. 무엇보다 제나 시걸이 말한 것처럼 차세대 기부자들이 자기의 시간과 재능을 기부하고 싶다고 말할 때 비영리단체는 반응을 보여야 한다. 그들을 실망시키지 말자. 그들을 만나서 생각을 들어보고 질문을 하자. 거절하기 전에 그 아이디어를 작게나마 시도할 방법을 찾아보자. 또는 그 아이디어를 단체 운영에 적용할 수 있는 최선의 방법을 그들이 앞장서서 찾아보게 하자. 그들의 아이디어가 너무 생뚱맞을 경우 그냥 무시하거나 "한번 살펴볼게요"라며 얼버무리지 말고 그렇게 생각하는 이유를 솔직히 털어놓자.

또한 차세대 기부자들에게 이사회의 상징적이거나 명예직에 가까운 자리를 맡기는 대신, 그들을 프로젝트 팀의 운전석에 앉혀서 그들이 지닌 재능을 단체의 실질적인 문제를 해결하고 임팩트를 만들어내는 데 사용하게 하자. 동료들과의 협업을 선호하는 성향(7장 주제)을 고려해 그들이 다른 차세대 기부자들과 함께 문제를 해결할 수 있게 하자. 이를 위해 비영리단체들은 내부 문제 해결이나 신규 프로그램 개발 방식을 조율해야 한다. 이는 적극적인 차세대 기부자들이 직원들과 협력을 통해 문제를 해결해나가는 것을 의미한다. 이런 방식을 새롭게 구상한다면 여러 면에서 좋은 성과를 거둘 수 있을 것이다.

모든 차세대 기부자가 하디 파르토비처럼 후원하는 비영리단체의 운영까지 직접 책임지는 '올인' 방식을 택할 필요는 없다. 하지만 시급한 사회문제 해결을 위해 차세대 기부자들의 재능을 적극 활용할 방법을 찾는 것은 비영리단체의 필수 과제다. 그렇게 해준다면 적어도 차세대 기부자들은 다음번에 더 많은 돈을 기부할 것이다. 최상의 경우 이들 기부자의 전문성은 단체의 임팩트 확장을 위해 활용될 수 있을 것이다. 물론 가장 이상적인 경우는 이 두 가지 결과가 동시에 나타나는 상황이다.

| 7장 |

영감을 자극하는 동료 압력

시간과 재능, 돈. 오랜 격언은 이 세 가지 선물을 전부 줄 수 있어야 한다고 말한다. 우리는 엑스 세대와 밀레니얼 세대 기부자들이 자기만의 방식으로 이 세 가지를 기부하는 것을 중요하게 여긴다는 사실을 안다. 하지만 차세대 기부자들에게는 이것과 더불어 네번째 자산이 있다. 그들의 동료 네트워크, 즉 각자 기부할 수 있는 자산을 가진 동료 자선가들과의 인맥이다. 따라서 이 오랜 격언에 새로운 'T'를 하나 더 추가해야 한다. 시간(time), 재능(talent), 돈(treasure), 그리고 인맥(ties).

차세대, 특히 밀레니얼 세대는 역사상 다른 어떤 세대보다 네트워크 연결성이 강하고 동료 압력을 강하게 받는다. 페이스북 세대인 그들은 '친구' 개념을 직접 만나는 사람들로 한정하지 않고 온라인으로 소통하는 전국 또는 전 세계 사람들까지 포함한다.[1] 온라인, 문자, 트위터를 통해 소통하고 옹호하고 회합하는 그들의 능력은 놀라운 결과를 낳는다. 이를 통해 선거 당선자가 결정되기도 하고, 활동가들은 월가 점령 시위(Occupy Wall Street)에서처럼 수많은 군중을 모으기도 한다. 이들 젊은 엑스 세대와 밀레니얼 세대는 네트워크 사회의 최전선에 서 있다.

한 차세대 기부자는 다음과 같이 말한다. "인맥을 잘 활용하고 인맥의 일부가 되는 것은 오늘날 아주 존경받을 만한 일로 여겨져요. 이전 세대의 경우에도 존경받을 만한 일이기는 했지만 의심의 눈초리를 받기도 했죠. 지나치게 인맥 쌓기에 몰두하는 사람은 경멸어린 시선을 받았죠. 하지만 요즘에는 당연하게 여겨져요. 인맥을 잘 활용하고 인맥의 일부로 남아 있는 사람들을 보는 문화적 시선이 바뀌었어요."

다른 기부자는 이런 문화적 변화를 사회적 변화와 연결하며 "디지털 시대를 사는 우리 세대는 모든 사람을 연결하고 움직임을 만들어내는 것의 위력을 잘 알고 있다"라고 했다. 이처럼 차세대 기부자들이 인맥에 의존하는 성향은 개인적이면서 전략적이다. 이는 그들의 개인적 성장뿐 아니라 그들이 지지하는 대의에도 도움이 된다. 이런 인맥은 그들의 임팩트를 확대한다.

거래가 아닌 변화

물론 우리 모두에게는 인맥이 있다. 우리와 연결된 사람들, 즉 걸스카우트를 위한 쿠키 판매가 되었든 다발경화증 환자를 위한 걷기 운동이 되었든 우리가 하는 일에 동참해달라고 부탁할 수 있는 사람들 말이다. 하지만 차세대에게는 이런 인맥이 더 강력하고 중요하다. 이것을 이해하기 위해 우리는 차세대가 이런 동료들과의 인맥을 자산으로 인식하고 활용하는 방법을 파악해야 한다.

먼저 이 장에서 소개할 제나 와인버그(Jenna Weinberg)를 통해 알 수 있겠지만 동료와의 관계는 차세대 기부자들의 정체성 확립에 도움을 준다.

우리는 동료와의 기부 네트워크를 통해 정체성 확립에 큰 도움을 받은 차세대 기부자를 여럿 만날 수 있었다. 다음의 기부자는 우리가 곧 제나 와 인버그에게서 듣게 될 내용과 비슷한 경험에 대해 이야기한다.

> 동료 집단 내 기부의 매력은 가족을 개입시키지 않을 수 있다는 것이다. 나는 처음으로 "내가 신경쓰는 건 무엇이고 그것에 대해 어떻게 이야기 하지?"와 같은 질문에 대해 고민했다. 실제 기부보다 그 고민과정이 더 중요했다. 우리는 함께 기부 방법에 관한 계획을 직접 세운 뒤 기준을 마련했다. 나 자신을 잘 파악하고 정확한 의사전달 방법을 배우고 경험을 쌓은 덕분에 부모님과 함께하는 자선활동에도 보다 더 준비된 자세로 참여할 수 있었다. 또한 나는 부모님에게 "저는 이 일을 해봤고 저만의 의견도 갖고 있어요"라고 당당히 말할 수 있을 만큼의 경험, 자격, 일종의 권위, 능력을 얻게 되었다.

정체성 형성 여정에 나선 이들에게 차세대 동료 집단과 기부 서클은 비슷한 기회와 도전에 직면한 사람들 속에서 소속감을 느낄 수 있는 곳이다. 한 여성은 우리와의 대화에서 "내가 나와 비슷한 사람들과의 대화를 얼마나 간절히 원했는지 미처 몰랐다"라고 말했다. 그녀는 막대한 재산과 기부 자금이 있다는 사실 때문에 고립감을 느꼈다고 한다. 최악의 경우 자랑으로, 또는 좋게 보아도 준비 부족으로 비춰질까봐 자신의 정체성, 가치, 효과적인 자선에 관한 고민을 털어놓을 곳이 없었다고 한다. 그녀는 허심탄회하게 대화할 수 있는 동료들을 만난 덕분에 기부자로서의 정체성을 형성해나갈 수 있었다. 자수성가한 한 기부자도 동료와 함께하는 기부 경험이 정체성 확립에 도움이 되었다고 말한다. "내가 하려는 일을 잘 이해하고 내가 중요시하는 가치를 잘 따를 수 있도록 곁에서 감시해줄 수 있는 사람들이 필요해요." 또다른 기부자도 여기에 동의했다. "지속적으로 동료들을 찾고, 그들과 정기적으로 대화할 수 있는 자리를 마련하고 있어요. 계속해서 제가 원하는 길을 개척해나가기 위해서죠."

정체성 형성과 개인적 지지를 위해 동료들을 이용하는 것은 차세대가 동료와 관계를 맺는 방식이 이전 세대와 다르다는 것을 보여주는 좋은 사례다. 이전 세대는 함께 자선활동을 하는 동료들을 자신의 대의를 위해 수표를 발행해줄 수 있는 지인쯤으로 여겼다. 따라서 "내가 당신을 위해 기부할 테니 당신은 나를 위해 기부해달라"는 식의 거래가 그들 세계에서는 빈번했다. 반면 차세대 기부자들은 개인적으로나 전략적으로 거래 측면보다는 변화 측면에서 그들의 인맥을 인식한다. 그들은 자신들과 비슷하게 기부 자산을 가진 동료들과의 의미 있는 관계에 목말라하고, 그 관계를 통해 개인적 친분을 쌓고 함께 배우고 성장하며 더 효과적인 기부활동을 이어나가고자 한다.

차세대 기부자들은 동료와 함께하는 기부와 배움을 통해 함께 전략을 짜고, 서로의 임팩트를 평가하고, 전문성과 열정을 한데 모아 공동의 대의를 위해 사용한다. "우리는 거대한 클럽에 소속되기 위해 이 일을 하는 게 아니에요! 차세대 인맥의 일부가 되어 소속감을 느끼기 위해서도 아니에요. 이건 평등하다는 느낌과 임팩트를 위한 것이에요. 나의 100만 달러에 당신의 10억 달러가 보태질 수 있겠지만, 우리 둘 다 같은 목표를 실현하길 원해요. 1년에 한 번 만나 회의를 하자고 이 일을 하는 게 아니에요. 장기적인 변화를 만들어내기 위해 이 일을 하는 것이죠."

이런 방식으로 동료 인맥은 차세대 기부자들이 줄 수 있다고 생각하는 또하나의 귀중한 자산이 된다. "우리는 시간, 재능, 돈과 마찬가지로 인맥도

자산이라고 생각해요. 그리고 이런 자산을 매우 조심스럽게 활용하죠. 비영리단체들은 차세대 기부자들의 인맥에서 단체가 활용할 수 있는 잠재적 기부자들이 많다고 생각해요. 그건 사실일 수 있지만 우리는 그 인맥을 사용하는 데 남다른 주의를 기울이죠."

차세대 기부자들은 인맥의 가치를 너무 무신경하게 다루지 않으려고 한다. 몇몇 기부자는 그 관계의 핵심을 돈으로 보는 등 동료들을 지나치게 거래적인 방식으로 인식하는 것을 경계했다.

우리 모두는 각자 상당한 재산이 있다는 것을 알고 있고, 이곳은 안전한 곳이어야 하기 때문에 서로에게 기부를 강요하지 않는다는 일종의 암묵적인 규칙이 있다. 그렇다. [동료 집단 내에서] 기부를 요청하면 강력한 효과를 낼 수 있지만 나는 그것이 꼭 필요한 상황이거나 다른 사람의 관심사와 일치할 때에만 그런 요청을 한다. 그때 나는 "이봐, 평소에는 이런 말 꺼내지 않겠지만 이건 너도 관심 있는 분야니까 이런 게 있다는 걸 알아두면 좋을 것 같아"라고 말한다.

하지만 이런 협업이 더 큰 목적을 위한 것이자 사회적 맥락 속에서 이루어진다는 것을 참여자들이 간과한다면 동료 인맥은 단절로 이어진다. 한 기부자는 이런 위험을 경계하며 이렇게 말했다. "요즘 우리는 같은 동네에 사는 사람들을 무시하고 전 세계 가상 네트워크에 집중하고 있어요. 그건 진보가 아니라고 생각해요."

우리의 확장된 가족과 전 세계의 인맥들을 소중히 여기는 것은 차세대만의 생각이 아니다. 혈연 집단과 부족은 태초부터 사회를 하나로 묶어주는 중요한 인맥이었다. 하지만 오늘날 차세대가 동료 인맥과 교류하고 그것에 의존하며 그것을 이용하는 방식은 이전과 사뭇 달라 보인다. 이를 제대로 활용할 경우 차세대 동료 인맥은 이 기부자들이 후원하는 비영리단체들의 판도를 바꿀 수도 있다.

제나 와인버그는 동료 인맥을 적극 활용하는 새로운 방식을 수용한다. 이제 겨우 20대 중반인 제나 와인버그는 볼티모어 유대인 커뮤니티 연합(Associated: Jewish Community Federation of Baltimore)의 지원재단인 네이선 앤드 릴리언 와인버그 재단(Nathan and Lillian Weinberg Foundation)의 보조금위원회 위원장을 맡아 형제와 사촌들을 이끌고 있다. 이 기부자조언기금은 그녀의 종조할아버지 해리 와인버그(Harry Weinberg)가 마련한 것이다. 해리 와인버그는 자신의 형제들 이름으로 여러 자선기금을 준비했는데, 네이선 앤드 릴리언 와인버그 재단은 제나 와인버그의 조부모 이름에서 따온 것이다. 제나 와인버그의 증조할아버지는 하와이에서 파인애플 사업으로 큰돈을 벌어 '호놀룰루 해리'라고 불렸으며, 자신의 유산 대부분을 미국에서 가장 큰 민간재단 중 하나인 해리 앤드 지넷 와인버그 재단(Harry and Jeanette Weinberg Foundation)에 기부해 저소득층과 취약계층 지원에 사용하도록 했다.

제나 와인버그

볼티모어에서 자라면서 금요일 저녁이면 전 세계의 다른 유대인 가정들처럼 우리 가족도 안식일 저녁식사를 함께했다. 촛불을 밝히고, 포도주 앞에서 축복기도를 암송하고, 찰라(challah, 유대인들의 전통적인 안식일 빵— 옮긴이)를 먹는 기본적인 의식 외에 우리 가족에게는 추가 의식이 더 있었다. 바로 '체다카(tzedakah, '정의justice' 또는 '의義, righteousness'를 의미하지만 종종 '자선charity'의 뜻으로도 통하는 히브리어 단어)' 의식이었다. 각자의 자리에는 25센트 동전이 하나씩 놓여 있었다. 우리는 돌아가며 그 동전을 '체다카' 상자에 넣었다. 또 한 명씩 지난 한 주를 돌아보며 각자의 '미츠바(mitzvah, 선행)'를 공유해야 했다. 나는 매주 이런 긍정적인 의식을 치렀다. 나는 내 주변 세상과 긍정적인 방식으로 교류하고, 나의 행동을 가족 앞에서 설명하고, 그것을 곱씹으며 자부심을 갖도록 훈련받았다. 나에게 자선은 단순히 돈에 관한 것이 아니라 돈과 함께 따르는 행동에 관한 것이기도 했다.

나는 오늘날 가족재단의 이사로서 창립자들이 집중했던 부분과 내가 창립자라면 집중하고 싶은 부분 사이에서 긴장감을 느낀다. 내가 물려받은 자선의 가치는 여전히 우리의 기부 결정의 기초가 되지만, 나만의 기부 철학이 쌓이면서 나라면 그런 가치를 바탕으로 부모님이나 조부모님과는 다른 방식을 택할 것이라는 생각을 하게 된다. 생존을 위해 진화와 변화를 거듭한 유대교와 마찬가지로 자선을 바라보는 우리의 시각과 기부 방식도 바뀌어야 한다고 생각한다.

내가 이 세상에 가져오고 싶은 변화는 자선

그렇다면 자선에 대한 생각, 나와 자선의 관계에 대한 생각은 어떻게 진화했을까? 나는 대학 3학년을 마친 뒤 그랜드 스트리트(Grand Street)라는 프로그램에 참가했다. 21/64가 실시하는 이 프로그램은 가족 자선에 참여중이거나 참여 예정인 차세대 유대인 기부자들에게 동료 인맥과 도구를 제공하는 역할을 한다. 이 프로그램은 내 인생을 바꾸어놓았다. 덕분에 나는 이전까지 어떻게 말을 꺼내야 할지 몰라 망설였던, 내가 물려받은 유산에 관한 질문을 부모님께 할 수 있는 용기를 얻었다.

돈뿐 아니라 내가 물려받은 모든 유산을 받아들이게 된 것은 나에게 힘을 실어준 자기탐구과정 덕분이었는데, 여기에는 그랜드 스트리트 동료들의 도움도 영향을 미쳤다. 그랜드 스트리트를 통해 나는 슬링샷(Slingshot)에 대해 알게 되었다. 슬링샷 아이디어는 그랜드 스트리트 프로그램의 초창기인 10년 전에 처음 제시되었다. 프로그램 참여자들은 그들의 부모가 후원하는 단체에 잘 공감하지 못했고, 유대인 자선에 참여할 새로운 방법을 찾고 있었다. 그 결과 일종의 맛집 안내서처럼 북아메리카 지역에서 가장 혁신적이고 영향력 있는 유대인 단체들을 모아놓은 가이드북 『슬링샷 리소스 가이드(Slingshot Resource Guide)』가 출간되었다.

얼마 지나지 않아 이 젊은 기부자 집단은 '슬링샷 펀드(Slingshot Fund)'라는 협업 기부 서클을 만들었다. 나는 대학 졸업 후 뉴욕으로 건너가 그 기부 서클에 가입했다. 슬링샷 펀드는 2, 30대 유대인 후원자로 구성되었고 구성원들은 함께 자금을 모아 더 큰 규모의 기부를 한다. 기부 대상은 가이드북에 포함된 단체로 한정한다.

나는 슬링샷 펀드 참여를 통해 유대인 혁신 후원에 관심 있는 친구들을 만나게 되었고, 내가 관심을 가질 만한 수십 개의 유대인 단체를 알게 되었으며, 유대인이자 자선가로서의 가치를 더욱 잘 이해하게 되었고, 내가 신뢰하는 단체를 지지할 수 있는 힘을 얻었다. 또한 수표를 발행하는 것이 자선이 아니라는 사실을 깨닫게 되었다. 자선은 내가 만들어내고자 하는 변화에 대해 생각하고, 내가 가진 자원을 통해 그 변화를 이루는 것이다.

슬링샷 펀드에서 2년간 활동하며 그 경험의 임팩트를 실감한 뒤 나는 자연스럽게 슬링샷 이사회 가입 권유를 받아들였다. 슬링샷 펀드는 혁신적이지만 자금난을 겪는 전국의 소규모 기관들에게 300만 달러 이상을 지원하는 것뿐 아니라 단체의 미션에 부합하는 방식으로 기부자들에게 실질적이고 의미 있는 참여 기회를 제공한다. 이런 단체의 관리, 의사 결정, 운영에 더 직접적으로 참여하는 것은 나에게 매우 중요했다.

나는 자선활동이 수표를 발행하고 본인 스스로를 대견해하는 것이 아니라고 믿었으므로 나의 다른 자원을 활용해 슬링샷에서 봉사하는 것은 나에게 맞는 일 같았다. 슬링샷 창립 대표가 새로운 경력을 쌓기 위해 5년 후 퇴직을 결정했을 때 이사회 구성원들은 나에게 임시 대표를 맡아달라고 부탁했다. 나는 단체가 성장하는 중요한 순간에 도움이 될 수 있어 기뻤다. 지금은 신임 대표가 부임해 나는 다시 이사회로 돌아왔지만 다른 이사들보다 단체에 대한 이해도가 높아져 더 많이 기여할 수 있게 되었다. 이사회 동료들의 지지는 물론 비영리단체들과 함께 일했던 경험 덕분에 금전적 자원뿐 아니라 내 기술과 인맥을 이용해 단체의 변화를 이끌어낼 수 있었던 것 같다.

동료의 힘

자선에 관한 나의 관점이 이렇게 진화한 데는 자선활동에 동참하는 동료들의 영향이 가장 컸다. 나는 협업 기부를 통해 내가 지지하는 이슈에 더 큰 기부를 할 수 있다는 것을 직접 경험했다. 내가 참여하는 두 동료 기부 집단—슬링샷 펀드와 헤크데시 : 도롯 동문 기부 서클(HEKDESH: Dorot Alumni Giving Circle)—은 내가 기부를 새로운 시각에서 볼 수 있게 도와주었다.

앞에서 언급했듯이 슬링샷 펀드는 유산 상속자들의 동료 집단이다. 재정 지원 시기마다 약 10명에서 12명이 각자 7500달러씩 돈을 모아 그 자금을 어떻게 배분할 것인지 함께 결정한다. 이전 세대의 협업 기부와는 다른 방식인데, 이전 세대는 돈을 모은 뒤 단체 운영 전문가에게 배분을 일임했다. 슬링샷 모델의 장점은 동료의 전략적 시각이 나의 결정에 영향을 미치고, 우리가 조사하는 단체에 대해 동료들의 의견을 구할 수 있다는 것이다. 믿음직한 동료가 제공하는 솔직한 피드백보다 귀한 것은 없다.

이런 집단 기부의 미덕은 동료와 내가 서로 질문하고 정보를 교환하며 어떤 단체를 새로운 시각에서 보게 된다는 것이다. 때로는 동료가 제공한 의견 때문에 어떤 보조금 신청서에 대한 생각이 완전히 달라질 때도 있다. 또는 전화 통화보다 방문을 통해 훨씬 더 많은 것을 알 수 있으므로 직접 해당 단체에 다녀온 동료가 전해주는 이야기가 매우 의미 있게 활용되기도 한다. 함께 철저히 조사를 진행하거나 같이 현장 방문을 하는 것 역시 기부에 대한 전반적인 사고에 깊이를 더해준다. 동료들과 대화를 나눈 뒤에는 항상 단체 운영과 변화의 작동 방식에 대해 좀더 수준 높은 견해를 갖게 된다.

또한 협업 기부는 이제 큰돈을 벌기 시작해 앞으로 평생 기부를 이어나갈 새로운 사람들을 만날 수 있는 기회를 제공한다. 자선활동의 여정에 첫발을 내디딘 사람들과 가까워지고 그들의 우선순위와 관심사가 진화하는 것을 곁에서 지켜봄으로써 향후 그들과 파트너 관계를 좀더 쉽게 맺을 뿐 아니라 그들을 통해 나의 기부 여정을 돌아볼 수 있게 된다.

레버리지 효과

내가 참여하는 두번째 기부 서클은 헤크데시라고 불린다. 헤크데시 (HEKDESH)라는 이름은 히브리어 헤크데시(hekdesh)에서 유래했는데, 이 단어의 어원인 카도시(kadosh)는 '신성한(holy)'을 의미한다. 중세부터 오늘날에 이르기까지 이스라엘에서 헤크데시는 전통적 자선 기부에 이용되는 공공기금을 의미한다.

헤크데시 기부 서클은 이스라엘 도롯 펠로십(Dorot Fellowship)의 졸업생이나 졸업생의 배우자/파트너로 구성되어 있다. 이것은 정서 지능에 기반한 리더십 개발 및 사회 변화에 앞장서는 인재 양성에 초점을 맞춘 프로그램이다. 2016년 기부 시기에 약 80명에 달하는 헤크데시 회원들은 각자 최소 180달러씩 기부해 총 2만 달러 이상의 기금을 마련했다. 헤크데시는 설립 이래 전 세계 취약계층을 위해 8만 달러 이상을 지원했다.

내가 생각하는 헤크데시의 장점은 내 동료들이 다양한 수준의 기부에 참여할 수 있다는 것이다. 또한 내가 정말 신뢰하는 단체들을 위해 더 많은 후원금을 제공할 수도 있다. 예컨대 2016년 기부 시기에 내가 후보로 지명한 단체 중 하나가 헤크데시 후원단체로 최종 선정되었다. 따라서 내가 낸 180달러의 기부금은 4000달러로 늘어나 그 단체에 지급되었다. 나는 그 단체의 대표가 이곳을 방문했을 때 헤크데시 회원 열 명을 초대해 그 단체에 대해 더 많이 배우고, 더 깊은 관계를 맺을 수 있는 기회를 제공했다.

헤크데시 회원들의 자선활동과 관련된 우선순위가 나와 매우 비슷하다는 것을 발견했다. 그들은 내가 가장 중요시하는 이슈, 즉 이스라엘과 전 세계의 사회정의 및 인권에 기부하고자 한다. 나와 마찬가지로 그들은 유대인의 시선으로 그 같은 이슈들을 해결하는 것이 중요하다고 생각한다. 헤크데시는 매년 한 번 기금을 배분하고 규정상 501(c)(3) 단체에만 보조금을 지급하고 있는데, 최근 이사회는 긴급 자금 지원이 필요한 상황에 대한 논의를 이어나가고 있다. 예컨대 우리 단체는 '흑인의 목숨도 소중하다' 운동 초기에 이 운동을 후원할 수 있는 방법을 파악할 시스템이 없었고, 어떤 비영리단체를 후원해야 현장 활동가들에게 가장 직접적으로 도움이 될 수 있는지도 알 수 없었다. 하지만 그 운동을 개인적·금전적으로, 또는 다른 어떤 식으로든 도울 수 있는 방법을 논의할 동료들이 곁에 있다는 것은 엄청난 힘이 되었다.

내 목소리 찾기

나는 이런 기부 서클들을 통해 내 관심사에 대해 어떻게 말하고 싶은지, 내가 걱정하는 문제를 어떻게 조사할 것인지, 진정한 변화는 어떻게 찾아올 것인지에 관해 고민하게 되었다. 때로는 이런 과정이 실제로 돈을 기부하는 것보다 더 중요한 것이 아닐까 생각되기도 한다.

동료들과의 기부과정을 통해 내 목소리를 찾은 덕분에 가족들과의 기부활동에도 준비된 상태로 임할 수 있었다. 나는 내가 걱정하는 이슈를 정확히 전달하고 옹호하는 것부터 타협을 하는 것에 이르기까지 동료들과의 협업을 통해 다양한 기술을 익혔고, 따라서 부모님, 형제, 사촌들과의 기부 결정도 훨씬 효율적으로 진행할 수 있게 되었다. 또한 내 경험 덕분에 이제 나는 보조금 배분과정 전문가로서 가족 내에서 능력과 권위를 인정받게 되었다.

내가 그랜드 스트리트에서 어떻게 질문해야 하는지를 배운 결과 부모님, 고모들, 삼촌들은 나와 내 형제들, 사촌들에게 우리 가족재단 중 한 곳—조부모님의 이름을 딴 재단이자 볼티모어 유대인 커뮤니티 연합의 지원재단—의 자금 배분을 일임했다. 이 기회를 통해 나는 기부 서클에서 배운 도구들을 활용해 가족과 함께 재정 지원 결정과 자원 배분을 진행할 수 있었다.

다른 상속자들은 "당장은 돈을 벌면서 경력을 쌓고 자선활동은 나중에 할 거야"라고 말하는 경향이 있다. 하지만 나는 학교를 졸업한 뒤 직장생활을 시작하고 가정을 꾸리느라 바쁜 지금도 자선활동에 많은 관심을 갖고 있다. 그 덕분에 내 형제들과 사촌들도 시간을 할애해 지금 당장 자선활동에 동참하고 있다. 솔직히 말해서 그것은 우리가 완전히 다른 차원에서 서로를 알아가는 놀라운 과정이다. 우리는 늘 가까웠지만 이전까지 우리에게 가장 중요한 문제가 무엇인지 이야기를 나눌 기회가 없었기 때문이다.

자선활동은 우리 세대의 가족 구성원들에게 우리가 무엇을 중요시하는지 탐구하는 동시에 서로를 더 잘 알아갈 수 있는 새로운 플랫폼을 제공한다. 예컨대 우리는 가족재단 규정에 따라 유대인 관련 단체에 기부해야 했다. 하지만 내 형제들과 사촌들은 유대인에 대한 기부가 우리의 관심사와 일치하지 않는다고 생각했다. 따라서 우리 재단의 조언자는 모두에게 『슬링샷 리소스 가이드』를 나누어준 뒤 각자 가장 마음에 드는 단체 다섯 곳을 고르게 했다. 그런 다음 선택한 단체들의 목록을 확인했다. 이를 통해 우리가 각자 무엇을 가장 걱정하고, 그 내용이 어떻게 우리 재단의 기부 방식과 부합하는지 더 깊이 이해할 수 있었다. 덕분에 우리가 함께하는 유대인에 대한 기부는 좀더 순조롭게, 우리 모두에게 의미 있는 방식으로 진행되고 있다.

우리 가족의 자선재단은 물론 기금 배분을 위해 존재하지만 우리 모두를 위한 훈련소이자 서로를 알아가고 협업을 배우는 장소이기도 하다. 그런 면에서 나는 내 형제들과 사촌들과의 협업과정이 내가 동료 기부 서클에서 경험했던 협업과 비슷하다고 생각한다. 나는 슬링샷 펀드와 헤크데시에서 동료들과 함께 일한 경험 덕분에 더욱 준비된 자세로 또다른 자선활동을 이어나갈 수 있었다. 이제 나는 형제들, 사촌들과 함께 일한 경험을 바탕으로 향후 가족 차원이든 개인 차원이든 그 어떤 기부라도 더욱 준비된 자세로 임할 수 있을 것이다.

제나 와인버그의 이야기는 차세대 기부자들에게 인맥이 중요한 이유를 잘 보여준다. 자선가로서의 정체성 확립에 도움을 주었던 차세대 기부자 인맥에서부터 그녀가 더 배우고 성장하고 전략적인 기부자가 될 수 있도록 다른 회원들에게 도움을 받은 기부 서클에 이르기까지 말이다.

배움의 격차 해소

차세대 기부자들은 자신이 후원하는 단체에 하나의 자원으로 동료들을 소개할 뿐 아니라 스스로 더 나은 기부자가 되기 위해 이런 인맥을 매우 소중히 여긴다. 차세대 기부자들은 동료와의 교류를 통해 시간, 재능, 돈과 같은 자원을 더 효율적으로 사용하는 법을 배운다. 우리와 대화를 나눈 많은 기부자는 (5장에서 소개한 것처럼) 유익한 체험 학습 기회가 없을 경우 효과적인 기부자가 되기 위한 배움의 주요 원천으로 동료들을 꼽았다.[2]

자선교육이 부족하다고 아쉬워하는 차세대 기부자들은 동료들을 통해 직접 기부활동을 경험하면서 배움의 격차를 해소할 수 있다고 생각한다. 많은 상속자는 가족재단에 초대받아 자선활동과 기부활동에 대해 배울 수 있는 기회를 기다리고 있다. 하지만 많은 경우 이런 일이 진행되려면 시간이 오래 걸린다. 자수성가한 사람들도 어떤 프로젝트에 참여하고 기부할지 결정하면서 인터넷을 검색하거나 자선 인프라와 리소스 그룹 (resource group)의 자료를 살펴야 한다. 두 형태의 기부자 모두 차세대 네트워크나 동료 기부 서클을 통해 지식과 노하우를 얻을 수 있다. 한 기부자는 자선 동료 집단을 만나기 전까지 자신이 얼마나 도움에 목말라했는지 다음과 같이 설명한다.

서른한 살에 처음 자선활동에 참여하면서 나는 "내가 뭘 하고 있는 거지?"라는 생각이 들었다. 나는 부모님 그늘 아래에서 살고 싶지 않다. 발언권을 얻고 싶고 강력한 방식으로 이 기회를 이용하고 싶다. 나와 비슷한 처지의 사람들을 만나고 싶었고 배우고 싶었다. 내가 존경할 만한 방식으로 이 일을 하는 사람과 그렇지 못한 방식으로 이 일을 하는 사람을 모두 만나 그 차이를 확인하고 싶었다. 내가 교훈을 얻을 수 있는 사람들로 구성된 공동체를 내 주변에 만들고 싶었다. 어떤 비영리단체가 진정한 변화를 만들어내고 있을까? 나는 이전까지 동료들을 만날 수 있는 기회가 없었으므로 얼마나 많은 가족이 나보다 몇 년, 심지어 몇 세대씩이나 앞서 있고 거기에서 내가 얼마나 많이 배울 수 있는지 미처 알지 못했다. 어떤 가족들은 내가 차용할 만한 자선 방식을 개발한 상태였다. 어떤 가족들은 내가 피하고 싶은 실수를 겪은 뒤였다. 또 어떤 가족들은 어떤 것이 효과적이고 어떤 것이 효과적이지 않은지 정보를 공유할 수 있었다. 나는 그렇게 얻은 '교훈' 중 일부를 나의 기부와 우리 가족 재단 운영에 적용할 수 있었다.

한 유색인 차세대 기부자도 비슷한 어려움에 대해 털어놓았지만 그는 아직 배움의 격차를 해소해줄 동료 집단을 찾지 못했다. "[유색인] 가족들의 기부에 관해서는 알려진 바가 거의 없어요. 우리가 완전히 진공에서 혁신을 끌어내야 하는 상태가 되지 않으려면, 유색인들이 활용할 만한 특별한 지식이 있는지 파악해야 하죠." 이 기부자의 발언을 통해 깊이 공감할 수 있는 동료와의 만남과 공유 학습의 필요성이 잘 드러난다.

차세대 기부자들이 동료로부터 배우는 것은 어떻게 하면 더 나은 기부자가 될 수 있는지에 대한 일반적인 감각만이 아니다. 제나 와인버그가 지적한 것처럼 그들은 잠재적인 후원단체나 기부 분야에 관한 구체적인 정보도 얻고자 한다. 사실 차세대 기부자들은 가족이나 재단 내의 기성세대보다 동료들의 전략적 분석을 더 신뢰한다. 그것이 자신의 경험이 아니라 할지라도 그들은 비영리단체와의 진실되고 직접적인 경험을 신뢰한다. 따라서 그들은 지식 확장을 위해 현장에 직접 뛰어드는 동료들과의 인맥을 유지하려고 한다. 이런 동료 집단 내의 실용적인 공유와 배움 때문에 차세대 기부자들은 그들의 인맥을 자선을 위한 소중한 자산으로 여긴다.

약간의 영감

때때로 동료 기부자 인맥의 가치 개념은 생각보다 그렇게 복잡하지 않다. 차세대 기부자들에게 진짜 필요한 것은 약간의 방향 제시, 약간의 영감 뿐일 때가 있다. 한 기부자는 본인 가족의 금융기관이 만든 단체에서 다른 차세대 기부자들을 처음 만난 경험을 다음과 같이 설명했다.

차세대 프로그램 참여는 내게 커다란 영감을 주었다. 생각했던 것만큼 내가 혼자가 아닐 수도 있겠다고, 위험 감수를 고려해볼 만한 일이 있을 수도 있겠다고 생각했다. 나의 이해도도 높일 수 있었다. 하지만 내가 생각할 때 가장 큰 수확은 그 과정을 통해―그런 결정을 내리고, 정체성을 확립하고, 또 용감하고 열정적으로 그런 일을 해나가는 동료들을 지켜보고, 그들의 목소리를 듣는 과정을 통해―내가 힘을 얻었다는 것이다. 그것이 내 의욕을 북돋아주었다.

다른 차세대 기부자들도 이와 비슷하게 동료 롤모델로부터 에너지와 영감을 받는 것의 효과에 대해 말했다. 한 기부자는 "더 열심히, 더 치열하게 생각해야 한다는 자극을 받았다"라고 말했다. 또다른 사람은 이렇게 말했다. "동료 집단을 통해 강력한 추진력을 얻을 수 있어요. 좀더 자선적인 사람이 되고 싶은 바람이 있다면 자선가들과 어울리는 게 답이죠."

차세대 상속자들의 경우, 특히 가족의 전통적인 보조금 배분 방식을 고분고분 따르던 사람들의 경우 동료 기부 네트워크를 통해 배운 혁신적인 아이디어가—그리고 그 아이디어를 통한 성과가—특히 더 고무적일 수 있다. 가족재단에서 일하는 한 차세대 여성 기부자는 다음과 같이 말한다.

> 내가 하는 대부분의 일은 거대한 가족재단의 맥락 속에서 좀더 전통적인 방식으로 진행되기 때문에 다른 사람들에게서 들은 탄자니아와 혁신적인 소액 금융 모델에 관한 이야기는 놀라웠다. 동료 압력처럼 느껴지지만 그것은 영감을 주는 종류의 동료 압력이다. 한 동료가 그가 주도하고 있는 아주 대단한 모델을 통해 지난 8개월간 탄자니아에 머물면서 어느 정도의 성과를 올렸다고 말하는 것을 들은 뒤 나도 당장 나가서 뭔가 해야 할 텐데라는 생각과 함께 마음이 조급해진다. 나는 다른 사람들로부터 배우지만 그 핵심은 이토록 젊은 사람들이 하고 있는 놀라운 일들을 통해 얻는 영감이다.

심지어 일부 기부자는 돈이 많은 친구들이 동료 집단을 통해 영감을 얻을 수 있는 기회가 없어 기부를 덜 하는 것을 아쉽게 생각한다. 동료 집단 내에서 다른 사람들을 지켜보며 행동이 변하는 경우를 직접 목격했기 때문이다. 한 명은 일부 기술업계 사람들이 "막대한 재산을 벌어들이고 있음"에도 불구하고 "충분히 의미 있는 기여를 하지 않거나 먼저 억만장자가 된 다음에 고액 기부자가 되겠다는 마음을 품고 있다"며 불평했다. 이에 반해 그는 동료와의 기부과정에 실제로 참여한 사업가들은 더 많은 돈을 더 열심히 기부하는 사람으로 변했다고 전했다. "동료 집단 내의 많은 사람이 더 적극적으로 이사회에 참석하거나 보조금 배분 작업을 진지하게 받아들이며 후원단체들과 교류하는 것을 보면 너무 기뻐요."

이처럼 영감을 주는 동료 압력은 차세대 기부자들이 동료 인맥을 매우 귀한 자선적 자산이라고 주장하는 가장 큰 이유일 것이다. 그들은 자신의 시간과 재능, 돈을 기부할 수 있을 뿐 아니라 다른 동료들에게 영감을 불어넣어 그 일에 동참하게 만들 수도 있다.

동료 기부는 전략적 기부

3장에서 차세대 기부자들이 기부 전략의 가장 중요한 다섯 가지 요소 중 하나로 '다른 사람에게 어떤 대의나 단체를 추천한다'를 꼽은 사실을 확인했다. 이는 차세대 기부자들이 서로의 추천을 얼마나 신뢰하는지를 보여준다. 동시에 차세대가 동료와 추천 내용을 공유하는 것을—또한 함께 결정하고 협업 기부를 하는 것을—더 전략적인 기부로 여긴다는 사실을 알 수 있다.

한 기부 서클의 오랜 회원은 혼자서 하는 결정보다 동료와 함께하는 기부 결정이 더 전략적인 이유를 설명했다. "20명이 함께하는 기부는 훨씬 더 나을 수밖에 없어요. 회의에서는 매우 전략적이어야 하죠. 달리 방법이 없어요. 어떤 단체에 보조금을 지급하고 싶은지, 파일에 있는 다른 단체가 아니라 왜 꼭 그 단체여야 하는지 객관적으로 설명해야 해요. 공동체적이고 대화적인 측면 때문에 혼자 기부할 때는 하지 않을 준비까지

하게 되죠."

공동 자금, 공동 인적 자원, 공동 참여가 포함된 기부 서클은 협업 기부가 전략 기부일 수밖에 없는 다른 예를 보여준다. 구성원들은 함께 제안서를 읽고 현장을 방문한다. 그들은 그들의 공동 자금이 한 단체가 아니라 어떤 이슈 또는 시스템에 가장 큰 임팩트를 줄 수 있는 방법을 함께 분석한다. 간단히 말해 그들은 인맥을 이용해 그들의 돈뿐 아니라 시간과 재능을 한 덩어리로 만든다. 이처럼 혁신적인 동료 기부과정의 좋은 사례는 매버릭 컬렉티브(Maverick Collective)다. 이는 비영리단체 파퓰레이션 서비스 인터내셔널(Population Services International)이 시작한 이니셔티브로 극심한 빈곤을 종식하고자 하는 열정적인 차세대 여성들의 동료 집단을 위해 창설되었다. 매버릭 컬렉티브는 차세대 여성들의 돈뿐 아니라 전문성과 기술, 재능을 한데 모아 각 자선단체의 사업이 성공할 수 있게 돕는다.

이 장의 내용이 의미하는 바는?

기부 역사 전반에 걸쳐 기부자들은 다른 기부자들의 영향을 받아왔다.[3] 하지만 차세대 기부자들은 동료 압력을 이전 세대의 고액 기부자들의 맞교환 방식과는 다른 수준으로 도약시킨다. 엑스 세대와 밀레니얼 세대의 경우 동료들은 어디에 또는 얼마를 기부할 것인지뿐 아니라 어떻게 그리고 얼마나 효과적으로 기부할 것인지에 영향을 미친다. 동료들은 배움, 영감, 전략적 조언의 주된 원천이고, 일부 기부자는 혼자보다 동료와 함께하는 기부를 선호한다.

어떤 사람은 소셜 네트워크 또는 상품 리뷰 시대의 도래와 함께 차세대 기부자들이 삶의 모든 면에서 동료의 의견을 구하게 되었으며, 보조금 배분도 그와 비슷한 맥락이라고 말한다. 하지만 이 기부자들은 배움의 기회가 부족한 자선 분야에 나름대로 대응하고 있는 것이기도 하다.[4] 후원자가 되기 위한 로드맵 같은 것은 없으며, 대다수 기부자들은 그들이 원하고 그들에게 필요한 도움을 어디서 찾아야 할지 모른다. 기부자들을 돕는 인프라 집단들이 있지만 많은 차세대 기부자는 그 기관들이 베이비붐 세대와 기성세대 기부자들을 지원하는 데 적합하다고 생각한다. 차세대는 이런 인프라 집단 내에서 자신들을 위한 자리를 찾지 못하고 있으며, 따라서 동료 인맥과 교육 수단을 스스로 찾거나 만들어내려는 노력에 더 집중한다. 마찬가지로 이런 단체들은 회원 명단에 차세대 기부자가 몇 명 되지 않는 것을 보면서 어떻게 차세대에게 어필해야 할지 몰라 걱정한다.

이 분야의 일부 단체는—우리 단체를 포함해—이런 요구를 충족시키기 위해 노력해왔지만 우리는 전체 수요 중 일부만을 다루고 있다. 21/64는 차세대 기부자 리트리트 및 트레이닝(Next Gen Donor Retreats and Training) 시리즈 같은 교육 프로그램, 그랜드 스트리트와 라이프 포 체인지(Ripe for Change) 같은 동료 학습 네트워크, 나탄(Natan)과 슬링샷 같은 기부 서클, 신규 및 차세대 기부자와 그들을 돕는 가족, 조언자를 위한 여러 자원 등을 개발해왔다. 도러시 A. 존슨 필란트로피 센터는 보조금 배분 훈련과정을 제공하고, 온라인 포털 런필란트로피(LearnPhilanthropy)를 통해 학습 자료를 제공한다. 기부, 보조금 배분, 프로그램 개발과 관련된 몇몇 대학원 학위와 자격증이 있고, 여러 단체에서 제공하는 기부자 교육 자료도 있다.[5] 하지만 훨씬 많은 것이 필요하다.

21/64에서 차세대 동료 집단과 기부 서클을 운영한 결과 우리는 동료 기부의 장단점을 모두 확인할 수 있었으며, 그 내용은 이 장에서 인용한 차세대의 발언들과 상당 부분 일치했다. 일부 차세대 기부자는 거래 기부

라는 생각을 떨쳐버리지 못하고 결국 상대방이 가장 좋아하는 단체에 보조금을 지급하는 데 동의했다. 하지만 우리가 발견한 바에 따르면 차세대 기부자들은 대체로 협업 기부를 통해 경험과 교훈을 얻었다. 또한 그럴 때마다 그들의 개인적인 보조금의 규모는 점점 더 커지고 질이 높아졌는데, 자신이 어떤 이슈를 어떤 식으로 후원하고 싶은지 파악한 덕분이었다. 한 집단 내의 협업 기부 역시 공동 보조금 배분을 가능하게 한 '집단지성'으로 인해 더 전략적으로 발전했다.[6]

이처럼 명확한 수요 충족을 위해 차세대 동료 집단 만들기를 고민하는 일부 비영리단체들의 경우 기성세대 기부자들이나 고객들은 현 체제로도 문제없는 상황에서 새로운 참여 도구를 마련하는 노력이 버겁게 느껴질 수 있다. 하지만 베이비붐 세대―현재 비영리단체에서 지도자 역할을 하고 있는 세대―도 지금의 지도자 자리에 오르기 전에 최소 10년은 위원회에서 활동한 경우가 많다. 마찬가지로 차세대 동료 집단은 비교적 젊은 기부자들에게 동료와 함께 그들의 자선적 정체성을 키워나갈 기회를 제공한다. 또한 더 나은 기부를 위한 전략을 갈망하면서도 이따금 본인이 다 안다고 착각하는 오만을 견제하는 역할도 한다. 비영리단체들이 많은 기부자에게 그들 단체 내에서 함께 배우고 성장할 수 있는 기회를 제공한다면 오랫동안 충실한 자선가로 남을 많은 새로운 기부자를 얻게 될 것이다.

한편, 비영리단체들은 차세대 기부자들과 그들의 인맥을 열매를 떨어뜨리기 위해 계속 흔들어야 하는 나무처럼 취급하지 않도록 주의해야 한다. 비영리단체 전문가들은 이제 애달픈 호소만으로 임팩트 세대를 자극할 수 없다. 차세대 기부자들은 동료들에게서도 전략적인 조언을 원한다. 따라서 이사회, 개발위원회, 동료 기반의 모금팀에 의존하는 비영리단체들은 담당 직원들을 새로운 정보로 무장하게 해야 한다. 임팩트 혁명 속에서 차세대 기부자들은 동료를 포함해 그들에게 접근하는 모든 사람이 어떤 단체가 임팩트를 만들어내는 방식에 관해 분석하기를 기대한다. 비영리단체들은 해당 단체의 미션과 임팩트에 진심으로 공감하는 차세대 기부자들을 발굴해야만 더 많은 엑스 세대와 밀레니얼 세대 기부자 유치에 성공할 수 있을 것이다.

* * *

우리는 이 책을 통해 차세대 기부자들이 역사상 가장 큰 기부자이자 가장 주목할 만한 기부자 집단이 될 것이라고 주장해왔다. 그들은 유례없이 막대한 자산을 보유한 동시에 기부를 통한 임팩트의 극대화를 꾀하기 때문이다. 하지만 차세대 기부자들은 자신들이 역사상 가장 주목할 만한 기부자들이 된다고 할 때 그것은 단순히 그들이 더 많은 돈을 기부하거나 더 효율적인 기부를 하기 때문만은 아닐 것이라고 말한다. 왜냐하면 그들이 협업 기부를 통해 자선 분야에 혁명을 일으키고 있기 때문이다. 역사상 가장 잘 연결되어 있고 인맥 활용 능력이 뛰어난 세대임을 감안할 때, 그들이 함께 기부하고 배움으로써 얼마나 많은 좋은 일이 생길 수 있을지 생각하면 정말 흥분된다.

매버릭 컬렉티브의 창립 회원이자 이 책 후반부에서 소개할 세라 오제이도 이런 흥분을 느낀다.

게이츠 가문이 자선적 기부를 통해 강도 귀족(Robber Baron, 19세기 미국에서 과점 및 불공정 관행으로 각 산업을 지배해 막대한 부를 축적한 사업가와 은행가―옮긴이)을 능가한 것과 마찬가지로 이 차세대가 우리만의 기부 방식으로 게이츠 재단을 능가할 것이라고 믿는다. 하지만 그런 일이 일어나려면 사람들은 그들이 홀로 연단 위에 서 있다고 느끼지 않아야 한다고 생각한다. 우리는 그곳에 함께 서서 다른 사람들과 생각이나 혁신을 공유해야 하며 환경, 동물 복지, 인권 등을 위해 싸울 것을 다짐하고 함께 목소리를 높이며 협력함으로써 변화를 만들어야 한다.

과거를 존중하는
혁명가들

8장

가치가 매끄럽게 연결된 삶

1, 2부에서는 차세대 기부자들이 임팩트와 혁신을 우선시하고, 전략을 재정비하고, 그들의 모든 자산—시간, 재능, 돈, 인맥—을 '올인'함으로써 어떻게 자선을 혁명하고자 하는지 집중적으로 살펴보았다. 우리는 그들이 어떻게 기부하느냐를 바꾸고 싶을 뿐, 어떤 대의나 이슈를 지지하는지는 이전의 주요 기부자들과 크게 다르지 않다는 것을 확인했다.

3부에서는 차세대 기부자들이 왜 기부를 하는지, 그들은 누구이며 그들을 움직이게 하는 것은 무엇인지에 대해 알아본다.

가치 vs. 가치 있다고 여겨지는 것

대중문화를 살펴보면 부유한 밀레니얼 세대와 엑스 세대는 '자기중심적'이거나 '특권의식'에 젖어 있다고 묘사되는 것을 확인할 수 있다. '인스타그램의 부잣집 아이들'의 타락에 관한 이야기는 다들 한 번씩 접해보았을 것이다. 하지만 존 R. 시델 3세와 저스틴 록펠러 같은 차세대 기부자들의 이야기—이 장에서 소개할 예정이다—를 들어보면 아마 생각이 달라질 것이다.

도합 40년간 이 분야에서 일해온 우리 두 저자는 대부분의 차세대 기부자들이 가치 있다고 여겨지는 것(valuable)이 아니라 가치(value)에 의해 움직인다는 사실을 발견했다. 그들의 재산이나 특권과는 무관하게 그들의 자선활동은 인정 욕구처럼 덜 고귀한 충동이 아니라 그들이 진심으로 신뢰하고 관심을 두는 것에 따라 결정되었다.

이 책을 쓰기 위한 연구에서도 우리의 경험과 추측이 사실임이 확인되었다. 스물한 살에서 마흔 살의 주요 기부자들을 대상으로 자선활동에 참여하는 다양한 이유에 관한 중요도를 조사했을 때 '내가 신뢰하고 나의 개인적 가치와 일치하는 미션이나 대의를 후원하는 것'이 23개 항목 중 1위를 차지했다. 거의 모든 차세대 기부자가 기부의 이유 중 이 항목을 '매우 중요함'으로 체크했다. 2위는 '특권층으로서 사회 환원의 의무를 다하는 것'이 차지했으며 이 역시 그들이 지닌 가치지향성을 유사하게 반영한다. 마찬가지로 '불우 이웃과 사회적 약자를 돕는 것'도 높은 순위를 차지했다. 그렇다면 낮은 점수를 받은 항목은 무엇일까? '진정한 인정이나 감사를 받는 것', '사교행사에 참여할 기회를 얻는 것', '실속 있는 혜택(이를테면 이벤트 티켓)을 얻는 것' 등이 차지했다.

심층 인터뷰를 통해 이런 데이터에 대한 다각적 해석이 가능해졌다. 차세대 기부자들은 부에 수반되는 도덕적 책임과 가치에 기반한 행동에 관해 많은 이야기를 했다. "당신의 삶은 편안할 수 있겠지만 세상에는 도움이 필요한 사람이 많고 당신에게는 그들을 도울 힘이 있어요. 그건 특권이고, 그런 특권에는 책임이 따르죠." 이 차세대 기부자는 "그래, 우리 가족은 돈이 많고 운이 좋지만 넌 절대 그걸 뽐내서는 안 돼"라는 말을 들으며 자랐다고 한다. 우리가 인터뷰한 자수성가한 한 기부자 역시 가치 있다고 여겨지는 것보다는 가치가 더 중요하다고 강조했다.

내 돈을 기부한다고 해서 나에게 아쉬운 부분이 있거나 내 생활이 불편해지지는 않는다. 나는 매우 안락한 삶을 살고 있고 수입의 50퍼센트를 기부한다. 나와 같은 일을 할 수 있는 사람들이 더 있다는 것을 알고 있다. 나는 기술업계 동료들에게 기부 참여를 권할 수 있는 특별한 위치에 있다. 부자도 많고 훌륭한 가치를 지닌 사람도 많기에 기부할 여지가 더 많다고 생각한다. 나는 이것이 좋은 기회라고 생각하지만 딱히 다른 사람들에게 강요하는 것은 아니다. 사람들에게 자신이 원하는 바를 파악할 기회를 주고 장애물을 제거해주기만 한다면―또는 옆구리를 슬쩍 찔러주기만 한다면―큰 변화가 생길 것이라고 생각한다.

차세대 기부자들이 자신의 부와 관련해 느끼는 책임감은 단순히 과시를 피해야 한다는 책임감이 아니다. 그것은 선행에 동기를 부여하는 욕구다. "자선활동은 중요해요. 그건 당신이 세상과 교류하는 한 방식이죠. 공동체의 책임감 있는 구성원이 되는 것의 일부분이에요. 어른이 되는 것의 일부분이기도 하고요." 이처럼 가치에 따라 움직이고 삶의 모든 선택에서 가치를 따르는 놀라운 모습은 차세대 기부자들에게서 두드러진다.

가치의 기원과 근원

어떤 가치를 드러내기 위한 기부는 특권층의 의무감으로 인한 기부와 마찬가지로 많은 기성세대 주요 기부자에게서도 발견되는 공통된 동기다.[1]

사실 대다수 차세대 기부자는 부모나 조부모에게서 기부의 가치를 배웠다고 말한다. 우리는 재산을 상속받은 사람은 물론 젊은 기술업계 종사자, 혁신적인 사업가 등 자수성가한 사람들에게서 공통적으로 이런 이야기를 들었다.

한 자수성가한 기부자는 이렇게 말한다. "우리 부모님은 저와 제 아내에게 사회 환원의 중요성을 알려주었어요. 공동체에 기부하고, 다른 사람을 생각하고, 우리를 둘러싼 세계를 생각하고, 선행의 주도 세력이 되는 일의 가치 말이죠." 다른 기부자는 본인 가족의 강력한 가치를 드러낸다. "많이 가진 사람은 많이 기부해야 한다는 생각이 우리 머릿속에 깊이 새겨져 있어요. 가진 것이 있다면 반드시 돌려줘야죠." 다른 한 기부자는 자신의 자선적 가치가 어디에서 비롯되었는지는 의심의 여지가 없다고 말한다. "이 일을 해야 한다는 책임감과 의무감은 두말할 것도 없이 제 부모님과 저의 어린 시절 경험에서 시작됐죠. 부모님은 제가 어릴 때 이사회에서 활동했어요. 제가 말을 배우기 전부터 기부활동을 했고요. 그건 우리 가족이 늘 하던 일이에요."

골드만삭스의 부사장 미셸 폴랙(Michele Pollack)은 홀로코스트에서 살아남은 조부모의 경험 때문에 비영리단체 셀프헬프(Selfhelp)의 후원자이자 자원봉사자 대표로 활동하게 되었다고 최근 언론 프로필에 밝혔다. 셀프헬프는 미셸 폴랙이 그의 할머니 '버디(Buddy)'에게서 배운 결단력, 투지, 존엄과 같은 가치를 구체화하는 방식으로 뉴욕 취약계층과 노년층에게 공동체 기반의 다양한 서비스를 제공하는 단체다.[2]

종일 소셜 미디어 공습에 노출된 정보화 시대의 아이들임에도 불구하고, 또한 자선 분야의 임팩트 혁명에 대한 남다른 열정에도 불구하고 차세대 기부자들은 가치체계의 근원에 대해서는 보통 가족의 선례를 따른다.

그들은 어떻게 기부하느냐에 대해서는 기성세대와 의견 충돌이 있지만 왜 기부하느냐에 대해서는 그렇지 않다. 부모와 조부모로부터 그 이유를 배웠기 때문이다. 사실 우리가 인터뷰한 차세대 기부자 중 89.4퍼센트는 부모의 영향을 받았다고 응답했고 62.6퍼센트는 조부모의 영향을 받았다고 응답했다. 이처럼 가족 내에서 일어나는 자선적 가치의 전달은 종종 매우 놀라운 가족 이야기와 밀접하게 연관되어 있다. 자선적 가치가 중심에 자리하고 있는 고전적인 미국식 성공담을 차세대 기부자에게 직접 들어보자.

우리는 종조할아버지가 열다섯 살 나이에 혈혈단신 미국으로 건너오면서 챙겨온 편지를 갖고 있다. 그 내용은 이러하다. "네가 운이 좋아 새로운 나라에서 큰돈을 벌게 된다면, 거기에는 책임이 따른다는 것과 사회 환원을 통해 공동체의 일원이 되어야 한다는 것을 늘 기억하거라." 이것은 일종의 도덕적 맥락을 일깨워주는 편지다. 너의 돈이 아니라 네가 관리하는 돈일 뿐이고, 그것을 사회에 돌려주는 것은 너의 영적·도덕적 의무라고 말이다.

존 R. 시델 3세도 환경 지속 가능성에 대한 남다른 헌신을 비롯해 많은 가치를 가족으로부터 물려받았다고 느낀다. 존 R. 시델 3세는 CNN—세계 최초 24시간 생방송 글로벌 뉴스 네트워크—과 더 평화롭고 번영하고 공정한 세상을 만들기 위해 10억 달러의 기금으로 설립한 유엔재단의 창립자 테드 터너의 손자다. 다음 내용에서 존 R. 시델 3세는 부모와 조부모에게서 배운 가치로부터 자신이 어떤 영감을 받는지, 어떻게 그들이 말과 행동을 통해 그 교훈을 증명했는지 들려준다.

존 러더퍼드 시델 3세

나는 애틀랜타에서 나고 자랐고 두 명문가, 터너 가문과 시델 가문의 피를 물려받았다. 사람들은 터너 가문을 더 잘 알고 그쪽에 주목하는 경향이 있는데, 그것은 할아버지가 테드 터너이고 내가 자랄 당시 할아버지가 우리 할머니 제인 폰다(Jane Fonda)와 결혼했기 때문일 것이다.[3] 할머니는 나와 혈연관계는 아니지만 내가 태어날 당시 응급실에 있었고, 우리는 여전히 가까운 사이이다. 나는 터너 가문의 손주 14명 중 맏이다. 시델 가문의 경우 팻 미첼(Pat Mitchell)이 시델 가문으로 시집을 왔는데, 그분은 내게 훌륭한 할머니이자 롤모델이었다.[4] 스콧 할아버지와 테드 할아버지도 마찬가지다. 나는 훌륭한 도덕성을 지닌 선량한 사람들 밑에서 자랐다. 그들은 이 세상을 모든 인간이 하나의 종(種)으로 연결되어 있는 곳으로 인식한다.

부모님은 내 인생에 훨씬 더 큰 영향을 미쳤다. 어머니는 12개의 이사회에 참석하고 자녀들의 미래를 신경쓰느라 늘 바쁘다. 항상 에너지가 넘치고 무언가를 하고 싶어한다. 마찬가지로 아버지는 내가 아침 8시 30분까지 일어나지 않으면 항상 "늦잠 그만 자. 어서 일어나! 인생을 허투루 살면 안 되지"라고 말한다. 부모님은 늘 열정 넘치는 분들이며 그런 태도를 내게 물려주었다. 동시에 내가 직접 열정을 쏟을 대상을 찾고 정체성을 형성해나가도록 배려해주었다. 부모님은 나를 보살펴주고, 내가 넘어질 때 잡아주고, 지지와 격려를 보내주고, 내가 관심사를 찾을 때까지 기다려주었다.

부모님의 지지가 특히 내게 중요한 이유는 누구나 알 만한 명문가에서 태어난 아이들은 자아도취에 빠지거나 버릇이 나빠지기가 쉽기 때문이다. 하지만 우리 부모님은 내가 현실감각을 유지하도록 도와주었다. 세상의 다른 여러 곳, 특히 케냐, 탄자니아, 요르단 같은 개발도상국을 경험함으로써 나는 미국 국경 바깥의 현실을 깨닫게 되었다. 내가—그리고 선진국에 태어난 우리 모두가—얼마나 운이 좋은 사람인지 알 수 있었다.

〈캡틴 플래닛〉부터 현장의 지상군까지

그 경험은 어릴 때부터 내 안에서 서서히 자라난 나의 주된 열정을 키워주었다. 나는 환경을 지키는 사람이 되고 싶다. 나는 지속 가능성의 가치를 옹호하는 주인공들이 등장하는 만화 〈캡틴 플래닛(Captain Planet)〉을 보면서 자랐고, 하나의 종으로서 우리의 장기적 생존 능력에 대해 고민하기 시작했다. 우리는 같은 행성에 살고 있는데, 특히나 인구까지 증가하는 가운데 우리가 그 행성을 망가뜨린다면 이는 중대한 글로벌 이슈가 될 수밖에 없다.

고등학생 시절 나는 부모님, 조부모님과 함께 우리 소유의 목장과 여러 지역을 여행하기 시작했다. 그중 상당수는 영구 보전 지역으로 지정되어 있다. 자연의 공간을 보고 그 아름다움을 알아차리는 능력이 환경에 대한 내 열정을 키워주었다. 사실 사람들이 어떻게 자연을 훼손하는지 진정으로 이해하기 위해 가장 먼저 해야 할 일은 자연의 아름다움과 광대함을 깨닫는 것이다. 자연의 아름다움을 응시하고 음미하는 과정과 파괴된 현장을 목격하는 과정을 통해 나는 거기에 대해 무언가 조치를 취하고 싶어졌다.

아주 어린 나이에 터너 재단 일에 관여하게 된 것도 내게는 유익한 경험이었다. 테드 할아버지가 설립했고 어머니와 어머니의 형제자매 네 분이 함께 운영하는 터너 재단은 자연보호나 복원을 후원한다. 예컨대 터너 재단은 플로리다 팬핸들, 뉴멕시코의 스카이아일랜드, 옐로스톤 생태계, 알래

스카 중남부/동남부의 야생동물 서식지 보존을 위한 국가와 주 단위의 중점사업에 기부한다. 내가 열 살 때부터 어머니는 나를 회의에 데려갔다. 그러다 열여섯 살 때부터 준(準)신탁관리자로 이사회에 초대받았고 우리가 후원하는 비영리단체의 행사에도 참여하며 자선활동을 직접 확인할 수 있게 되었다.

테드 할아버지는 우리 모두를 위한 교육적인 휴가를 준비했고 가족들은 환경 지속 가능성 문제에 대해 배우기 위해 개발도상국에 모였으므로 여행은 나의 자선적 정체성에 영향을 미쳤다. 우리가 지키려 하는 대상의 아름다움을 보고 후원단체들을 방문해 현장에서 실제 프로그램을 확인하는 것은 너무나도 강렬한 경험이었다. 우리는 멀리서 돈만 기부하는 것이 아니라 실질적인 문제 해결에 적극적으로 참여하고자 한다. 이런 휴가는 우리가 가족으로서 한데 모여 서로 얼굴을 볼 수 있는 유일한 기회인 동시에, 나와 내 사촌들이 이런 가족 유산의 계승자로서 서로 교류할 수 있다는 면에서 매우 효과적이라고 생각한다.

나는 훌륭한 자선활동이란 연민과 사랑 같은 가치에 의해 인도된다고 믿는다. 각자의 배경과 무관하게 연민과 사랑은 인간이 지닌 모든 감정 중 가장 강력한 두 가지라고 생각한다. 연민으로 인한 행동이—경제적 배경, 인종, 성별과 관계없이—모두를 위해 더 나은 세상, 평등한 세상, 안전한 세상을 만든다는 사실을 우리가 깨닫기 시작하는 전환점에 와 있다고 생각한다. 이 두 가지 감정—연민과 사랑—에 호소할 수 있다면 우리는 더 나은 자선가가 될 수 있고 더 큰 만족감을 얻을 수 있을 것이다. 적어도 내 경험에 따르면 그렇다.

존 R. 시델 3세는 집안 어른들이 물려준 가치—근면함, 위험 감수, 지속 가능성, 타인과 지구에 대한 보살핌—를 진심으로 존중한다. 그는 조부모와 부모 덕분에 다양한 사람들과 장소에 노출될 수 있었고, 덕분에 가족의 가치를 내면화하는 동시에 자신의 가치를 확립해나갈 수 있었다.

섬세한 균형

다음의 세 장을 통해 우리는 과거와 미래 사이의—이 경우 과거로부터 물려받은 가치를 존중하는 것과 자신의 가치 표현 및 생활 방식을 개척해나가는 것 사이의—섬세한 균형을 찾기 위한 차세대 기부자들의 다양한 시도를 살펴보게 될 것이다. 다음의 한 기부자와 마찬가지로 그들은 존중과 혁신, 공경과 변화, 자신에게 주어진 길에 감사하는 것과 그것을 개척하는 것 사이에서 균형을 찾고자 한다. "저는 전통과 그것의 핵심적인 존재 이유를 계승하는 동시에 전통을 발전시키는 것이 가능하다고 생각해요. 크리스마스가 좋은 은유가 될 수 있어요. 크리스마스의 전통적 요소는 트리, 조명, 선물, 양말 같은 거죠. 하지만 그것에 대한 각 세대의 해석은 열려 있어요. 우리는 가족의 전통을 따르며 살지만 각 가정마다 창문 장식은 조금씩 다를 수 있죠."

각 세대의 독특한 경험은 그들이 누구인지, 세상을 어떻게 보는지에 영향을 준다. 따라서 각 세대는 물려받은 가치를 포함해 자신의 가치를 그 세대만의 특징적인 방식으로 드러낸다.[5] 한 차세대 기부자는 이렇게 말한다. "저의 가치는 [이전 세대의 가치와] 똑같다고 생각하지만, 저의 접근법은 완전히 달라요. 저와 제 형제자매는 가정에서 자선의식과 기부의 중요성을 배웠지만, 그것을 우리만의 방식으로 이 세상에 적용하고 있죠."

과거와 미래 사이의 이런 균형을 다듬고 표현하는 작업은 대부분의 차세대 기부자들에게 현재 진행중이다. 이제 막 성인이 된 이들은 어떤 가족 가치를 내면화하고, 어떤 것을 수정해서 적용하고, 어떤 것을 자신만의 가치를 위해 폐기 처분할 것인지 각자 결정해야 한다. 우리의 사회경제적 지위와 무관하게 모든 인간은 어느 정도 이런 긴장감을 느낀다. 우리가 첫걸음을 뗄 수 있게 도와준 과거를 존중하고 공경하는 동시에, 더 밝은 미래를 새롭게 그려갈 수 있기를 갈망하며 고심한다. 하지만 차세대 기부자들은 세간의 관심과 감시 속에서 살기 때문에 이런 고투에 더 큰 무게가 실린다. 게다가 그들이 어떻게 이 긴장을 해소하느냐는 사회에 매우 큰 영향을 미치게 될 것이다.

4장에서 처음 소개한 저스틴 록펠러는 뉴욕현대미술관, 재팬 소사이어티(Japan Society), 자선재단에 이르기까지 다양한 가족기관에 참여함으로써 유명한 록펠러 가문의 역사를 배우는 데 시간을 할애했다. 하지만 다음 내용에서 알 수 있듯이 저스틴 록펠러는 록펠러형제기금의 화석연료 관련 투자를 축소하고, 증여자산을 이용한 임팩트 투자를 확대하고, 다른 가족들의 임팩트 투자 약속과 투자 관련 데이터 공유를 위한 일종의 약정이자 플랫폼인 디임팩트를 공동 창립하는 가운데 가족에 대한 존중을 드러내기도 한다. 그는 자신의 뿌리를 진심으로 존중하고 가족재단 이사회 활동을 통해 가족의 기부 가치를 섬기지만, 오늘날 차세대의 가치를 더 잘 반영할 수 있는 방향으로 가족의 투자를 발전시키고 있기도 하다.

저스틴 록펠러

나는 내가 하는 모든 일에서 개인적·직업적·자선적 가치를 일치시키려고 한다. 나는 이 모든 것의 시너지 효과를 좋아한다. 록펠러형제기금, 아데파, 디임팩트를 통해 나는 이런 가치관 일치의 여정에서 성숙해지고 있음을 느낀다. 예컨대 이런 기회들은 내가 지닌 핵심적인 두 가지 세계관을 발전시켰다. 1) 투명성이 높아질수록 더 나은 의사 결정과 더 신중한 자금 배분의 가능성은 커진다. 2) 돈으로 하는 일에는 도덕적 결과가 따른다.

어떻게 보면 이것은 나의 유산과 나의 독립된 성인으로서의 정체성을 일치시키는 데도 도움이 된다. 나는 내 유명한 이름 때문에 경직되기 싫었다. 그것을 기회로 받아들이고 싶었다. 나의 이름이 지닌 잠재적인 단점 하나당 적어도 999개의 혜택이 따라붙는다. 나에게 그것은 무게도 아니오, 짐도 아니다. 내 이름은 불공평한 세상에서 내게 주어진 혜택이고, 분명 수많은 기회의 문을 열어주었다. 하지만 그 문을 통과한 이후의 행동은 우리 각자에게 달려 있다. 나는 사람들이 '록펠러'라는 이름을 자본주의와 자선, 이 두 가지와 연관짓는다는 것을 알고 있다. 임팩트 투자는 매우 편리하게도 그 교차점에 위치한다. 이런 전통은 JDR 1세[고조부인 존 D. 록펠러 1세]까지 거슬러올라간다. 그는 인생 전반부에는 (첫 월급부터 꾸준히 십일조를 내면서) 주로 돈을 버는 데 소비했고, 인생 후반부에는 주로 그 돈을 기부하는 데 집중했다. 따라서 나는 나의 유산을 소중히 여기지만 자본주의가 사회적·환경적 진보를 동시에 강화한다고 주장하는 제드 에머슨(Jed Emerson)의 '혼합가치(blended value)' 접근법이 더 설득력 있다고 생각한다.[6]

나의 '혼합가치' 접근법

나는 혼합가치 접근법을 나의 기부와 투자에 접목하려고 노력한다. 나와 내 아내는 다양한 방식으로 임팩트 투자를 한다. 재정적 수익과 사회적 수익을 동시에 창출하는 회사에 직접 투자하기도 하고, 환경적·사회적·지배 구조적 관행을 우리의 투자 결정과정에 접목하기도 한다. 또한 우리가 관심 있게 지켜보는 이슈마다 '열정의 퍼센티지'를 부여하고 실제 기부금을 거기에 연동시키는 방식으로 우리의 가치와 실제 기부 액수를 일치시키는 작업에도 주의를 기울인다. 이것은 록펠러 집안사람들을 비롯해 많은 이를 위한 자선 관련 조언자로 일해온 엘리자베스 J. 매코맥(Elizabeth J. McCormack)이 제안해 우리가 받아들인, 좀더 원칙에 입각한 접근법이다. 간단히 말해 지난 수십 년간 재단들이 사용했던 보다 공식적인 기부 형식을 개인 기부에 적용한 것이다.

엘리자베스 J. 매코맥은 기부자들이 신경쓰는 이슈와 그들이 실제로 기부하는 이슈 사이에 커다란 불일치가 생기는 것을 종종 목격했다. 친구 부탁으로 기부하거나 별 관심 없는 대의를 위한 행사에 돈을 내다보면 그 금액은 순식간에 불어난다. 엘리자베스 J. 매코맥은 그러지 말고 우리가 평소 신경쓰는 이슈에 구체적인 퍼센티지를 정한 뒤 그에 따라 기부 결정을 할 것을 제안했다. 그래서 나와 내 아내는 각자 퍼센티지를 정하고 최선의 타협을 통해—모든 결혼생활의 핵심이 아니겠는가!—그것을 하나로 통합했다. 그러고는 매년 우리의 대략적인 기부 예산을 정하고—정확한 금액은 그해 우리의 인생 여정과 시장 상황에 따라 달라진다—우리의 관심사와 가치를 반영한 퍼센티지에 따라 기부 장바구니를 채운다.

이 시스템은 완벽하지는 않지만 우리가 이전에 사용했던 느낌 가는 대로의 기부 방식보다는 훨씬 마음 편하게 느껴진다. 우리는 일반적인 재단의 작업 방식처럼(또는 비중 있게 투자하고 싶은 부문/산업 내에서 최고의 기업을 선별하는 투자자처럼) 항목별로 어떤 단체가 가장 효과적으로 일하는지 고민하고 그에 따라 자금을 배분한다. 하나의 바구니가 다 채워지고 난 다음 그 분야의 누군가가 추가 자금을 요청하면 "올해 예산을 이미 다 써서 그쪽은 내년에 고려해볼게요"라는 외교적인 답변을 한다.

나는 대학생 때 피터 싱어의 수업을 청강하며 영향을 받았다. 그는 돈으로 하는 일에는 도덕적 결과가 따른다고 주장하는 철학자였다. 마틴 루서 킹(Martin Luther King Jr.)은 정부 예산이 도덕적 문서라고 했다. 개인이 돈을 벌고 쓰는 방식에는 도덕적 결과가 따르는데, 이는 작위(commission, 누군가가 자신의 돈으로 하는 일)와 부작위(omission, 누군가가 자신의 돈으로 하지 않는 일)의 경우 양쪽 모두에 적용된다. 당신이 3500달러짜리 명품 시계를 산다고 할 때 당신에게는 충분히 그럴 권리가 있지만 그 돈으로 누군가의 목숨을 구할 수도 있다는 사실을 기억하라. 피터 싱어의 가르침은 내게 임팩트 투자의 씨앗을 심어주었고 오늘날까지 내 행동에 영향을 미치고 있다.[7] 죄책감은 일반적으로 효과적인 동기부여 수단이 아니지만 철학적 사고의 틀은 필수적이라고 생각한다.

미래의 모습

미래를 내다보면서 나는 꽤 낙관적이다. 내 경험에 따르면 경기 대침체를 경험한 밀레니얼 세대가 자연스럽게 돈과 도덕적 책임을 연관짓기 때문이다. 그들은 이미 소비자로서의 선택과 일자리 선택을 통해 자신의 돈과 가치를 일치시키고 있다. 예컨대 그들은 친환경 기술 제품을 구입하는 경향이 있기 때문에 지갑으로 투표권을 행사한다고 할 수 있다. 또한 그들은 구글, 테슬라, 제로 매스 워터(Zero Mass Water), 롱 게임 세이빙스(Long

Game Savings), 에틱(Ethic Inc.), 모던 메도(Modern Meadow)처럼 돈을 벌면서 더 나은 세상을 만드는 회사에 입사하고자 한다. 밀레니얼 세대는 유산—향후 수십 년간 약 59조 달러—을 상속받거나 직접 돈을 벌 것이므로 가치와 돈을 일치시키는 그들의 현재 습관은 계속 유지될 것이다. 다만 그 금액은 훨씬 늘어날 것이다.

물론 금융업계는 여기에 적응해야 할 것이다. 더 많은 밀레니얼 세대의 투자 자금이 임팩트 시장으로 흘러드는 가운데, 유능한 펀드매니저라면 임팩트 펀드를 출시할 것이고, 유능한 사업가라면 임팩트 회사를 세울 것이다. 인재는 자본을 따라가고 자본은 인재를 따라가기 때문이다. 사업을 유지하고 성장시키기 위해 자산 관련 조언자들은 차세대에게 다가가는 방법을 바꾸고, 내가 샐리 크로첵(Sallie Krawcheck)에게서 전해들은 조언을 따라야 할 것이다. 당신 고객들의 목소리를 경청하고, 그들이 신경쓰는 문제를 알아내고, 그 가치와 일치하는 투자 솔루션을 제공하라. 당신의 젊은 고객들이 어떤 것을 신경쓴다면 그들이 신경쓰는 내용과 그들의 포트폴리오를 일치시킬 방법이 있는지 찾아보라. 그들이 어린이교육에 관심을 갖는다면 효과적인 사회적 기업에 대한 기부만 권할 것이 아니라 교육 기술회사에 대한 투자도 같이 권하라. 그 두 기업은 결국 같은 문제를 다루고 있다. 그것들은 하나의 목적지로 통하는 두 갈래의 길일 뿐이다.

나는 성공의 다양한 정의를 들어보았다. 가장 흔히 들리는 정의에는 탄탄한 인간관계 그리고/또는 재정적 안정을 통한 행복의 극대화라는 개념이 담겨 있었다. 나의 성공은 내가 내 삶을 통해 다른 사람들—내가 아는 사람들과 평생 만나보지 못할 사람들—의 삶에 미치는 긍정적인 임팩트를 극대화할 수 있는지 여부에 따라 결정될 것이다.

저스틴 록펠러의 이야기는 우리가 이 장에서 전달한 내용과 상당히 일치한다. 먼저 그는 가치에 따라 움직인다. 그는 미국 명문가의 자손이고 록펠러 집안사람으로서 원하는 것은 무엇이든 다 할 수 있었다. 하지만 우리가 확인한 바에 따르면 그는 자신의 가치를 기부, 투자와 일치시킴으로써 세상에 임팩트를 만들어내기 위해 최선을 다하고 있다.

매끄럽게 연결된 삶과 영향력 행사

저스틴 록펠러는 확실히 자신의 말에 부합하는 삶을 산다. 그는 우리가 수많은 차세대 기부자에게서 확인한 무언가를 설명하고 있다. 매끄럽게 연결된 삶을 살고, 저스틴 록펠러의 말처럼 그들의 '개인적·직업적·자선적 가치'가 일관성을 유지하도록 하고, 그들의 가치가 행동에 반영되도록 노력하는 것이다.

3장에서 만나본 메리 갤러티는 개인적·직업적·자선적 가치가 이제 통합되고 있다고 설명한다. "우리는 이전 세대보다 그걸 중요하게 생각해요. 이전 세대의 경우 사회생활은 그저 사교적인 영역이고, 직업생활은 직업적인 영역이고, 가정생활은 온전히 가족의 영역이었죠. 우리는 그것들이 한 덩어리로 뭉쳐져서 자아를 형성한다고 생각해요. 우리가 가치에 딱 들어맞는 삶을 산다면 임팩트는 물론 의미까지 찾을 수 있겠죠."

우리가 인터뷰한 차세대 기부자 중 한 사람은 차세대가 본격적인 기부자로 나서면서 자기 삶의 모든 부분을 한 덩어리로 만들어 전부를 내놓고자 한다는 메리 갤러티의 말에 동의했다. 그는 이것이 자신의 개인적인 목표라고 말했다.

내 삶에서 꼭 이루고 싶은 유일한 목적은 내가 가진 자원으로 세상을 위해 만들어낼 수 있는 가치를 극대화하는 것이다. 거기에는 내가 가진 재정적 자원이 포함되는데, 그것은 전부 물려받은 것이다. 또한 내게는 인적·지적·영적·정치적 자원 등이 있다. 나는 이 모든 것을 공동의 목적에 맞게 정렬하고 싶다. 나는 내 재산이 내게 어떤 가치를 부여하는지 정확히 알고 있다. 그것은 내가 한 인간으로서 최대한의 잠재력을 발휘할 기회를 제공한다. 상투적인 표현처럼 들리겠지만 나는 돈이 당신이 줄 수 있는 가장 중요한 것인 동시에 가장 덜 중요한 것이라고 생각한다.

차세대 기부자들은 하나같이 자신의 가치를 행동과 일치시키고 싶은 열망에 대해 말했다. 그것이 기부자로서든, 투자자로서든, 소비자로서든, 또는 부모로서든 말이다. 우리가 인터뷰한 자수성가한 차세대 기부자는 이런 식으로 설명했다. "내게는 세상에 좋은 일을 하고 타인의 삶의 질을 높여주고 싶은 욕구가 있어요. 이건 내가 어디에 시간을 쏟아야 할지, 내 아이들과 어떤 자원봉사를 해야 할지, 사람들에게 어떤 영향을 끼쳐야 할지를 결정해주는 의도적인 주제예요. 자선활동은 그 의도의 한 부분이죠."

우리가 만나본 일부 기부자는 본인이 매끄럽게 연결된 삶을 사는 데 그치지 않고, 가족과 조언자들에게 좀더 세심한 가치의 일치를 추천하고 영향력을 행사하고자 한다. "우리는 자라면서 부모님이나 투자조언자에게 '한 손으로는 돈을 벌고 다른 손으로는 돈을 나누어주어라'라는 말을 많이 들었지만, 그 말은 우리 세대에 의해 도전받고 있다고 생각해요." 영향력을 행사하려는 차세대 기부자들에 대한 기성세대의 반응은 향후 수십 년간 확인할 수 있을 것이다. 그러나 가치가 구현되는 방식이 조금씩 달라지겠지만 양쪽 세대 모두 공감하는 가치는 세대에 걸친 변화의 긴장감을 완화할 수 있는 최선의 출발점일 것이다.

이 장의 내용이 의미하는 바는?

미국의 많은 기성세대는 가치에 기반한 의사 결정을 특권이나 사치로 여길지도 모른다. 그들은 대부분 직업 선택의 기회 자체가 사치였던 시대를 살았다. 그들 중 다수가 어떤 직업을 갖거나 기술을 배우게 된 이유는 그것이 가족을 부양하기 위한 최선의 선택지 또는 유일한 선택지였기 때문이다. 재산을 어떻게 기부할지를 두고 고민하는 것은 퇴폐적인 삶처럼 보일 수 있다. 하지만 차세대 구성원들은—그들의 경제 수준을 막론하고— 원하는 것과 필요한 것을 상호배타적으로 보지 않는다. 풀타임 직장을 다니는 29개국 대졸 밀레니얼 세대를 대상으로 한 연구에 따르면 그들 중 60퍼센트는 '목적의식'이 있는 직업을 선택했다고 응답했다. 또한 밀레니얼 세대가 강한 목적의식이 있다고 인정한 기업들의 경우 재정적 성과와 직원 만족도가 월등히 높았다.[8] 임팩트 세대는 에런 허스트(Aaron Hurst)가 말한 일명 '목적 경제(purpose economy)' 속에 살고자 한다. 그것은 '직원과 고객을 위한 목적을 확립하는 것을 가치 있게 여기고, 자신의 필요보다 더 큰 필요를 위해 봉사함으로써 개인적 성장과 공동체 발전을 도모하는' 경제다.[9]

차세대 주요 기부자들은 삶의 모든 영역에서 가치 기반의 선택에 대한 욕구를 공유한다. 5장에서 만나본 빅토리아 로저스는 미술교육에 대한 강력한 믿음과 그녀가 가진 여러 자원, 즉 시간·재능·돈·인맥을 연동시킨 밀레니얼 세대의 좋은 사례다. 이와 비슷하게 저스틴 록펠러도 밀레니얼 세대가 기부자든 기부자가 아니든 '이미 소비자로서의 선택과 일자리 선택을 통해 자신의 돈과 가치를 일치'시키고 있으며 기부와 투자 역시 가치와 일치시키고자 한다고 지적했다.

물론 이처럼 유능한 차세대가 어떻게 그 목적의식을 실천에 옮기느냐에 따른 여파는 광범위하고 강력할 것이다. 그들이 내리는 선택은 우리 모두에게, 우리가 관심을 기울이는 모든 영역에 커다란 파장을 일으킬 것이다. 따라서 우리는 차세대 기부자들이 기부를 통해 강조하고자 하는 가치와 그 가치를 드러내는 방식을 예의 주시해야 한다.

요컨대 당신이 차세대와 효과적으로 교류하고 싶다면 먼저 그들의 가치가 무엇인지부터 살펴보아야 한다. 그들이 살고자 하는 매끄러운 삶의 원동력은 가치이기 때문이다. 당신이 일하는 비영리단체의 미션이나 자문 회사의 서비스를 홍보하기보다는 그들에게 가치와 관련된 질문을 해보자. 기부나 판매에 관한 대화가 아니라 가치에 관한 대화부터 시작하자.

21/64에서 샤나 골드세커의 팀은 차세대 기부자들의 가치에 따라 의사 결정이 달라지는 것을 가장 가까이에서 목격한다. 기부자들이 그들의 주요 가치를 정확히 표현할 수 있도록 돕기 위해 21/64는 단순하면서 강력한 '동기부여 가치 카드(Motivational Values Cards)'를 제작했다. 이 카드는 차세대 기부자들이 자신에게 동기부여를 하는 가치를 설명할 때 나온 단어들을 정리한 것이다. 이 카드를 분류함으로써 기부자들은 자신에게 가장 중요한 것이 무엇인지 손쉽게 파악할 수 있다. 샤나 골드세커와 그의 팀원들은 비영리단체 모금담당자, 조언자, 부모 등 차세대 기부자들과 교류하는 사람들에게 차세대가 가장 중요시하는 가치에 관한 질문을 먼저 할 것을 권한다. 비영리단체들은 예비 기부자에게 너무 많은 시간을 할애하기에 앞서 그 기부자의 가치가 해당 단체의 미션과 일치하는지 확인할 수 있을 것이다. 조언자들은 차세대 기부자들이 자선적 투자에 대한 계획서를 작성할 때 가치를 점검하는 유용한 도구로 이 카드를 활용할 수 있다. 가정

과 기부 서클의 경우 가치에 관한 공통의 언어를 획득하면 집단 내 개인들이 더 쉽고 효과적으로 함께 의사 결정을 내릴 수 있게 된다. 그것이 비록 몇몇 핵심 가치에 대한 의견 일치라 할지라도 말이다.

바쁜 일정을 쪼개서 가치관 파악을 위해 몇 분을 투자하는 것은 일부 열정적인 기부자에게 시간 낭비로 보일 수 있다. 마찬가지로 그 짧은 몇 분 동안 모금담당자들은 기부자들에게 다른 중요한 부탁을 해야 할 것 같은 압박을 느끼고, 조언자들은 분기별 투자 수익을 보고해야 할 것 같은 압박을 느끼므로 가치에 관한 기초 조사는 뒷전으로 밀려난다. 하지만 이런 조급한 태도는 차세대 기부자들과의 관계를 방해할 수 있다. 그들은 자신의 가치에 부합하는 결정을 내리기 위해 먼저 자신이 누구인지, 무엇을 가치 있게 여기는지부터 파악하고자 하기 때문이다. '더 빨리 가기 위해 먼저 속도를 늦추지' 않는다면 우리는 차세대 기부자들이 이루고자 하는 바로 그 성과를 오히려 방해하게 될지도 모른다.

차세대 기부자뿐 아니라 여러 세대로 구성된 가족과 함께 일하는 사람들의 경우 가치 파악부터 시작하는 것은 가족들이 동참하는 작업의 성공을 위해 더더욱 중요하다. 가족 구성원들의 집단적 핵심 가치를 명확히 파악하고 우선순위를 정하는 과정을 돕지 않는다면 그 가족과 그 주변에서 일하는 사람들은, 예컨대 지역사회에 장학금을 제공하려는 기성세대와 전 세계에 소액금융을 제공하려는 차세대 사이에서 갈팡질팡하게 될 것이다. 하지만 차세대가 그들의 가치를 부모와 조부모로부터 처음 배웠다는 사실을 명심한다면 이런 기본 가치가 세대를 잇는 가교 역할을 하고, 자선활동 관련된 갈등 해소를 위한 길을 제시해줄 것이다. 차세대 기부자들의 기부 방식과 근거가 가치에 따라 결정된다는 사실은 이 기부의 황금기에 우리 모두를 수혜자로 만들어줄 수 있는 거대한 가능성으로 작용한다는 것을 기억하자.

9장

거인들의 어깨 위에서

혁명가들은 보통 과거의 유산을 마음 깊이 존중하는 인물들이 아니다. 일반적으로 혁명의 핵심은 과거의 이상과 제도를 타도하는 것이다.

하지만 차세대 기부자들이 임팩트 혁명을 이끄는 방식은 그들의 기본 틀에 잘 맞지 않는다. 물론 그들은 기부의 미래를 바꾸고자 한다. 하지만 그들은 사회 변화에 공헌한 과거의 선배들에 대한 존경심도 갖고 있다. 사실 우리가 대화한 많은 기부자가 직면한 주된 과제는 과거에 대한 존중과 미래 혁신에 대한 열망을 잘 융합하는 것이다.

과거와 미래를 연결하는 하나의 실이 바로 유산(legacy) 개념이다. 차세대 기부자들은 유산을 자신들을 제자리에 묶어두는 닻이라기보다는 앞으로 전진하게 하는 엔진으로 보고 있다. 그들은 아이작 뉴턴(Isaac Newton)이 자신의 여러 혁신을 설명하기 위해 사용한 이미지를 잘 구현한다. "내가 남들보다 더 멀리 봤다고 한다면, 그것은 거인들의 어깨 위에 서 있었기 때문이다."[1]

가족 서사의 중요성

많은 이에게 유산은 한 세대에서 다음 세대에게 전달되는 거대 서사에 기반을 두고 있다. 우리가 부잣집 출신이든 그렇지 않든 가족 이야기는 우리가 더 큰 무엇의 일부라고 느낄 만한 발판처럼 느껴진다. 그것은 대단히 중요한 역사 속에서 우리 자신의 장(章)을 직접 써내려가도록 우리를 초대한다. 차세대 기부자들에 관한 우리 연구에 따르면 가족 서사를—특히 솔직한 방식으로—전달하는 것은 차세대 구성원이 받는 사람보다는 주는 사람이 될 것인지, 어떤 대의를 후원하게 될 것인지, 심지어 어떤 단체를 지지하게 될 것인지에 영향을 준다.

에모리대학의 마셜 듀크(Marshall Duke)와 로빈 피부시(Robyn Fivush) 같은 심리학자들은 가족 서사가 다양한 배경을 가진 차세대에게 미치는 영향의 중요성을 밝혔다. 마셜 듀크와 로빈 피부시는 '혹시 알고 있나요?(Do You Know?)' 등급 조사를 통해 어린이들에게 가족 역사에 관한 20개의 질문을 했다. 이를 통해 부모와 조부모의 이야기를 잘 알고 있는 아이일수록 자존감이 높고, 삶에 대한 통제력이 강하고, 자기 가족이 더 성공적으로 기능한다고 믿는 것을 발견했다.[2]

우리 역시 가족 서사 전달의 중요성을 확인했다. 하지만 아름답지 않거나 긍정적이지 않은 가족사의 구체적인 면면까지 전달하는 것을 꺼리는 가족들을 종종 볼 수 있다. 차세대가 그들의 조상을 좋지 않은 시선으로 보게 될 수 있다는 걱정 때문이다. 하지만 마셜 듀크와 로빈 피부시의 연구에 따르면 긍정적인 이야기와 부정적인 이야기를 모두 공유하는 것이 실제로 유익한 결과를 가져온다고 한다. 연구자들은 '상승 서사(ascending narrative, 무일푼에서 부자로)', '하락 서사(descending narrative, 부자에서 무일푼으로)', '진동 서사(oscillating narrative, 부침을 겪은 끝에 더 강해지는 이야기)'를 구분했다. 마셜 듀크와 로빈 피부시는 세번째 서사로 인해 아이들이 '세대 간 자아', 즉 가족 구성원들이 자기 자신보다 더 큰 무언가에 속해 있다고 느끼는 자아를 형성하게 된다고 한다. 다시 말해, 진동 서사의 공유는 차세대 구성원들의 회복력을 키워준다.[3] 마찬가지로 종교, 정당, 사회운동 등 더 큰 서사와 연결된 사람은 그 집단적 노력의 일부가 됨으로써 힘을 얻는다고 느낀다.

재산을 상속받은 차세대 기부자들의 경우 가족 서사는 훨씬 더 중요하다. 왜냐하면 대다수 상속자들은 이 세상에 커다란 영향을 미칠 수 있는 그들의 잠재력이 이전 세대의 유산에서 비롯되었음을 너무나도 잘 알고 있기 때문이다. "제가 지금 이 자리에 있게 된 이유와 관련해서 깊은 존경과 겸손을 잃지 않으려고 해요. 아직도 저는 '우와, 난 아무것도 한 게 없는데 이런 일에 참여하는구나'라는 생각을 하죠. 무엇보다 이 [자선] 세계에 발을 들일 수 있다는 것부터가 엄청난 영광이죠." 다른 상속자는 이렇게 말했다. "제가 지금 이 일을 할 수 있는 건 제 할아버지가 맨손으로 출발해 대공황 시절 유년기를 보내고 참전 용사가 되었기 때문이에요. [그분은] 운좋게도 성공을 거두고 대단한 사업을 일궈냈지만, '네가 어디서 왔는지 잊지 마라' [그리고] '너보다 불우한 사람들을 신경써야 한다'라고 늘 말씀하셨죠."

일부 차세대 기부자는 가족 서사를 통해 기부에 대한 동기부여를 받지만 다른 차세대 기부자들은 특정 단체를 지원함으로써 더 구체적인 방식으로 그들의 유산을 기린다. 한 기부자는 말한다. "제 조부모님은 홀로코스트 생존자였고, 그래서 저는 제 결혼식 기념으로 워싱턴 D.C.의 미국 홀로코스트박물관에 첫 기부를 했죠. 전 사람들에게 그분들의 이야기를 전하고 홀로코스트 당시의 상황을 알려서 다시는 그런 일이 일어나지 않도록 해야 한다고 느꼈어요."

차세대 기부자 알렉산더('앨릭스') 소로스의 인터뷰에서도 유산이라는 주제가 강조되었다. 앨릭스 소로스는 역사상 가장 성공적인 투자자 중 한 사람—게다가 이 책 출간 시점 기준으로 세계 30대 부자 중 한 명—인 자본가 조지 소로스(George Soros)의 아들이다. 앨릭스 소로스는 유대인 정체성이라는 가족 서사를 이어받고 그의 아버지가 예전에 그랬던 것처럼 '국적 없는' 상태가 된 사람들을 도움으로써 부모에 대한—특히 나치가 점령한 헝가리에서 가까스로 살아남은 아버지에 대한—존중을 드러낸다.

알렉산더 소로스

나는 위대한 공립대학인 캘리포니아대학 버클리캠퍼스에서 역사학 박사과정을 밟고 있다. 나는 우리 가족과 밀접한 연관이 있는 역사를 공부함으로써 우리의 이야기와 과거를 이해하려고 노력중이다. 내 아버지는 조지 소로스다. 아버지는 많은 곳에서 역사적 인물, '금융의 신(financial god)'으로 여겨진다. 아버지는 현재 세계 2위 규모의 재단인 오픈 소사이어티 재단(Open Society Foundation: OSF)을 설립했다. 나는 그 재단활동에 적극적으로 참여하고 있고 아버지도 그 재단에 많은 시간을 투자한다.

아버지의 본능은 늘 당신의 개인사에 기반을 두고 있다. 아버지는 내가 어릴 때 당신이 누구인지, 어떻게 당신의 정체성이 당신의 자선에 영향을 미쳤는지 들려주었다. 내 인생을 바꾼 대화는—그리고 내가 아버지와의 유대감을 갖게 된 첫 기억은—아버지가 홀로코스트 당시 부다페스트에서 숨어 지냈던 이야기를 들려주었을 때였다. 나는 당시 여덟 살이나 아홉 살이었다. 그 순간 많은 사람에게 영웅으로 여겨지던 한 남자가 인간처럼 보였다. 아버지는 독일인들이 유대인을 몰살하기 위해 부다페스트를 수색하던 그해의 이야기를 들려주었고 그것이 아버지의 성격 형성에 지대한 영향을 미친 시기였다고 말했다. 그런 대화를 서로 나누지 않았다면 아버지와 나의 관계는 지금과는 사뭇 달랐을 것이다.

성격 형성기와 소수자로 사는 것

헝가리에 은신해 전쟁에서 살아남은 다른 유대인들처럼 아버지도 자신의 유대인 정체성과 복잡한 관계를 맺어왔다. 시간이 흐르면서 아버지는 공개적으로 자신의 정체성을 인정했고 어머니와의 결혼은 그 과정에서 중요한 단계였다. 결국 아버지의 유대인 정체성은 그의 공적인 페르소나의 한 일면으로 자리매김했고 이는 잇따른 성공과 명성으로 인해 증폭되었다.

내가 자라는 동안 아버지와 나의 유대인 정체성은 우리가 함께 관계를 쌓아나가는 공통의 기반 역할을 했다. 나는 미국에서 바르미츠바의식을 치른 소로스 가문 최초의 인물이 되었는데, 내가 그런 결정을 한 이유는 아버지가 공개적으로 유대인 정체성을 인정한 것과 관련이 있다. 한 유대교의 성인식인 바르미츠바를 치른 순간이 나와 내 아버지의 인생에서 가장 자랑스러운 순간 중 하나였음을 나는 알고 있다.

나는 아버지가 당신에게 일어났던 일과 당신에게 일어날 수도 있었던 일을 절대 잊어버리지 않은 것을 무엇보다 자랑스럽게 생각한다. 아버지는 졸지에 국적 없는 사람이 되었고 나치의 최종 해결 방안(Final Solution)에 의해 죽을 수도 있었다. 하지만 아버지는 훗날 재산과 안전을 확보했음에도 불구하고 자신과 비슷한 운명에 처한 사람들을 돕기로 마음먹었다.

나는 자라면서 내가 세상에 태어난 것 자체가 천운이었음을 알게 되었다. 나는 역사상 유대인에게 가장 우호적인 시대에, 유대인에게 가장 우호적인 나라에서 온갖 호사를 누리며 살고 있다. 하지만 유대인인 나 자신이 늘 소수자처럼 느껴졌고 핍박받는 다른 소수 집단에 대해 애틋함을 갖고 있다.

내게 아로새겨진 가족 이야기

나는 산토도밍고에서 아버지와 도미니카공화국 전 대통령이 만난 순간을 기억한다. 도미니카공화국 전 대통령은 나라 없는 상태가 될 위험에 처하거나 이미 그렇게 된 사람들에 대한 자국의 처신을 변명하고 있었다. 아버지는 물러서지 않았다. 아버지는 "저도 한때 나라 없는 사람이었습니다. 저는 그게 어떤 기분인지 잘 압니다"라고 말했다.

마찬가지로 유엔에서 일하는 내 친구 한 명이 최근 나에게 왜 아버지가 로힝야족에 대해 그렇게 신경쓰는 것이냐고 물었다. 로힝야족은 미얀마에 거주하는 국적이 없는 소수민족이다. 나의 대답은 간단했다. "우리 아버지도 한때 로힝야였기 때문이지." 아버지는 1990년대 사라예보 봉쇄사건 당시 대규모 인도주의적 기부를 했는데, 그곳 상황과 1900년대 초반 부다페스트의 상황이 닮았다고 느꼈기 때문이다. 많은 이가 아버지를 감정 없는 사람으로 여기지만 아들인 내가 보는 아버지의 이미지는 다르다. 아버지는 열정적이고 헌신적이고 가치지향적인 자선가다.

또한 나는 할아버지가 아버지의 인생관에 커다란 영향을 미쳤다는 사실도 알게 되었다. 할아버지는 1956년에 미국으로 건너왔는데, 그 전에 먼저 아버지와 다른 가족들, 그리고 수많은 유대인이 제2차세계대전에서 살아남을 수 있도록 숨겨주고 떠났다. 그럼에도 불구하고 가족들은 대부분 살아남지 못했다. 나는 할아버지를 직접 본 적이 없지만 아버지를 통해 할아버지의 인생관을 전해들어서인지 매우 가깝게 느껴진다. 전쟁이 끝난 뒤 할아버지는 우리 가족의 증언과 당신의 생각을 담아 『가면무도회(Masquerade)』라는 제목의 회고록을 썼다. 내가 10대일 때 아버지에게 그 회고록의 필사본을 받았는데, 그 내용은 아버지가 내게 줄곧 들려주었던 이야기들과 거의 완전히 일치했다. 길을 잃었다고 느껴지거나 영감이 필요할 때 나는 이 책을 펼쳐 읽어본다. 할아버지가 쓴 모든 내용 중에서 나에게 가장 큰 울림을 준 부분은 다음과 같다.

> 일본 정부의 만행은 나를 부끄럽게 했다. 남아공 흑인들에게 취해진 조치는 나를 향한 모욕이었다. 나는 마치 온 세상에 대해 책임감을 느끼는 것 같았다. 이 감정의 찌꺼기는 오늘, 여기 미국의 나에게도 남아 있다. 이것 때문에 나는 혼잡한 지하철에서 나이 많고 피곤해 보이는 흑인 여성에게 자리를 양보하게 된다. 이것 때문에 나는 자발적인 관대함의 빛나는 이야기를 들었을 때 눈물을 흘리게 된다.[4]

이 글에서 드러난 공감의 정서는 내 아버지의 자선 속에 남아 있고, 당연히 나의 자선에도 커다란 영향을 미쳤다!

물론 어머니에게도 영향을 받았다. 어머니는 오늘날의 'OSF' 또는 소로스 재단을 세계 각지에 출범시키는 데 중요한 역할을 했다. 어머니가 내게 미친 영향은 어떤 말로도 다 설명할 수 없다. 미국에서 유대인으로 자란 어머니는 뉴딜 정책, 위대한 사회(Great Society) 정책, 시민권운동을 겪었다. 어머니는 내게 자력으로 성공하기 위해 노력하는 동시에 사회 환원에 동참해야 한다고 가르쳤다. 자선적이고 시민의식이 뛰어난 사람, 정치에 참여하고 스스로 앞길을 개척하는 사람이 되어야 한다고도 가르쳤다. 그 부분에서 어머니와 아버지는 별반 다를 것이 없다. 두 분은 이제 이혼했지만 부모님의 공통된 가치는 예나 지금이나 내 안에 남아 있다.

유산 관리인으로서의 긍지

나의 바르미츠바를 전후해 부모님은 전쟁 당시 아버지가 유대인이라는 이유로 공격을 받았던 중유럽과 동유럽에 여러 재단을 세웠다. 아버지는 칼 포퍼(Karl Popper)의 '열린사회' 개념을 바탕으로 자선활동을 실행했다. 칼 포퍼와 아버지는 공통점이 많다. 두 사람은 비슷한 시기와 장소를 경험한 유대인이고(한때 합스부르크가의 영토였던 중유럽에서 국적 없는 상태가 될 위기를 겪었다), 전체주의를 목격했고, 모든 인간이 공통의 도덕성을 지닌 단일 공동체에 속해 있다는 이념과 세계시민주의에 대한 믿음을 갖고 있었다.

이 재단들은 내가 자라던 시기에 창설되었고 나는 OSF를 내 가족의 일부일 뿐 아니라 내 가족의 유산의 일부로 여긴다. 우리 가족의 휴가는 대체로 전 세계에 흩어져 있는 기존 또는 신규 재단이나 NGO[비정부기구]를 방문하는 시기와 겹쳤다. 나는 그 과정에서 만난 OSF 관련 인물들에게 많은 영향을 받았고 그들의 유산을 이어나가고 그들에게서 배운 것을 전해주고 싶다는 생각을 하게 되었다. OSF 글로벌 이사회의 일원으로서 나는 현재 재단활동에 많은 시간을 할애한다. 아버지는 특정 분야의 일을, 특히 아버지가 돌아가신 후에도 우리 가족이 계속 참여하기를 바라는 분야의 일을 내게 일임하고 있다.

아버지의 유산이 어떻게 아버지 같은 자선가를 만들어내는지 내 눈으로 직접 확인했기 때문에 나는 나 자신도 그 유산의 일부가 될 수 있다는 것에 자부심을 느낀다. 앞서 설명했듯이 나라도 없고 시민권도 없는 설움은 아버지가 개인적으로 공감할 수 있는 끔찍한 경험이었고, 그래서 지금

아버지는 사람들이 그런 경험을 하는 것을 막기 위해 싸우고 있다. 그것은 우리가 우리의 자선을 통해 성취하고자 하는 바이기도 하다.

나는 아버지가 꼭 그럴 필요가 없음에도 불구하고 이런 일을 하고 있다는 사실이 가장 자랑스럽다. 아버지는 가진 재산으로 편안히 살거나 다양한 방법으로 더욱 자신의 안전을 도모할 수도 있다. 하지만 아버지는 매우 귀한 자원인 당신의 시간과 노력을 이 작업에 쏟고 있다. 이것은 내가 자랑스럽게 여기는 부분이자, 내가 그 횃불을 이어받아 계속 힘을 쏟고 싶어하는 부분이다.

유산의 응용

나의 자선활동은 만약의 문제가 아니었다. 언제의 문제도 아니었다. 무엇을 기다린다는 말인가? 나는 내가 그 일을 하게 되리란 것을 알았고, 재단을 설립하게 되리란 것도 알았다. 그렇다면 왜 나이들 때까지 기다린다는 말인가? 지금 세상에는 문제가 벌어지고 있다. 지금 당장 기부를 시작하지 않을 이유가 어디 있다는 말인가? 아버지는 이렇게 말했다. "이건 네 돈이다. 그것으로 네가 원하는 건 뭐든 할 수 있지만, 네가 받는 돈은 그게 전부야." 그 말을 들으니 그 돈을 책임감 있게 써야겠다는 생각이 들었다.

나는 어떻게 할 것인지 고민하기 시작했다. 아버지와 나는 자선가와 활동가의 차이에 대해 오랫동안 논의하고 있다. 아버지는 확실히 활동가에 가깝다. 예컨대 누군가에게서 콩고의 병원에 기부해달라는 부탁을 받자 아버지는 이렇게 대답했다. "당신들은 상처에 밴드를 붙이고 있어요. 나는 정치적인 이슈가 포함된 좀더 큰 문제를 해결하는 쪽을 택하겠습니다." 하지만 그 일에는 단지 돈을 기부하는 것보다 더 많은 것이 요구된다. 대신 현지 정부와의 문제가 되었든 국제 거버넌스 문제가 되었든 그런 이슈를 위해 시간을 들여 싸우면 병원에 기부하는 것보다 더 큰 보상이 따른다.

지난해 나는 자선가라기보다 옹호자에 가까운 모습으로 내가 바뀌는 것을 느꼈다. 나는 이 세상에서 내가 바꾸고 싶은 것들을 위해 싸우고 싶어졌다. 재단 보조금이나 정치 후원금 같은 기부금을 내가 원하는 변화를 얻기 위한 수단이자 내가 가진 신념에 대한 헌신으로 보게 되었다. 따라서 나는 후원단체들에게 내가 501(c)(4) 단체를 후원하는 기부자이니 안심하고 좀더 활발한 정치활동을 펼쳐달라고 요청한다. 그런 정치단체는 보다 전통적인 501(c)(3) 단체보다 후원을 받기 힘들기 때문이다.

이것은 나의 유산 탓이기도 하고 내가 역사학을 전공한 탓이기도 하다. 역사적으로 정치를 회피하는 성향이 종종 전체주의를 낳았다는 점이 우려스럽다. 501(c)(4) 단체를 후원하면 세금 공제를 받을 수 없지만, 내가 역사를 공부해본 바에 따르면 많은 사람이 정치적 변화를 지지하지 않는 상황의 결말은 좋지 않았다.

현 상황에서 재단들과 자선가들이 그들의 기부에 대해 너무 많은 찬사를 받고 있는 것 같다. 궁극적으로 그들의 기부를 가능하게 하는 것은 미국 국세청이다. 나는 브라질의 기부자들 앞에서 미국 재단과 기부 장려에 관한 연설을 해달라는 초청을 받은 적이 있다. 거기에는 브라질 재단들이 미국 재단들보다 적극성이나 시민 참여가 떨어지고 위험 회피 성향이 강하다는 전제가 깔려 있었다. 나는 먼저 브라질의 세금제도부터 확인했는데, 그곳에는 자선 기부에 대한 세제 혜택이 없었다. 나는 미국의 우월함을 옹호하거나 자선을 맹목적으로 강조하는 사람처럼 보이기 싫었다. 그래서 브라질 기부자 청중들에게 세금 정책을 바꿀 방법이 있는지 찾아볼 것을 권했고, 세금 공제 같은 혜택이 생긴다면 아마 더 많은 기부를 유도할 수 있을 것이라고 전했다. 말은 그렇게 했지만 나는 그들에게 해결책을 제시하고 싶지는 않았다. 단지 그들이 원한다면 얼마든지 활용할 수 있는 도구가 있음을 알려주고 싶었다.

또한 나는 자선가로 알려지거나 자선 분야의 일부가 되는 데는 관심이 없다. 한 문학 연구자가 1950년대 세계은행의 수사법과 오늘날의 그것을 비교해 '무엇이 바뀌었나?'를 알아보는 연구를 했다. 몇 가지 변한 것이 있었다. 먼저 세계은행이 세계은행의 발언을 인용하는 횟수가 바뀌었다. 1950년대에 세계은행은 가난 종식, 도로나 댐 건설 등 실질적인 문제에 관해 이야기했다. 하지만 그 이후 세계은행은 세계은행 자체에 관한 말을 많이 했고 신조어들을 만들어냈다. 이 연구자는 그 신조어들을 '은행 용어 (bank talk)'라고 명명했다. 이것은 내재적인 문제를 만들어낸다. 세계은행이 가난 종식 같은 애초의 목표를 달성하려면 관련 인물들에게 실업자가 될 각오로 각자의 일을 성공적으로 완수할 것을 요구해야 한다. 하지만 외부 문제가 아니라 대체로 자기 자신에 대해서만 떠들어댈 경우 이런 목표 달성은 멀어진다. 마찬가지로 자선 분야에도 일명 'NGO 용어'가 있다. 문제 해결보다는 자기 자신에게 집중하는 것이 더 쉽다. 따라서 세계은행이나 대형 재단 같은 기관들은 직원들에게 가난을 종식하거나 사회문제를 해결함으로써 스스로 실업자가 되기를 요구하는 대신 영구적으로 존재하는 것이다.

위험, 임팩트, 변화 유발

OSF가 이루어낸—그리고 알렉산더 소로스 재단(Alexander Soros Foundation)이 마찬가지로 이루어내기를 바라는—많은 위대한 변화는 사람들과 재단의 명성을 걸고 위험을 감수하고자 하는 의지, 과감하게 행동하고 상황을 파악하고자 하는 의지 덕분에 가능했다. 원조나 개발의 경우 많은 이가 "오, 그건 게이츠 재단에서 하고 있지" 또는 "그건 오픈 소사이어티 재단에서 하고 있으니 우리까지 나설 필요는 없어"라고 말한다. 하지만 이것은 자선의 역할을 잘 모르고 하는 소리다. 뉴욕 비영리단체 대표가 내게 이런 말을 한 적이 있다. "저는 당신 아버지께 얼마를 후원해달라고 부탁할 수도 있지만, 따지고 보면 뉴욕 납세자들은 당신 아버지보다 훨씬 많은 돈을 갖고 있어요." 이 말은 사실이다. 진보적인 부자 몇 명이 사회문제를 다 해결할 수 있다고 시민 집단이 믿는 것부터가 문제다.

그렇다면 우리는 어떻게 변화를 만들어낼 수 있을까? 어떻게 자선 분야는 문제를 해결할 수 있을까? 우리는 지금 거버넌스와 절차의 시대를 살고 있지만 그것은 전부 매우 새로운 것이다. 재단을 운영하는 올바른 방법이 있다고 해도 나는 불가지론자에 가깝다.

무엇을 후원할지, 또는 어떻게 후원할지에 대해 차세대 기부자에게 질문을 받으면 나는 이렇게 답할 것이다. "당신의 생각을 찾고 이념을 찾고 확신을 찾으세요." 질문도 던질 것이다. "당신의 개인적인 이야기는 뭐죠? 당신이 바꾸고 싶은 건 뭐죠? 그 이유는 뭐죠?" 확신이 있으면 자신이 하는 일에 대한 성취감이 훨씬 더 커지고 자신이 하려는 일을 더 정확히 이해할 수 있다. 앞서 말했듯이 나의 확신은 개인적 역사와 우리 가족의 유산과 연결되어 있다. 나는 그것을 자랑스럽게 여기는 동시에, 변화를 만들어내기 위해 내가 할 수 있는 모든 일을 계속해나갈 계획이다.

과거 배우기를 통한 미래 개척

앨릭스 소로스의 정체성과 이념은 그의 가족 역사를 바탕으로 하고 있으며, 그것은 그의 자선과 세상을 바꾸는 방식에도 영향을 미쳤다. 하나의 상징으로 자리한 남자의 이야기를 듣고 그의 진면목을 발견함으로써 앨릭스 소로스는 가족 서사에 공감하고 그 안에서 자신의 자리를 발견했다. 게다가 앨릭스 소로스에게 영감이 필요할 때 그의 할아버지의 서사는 등불이 되어주고 있다. 그것은 앨릭스 소로스에게 세대 간 자아는 물론, 그가 계속 가꾸어나가야 할 강력한 유산을 제공한다.

이런 주제 외에도 앨릭스 소로스는 다른 차세대 기부자들도 궁금해하는 몇 가지 도발적인 질문을 던진다. 재단들과 자선가들은 그들의 기부에 대해 지나친 찬사를 받는 것이 아닌가? 차세대 기부자들은 어떻게 정치 기부를 통해 민주주의에 영향을 미칠 것인가? '고액 기부자들이 모든 문제를 해결할 것'이라는 인식을 버리고, 모든 이가 자기 형편껏 기여함으로써 사회적 책임을 다하도록 격려할 방법은 무엇인가?

앨릭스 소로스는 자기 몫을 다하기 위해 부모님이 지지했던 것과 같은 여러 가치를 기반으로 2012년 알렉산더 소로스 재단을 설립했다. 이 재단은 오픈 소사이어티 재단의 미션과 상호보완적 관계에 있는 이슈를 지원하지만 가족 유산을 이어나가는 앨릭스 소로스의 비전과 일치하는 방식으로 지원을 진행한다. 마찬가지로 6장에서는 자수성가한 기부자 하디 파르토비가 정치 격변기의 이란에서 교육 시스템을 개발하려 했던 아버지의 열정을 극찬하는 것을 살펴보았다. 하디 파르토비는 그런 아버지에게 영감을 받아 미국 내 컴퓨터공학 교육운동에 헌신하게 되었다.

자수성가한 사람이든 상속자든, 부자든 가난하든 부모와 조부모의 이야기는 우리가 이 세상에서 어떤 사람이 되느냐에 종종 심오한 영향을 미친다. 하지만 그들의 여정이 우리의 여정이 될 필요는 없다. 우리는 그 유산이 우리 삶에 미치는 커다란 영향을 이해하고 우리가 처한 다양한 맥락 안에서 각자 선택을 하면 된다. 차세대 기부자들은 그들에게 올라탈 어깨

를 내준 사람들에게 깊은 존경심을 갖고 있지만 그들은 더 멀리 내다보고
자 한다. "저에게 역사를 알고 이야기를 아는 것은 앞으로 무엇을 할 것인
지에 대한 영감을 줘요. 제 방식에는 약간의 진화와 응용이 포함될 수 있
겠지만 말이죠. 역사를 앎으로써 앞으로 어떤 일을 중요하게 다루어야 할
지 선택하고 결정할 수 있죠."

관리자 역할을 다음 단계로 끌어올리기

관리자(stewardship) 개념은 오랜 역사를 갖고 있다. 고대 그리스에서는
한 가정을 돌보는 일을 책임지고 모든 귀중품을 관리하는 사람을 가리켰
다. 시간이 흐르면서 이 단어는 종교적 의미—인간에게는 신이 창조하고
인간에게 맡긴 세계를 돌볼 책임이 있다는 의미—로 바뀌었다. 최근 들어
서는 환경 지속 가능성을 정당화하기 위한 용어로 사용되고 있는데, 우
리는 미래세대를 위해 지구를 보호해야 하는 관리인이라는 것이 그 요
지다.[5]

하지만 차세대 기부자들은 그 관리자 역할을 다음 단계로 끌어올리고
자 한다. 그들이 원하는 가족 유산을 기리는 방식은 단순히 그것을 보전해
서 미래세대에게 물려주는 것이 아니다. 그들은 더 큰 임팩트를 만들어내
기 위해 가족 유산을 발전시키고자 한다. 다시 말해 그들이 횃불을 드는
이유는 이전 세대에 대한 경의를 표하기 위함인 동시에, 진보를 향한 새로
운 길을 밝히기 위함이다.

일부는, 특히 가족 서사가 이미 어마어마한 경우에는 자선을 다음 단
계로 발전시키면서 부담감을 느낀다고 했다. "가족들이 이미 너무 많은 분
야에서 너무 많은 업적을 쌓아왔다면 그런 기분이 들어요. 이 유산에 뭘

가를 추가한다고 할 때 그냥 관리자 역할보다 더 나은 역할을 해야 한다고 말이죠. 뭔가 정말 참신하고 새로운 일을 해야만 하죠." 다른 이들은 "어떻게 하면 내가 차이를 만들어낼 수 있을까?"라는 질문을 안고 고민했다. 한 기부자는 우리가 여러 기부자에게서 전해들은 정서를 명확히 표현했다. "[저는] 저에게 주어진 기회를 존중하고 제가 배운 자선에 경의를 표하고 있지만, 동시에 그것을 저만의 독특한 스타일로 발전시켜나가고 있어요."

그것을 기회, 책임, 가능성, 부담감 등 무엇으로 보든 많은 차세대 기부자는 이전 세대의 유산을 관리하는 것이 이미 놀라운 서사에 다른 요소―특히 뭔가 '참신하고 새로운' 요소―를 더하는 것을 의미한다고 생각한다. 한 기부자는 이렇게 설명한다. "저는 재단, 유산, 모두 함께 일하는 공동체적 요소의 가치를 인정해요. 하지만 우리가 지금보다 더 큰 임팩트를 만들어낼 수 있다고 생각해요. 저는 우리가 더 위험을 감수하면 좋겠어요. 지금보다 더 인맥과 네트워크를 활용하고 도구 상자 안의 모든 도구를 활용하면 좋겠어요."

우리는 여기에서 차세대 기부자들이 가진 임팩트, 혁신, 새로운 모험에 대한 열망을 뒷받침하는 새로운 원동력을 발견할 수 있다. 이를 통해 차세대는 그들의 유산을 새로운 단계로 끌어올리고자 한다. 다시 한번 우리는 차세대 기부자들이 날개를 펼치면서 우리 앞에 나타날, 어쩐지 조금 정신 없고 혼란스러운―그렇지만 신나는―시대를 예감해볼 수 있다. 유산을 다음 단계로 발전시키려는 그들의 열망은 강력한 결과로 이어질 수 있다. 우리는 열정 있는 분야에서 기여하라는 아버지의 말에 영감을 받아 자신이 좋아하는 창작 프로젝트를 새로운 방식으로 개발한 빅토리아 로저스와 새로운 프로그램 아이디어를 접목해 기존의 단체들을 부활한 제나 시걸을 통해 이미 그 결과를 확인했다.

미국의 위대한 기업가들과 자선가들의 공헌은 경외심을 불러일으키지만 누군가의 업적이 그런 거대한 업적과 비교된다고 한번 상상해보라. 존 R. 시델 3세는 테드 터너의 손자라는 역할에 갇혀 그 엄청난 무게에 짓눌려 살 수도 있었다. 하지만 그는 부모와 조부모의 격려 아래 자신의 정체성을 찾고, 안락한 양육환경 밖의 세상을 배우고, 무엇보다도 기부와 변화를 위한 자신만의 열정을 발견하고 키워나가기 위한 여정을 시작했다.

존 러더퍼드 시델 3세

사람들은 늘 내게 말한다. "할아버지가 CNN을 설립한 분이라니 정말 흥분되겠네요. 그는 이 미디어 제국을 건설했고 그의 야구팀은 월드시리즈 우승까지 했잖아요." 하지만 나는 너무 어려서 이런 일들을 잘 이해하지 못했다. 할아버지가 이런 성공을 거둔 것은 내가 겨우 철이 들기 시작할 무렵이었다. 그러다 내가 열두세 살쯤 되었을 때 할아버지에게 변화가 찾아왔고 할아버지 인생의 세번째 단계가 시작되었다. 그것은 내게 가장 큰 영향을 미쳤다. 이 단계에 접어든 이후 할아버지는 세상을 더 나은 곳으로 만들고 사람들의 삶을 더 낫게 만드는 일에 집중해왔다. 할아버지는 죽을 때까지 기다렸다가 기부할 필요가 없다는 것을 몸소 보여주고자 한다. 지금 당장 당신이 살아 있을 때 사람들의 삶에 긍정적 영향을 주는 것이 더 낫다고 말이다. 내가 보기에 그것은 성취감을 느낄 수 있는 꽤 좋은 방법인 것 같다.

할아버지의 유산은 분명 막대하다. 나로서는 부담스러운 수준이다. 할아버지 인생의 세번째 단계―자선가로서의 단계―는 할아버지에게 가장 중요하고 할아버지의 영성은 할아버지에게 정말 엄청난 인도주의적 시각과 만족감을 안겨준다. 그것은 수십억 달러를 벌어들이는 것보다 더 대단하다. 또한 그것은 나의 사고방식에도 커다란 영향을 미쳤다.

나만의 선택

부모님과 조부모님이 무엇을 가치 있게 여기는지, 어디서 만족감을 느끼는지 살펴보는 것은 당신이 어떤 사람이 되고자 하는지를 결정할 때 중요한 영향을 미친다고 생각한다. 나는 테드 할아버지가 요트 경기에서 수없이 졌지만 패배를 통해 교훈을 얻고, 결국 아메리카 컵(America's Cup) 우승자가 되었다는 사실을 자주 떠올린다. 마찬가지로 아버지는 내게 실패로부터 교훈을 얻지 못하는 것이 진정한 실패라는 말을 매일같이 했다. 따라서 나는 나의 유산을 창조하기 위해 위험을 감수하고, 그 과정에서 실수와 실패로부터 교훈을 얻어 더 나은 사람이 되고, 더 큰 임팩트를 만들어낼 것이다. 당연히 나는 나만의 일을 하고 싶다. 그것이 정치적 기반시설을 뜯어고치는 일이든 사회적 기업을 통해 임팩트를 만들어내는 일이든 말이다. 따라서 나는 테드 할아버지와 부모님이 내게 가르쳐준 것들을 적용하고 그 위에 나만의 창의적 요소를 추가해 새로운 해결책을 얻으려고 노력할 것이다.

예컨대 나의 장기 목표 중 하나는 정치인이 되는 것이다. 주지사가 되어 주정부와 연방정부 차원의 정책 논의에서 우리 세대의 가치를 대변하는 것이 나의 꿈이다. 대학에서 나는 정치학을 전공했고 비즈니스와 커뮤니케이션을 부전공했다. 내 전공을 살리고, 특히 다른 모든 영역에서 우리의 삶을 너무 편리하게 바꿔준 기술을 활용해 정치적 기반시설을 개혁하고 싶다. 그 한 방법은 소셜 미디어를 이용해 사람들의 목소리를 증폭하는 것이다. 나는 각자의 관심사에 따라 정치를 단순화하고 이용자 맞춤형으로 전환해주는 레볼루션 네이션(Revolution Nation)이라는 웹 기반의 플랫폼을 만들기 시작했다. 이 플랫폼은 당신이 뽑은 정치인이 당신이 신경쓰는 사안에 대한 결정을 할 때 그 내용을 확인할 수 있도록 도와줄 것이다.

여러 형태의 균형

존 R. 시델 3세에게는 가족 유산의 관리자 역할을 하면서 자신의 열정을 좇는 것이 어렵지 않아 보인다. 하지만 일부 차세대 기부자는 가족 유산을 유지하는 것과 자신만의 장을 쓰는 것 사이에서 분명 긴장감을 느낀다.

차세대 기부자들이 이런 긴장을 완화할 수 있는 한 방법은 본인의 첫 번째 역할이(유일한 역할이 아니더라도) 기존의 미션과 원래 기부자의 의도를 따르는 것임을 명심하는 것이다. 여기에는 이전 세대가 후원하던 단체를 계속 지지하는 것도 포함된다. 한 기부자는 이렇게 말한다. "저는 항상 '가족'에 대한 엄청난 책임감을 느껴요. 가족의 관리자 역할만 잘하면 나머지 모든 것을 허락받을 수 있어요. 당신이 가족을 잘 돌보면 가족이 당신을 돌봐주죠." 다른 차세대 기부자도 여기에 동의한다. "우리 모두에게 그건 아주 명확했어요. 그게 바로 우리가 할일이고, 그건 그의 유산이고, 그의 유산과 관심사를 존중해야 한다고 생각하니까요. 그것과 우리의 관심사를 혼동해서는 안 되죠."

다른 사람들은 책임감이나 의무감으로 기존 단체를 계속 지원하면서 자신만의 관심사를 위한 자리를 마련하는 등 유산을 존중함과 동시에 자선 분야를 혁신할 방법을 찾는다. "차세대의 참여를 유도하기 위해서는 창의력을 발휘해 혁신과 개인적 공감을 가족 유산 속에 잘 녹여야 한다고 생각합니다."

대부분의 기부자들은 균형을 꾀한다. 앨릭스 소로스는 오픈 소사이어티 재단의 이사직을 맡는 동시에, 그가 설립한 재단을 통해 본인의 관심사를 후원한다. 존 R. 시델 3세는 터너 재단 이사직을 맡으면서 자신만의 앱을 개발중이다. 조부모가 설립한 재단의 회장직을 맡고 있으며 10장에서 소개할 캐서린 로렌즈는 가족 유산을 관리하는 일과 차세대가 그 유산의 임팩트를 깨닫도록 돕는 일 사이에서 적절한 균형을 찾았다.

여러 세대가 이사회에 참여하는 가족재단의 회장으로서 내 역할은 세 가지 목표 간의 균형을 잡는 것이라고 생각한다. 그 목표는 임팩트 만들기, 가족이 뭉치도록 돕기, 조부모님이 쌓은 유산 이어가기다. 재단을 이끄는 한 가지 방법은 효율적인 자선활동을 통해 비용 대비 최대의 선 효과를 이끌어내는 것이다. 하지만 그만큼 중요한 것은 가족을 위해 가치 있는 경험을 만들어내는 것—재단을 통해 우리 모두가 열정을 품고 있는 이슈를 중심으로 한마음이 되는 것—이다. 나는 우리가 이 두 가지 목표를 달성하고 이 두 가지가 서로 상승작용을 한다면, 조부모님이 남긴 유산을 긍정적이고 지속적으로 이어가는 세번째 목표는 저절로 달성될 것이라고 생각한다.

자수성가한 사업가 같은 사람들은 훨씬 더 자유롭게 자신이 원하는 모습의 자선가가 될 수 있다. 하지만 그들조차도 가족 역사에서 새로운 장을 써야 한다는 압박을 느낀다. 그들은 그들의 이전 세대가 상상도 못 한 수준의 돈을 손에 넣었기 때문이다. 많은 이는 자녀들에게 자선의 중요성을 알리는 것부터 시작한다. "저는 [제 아이들이] 저를 보고 이사회를 통해서든 자원봉사를 통해서든 좀더 직접적으로 참여하는 법을 배웠으면 해요. 제 아이들이 자기 자신을 넘어 이 세상에 기여할 수 있다는 것을 이해했으면 해요."

다른 기부자는 자신과 자신의 남편이 죽은 뒤에도 수십 년간 지속될 수 있는 자선적 유산의 출발선에 서 있는 것일지도 모른다고 생각한다. "우리가 이 경험에 익숙해지는 동안 얼마나 많은 부분을 [우리 아이들에게] 물려줄 수 있을까요? 우리는 자선이 그 아이들의 삶에서 얼마나 큰 부분을 차지하기를 바라고, 그 아이들은 또 얼마나 우리 뜻을 따라줄까요? 그 아이들이 이 과정을 통해 가장 적극적이고 혁신적인 사상가가 될 수도 있지 않을까요?"

이 장의 내용이 의미하는 바는?

우리는 가족재단, 차세대와 함께 일하고 그들을 연구하는 동안, 특히 유언장이나 구체적인 명시가 없는 경우 형제자매와 사촌들이 돌아가신 부모나 조부모의 뜻을 어떻게 받들 것인지를 두고 다투는 모습을 보았다. 우리는 나이 많은 가족 구성원들에게 차세대가 짐작만 하도록 내버려두지 말고 그들이 살아 있는 동안 직접적인 방식으로 그들의 이야기를 들려주고 유산을 전해줄 것을 권한다. 가족 이야기를 직접 들려주면 당신이 원하는 바를 명확히 전달할 수 있고 차세대 가족 구성원들은 그것이 무슨 의미인지 질문할 기회를 얻게 된다. 당신이 떠난 뒤에는 너무 늦다. 자녀들은 혼자 힘으로 그 뜻을 해석할 수밖에 없을 테니까.

게다가 대다수 차세대 기부자는 이전 세대와의 대화를 통해 그들의 뜻을 어떻게 실행에 옮겨야 할지―또는 발전시켜야 할지―알고 싶어한다. 이런 명확성은 차세대를 지탱해주고 안심시켜준다. 누군가가 죽었을 때 슬픔과 모호함을 넘어서서 명확함과 자신감을 향해 나아갈 수 있다. 10장에서는 이와 관련된 좋은 사례를 확인할 수 있을 것이다. 캐서린 로렌즈는 할아버지가 원하는 가족재단의 운영 방식을 직접 들은 것이 길을 찾는 데 도움이 되었다고 말한다.

집안의 어르신이 돌아가시기 전에 가족끼리 유산에 관해 진솔한 대화를 나누는 것은 우리가 앞서 설명한 것처럼 차세대가 가족 유산을 관리하는 것과 그것을 발전시키는 것 간의 긴장을 해소할 방법을 찾는 데 도움이 된다. 우리가 들은 바에 따르면 차세대 기부자들은 바로 그 유산 덕분에 자신만의 것을 쌓아나가고 세상에 자신만의 임팩트를 남길 수 있을지도 모른다는 가능성을 느낀다. 한편, 이런 대화는 나이 많은 가족 구성원이 차세대를 최고의 선의를 가진 존중할 만한 혁명가로 인식할 계기를 마련해준다. 가족 서사가 온전히 유지되는 가운데 이야기가 발전할 수 있다면 모든 가족 구성원은 더욱 만족할 것이다.

가족 유산을 차세대에게 전달하는 것의 중요성을 알고 있다 하더라도 그 대화가 늘 쉬운 것만은 아니다. 가족이 죽은 뒤에 일어날 일에 관해 이야기하기란 어렵다. 하지만 그런 대화를 이끌어내는 데 유용한 도구가 있다. 21/64는 기부자들이 그들의 유산을 잘 설명할 수 있게 돕기 위해 픽처 유어 레거시(Picture Your Legacy™) 카드를 개발했다. 기부자들은 카드의 이미지를 하나씩 넘기면서 그들이 미처 언어화하지 못한 그들의 유산을 찾아볼 수 있다. 수전 턴불(Susan Turnbull), 에릭 와이너(Eric Weiner), 엘라나 제이먼(Elana Zaiman)은 '윤리적 유서(ethical will)'의 작성을 돕는다. 이것은—상속되는 재산을 넘어서서—그들의 이야기, 배웠던 교훈, 가족, 친구, 지역사회에 남기고자 하는 메시지를 담은 유산에 관한 편지다.[6] 또한 전기 작가, 비디오 작가, 구술 역사가처럼 가족 이야기를 전달하는 과정을 돕는 전문가들도 있다.

유산에 대한 허심탄회한 대화는 가족에게만 필요한 것이 아니다. 이전 세대 기부자들에 이어 차세대의 지지를 받고자 하는 비영리단체에게도 꼭 필요하다. 존폐 위기에 처한 우리 사회의 주요 단체를 어떤 가족이 후원해온 경우라면 더더욱 그렇다. 부모와 조부모가 그들이 가장 아끼던 단체와 관련해 따로 지시를 남기지 않을 경우 차세대 기부자들은 후원 요청을 어떻게 처리해야 할지 몰라 당황하고 그에 따라 해당 단체는 어려움을 겪는다.

따라서 비영리단체는 주요 기부자들에게 그들이 죽기 전에 자녀들에게 미리 뜻을 전해달라고 부탁해야 한다. 차세대 기부자들에게 이런 가족 기부의 전통을 이어나갈 의사가 없다고 하더라도 비영리단체로서는 그런 가능성을 빨리 인지하는 편이 더 낫다. 예컨대 21/64가 차세대 기부자들과의 관계 구축을 원하는 한 단체와 협업하는 동안 그 단체 대표는 자신이 겪고 있는 문제를 털어놓았다. 해당 단체의 연간 예산 중 10퍼센트를 후원해왔던 주요 기부자가 최근 사망했는데, 그 단체 대표는 기부자의 직계가족과 전혀 친분이 없다고 겸연쩍은 얼굴로 말했다. 자신의 실패에 무안해하고 상황의 심각성에 유감스러워하며 그는 어깨를 으쓱했다. 그는 이 기부자의 아들이 해당 비영리단체를 계속 후원할 것인지, 막대한 예산 공백이 생기는 것은 아닌지 아무것도 확신하지 못했다.

이런 곤경에 처한 것은 이 대표만이 아니다. 일부 가족 구성원은 자신의 죽음에 대해 말하고 싶어하지 않으므로 비영리단체 대표들은 기부자들에게 이런 이야기를 꺼내기가 어렵다. 하지만 선제적으로 대응하는 전문가들이라면 기부자가 살아 있을 때 이런 유산에 관해 논의해야 한다는 사실을 깨달을 것이다. 그들은 기부자의 직계가족과의 면담을 요청해야 하고 기부자가 자녀들에게 그런 짐을 지우기 싫다고 한다면 증여자산 방식을 제안할 수도 있다. 현명한 비영리단체 전문가들이라면 기부자를 위한 부가가치 상품으로서 믿을 만한 조언자의 도움을 받아 이런 중요한 대화의 기회를 마련할 것이다.

마찬가지로 부유한 개인들을 돕는 조언자들은 그들의 고객들이 재정적 유산뿐 아니라 자선적 유산에 관해 이야기하는 데 관심 있다는 사실을 알게 될 것이다. 아마 대부분은 세금 계획에 대한 논의보다는 차세대를 기부에 참여하게 할 방법에 관한 논의에 더 많은 관심을 보일 것이다.[7] 조언자들은 이런 가족들이 스콧 피디언(Scott Fithian)과 토드 피디언(Todd Fithian)이 말한 것처럼 재산 계획의 원리 원칙 같은 '수준 이하'의 대화뿐 아니라 가치, 유산, 미래 계획 같은 '수준 이상'의 대화를 나누도록 하는 법을 배워야 한다.[8] 스콧과 토드 피디언은 고객들이 그들의 개인적 유산과 자선적 유산에 관해 다른 가족들과 대화를 나눌 수 있는 공간을 원한다는 것을 깨달았다. 전문가들은 고객들에게 그런 공간을 마련해주는 믿을 만한 조언자가 되기 위해 노력해야 한다. 자신의 바람과 의도를 차세대에게 전달하고자 하는 고객과 이전 세대의 뜻을 따르면서 본인만의 꿈과 희망도 추구하고자 하는 고객 모두에게 말이다. 간단히 말해 조언자들은 자선적 성향을 지닌 고객들에게서 단순히 거래를 위한 대화가 아니라 변화를 위한 대화를 유도할 수 있어야 한다.

* * *

　우리는 차세대 기부자들이 혁명적인 동시에 존경심을 갖고 산다는 것을 알지만, 이 두 가지 성향이 늘 잘 어우러질 수 있다고 우리 자신을 기만해서는 안 된다. 임팩트와 실험에 대한 차세대의 강력한 헌신은 때로는 유산에 대한 헌신과 충돌한다. 극단적인 경우 세대 격차가 너무 심각해 가장 감동적인 가족 서사조차도 차세대에게 과거를 존중하면서 미래로 나아가는 길을 제시하지 못한다. 차세대가 가족의 논란 많은 역사, 이를테면 재산 축적과정 같은 것을 적극적으로 부정할 수도 있다. 이전 세대의 방식을 통해 얻는 결과가 너무 보잘것없어서 차세대가 임팩트에 대한 주된 욕구를 포기하지 않고서는 이전 세대의 뜻을 이어나가는 것이 아예 불가능한 경우도 있다.

　하지만 우리 연구에 따르면 전반적으로 이전 세대의 유산을 기리는 동시에, 기부를 통한 임팩트 극대화를 진지하고 적극적으로 모색하는 사례가 훨씬 많았다. 우리는 앨릭스 소로스, 존 R. 시델 3세처럼 앞으로 임팩트를 만들어내는 것이 그들이 물려받은 유산을 잘 관리하는 최선의 방안이라고 생각하는 기부자들을 많이 만났다. 다만 걱정스러운 점은 차세대 기부자들과 허심탄회하고 건설적인 대화를 나누는 가족이 많지 않다는 것이다. 이런 대화는 차세대의 생산적 접근과 자선적 정체성 확립을 돕고 그들이 우리에게 꼭 필요한 내일의 자선가로 발돋움할 수 있도록 격려하고 방향을 알려줄 것이다.

10장

여러 세대로 구성된 팀 만들기

역사적으로 기업이든 재단이든 가족이 운영하는 단체 내에서의 승계는 릴레이경주로 여겨졌다. 가부장이나 가모장의 은퇴 또는 사망을 대비해 준비중이던 차세대가 일종의 배턴을 넘겨받는 식이었다. 마찬가지로 비영리단체의 리더십 승계는 전통적으로 대표이사와 이사들—아마도 단체를 설립하고 수십 년간 후원한 사람들—이 어떻게 경영권을 넘겨줄 것인가에 집중되었다. 이런 권한 이양은 실질적 측면뿐 아니라 감정적 측면에서 쉽지 않지만 불가피한 일이고, 보통 대기중인 차세대가 원하는 만큼 빠른 속도로 이루어지지 않는 경우가 많다.

하지만 배턴을 넘겨주는 이미지는 오늘날 자선 분야의 현실과 맞아떨어지지 않고 차세대 기부자들에게도 도움이 되지 않는다. 여러 세대가 자선활동에 순차적으로 참여하기보다는 다 함께 참여하는 경우가 많아지고 있기 때문이다. 야구팀 감독이 투수만으로 팀을 구성하지 않듯이 자선재단이나 비영리단체도 다양한 경험과 기술을 갖춘 선수들을 동시에 경기에 출전시킬 수 있어야 한다.

차세대 기부자들은 이전 세대들이 사망하기를 기다리지 않고 경영권 승계 계획을 세우지도 않는다. 그들은 우리 사회의 가장 큰 병폐를 해결하기 위해 모든 세대의 자산을 총동원해야 한다고 생각한다. 임팩트 세대는 이전 세대와 나란히 경기에 뛰어들 준비가 되어 있다. 그들은 이전 세대의 대체 선수도 아니고, 대기 선수도 아니다.

새로운 여러 세대 지형

많은 사람이 생각하는 주요 자선가들의 이미지는 도금시대 부호—먼저 엄청난 부를 축적하고 은퇴한 뒤 인생의 황혼기에 의미 있는 사회적 공헌을 함으로써 개인적인 만족을 얻었던 앤드루 카네기나 줄리어스 로즌월드(Julius Rosenwald) 같은 사람들—에 가깝다. 앤드루 카네기는 여든네 살까지 살았고 비교적 젊은 나이에 자선적 삶을 살겠다고 공언했지만 그의 기부활동은 죽기 전 약 2, 30년에 집중되었다. 이는 다분히 의도적인 결정이었다.[1] 시어스(Sears)의 설립자 줄리어스 로즌월드는 거의 일흔 살까지 살았고 20세기 초 미국 남부의 흑인 아동교육에 큰 공헌을 함으로써 오늘날까지 칭송받는다. 그의 자선활동 역시 인생 막바지 20년 동안 대부분 이루어졌다.[2]

이런 접근 방식을 오늘날 잘 알려진 주요 기부자들의 접근 방식과 비교해보자. 2장에서 대니얼 루리가 언급한 것처럼 오늘날 기부자들은 젊은 나이에 기부를 시작한다. "[우리는] 젊은 나이에 이렇게까지 부유한 사람들을 이전까지 본 적이 없어요. 예전에는 재산을 모으는 데 시간이 걸렸기 때문에 20대 억만장자는 없었죠. 하지만 지금은, 특히 실리콘밸리를 보면 단 5년이나 10년 안에 수십억 달러의 재산을 모으곤 해요. 우리는 새로운 골드러시 시대에 살고 있죠."

훨씬 젊은 나이에 엄청난 돈을 벌어들이는 사람이 늘어나고 있고 차세대 기부자들은 자신이 평생에 걸쳐 기부를 할 수 있다고(또는 그래야만 한다고) 생각한다. 이는 그들이 나이 많은 기부자들이 물러날 때까지 기다리는 것이 아니라 그들과 동시에 기부를 한다는 뜻이다.

게다가 오늘날 미국인의 평균 수명은 과거보다 훨씬 길다. 1900년에는 47.3세였지만 2000년에는 76.8세로 늘어났다.[3] 사실 포스트 밀레니얼 세대인 '제트 세대(1995년에서 2015년 사이에 출생)'가 스물한 살이 되면서 오늘날 사회에는 다섯 개의 성인 세대가 공존한다. 한 가정 내에 네 세대 또는 다섯 세대가 동시에 생존하는 사례도 어렵지 않게 찾아볼 수 있다.[4] 많은 사람이 더 오래—훨씬 더 오래—살게 되면서 한 가정 또는 동일한 목표를 가진 기부자 집단 내에서 다양한 세대가 함께 적극적인 기부활동에 참여하는 상황이 발생하고 있다.

이것은 근본적으로 자선 분야의 새로운 지형을 만들어낸다. 가족들과 기관들은 세대에 걸친 수직적 승계 방식에서 벗어나 여러 세대의 성인들을 동시에 기부활동에 참여시킬 방법을 찾아야 한다. 자선활동을 하며 은퇴 이후의 삶을 보내려 했던 나이 많은 세대는 그들의 자녀, 심지어 손주와 함께 자선활동에 참여하게 될지도 모른다. 한 기부자는 그의 가족 내에서의 이런 현상을 귀중한 세대 간의 배움으로 설명한다.

"우리는 이것이[가족재단이] 어떤 모습이기를 바라는가? 우리가 이 세상에서 원하는 변화는 무엇인가?"와 같은 이야기를 나누었다. 우리는 이런 질문에 집중했고, 조언자들에게 관련 프로그램 분야의 사례를 알려달라고 했다. 개인 차원에서 관심 있는 이슈로는 부족했다. 우리 모두가 함께할 수 있어야 했다. 모든 사람이 "우와! 우리가 뭔가 변화를 만들어 낼 수 있겠어"라고 느꼈다. 우리는 이슈를 정한 뒤 다 함께 무언가를 시작할 수 있었다.

캐서린 로렌즈 같은 많은 상속자는 3대 이상이 함께 활동하는 가족재단을 경험하고 있다. 캐서린 로렌즈의 조부모 신시아와 조지 미첼은 인생 말년에 기부자로 활약했다. 그들은 건강이 허락하는 선에서 다양한 자선적 대의를 후원하고, 그들의 이름으로 기관을 설립하고, 그들의 바람을 꾸준히 전달했다. 캐서린 로렌즈와 그녀의 가족들은 조부모가 돌아가실 때까지 기다렸다가 가족재단에서 활동하는 대신 3대가 동시에 전략적 기부에 참여했다. 그러다가 그녀의 조부모가 실제로 돌아가셨을 때 남은 가족은 이미 계획이 있었고 철저히 준비된 상태였다.

이처럼 새로운 현실은 여러 세대를 동시에 아우르기 위한 재단과 비영리단체 지배 구조의 체계적 변화, 이해당사자들의 상호작용에 관한 문화적 변화, 보조금 신청기관들이 가족재단과 소통하는 방식의 변화를 요구한다. 우리는 캐서린 로렌즈의 사례를 통해 이처럼 여러 세대가 참여하는 기부의 황금기에 기부가 어떻게 진화하고 도금시대 자선의 전통적 관념을 대체할 것인지 파악할 수 있다.

노-하우와 노-후

그런데 집안의 연장자들은 왜 차세대를 참여시키는 것일까? 전통적 관점에서 그들은 차세대가 그들의 유산을 계승하기를 바랄 때—그들이 시작한 일을 마무리해주기를 바랄 때—차세대를 참여시켰다. 하지만 차세대 기부자들은 스스로를 후계자 이상의 존재로 인식한다. 그들은 경기장에 가져오고 싶은 본인만의 특장점이 있다고 생각한다. 그들은 여러 세대로 구성된 팀의 저력을 믿고 임팩트에 따라 움직인다. 새로운 도구나 전략을 사용하는 위험을 감수할 만큼 용감하고 자신이 가진 모든 것을 경기력에 보태고자 한다. 그들의 '노-하우(know-how, 아는 방법)'와 그들의 '노-후(know-who, 아는 사람)'까지 전부 다 쏟아부으려고 한다. 한 기부자는 다음과 같은 식으로 설명한다.

> 젊은 나이에 이 분야에 뛰어든다는 것은 놀라운 일이다. 먼저 나는 여러 멘토에게 이런 질문을 할 수 있었다. "방법을 잘 몰라서 그러는데, 이런 일은 어떻게 하는 거죠? 책을 읽어봤지만 어떻게 하라는 건지 모르겠어요." 그러면 나의 멘토는 내게 그 부분을 차근차근 설명해준다. 반대로 차세대로서 내가 잘 아는 분야에 대한 통찰을 제공할 수 있다는 점도 기쁘다. 나이 많은 동료는 내게 이런 요청을 한다. "우리 집안의 3세대들도 곧 기부에 참여할 텐데, 어떻게 그 애들의 참여를 유도하는 게 좋을 것 같나? '페이스북'이 뭔지 좀 알려주게!"

다른 기부자는 여러 세대 사이에서 생겨날 수 있는 차이점과 그런 차이점이 결국 생산적으로 이용될 수 있는 방식을 고민했다. 그녀는 먼저 이렇게 말했다. "우리 가족은 기부와 관련해 제가 아는 모든 지식과 방법을 제게 가르쳐주었어요." 그러다가 그녀는 곧장 그 말을 수정했다. "저는 매우 다른 방식으로 기부에 접근하는데, 참신한 견해를 가진 젊은이로서 뭔가 새로운 의견을 내놓죠." 그녀는 이 두 문장이 모두 사실이라는 점을 설명하려고 했다. "저의 기부 방식—기부에 대한 저의 '로드맵'—은 가족들이 제게 가르쳐준 것을 기반으로 하고 있단 걸 알게 되었어요. 심지어 제가 다른 길을 택할 때조차도 그건 가족들이 했던 일 중에 마음에 안 드는 부분을 기반으로 한 결정이죠."

참여의 가치에 대해 모두가 인정하더라도 그 참여로의 진입로가 불투명한 경우가 많다. "가족재단의 모든 활동은 우리와 우리 가족을 위해서라지만, 우리는 그와 관련해 목소리를 내지 못하고 있어요. 전 스물일곱 살이 다 됐는데, 언제쯤 가족재단에 초대받을 수 있을지 모르겠어요." 다른 기부자는 이렇게 말했다. "제가 만나본 많은 이[젊은 기부자]는 가족재단 내에 본인의 자리가 없고, 언제쯤 자리를 얻게 될지 모르는 상태예요. 그들은 전부 똑같은 것[질문]으로 고민하고 있죠. '내 자리는 어디인가?'"

어떤 면에서 오늘날의 질문은 '자선 가족들과 비영리단체들이 차세대를 자선활동에 꼭 참여시켜야 할까?'가 아니라 '그들을 참여시키지 않고도 과연 무사할 수 있을까?'다. 차세대의 독특한 재능과 보완적·동시대적 기술이 받쳐주지 않는 상황에서 자선 가족들과 비영리단체들은 나날이 커지는 오늘날의 사회적 병폐에 충분히 발 빠르게 대응할 수 있을까? 과거에 늘 해왔던 방식만으로 그것이 가능할까? 우리가 인터뷰한 차세대 기부자들은 회의적이었다.

이처럼 하나의 팀을 만드는 능력, 기성세대 자선가들의 지혜와 경험을 차세대 기부자들의 위험 감수 성향 및 창의성과 하나로 묶는 능력은 캐서린 로렌즈의 이야기에서 잘 드러난다. 캐서린 로렌즈는 젊은 나이에 단순히 차세대 이사가 아니라 조부모가 설립한 거대한 가족재단의 회장이 되었다. 중책을 맡은 그녀는 기존의 수직적 구조에서 벗어나 구성원의 집단 지성을 통해 더 큰 임팩트를 만들어내는 여러 세대, 여러 갈래의 가족재단을 만들었다.

캐서린 로렌즈

나는 텍사스주 오스틴에서 나고 자랐다. 당시에는 딱히 '자선'이라고 생각한 적이 없었지만 우리 가족의 가치는 늘 자선의 정의와 맞아떨어졌던 것 같다. 부모님은 모든 계층의 사람들을 존중했고 우리집에는 항상 도움이 필요한 사람들이 머물렀다. 문은 늘 열려 있었다.

할머니 신시아 우즈 미첼(Cynthia Woods Mitchell)은 알츠하이머로 오랜 기간 힘든 투병생활을 하다가 2009년에 돌아가셨다. 할아버지 조지 P. 미첼(George P. Mitchell)은 94세를 일기로 2013년에 세상을 떠나셨다. 두 분은 열 명의 자녀, 스물다섯 명의 손주, 일곱 명의 증손주를 남겼다.

할아버지는 셰일가스 붐을 일으킨 기술을 개발한 선구자로 잘 알려져 있으며 종종 '수압파쇄법의 아버지'라고 불린다. 할아버지는 1940년대에 석유가스업계에서 일하기 시작했다. 미첼에너지개발회사(Mitchell Energy & Development Corp.)는 1970년대에 상장되었고 2001년 데번에너지(Devon Energy)에 매각되었다.

할아버지는 모든 면에서 비저너리(visionary, 비전을 내다보는 선견지명이 있는 사람—옮긴이)였다. 무언가가 가능하다고 생각되면 회의적인 시선과 논란에도 아랑곳하지 않고 그것이 실현될 때까지 포기하지 않았다. 셰일에서 천연가스를 추출하겠다는 결심은 할아버지의 비저너리로서의 성향을 잘 반영한다고 생각한다. 할아버지는 셰일에서 가스를 얻는 것이 가능하다는 사실을 알았고 할아버지의 회사—또한 이 세상—는 석유나 석탄을 대체할 에너지원을 필요로 한다는 사실을 깨달았다. 삶의 여러 다른 영역에서와 마찬가지로 할아버지는 때때로 주변 사람들에게 미치광이 취급을 받으면서까지 당신이 믿는 바를 지지했고 당신의 비전을 따랐다.

할아버지는 매우 큰 위험을 감수하는 사람이었다. 할아버지의 재산은 결과적으로 성공으로 판명난 일련의 도박을 통해 형성되었다. 할아버지는 당신 생각을 말하는 데 주저함이 없었다. 또한 당신이 옳다고 여기는 일을 하면서 사람들의 심기를 건드리는 것도 두려워하지 않았다. 당신이 옳다고 생각하는 일을 하고 당신의 신념을 지지하는 것―또한 위기를 감수하고 그 일을 해내는 것―의 가치는 오늘날 우리 가족과 가족재단에서 공통적으로 발견된다. 우리 가족처럼 임팩트가 큰 자선활동을 하려면 위험을 감수하는 성향이 필요하다. 과감하게 위험을 감수하고 본인의 신념을 지지하려는 욕구는 우리 가족의 타고난 성향이라고 생각한다.

지속 가능성과 그것에 대한 지속적 헌신

할아버지가 몸담았던 업계를 고려할 때 에너지 산업이라는 우리 가족의 유산과 더 깨끗한 에너지로의 전환이라는 시대적 요구 사이에는 흥미로운 연관성이 있다.

1960년대 말 할아버지는 버크민스터 풀러(Buckminster Fuller)와 그의 '우주선 지구호(Spaceship Earth)' 개념―자원이 한정된 지구에서 인구가 늘어나고 있으므로 모든 인류는 지구의 건강과 인류의 생존을 위해 함께 노력해야 한다는 개념―에서 커다란 영감을 받았다. 할아버지는 지속 가능성에 열정을 갖게 되었고 그것이 당신에게 무엇을 의미하는지 명확한 비전을 갖고 있었다. 수십 년 동안 여러 인터뷰나 대화를 통해 할아버지는 이렇게 말했다. "60억 인구의 세상도 제대로 작동하게 할 수 없다면 100억 인구의 세상은 어떻게 될까요? 그 문제에 대해 어떻게 할 겁니까?" 이 마지막 질문, "그 문제에 대해 어떻게 할 겁니까?"라는 이 질문은 할아버지에게 매우 중요했다. 할아버지는 지구의 지속 가능성을 보장하기 위해 우리 각자가 해야 할 역할이 있다고 믿었기 때문이다.

할아버지는 자선을 통해 당신의 역할을 다하고자 했고 지속 가능성 이슈에 막대한 자금을 쏟아붓기 시작했다. 예컨대 할아버지는 대기업 최고경영자들이 지속 가능성을 고민하도록 유도하는 데 초점을 맞춘 일련의 콘퍼런스를 지원했고 전미과학아카데미(National Academies of Science)가 지속 가능성의 과학을 연구할 수 있도록 증여자산을 기부했다. 또한 할아버지는 당신과 할머니가 설립한 가족재단의 핵심 사업이 지속 가능성 이슈여야 한다고 분명히 못박았다.

할아버지는 석유가스업계에서 활약한 것으로 가장 유명하지만 정작 당신은 '우드랜드(The Woodlands)'를 세운 데 대해 가장 큰 자부심을 느꼈다. 할아버지는 사람들이 자연과 더불어 조화롭게 살 수 있는 장소를 꿈꾸면서 1974년 텍사스주 휴스턴 북부에 이 공동체를 설립했다. 현재 10만 명이 거주하고 있는 그곳은 우리 가족 유산의 다른 한 부분이기도 하다.

할아버지는 돌아가시기 전 기부 약정에 서명했다. 당신 재산의 대부분을 자선 목적으로 사용하겠다는 오랜 꿈을 공개적으로 밝힌 것이다. 나는 2010년 빌과 멀린다 게이츠 부부, 워런 버핏 같은 사람들이 기부 약정을 하며 다른 억만장자들에게 살아생전 또는 사후에 재산 대부분을 기부하겠다고 약정할 것을 촉구하는 모습을 흥미롭게 지켜보았다. 내 조부모님은 이미 오래전에 그런 결심을 했지만 그런 뜻을 공개적으로 밝힌 것은 뜻깊다고 생각했다. 이는 다른 가족들이 비슷한 기부 약정을 하는 데 영감이 될지도 모를 일이다.

할아버지 영향 덕분에 우리 가족은 수십 년 동안 환경문제에 큰 관심을 가졌고 가족재단을 통해 할아버지의 뜻을 적극 이어나갔다. 조부모님의 유산을 기리는 차원에서 신시아 앤드 조지 미첼 재단(Cynthia and George Mitchell Foundation)은 주로 텍사스주의 지속 가능성 이슈에 초점을 맞춘다.

실전을 통한 학습

오늘날 나는 가족재단을 운영하는 특권을 누리고 있지만 내가 처음 경력을 쌓기 시작할 무렵에는 이 일을 하게 될지 전혀 예상하지 못했다. 나는 노스캐롤라이나주 데이비드슨대학에서 경제학을 전공했고, 스페인어를 부전공했으며, 칠레에서 유학했다. 남아메리카에 머무는 동안 나는 경제 발전의 세계, 특히 개발도상국의 빈곤 극복을 위한 보건 정책과 경제 정책에 관심을 갖게 되었다. 그래서 대학을 졸업하자마자 니카라과의 시골 마을로 가서 단칸방뿐인 집에서 여섯 명의 가족과 두 달간 함께 살았다. 수도나 전기 시설조차 없는 곳이었고 주민은 약 300명이었다. 비상사태가 발생하면 말을 빌려 타고 1시간 거리에 있는 고속도로까지 나가야 한다고 들었다. 라디오도, 전화도 없는 가난한 마을에서 보낸 몇 달의 시간. 그 경험은 내 인생을 바꾸어놓았다. 나를 비롯해 많은 사람은 일반적으로 '내가 그들에게 삶을 어떻게 살아야 하는지 가르쳐주겠어'라는 마음가짐으로 그런 곳에 간다. 하지만 나는 그곳 사람들에게 가르칠 것보다는 배울 것이 훨씬 많다는 사실을 깨닫게 되었다. 그 경험을 통해 나는 완전히 다른 삶의 방식을 배웠고 이 세상의 대다수 사람이 어떻게 살아가는지를 배웠다.

미국에서 1년간 비영리단체에서 일한 뒤 나는 시골 지역의 빈곤문제를 이해하는 데 여름 한 철의 경험만으로는 부족하다는 판단이 섰다. 원래 1년쯤 머물 계획으로 2003년 멕시코로 갔는데, 그곳에서 거의 6년을 보내게 되었다. 나는 지난해 여름에 만난 친구와 함께 멕시코 오악사카로 가서 학생 주도의 농촌 보건 프로그램을 이어나갔다. 우리는 그곳에 많은 도움이 필요하다는 것과 더 큰 임팩트를 만들어낼 여지가 있음을 확인했다. 따라서 공식적인 단체를 만들고 자금을 모아야 했다.

우리는 푸엔테 아 라 살루드 코무니타리아(Puente a la Salud Comunitaria, 지역사회 보건을 위한 다리)를 설립하고 그 지역의 토종 작물이자 단백질이 풍부한 아마란스를 활용해 농촌사회의 건강을 자연스럽게 증진하고자 했다. 우리는 영양실조에 걸리거나 그럴 위기에 처한 아이들의 식단에 아마란스를 포함시키는 데 집중했다. 처음에는 여성을 대상으로 아마란스를 활용한 요리를 알려주었다. 프로그램이 발전하면서 가족 정원, 그리고 나중에는 더 큰 농경지에 아마란스를 심기 시작했으며, 이는 농촌 가정에 경제적 기회를 마련해주었다.

우리 가족이 약간의 종잣돈을 지원해주었지만 나는 월급도 못 챙기는 경우가 많았다. 초창기 일부 사업에는 내 개인 자금이 들어가기도 했다. 하지만 나는 푸엔테가 내 기부금이나 우리 가족의 기부금만으로 운영되기를 바라지 않았다. 푸엔테는 다양한 자금 공급처를 확보해 공공 자선단체로 자립할 수 있어야 했다.

실전을 통한 학습보다 더 나은 학습 방법은 없다. 푸엔테를 공동 설립하고 운영한 것은 내 인생에서 가장 대단한 배움의 기회였다. 비영리단체 설립과 관련된 멕시코 내 법적 규제 검토부터 농촌 보건 프로그램 계획, 모금, 직원 관리에 이르기까지 나는 단체 운영과 관련된 모든 것을 밑바닥부터 배웠다. 14년이 지난 오늘날에도 나는 매년 한두 달은 그곳에서 일한다. 오악사카 농촌 주민들과의 만남은 나의 자선활동에 지속적으로 동기를 부여해준다. 그곳에서 만난 사람들과 그곳에서 배운 모든 것은 내게 영감과 활력을 불어넣는다.

예상치 못한 역할

이 모든 일이 진행되던 2004년, 텍사스주에 있는 우리 가족재단에서는 전략적인 계획과정이 진행중이었다. 당시 내가 포함된 세대, 즉 3세대(G3)가 처음으로 가족재단 회의에 초대받았다. 이모가 19년간 재단을 운영하고 있었지만 당시까지도 중요한 결정은 조부모님이 직접 하는 경우가 많았다. 이 전략적 계획과정은 우리가 조부모님의 재단이 아니라 진짜 '가족재단'에 참여한다고 느낀 최초의 경험이었다. 모든 2세대(G2, 내 어머니와 어머니의 형제자매)와 스물다섯 살 이상인 3세대(내 사촌들)가 이 회의에서 동등하게 목소리를 낼 수 있었다. 다행히도, 또한 놀랍게도 우리는 가족재단의 미래를 계획하는 과정에 우리의 가치와 비전이 상당히 일치한다는 사실을 확인했다.

조부모님은 사후에 재산 대부분을 재단에 기부할 것이라는 의사를 밝혔으므로 우리는 두 분이 돌아가신 뒤 재단기금이 급격히 늘어날 것이라는 사실을 알고 있었다. 하지만 이 계획과정을 통해 조부모님 사후에 두 분의 뜻을 짐작하는 대신 살아 계신 동안 재단의 미래에 관해 두 분의 의사를 들어볼 수 있는 기회를 마련했다. 조부모님은 이후 여러 해 동안 재단 운영에 관한 중요한 결정에 직접 관여했지만 우리는 조부모님이 아직 살아 계실 때 가족으로서 함께 의사 결정을 하고 꼬인 매듭을 풀기 시작하는 것이 중요하다는 것을 잘 알았다.

가족재단이 지속 가능성 이슈에 집중해야 한다는 할아버지의 명확한 방향성과 열정을 고려할 때 우리는 그것이 출발점임을 알고 있었다. 하지만 지속 가능성은 다른 사람들에게 너무 많은 것을 의미할 수 있는 매우 포괄적인 단어다. 그것을 온 가족이 지지할 수 있는 보조금 배분 형식으로 바꾸는 것은 간단한 일이 아니다. 이사회 구성원들이 다 함께 지속 가능성에 대해 배울 수 있는 교육 프로그램을 여러 차례 진행한 다음 우리는 첫 번째 보조금을 청정에너지에 집중하기로 표결했다.

우리는 우리가 어느 정도 전문성과 통찰을 지닌 분야에서 기부를 시작하는 것이 중요하다고 느꼈다. 청정에너지와 관련된 문제와 기회에 대해 배우면서 에너지와 기후 변화의 연관성을 알게 되었다. 기후 변화는 지속가능성이라는 광범위한 주제 안에서 중요한 주제 중 하나였다. 텍사스주가 우리의 뿌리이자 미국의 에너지 수도임을 감안할 때 우리가 텍사스주의 청정에너지에 집중하는 것은 타당한 결정 같았다.

우리 세대가 가족재단 활동에 적극 참여하면서 나는 재단 운영과 의사 결정에 관심을 갖게 되었다. 나는 록펠러 재단이 제공하는 전략적 자선 교육과정인 자선 워크숍(The Philanthropy Workshop : TPW)에 등록했다. TPW 교육을 통해 나는 세상에 가장 큰 임팩트를 만들어내고 싶다면 자선과 관련해 다른 가족들에게 배우는 데 그치지 말고 다른 가족들과 함께 일해야 한다는 것을 알게 되었다. 나는 비영리단체를 처음부터 설립해본 경험과 가난한 지역사회에서 생활하고 일한 경험 덕분에 예산이 빠듯한 비영리단체 대표의 삶이 어떤지 잘 알고 있었다. 하지만 동시에 가족재단 자선활동에 참여해본 덕에 재산과 유산에 관한 고민도 이해했다. 나는 이 양쪽의 경험을 바탕으로 어떤 경력을 쌓아나갈 수 있을지 고민하기 시작했다.

나는 자선협회(Institute for Philanthropy)를 통해 가족재단 세계에서 전문적인 역할을 시작했다. 자선협회는 런던 기반의 비영리단체로 TPW 프로그램 운영을 담당했다. 나는 자선협회 뉴욕지사의 설립과 운영을 위해 고용되었다. 이를 통해 TPW 프로그램을 촉진하고 기부를 통해 더 큰 임팩트를 만들어내려는 여러 가족재단의 자선활동을 도왔고 그 과정에서 전략적 보조금 배분에 관해 많은 것을 배우며 성장할 기회를 얻었다.

그러던 중 2011년 19년간 가족재단 회장으로 활동했던 이모가 퇴임하기로 결정했다. 나는 조부모님 사망 이후 급격한 자산 증가와 세대교체를 겪게 될 가족재단을 운영하는 것이 녹록지 않으리란 것을 알고 있었다. 하지만 그것이 내 삶에서 가장 중요하고 의미 있는 일이 되리란 것도 알고 있었다. 자선 분야에 대한 나의 관심과 TPW를 통해 배운 모든 것을 고려해 나는 회장 선거에 출마하기로 했다. 후보는 나 혼자가 아니었다. 다른 몇몇 사람이 회장직에 관심을 보였다. 하지만 나는 이사회에서 만장일치로 회장으로 선출되었고 기쁜 마음으로 결과를 받아들였다.

여러 세대의 요구

처음 2년간 회장으로서의 내 역할 중 가장 중요한 부분은 할아버지와 함께 시간을 보내는 것이었다. 그 일이 가장 중요하다는 것은 진작 알고 있었지만 할아버지와 함께 앞으로 여러 세대 동안 이어질 재단의 비전을 세우는 것이 개인적으로 가장 만족스러운 작업임을 차차 깨닫게 되었다. 나는 매주 여러 번 할아버지와 식사를 했다. 가족재단에 관한 할아버지의 꿈과 가족을 위한 우선순위에 대한 이야기를 녹음하기도 했다. 나는 할아버지와의 인터뷰 내용을 오랜 시간 검토하며 할아버지가 바라는 미래에 대한 윤곽을 잡아나갔다. 나는 할아버지와 할머니의 꿈을 진정으로 구체화할 수 있는 재단을 만들기 위해 모든 기회를 활용해 할아버지와 전략을 세웠다.

이런 변화를 실행으로 옮기기 시작하면서 나는 리더십 교체, 특히 가족 내 세대 간의 리더십 교체가 얼마나 복잡한지 알게 되었다. 예컨대 나는 우리가 더 개방적이고 투명해야 한다고 생각했지만 대다수 가족 구성원에게 이것은 커다란 문화적·세대적 전환을 의미한다는 것을 깨달았다. 내가 직접 보조금을 신청하는 입장이었을 때 나는 지원 대상이나 지원 방식, 대상 선정 기준을 투명하고 명확히 제시하는 재단들이 고마웠다. 우리가 부적격이라는 사실을 아는 것은 적격이라는 사실을 아는 것만큼 중요했다. 오랜 시간을 들여 보조금 신청서를 작성하고 제출했는데, 나중에 알고 보니 아예 가능성이 없었다는 사실을 아는 것만큼 힘 빠지는 일도 없기 때문이다. 하지만 가족재단의 보조금 배분 방식에는 모호한 구석이 있었고 이는 익명성 유지를 통해 가족 구성원들을 보호하기 위함인 경우가 많았다. 나는 우리 가족 구성원 중 일부가 이 문제를 우려하고 있음을 알았다. 하지만 내가 회장이 되고 가장 먼저 고용한 전문가 중 한 명은 의사소통 전략가였다. 보조금 신청자들이 우리 재단에 대한 정보를 얻고 온라인으로 보조금을 신청할 수 있는 웹사이트를 구축하는 것은 내게 최우선 과제였다. 모든 가족이 이 부분에 동의하지는 않았지만 말이다.

세대 간의 격차가 드러난 또다른 부분은 우리의 기부를 둘러싼 임팩트에 관한 것이었다. 우리는 모두 임팩트를 중요시했다. 다만 어떻게 임팩트를 만들어낼 것인지에 대해서는 세대별로 의견이 나뉘었다. 예컨대 할아버지는 진정한 혁신가였지만 내 조부모 세대는 증여자산, 건물, 심지어 망원경처럼 손에 잡히는 방식의 지원을 통해 변화를 만들고자 했다. 할아버지의 기부는 대체로 탄탄한 대형 단체의 교육 및 과학 프로그램에 집중되었다. 할머니의 자선적 열정은 가난한 사람들을 돌보는 것—도움이 필요한 사람들을 돕는 것—을 향했으며, 할머니를 기리는 차원에서 가족재단은 갤버스턴의 교육 및 빈곤 관련 단체에 집중하는 전략을 유지했다. 갤버스턴은 조부모님 두 분이 모두 진심으로 아끼는 지역이었다. 하지만 세대교체 시기에 이모와 내가 재단을 운영하면서 나는 우리의 자선 전략이 조부모님과 다르다는 것을 알게 되었다. 우리는 건물 외부의 벽돌보다는 건물 내부의 프로그램에 더 많이 신경썼다. 우리는 보다 작은 단체의 인재와 가능성에 투자하고 싶었고 공공 정책 변화를 위한 지원을 중요한 전략적 지렛대로 여겼다. 또한 조부모님은 개인에게 초점을 맞추어 그들이 망가진 시스템 속에서 길을 찾도록 도와주었다. 다만 우리 세대는 모든 개인이 동등한 성공의 기회를 얻을 수 있도록 망가진 시스템을 고칠 방법을 찾으려고 한다.

하지만 할머니는 가족재단이 우리 가족이 좋은 일을 할 수 있는 긍정적인 동력원이 되기를 바란다는 뜻을 분명히 했다. 할머니가 남기고 싶었던 유산의 일부는 우리가 가족으로서 함께 뭉치는 것, 가족으로서 함께 이 세상에 의미 있는 영향을 미치는 것이었다. 나는 그 유산도 함께 이어나가고자 한다.

여러 세대가 이사회에 참여하는 가족재단의 회장으로서 내 역할은 세 가지 목표 간의 균형을 잡는 것이라고 생각한다. 그 목표는 임팩트 만들기, 가족이 뭉치도록 돕기, 조부모님이 세운 유산 이어가기다. 재단을 이끄는 한 가지 방법은 효율적인 자선활동을 통해 비용 대비 최대의 자선적 효과를 이끌어내는 것이다. 하지만 그만큼 중요한 것은 가족을 위해 가치 있는 경험을 만들어내는 것―재단을 통해 우리 모두가 열정을 품고 있는 이슈를 중심으로 한마음이 되는 것―이다. 나는 우리가 이 두 가지 목표를 달성하고 이 두 가지가 서로 상승작용을 한다면 조부모님이 남긴 유산을 긍정적이고 지속적으로 이어가는 세번째 목표는 저절로 달성될 것이라고 생각한다.

캐서린 로렌즈의 이야기는 가부장과 가모장의 수직적인 리더십에서 여러 세대로 구성된 팀으로의 전환을 잘 보여준다. 그녀는 이런 결정이 재단의 잠재적 영향력은 물론 재단의 미래를 위해 필수적이라고 확신한다.

캐서린 로렌즈의 이야기는 다른 차세대 기부자들의 이야기와도 일치한다. 한 기부자는 자신의 가족재단이 여러 세대로 구성된 팀으로 변화하는 과정을 다음과 같이 설명한다.

일종의 '깨달음의 순간'으로 작용한 회의를 기억하는데, 그때 "우리는 어떻게 할 것인가?"라는 질문을 던졌다. 우리 세대를 참여시키겠다는 결정이 내려졌고 이는 부분적으로 "맙소사, 일손이 너무 부족해"라는 다급한 인식이 있었기 때문이다. 하지만 거기에는 "이것을 진정한 가족재단으로 만들어보자"라는 결심도 포함되어 있었다. 할아버지의 기부 또는 아버지의 학교를 위해서가 아니라 우리가 함께 무언가를 해보자는 것이었다. 우리 가족재단의 발자취를 되짚어볼 때 그것은 매우 중대하고 핵심적인 결정이었고, 내가 생각할 때 여느 가족들과는 완전히 다른 결정이었다. 그것은 우리가 함께 무언가를 해보자는 결심이었다.

아동석 추가가 아닌 동료관계 구축

앞선 두 이야기를 살펴보면 여러 세대로 구성된 가족재단으로의 전환이 비교적 순조로운 변화처럼 느껴진다. 하지만 차세대 기부자들이 초대를 받기보다는 먼저 문을 두드리거나 아동석에 남겨진 데 대해 좌절감을 느끼는 경우도 있다. 재단이나 비영리단체의 나이 많은 어른들은 여러 세대가 참여하는 새로운 현실이 달갑지 않을 수 있다. 그들은 두려움이나 저항감을 갖고 이런 변화를 받아들인다. 힘들게 얻은 지도자 자리를 잃지나 않을까, 그들이 해왔던 자선활동에 지장이 생기지 않을까, 차세대와의 의견 차이를 조율하거나 차세대가 실수하지 않게 지도하는 데 너무 많은 시간이 소요되지 않을까 우려한다.

차세대에게 초대의 손길이 닿은 경우에도 다른 세대와 함께 일하는 것은 쉽지 않다. 가족재단의 한 젊은 구성원은 집안 어른들에게 "전 어른들이 가르쳐준 대로 하고 있을 뿐"이라고 말하자 집안 어른들은 "잠깐, 우리가 그렇게 가르쳤다고? 아니, 우린 그렇게 말한 적 없다. 네가 그렇게 받아들인 거지"라고 답했다고 한다. 그는 이것이 의미하는 바를 설명했다. "우리는 집안 어른들이 하는 말을 듣고 우리 방식대로 해석하게 돼요. 핵심 원칙은 같지만, 집안 어른들은 우리 방식대로 일을 처리할 생각을 전혀 못하죠." 이 차세대 기부자는 이런 차이를 긍정적 요소로 평가하며 그 덕분에 현재의 필요에 맞게 가족의 가치를 조정할 수 있다고 했지만, 그의 집안 어른들도 같은 생각일지는 미지수다.

하지만 우리가 이미 거대한 변화의 한가운데에 있는 것은 사실이다. 대부분의 재단과 비영리단체들에게 현재 중요한 질문은 "우리가 어떻게 이런 여러 세대로 구성된 팀으로의 전환을 유도하고, 더 큰 임팩트를 위해 그 전환을 촉진할 수 있을까?"다.[5]

카운슬 포 릴레이션십(Council for Relationships) 치료사로 수십 년간 순자산 가치가 높은 가정을 상담해온 스티브 트리트(Steve Treat)는 '동료관계 구축'에 관해 조언한다.[6] 그에 따르면 부모와 자녀는 부모가 자녀를 보살피는 관계에 익숙하다. 하지만 성인이 된 자녀에게 자선과 관련된 책임이 주어질 때 부모와 자녀의 관계가 동료의 관계로 바뀌어야 함께 일하기 편해진다. 새로운 현실을 받아들일 수 있는 상태로 그 관계가 발전하지 않는다면 자녀들은 어린아이 취급을 받거나 무시당한다고 느낄 수 있다.

5, 6장에서 살펴보았듯이 차세대 기부자들은 별 볼 일 없는 사람으로

여겨지는 것을 좋아하지 않는다. 그들은 자신들을 적극적인 '두 섬싱 세대' 일원으로 보고 있으며 일찍 봉사활동을 시작하고 스물한 살 이전에 기부를 시작하기도 한다. 따라서 이런 기부자들이 가족의 기부활동에 참여하거나 비영리단체의 주요 기부자로 활동할 나이가 되었을 때 실제 그런 기회가 주어지지 않는다면 좌절감을 느낄 수 있다. 차세대 기부자들에게 가족재단의 자선활동에 참여하게 된 경위를 묻자 66퍼센트는 집안 어른들을 통해 가족재단의 자선활동에 관한 회의에 초대받았다고 답했다. 하지만 응답자 중 37.1퍼센트만이 가족재단의 주요 이사회에서 활동하고 있었고 16.2퍼센트는 위원회에서 활동하고 있었다. 또한 우리는 이처럼 끓어오르는 좌절감을 인터뷰에서 확인할 수 있었다. 기부 가문 출신의 일부 차세대 기부자는 집안 어른들이 초대하기 한참 전에 가족재단의 자선활동에 뛰어들기 위한 준비를 마치고 기다린다고 말했다. "전 우리가 할 수 있고 해야만 하는 온갖 놀라운 것들을 배우고 있어요. 우리 가족을 위해 이걸 적용하고 싶지만, 그건 제 역할이 아니에요. 전 다른 가족들의 기분을 상하게 만들기 싫거든요."

차세대를 철저히 '기부자의 자녀'로 인식하는 비영리단체 전문가들의 경우 차세대 후원자들과 동료가 되는 것이 불편하게 느껴질 수 있다. 하지만 그들이 차세대 기부자와의 관계를 성인 동료와의 관계로 발전시키지 못한다면 이 기부자들은 조만간 떠날 확률이 높다. 궁극적으로 차세대 기부자들은 실질적인 무언가가 제공되지 않는다면 그 관계를 상하관계 또는 단순히 거래적인 관계로 인식할 테고, 비영리단체 전문가들이 그들을 성숙한 후원자로 인정하지 않고 그들의 지갑에만 관심을 보인다고 느낄 것이다.

세대별 성격 존중하기

좋은 의도에도 불구하고 비영리세계의 모든 기부자, 전문가, 자원봉사자가 여러 세대와 함께 일하는 방법을 쉽게 배우는 것은 아니다. 여러 세대로 구성된 가족의 구성원이 참석하는 휴일 만찬 준비가 복잡하듯이—스테이크와 감자를 선호하는 사람도 있고 글루텐이 없는 채식 식단을 선호하는 사람도 있을 것이다—여러 세대의 차이점을 고려하며 자선을 통해 가족이 결속을 다지는 것도 쉬운 일은 아닐 터다.

그렇다면 여러 세대로 구성된 집단은 어떻게 함께 일하는 법을 배울수 있을까? 기부자들에게 자선적 의사 결정의 기준이 무엇이냐고 물었을때 그들이 속한 '세대 집단(generational cohort)'에 따라 비슷한 답이 나오는 것을 확인할 수 있었다.[7] 입증된 과학은 아니지만 각 세대 집단이 성격 형성기에 겪은 사건과 상황을 분석하는 것은 각 세대가 지닌 특별한 가치관을 이해하는 데 도움이 된다. 각자 다른 '세대별 성격'을 이해하는 것은 각세대가 어떻게 의사 결정을 내리는지 알려주는 데 그치지 않는다. 그것은 이해당사자들 간의 인식 향상 및 공감 형성을 통해 왜 그런 결정을 내릴수밖에 없었는지 파악하고 다른 세대와 지속적인 관계를 맺어나갈 수 있게 도와준다.

예컨대 전통주의자 세대(1925년과 1945년 사이에 출생)는 비행기, 자동차, 영화가 발명된 시기에 성장했지만 그들에게 가장 큰 영향을 미친 사건은 제1, 2차세계대전, 대공황, 인종차별 등이다. 이 경험으로 인해 그들은 조심스러운 성향을 갖고 있지만 뉴딜 정책과 제대군인원호법(GI Bill) 등 성장의기회를 얻기도 했으므로 인간과 제도에 대해 신의를 지키는 모습을 보인다. 그들은 보통 지역 기반의 시민단체에 기부하며 자신이 부를 일구었던 지역과 공감할 수 있는 사람들을 지원하는 경우가 많다.

베이비붐 세대(1945년과 1965년 사이에 출생)는 제2차세계대전 이후의 경제 활황기에 자랐으며 시민권, 여성 인권, 동성애자 인권, 반전운동의 영향을 받았다. 피임약, 달 착륙, 브라운 대 교육위원회 판결(Brown vs. Board of Education, 유색인종과 백인이 같은 공립학교에 다닐 수 있게 한 대법원 판결—옮긴이)이라는 혁신에 힘입어 성장했고, 원자폭탄 폭발, 존 F. 케네디, 마틴 루서 킹, 로버트 F. 케네디 암살 등의 사건을 겪었다. 그들은 대체로 낙관론을 유지했고, 민주주의 사회에 변화를 가져올 수 있다고 믿으며, 자신이 소중히 여기는 대의를 위해 투자한다. 현재 그들은 미국 내 정부기관, 비영리단체, 가족재단의 주요 직책을 맡고 있다.

엑스 세대(1965년과 1980년 사이에 출생)는 육아의 규범이 바뀌는 시기에 자랐기 때문에 양육환경이 매우 달랐다. 여성의 사회 진출이 활발해지면서 많은 엑스 세대는 최초로 '열쇠 목걸이를 걸고 다니는 아이들'이 되었다. 베이비붐 세대의 우드스톡에서의 '자유연애'는 엑스 세대에게 에이즈 창궐을 의미했고, 그들의 성장기에 이혼율은 세 배로 급증했다. 이에 따라 엑스 세대는 제도에 대해 냉소적인 경향이 있는데, 이는 그들이 자선단체나 비영리단체에 건전한 회의론을 제기할 수 있다는 뜻이다. 동시에 그들은 MTV, 개인용 컴퓨터, 워크맨, 비디오게임기 발명으로 인해 어린 나이에 독립심을 길렀다. 엑스 세대는 훨씬 규모가 큰 베이비붐 세대와 밀레니얼 세대 사이에 낀 가장 규모가 작은 세대로 비교적 경쟁에서 자유로웠고, 창의적으로 상황에 대응하는 데 능하다.[8] 자선세계에서 엑스 세대는 티치 포 아메리카(Teach for America), 채러티워터(charity: water), 벤처 포 아메리카(Venture for America), 드레스 포 석세스(Dress for Success) 등을 세운 사회적 기업가로 가장 잘 알려져 있다.

와이 세대(1980년과 1995년 사이에 출생)는 '밀레니얼 세대'라고 불리기 싫어하지만 새천년을 앞두고 태어났기 때문에 붙여진 명칭이다. 미국 밀레니얼 세대는 엑스 세대와는 매우 다른 유년기를 보냈다. 그들의 유년기는 오클라호마시티 테러, 9·11 테러, 허리케인 카트리나와 리타, 콜럼바인 고교 및 버지니아공대 총기 사건 등으로 얼룩졌다. 이 모든 사건은 미국 내에서 발생했다. 이로 인해 아이 주변을 떠나지 않는 헬리콥터 부모가 생겨났고, 밀레니얼 세대는 위험으로부터 안전하고 모두에게 더 나은 세상을 만들고자 하는 욕구로 인해 투표와 자원봉사를 통한 시민 참여에 적극적이다. 인터넷 발명 덕분에 그들은 클릭 한 번으로 연결, 소통, 옹호, 기여가 가능한 도구를 얻었다. 그것도 이전 세대들이 밀레니얼 세대가 사회 변화와 자선 기부에 참여할 수 있으리라고 예상했던 시기보다 훨씬 이른 나이에 말이다. 베이비붐 세대와 마찬가지로 밀레니얼 세대는 거대한 집단이므로 삶의 모든 단계에서 치열한 경쟁을 겪었다. 이런 환경 탓에 그들은 자선활동에도 훨씬 공격적이다. 한 밀레니얼 세대는 이렇게 설명한다. "우리 세대는 성공하려고 단단히 작정했어요. 우리는 이 자리까지 오기 위해 대학에서 치열하게 공부하고 최고의 대학원에 진학해야 했어요. 그런 다음 후배가 되어 배우고 우리가 원하는 직장으로 가서 최고의 자리에 오르고 다음 목표를 향해 달려가죠. 저는 사람들이 자선활동을 할 때도 그렇게 대담하게 나서지 않는 걸 보면 그저 놀라워요."

제트 세대(1995년과 2015년 사이에 출생)는 흑인 가족이 백악관에 거주하고 동성결혼이 보편화된 다양성의 세계에서 성장하고 있다. 경기 대침체를 겪은 그들은 레모네이드 가판대에서 용돈을 벌고 일찍이 은행 계좌를 개설할 만큼 굉장히 현실적이다. 그들은 경제적으로 부모 세대를 뛰어넘을 수 없다고 생각하며 제트 세대 고교 졸업생 중 60퍼센트는 대학 졸업 후취업보다는 창업을 하겠다고 말한다.[9] 디지털 원주민인 제트 세대는 '기회를 놓치는 것에 대한 불안(fear of missing out : FOMO)'을 느낀다. 그들은 전화, 이메일, 문자보다는 이모티콘, 인스타그램, 스냅챗 같은 시각 이미지를 선호하며 자기 손으로 직접 무언가를 만들어내는 디아이와이어(DIY-er)다. 다시 말해 그들이 생각하는 자선 분야 유명 인사는 이사회가 아니라 유튜브 속에 있다(루게릭병 환자를 후원하기 위한 아이스버킷 챌린지를 떠올려보자).[10] 그들이 어떤 자선가로 성장할지는 아직 미지수지만 다양성을 표준으로 인식하는 제트 세대의 성향은 언뜻 해결 불가능해 보이는 문제에 대해 연민과 개방성을 갖게 할 것으로 예상된다.

이런 세대별 성격의 상호작용이 자선 분야에 점점 큰 영향을 미치는 가운데, 세대별 성향을 이해하는 것은 각 세대에서 얻을 수 있는 장점을 파악하는 데 도움이 될 것이다. 한 차세대 기부자는 서로의 장점을 이해하는 상황을 이렇게 설명한다. "기성세대의 지혜와 경험을 차세대가 존중할 수 있다면, 세상에 질문을 던지고 깊이 사고하는 차세대의 능력을 기성세대가 존중할 수 있다면 많은 것을 이룰 수 있습니다. 비록 차세대가 30년간 이 분야에서 일해온 사람들처럼 전문용어를 많이 알지 못하더라도 말이죠."

이 장의 내용이 의미하는 바는?

새로운 시각, 혁명적 사고, 혁신적 접근법을 제공한다고 해서 항상 세대 간의 조화 또는 더 큰 임팩트로 연결되는 것은 아니다. 특히 기존의 가족재단이나 안정적인 비영리단체 내에서 현상 유지를 방해하는 차세대는 와해적인 존재로 여겨질 수 있고, 차세대의 새로운 생각에 맞추어주기 위해 불필요한 인력 낭비가 생긴다고 생각하는 사람도 있다. 하지만 차세대 기부자들은 우리가 원하든 원하지 않든 떠오를 것이다. 따라서 우리는 여러 세대와 의사소통하는 방법을 배워야 한다. 그렇지 않으면 보조금 배분은 기껏해야 기분은 좋지만 비효율적 기부로 전락할 것이고, 최악의 경우에는 제대로 작동하지 않는 집단에 의한 그릇된 노력으로 변질될 수 있다.

샤나 골드세커는 중국인 아이 입양을 고민하는 유대인 가정에 관한 이야기를 랍비에게 듣고 수직적 리더십 승계에서 여러 세대로 구성된 리더십 팀으로의 전환이 얼마나 어려운지를 다시금 깨달았다. 유대인 부모는 이 입양으로 인해 그들의 가정이 어떻게 변하게 될지 궁금했다. 랍비는 이렇게 답했다. "중국인 아이를 입양하고서 유대인 가정이 될 수는 없습니다. 당신의 가정은 아시아계 유대인 가정이 될 겁니다." 자녀 입양과 마찬가지로 새로운 세대를 받아들이려면 전체 시스템이 함께 적응해나가야 한다. 이해당사자들에게 아무리 그것이 힘겹게 느껴진다고 해도 말이다.

이사회의 수직적 리더십에서 여러 세대 참여로의 전환을 돕는 전문가들이 항상 그 여파를 온전히 이해하는 것은 아니다. 많은 이는 이사회에 차세대를 위한 상징적 자리를 마련해놓고 기존 방식을 유지하는 것만으로 충분하다고 생각한다. 이처럼 아동석을 하나 추가한 형태로 여전히 기성세대가 운영하는 재단이나 비영리단체는 각 부분의 산술적 합계보다 더 큰 성과를 달성할 수 없다. 그런 성과는 모든 팀원의 재능을 적극 활용했을 때만 가능하기 때문이다. 힘든 전환이나 변화에 대한 두려움 탓에 현상 유지를 선택하는 가족이나 비영리단체는 융합 없이는 그들 단체의 힘이 약해질 수밖에 없음을 곧 깨닫게 될 것이다.[11]

오늘날의 글로벌 정보화 시대와 공유 경제 속에서 21세기 기술로 무장한 차세대 성인들을 팀원으로 초대하지 않는 가족과 비영리단체는 경쟁우위를 빼앗길 수 있다. 예컨대 가족재단들은 최첨단 방식을 사용하는 비영리단체를 간과할 수 있는데, 기성세대 신탁관리자들이 그런 방식을 평가할 줄 모르기 때문이다. 마찬가지로 기성세대 기부자들을 비슷한 세대의 다른 누군가로 대체하고자 하는 비영리단체는 적극적인 차세대 기부자들에게 얻을 수 있는 재능과 인맥을 잃고 말 것이다.

궁극적으로 가족과 비영리단체는 사고방식의 전환이 필요하다. 다양한 사람들과 그들의 기술이 지닌 가치를 통제력이나 현상 유지의 상실이 아니라, 모든 이의 자원(시간, 재능, 돈, 인맥)을 활용하고 보강하기 위한 방편으로 인식해야 한다. 또한 여러 세대가 동참하는 단체가 되려면 여러 세대로 구성된 지배 구조로의 전환이 필요하다. 차세대의 목소리가 주목받고, 가치를 인정받으며, 그들이 궁극적으로 정책 및 보조금 배분 결정에 영향력을 행사할 수 있어야 한다. 캐서린 로렌즈가 현재 운영중인 가족재단처럼 이런 변화를 가장 성공적으로 이끌어낼 경우 차세대 기부자들은 새로운 형태의 재능과 능력을 보탤 수 있는 동시에 기성세대는 본인들의 지혜와 경험의 가치를 인정받는다고 느낀다. 따라서 기성세대는 통제권을 내려놓는다는 아쉬움 없이 차세대가 독특한 강점을 더할 수 있도록 자리를 내줄 수 있다.

앤드리아 앤드 찰스 브론프먼 필란트로피스(Andrea and Charles Bronfman Philanthropies) 회장 제프리 솔로몬(Jeffrey Solomon) 박사는 차세대 기부자들의 비영리단체로의 진입을 시속 90킬로미터가 넘게 달리는 자동차의 타이어를 교체하는 일에 비교했다. 차세대 기부자들은 이미—학위도 받고 경력도 쌓고 각자 가정까지 이룬—어른인 경우가 많고 각자의 아이디어와 경험을 단체에 보태고자 한다. 이것은 단체가 현재 순조롭게 운영되고 있는 상황에서는 쉽지 않은 일이다. 그는 차세대의 참여를 원하는 비영리단체와 가족들에게 이 새로운 회원들을 훈련하기 위한 이사회 또는 단체 차원의 연수 기간을 마련하고, 당면한 기회와 도전에 대해 논의하고, 첫해에 차세대 기부자들의 단체 적응을 곁에서 도울 수 있는 단짝을 배정해줄 것을 권한다.

다양한 분야의 단체가 여러 세대로 구성된 단체로 변모할 수 있도록 도와주는 컨설팅그룹도 있다. 예컨대 브리지웍스(BridgeWorks)는 직장에서의 세대별 동향에 초점을 맞추고 있고 21/64, 랠러티브 솔루션(Relative Solutions) 등은 차세대 기부자, 가족, 조언자의 재산 및 자선사업과 관련된 세대 간 이행과정을 돕는다. 외부 조력자들은 여러 세대의 참여문제로 골머리를 앓고 있는 비영리단체 전문가, 가족, 이사회 구성원이 이 문제에 관해 생산적으로 소통할 수 있게 도움으로써 전체 단체 운영의 효율성을 높인다.

다양한 세대에게 의사 결정권과 의미 있는 역할을 맡기는 것은 대다수 가정과 비영리단체에게 쉽지 않은 변화다. 여기서 해야 할 일은 의사 결정권이 없는 청년 이사회를 하나 만드는 것과는 거리가 멀다. 성공을 거두기 위해 단체들은 차세대 기부자들에게 중앙 이사회의 자리를 내주고, 오랫동안 이사로 활동해온 구성원에게 '명예직'이라는 칭호를 부여해 그들의 전문성을 활용할 수 있는 특정 프로젝트에 참여하게 하고, 모든 연령대의 기부자들이 소통할 수 있는 의미 있는 기회를 마련해야 할 것이다. 차세대 기부자들을 동료로 대우하고 여러 세대가 의사 결정에 참여하는 단체를 만드는 지도자들은 단체의 생명력과 역량을 끌어올릴 확률이 높다.[12] 세대 간의 협업이 성공의 열쇠임을 아는 가족과 비영리단체는 팀으로서 함께 일하고, 그들이 속한 단체를 건전하게 유지하고, 무엇보다 임팩트를 만들어낼 최고의 기회를 얻게 될 것이다.

| 11장 |

차세대의 자선적 정체성

스스로 부를 일군 차세대 기부자들의 경우 유년기에는 없던 큰돈—그것도 젊은 나이에 자선활동을 시작할 만큼의 큰돈—이 생겼다는 사실이 낯설고 혼란스럽게 느껴질 수 있다. 제임스 그루브먼(James Grubman)의 저서 『낙원의 이방인(Strangers in Paradise)』에서 부의 세계로 건너온 '이민자'로 일컬어지는 자수성가자는 새로운 땅에 적응하고, 새 언어를 배우고, 그곳에서 자기 역할을 찾아야 한다.[1] 새로운 나라로 건너온 이민자가 적응하는 데 어려움을 겪는 것처럼 어린 시절 부유하지 못했던 자수성가자도 새로운 정체성과 본인이 원하는 정체성을 온전히 받아들이기 위해 고투한다. 자수성가자에게 기부 의사까지 있다면 이런 내적 갈등에는 자신이 어떤 기부자가 되고자 하는지에 대한 고민까지 더해진다. 이것은 자선적 정체성의 형성을 의미한다.

재산과 자선적 유산을 물려받은 사람들의 경우 동인은 다르지만 기본 동기는 같다. 상속자들은 이전 세대의 성공, 워런 버핏이 말한 이른바 '난소 복권(ovarian lottery, 누구의 자녀로 태어나느냐가 인생에 큰 영향을 미친다는 생각을 담은 표현—옮긴이)' 당첨을 통해 획득한 특권, 그들의 기부금이 가진 다양한 가능성의 무게를 느낀다. 이들 차세대 기부자는 그들의 성공이나 실패에 대한 세간의 관심 속에서 이전 세대의 성공, 재산, 그들에게 주어진 여러 가능성에 압도되는 대신 자신만의 목적에 따라 자선적 정체성을 형성해나가기 위해 고군분투한다.[2] 자수성가자와 마찬가지로 상속자도 자신만의 독특한 자선적 정체성을 형성해나가야 하는 도전에 직면해 있다.

변화의 중요성

『임팩트 세대』의 공동 저자이자 차세대 기부자이기도 한 샤나 골드세커는 다음과 같은 어려움을 직접 경험했다.

내 이름은 볼티모어 10대 사립재단 중 하나와 같다. 나는 볼티모어에서 자라면서 혹시 골드세커 부부의 딸이 아니냐, 모리스 골드세커(Morris Goldseker)의 손녀가 아니냐와 같은 질문을 많이 받았다. 모리스 골드세커는 돌아가시면서 골드세커 재단을 설립한 나의 종조할아버지다. 어린 시절 내가 자선이 무엇인지 이해하기 전부터 사람들은 나에게 찾아와 기부금을 요구했다. 이것은 내가 태어나면서 물려받은 특권에 대한 불편한 감정을 일깨워주었다. 나는 그런 유산에 대한 권리를 받아들이기로 했고, 비영리단체 활동에 참여하거나 이사회와 위원회에서 일하고 싶다는 뜻을 밝혔다. 그때 돌아온 답은 내가 비영리세계의 의미 있는 활동에 참여하기에는 너무 어리다는 것이었다. 프로그램 개발 담당자에게 '30대가 될 때까지' 또는 '결혼해서 아이를 낳을 때까지' 기다렸다가 오라는 조언도 들었다. '부모님이 이사회에서 물러날 때쯤 다시 찾아와라'

가 나에게 전해지는 무언의 메시지였다. 그런 경험으로 인해 나는 기부자로서 나의 정체성을 찾고 싶어졌고, 내가 스스로 만들어낼 수 있는 변화에 대해 고민하게 되었다.

샤나 골드세커는 자신이 비영리세계에서 어떤 일을 하고 싶은지 찾기 위해 10대 시절 다양한 비영리단체에서 인턴으로 일하기 시작했다. 그녀는 보조금 배분과정을 배우고, 사회문제에 대한 인식을 높이고, 자선이 그런 문제의 해결에 어떤 역할을 할 수 있는지 배우기 위해 여러 행사와 회의에 참석하고 자선 분야 동료들을 만났다.

우리가 인터뷰한 차세대 기부자들을 통해 이와 비슷한 능동적이고 자기주도적인 학습 경험을 전해들을 수 있었다. 이는 상속자들뿐 아니라 1세대 부자들에게도 적용되는데, 자수성가한 부자들에게는 기존 자선 가문의 체계 안에서 훈련받을 기회가 애당초 없기 때문이다. 경험적 학습은 많은 사람에게 강력한 것으로 여겨진다. 이는 설문조사에서도 분명히 확인되었다. 5장에서 언급했듯이 차세대 기부자들에게 그들의 자선적 학습과 발전에 영향을 미친 요소에 관해 물었을 때 '기부자, 자원봉사자, 이사회 구성원 등으로서의 개인적 경험'이 1위를 차지했다. 72.3퍼센트의 응답자는 이것이 '매우 중요'하다고 평가했고, 나머지 대다수는 '어느 정도 중요'하다고 답했다.

차세대 기부자들 중 가족 내에서 또는 다른 기관의 일원으로서 조직적인 배움의 기회를 가졌던 사람은 이런 경험이 자선적 정체성 형성의 촉매제로 작용했다고 강조했다. 한 여성은 경험의 중요성을 강조하며 이렇게 말한다. "저는 고등학생 때 지역사회 재단의 보조금위원회에서 4년간 일했는데, 그 경험이 열다섯 살이던 저를 자선의 세계로 인도했죠." 또는 존 R.

시델 3세가 할아버지 테드 터너와 함께 떠난 '학습여행'을 떠올려보자.

> 할아버지는 우리 모두를 위한 교육적인 휴가를 준비했고 가족들은 환경
> 지속 가능성 문제에 대해 배우기 위해 개발도상국에 모였다. 우리가 지
> 키려 하는 대상의 아름다움을 보고 후원단체들을 방문해 현장에서 실제
> 프로그램을 확인하는 것은 너무나도 강렬한 경험이었다. 내가 부모들에
> 게 해줄 수 있는 최선의 조언은 자녀들을 일찍부터 참여시키라는 것이
> 다. 당신이 사는 주, 또는 미국 바깥의 세상이 어떤지 보여주라는 것이
> 다. 기다릴 필요가 없다. 이건 1년에 한 번이라도 가족이 다 함께 할 수
> 있는 일이다.

변호사이자 활동가이자 작가인 브라이언 스티븐슨(Bryan Stevenson)은
공감 능력을 키우고 변화를 촉진하기 위해 우리와 다른 사람들과 가까이
있어야 한다고 했다.[3] 차세대 기부자들도 여기에 동의하는 듯하다. 설문 응
답자들은 '개인적인 관찰이나 분석을 통해 발견한 자선의 필요성'이 매우
중요한 요소로 작용한다고 했다. 이에 비해 '학교에서 배운 것'은 전체 목록
에서 거의 꼴찌를 차지했다.

차세대 기부자들은 배움의 열망이 강하고 기부자로 성장하기 위한 기
회를 원한다. 하지만 우리가 차세대 기부자들을 연구하면서 가장 놀랐던
부분은 이런 정체성 형성과정이 그 과정의 결과만큼이나 만족감을 가져
다준다는 것이다. 요컨대 변화(becoming)가 존재(being)만큼이나 의미 있
다는 것이다.

이상적인 경우 변화과정은 존재에 선행한다. 다시 말해 엑스 세대와 밀
레니얼 세대 기부자 중 대다수가 주체적인 주요 기부자로 존재하기 이전에

정체성 형성의 기회를 얻는다는 뜻이다. 하지만 그들이 아주 어린 나이에 기부를 시작한다는 것을 고려할 때 이것은 늘 가능하지 않다. 일부 차세대 기부자들은 그들이 기부자로 존재하는 동시에 변화를 겪고 있다고 말한다. 그럼에도 불구하고 이 젊은 기부자들은 자신이 어떤 자선가가 될 것이고 어떤 유산을 남기고 싶은지에 대한 고민을 은퇴 이후로 미루는 대신, 이런 변화과정에 계획적이고 능동적으로 참여하며 지금 당장 자신의 정체성을 발견하고 유산을 설계한다. 한 기부자는 이렇게 설명한다. "돈을 벌기 위한 직업을 가졌다가 은퇴한 다음에 자선가로 거듭나려고 하는 사람들을 너무 많이 봤어요. 그건 최선이 아니에요. 최대한 일찍 참여해서 평생에 걸쳐 배워나가는 게 더 낫다고 생각합니다."

우리가 설문조사한 차세대 기부자의 51퍼센트는 스무 살 이전에 기부를 시작했고 나머지 47퍼센트는 스물한 살과 서른 살 사이에 기부를 시작했다. 이는 그들이 성인 진입기(부모를 떠나 비교적 독립적인 삶을 시작하는 18세에서 29세 사이의 성인—옮긴이)에서 정체성 형성과 씨름하는 동안에도 기부에 적극적으로 참여한다는 것을 잘 보여준다.[4] 게다가 차세대 기부자들의 일거수일투족을 감시하는 소셜 미디어의 시선은 물론 엄청난 돈과 자원을 관리해야 한다는 책임감까지 더해진다고 할 때 그들이 느끼는 '변화'의 무게는 이전의 어느 세대보다 가혹하리란 것을 쉽게 짐작할 수 있다. 그들은 그런 부담감에 대한 동정을 기대하지 않는다. 다만 그들이 원하는 기부자—꼭 그렇게 되어야 한다고 생각하는 모습의 기부자—로 성장해야 한다는 책임감을 느낄 뿐이다.

예컨대 캐서린 로렌즈는 니카라과의 시골에서 자원봉사를 하고, 멕시코에서 비영리단체를 설립해 운영하고, 동료들과 함께 전략적 기부를 배운 경험을 이야기했다. 이 모든 경험은 가족재단의 지도자 자리에 오르는 과정에서 그녀가 겪은 일상과는 동떨어진 것이었다. 다른 차세대 기부자들은 젊은 나이에 시작한 기부가 훗날 더 큰 규모의 자선으로 이어질 수 있다고 보았다. 매년 수천 달러의 돈을 배분하는 일은 나중에 더 많은 자원이 생겼을 때를 대비한 '연습'과 같다는 것이다. "저는 3만 5000달러를 기부하면서 지나치다 싶을 정도로 많은 시간 동안 고민해요. 하지만 그건 앞으로 제게 생길 돈을 생각해서 미리 연습하기 위한 목적도 있어요. 저는 정말 신중해지려고 해요. 그렇게 하면 앞으로 더 많은 돈이 생겼을 때 충분히 준비된 상태일 수 있겠죠."

자신이 원하는 모습의 기부자가 되려는 엑스 세대와 밀레니얼 세대의 너무나도 진지한 결심이 뜻밖으로 느껴질 수도 있다. 이는 부유한 젊은이들을 특권의식에 취해 있거나 지나치게 소란을 피우는 존재로 묘사하는 언론 탓도 있다. 하지만 우리가 인터뷰한 차세대 기부자들의 절대다수는 이 변화과정에 열정을 보였다. 이런 열정은 사람들이 그들이나 그들의 재산에 대해 갖고 있는 오해에 대한 방어 수단일지도 모른다. 하지만 그들이 지닌 배움에 대한 열정은 그들의 여정이 지금껏 얼마나 복잡하고 중요했는지, 또한 앞으로 얼마나 더 복잡하고 중요할지에 대한 인식에서 비롯된 듯했다. 그들에게 중대한 변화를 만들어낼 수 있는 수단이 주어졌다는 것을 감안한다면 말이다.

홀로서기의 어려움

카를 융(Carl Jung)부터 에릭 에릭슨(Erik Erikson), (좀더 최근에는) 제프리 아넷(Jeffrey Arnett) 같은 발달심리학자들은 청소년이 성인이 되는 시기의 중요성을 오래전부터 강조했다. 이때는 아이가 부모로부터 홀로서기함으로써 자신의 독립된 인격을 정의해나가는 시기다. 하지만 심리학자이자 연구자인 메그 제이(Meg Jay)는 사회가 차세대의 홀로서기를 방해하고 있다고 주장한다. 메그 제이는 자신의 저서 『제대로 살아야 하는 이유 : 우물쭈물하기에는 20대가 너무 중요하다(The Defining Decade)』에서 20대가 '정체성 자본(identity capital)'을 축적하는 데 가장 결정적인 시기라고 말한다. 메그 제이는 "정체성 자본은 우리의 개인적 자산의 집합체이며…… 우리가 우리 자신을 한 조각 한 조각씩 쌓아나가는 방식을 의미한다"라고 했다.[5] 막 성인이 된 젊은이들이 자신의 경력과 결혼/파트너십을 쌓아가기 위한 벽돌과도 같은 직장생활과 인간관계를 경험하지 못한다면 그들은 30대에 정체성 자본을 쌓기 시작할 수밖에 없다. 30대는 감정적·심리적·생물학적·현실적으로 성인생활을 시작하기가 더 힘든 시기다.

메그 제이의 주장처럼 우리 사회는 20대 시절을 아무 걱정 없는 장밋빛 시기로 보는 듯하다. 우리는 정체성 형성 시기로서 20대의 중요성을 과소평가하는 것일지도 모른다. 예컨대 차세대가 직접 투자, 저축, 소비, 기부를 연습할 수 있도록 가족과 조언자들이 재원을 마련해줄 준비가 되어 있지 않다면 차세대는 자산 관리를 통해 자신감을 얻고 성인으로 독립하지 못한 채 잊히거나 방치된다. 가족, 조언자들, 비영리단체 전문가들이 차세대 기부자의 새로운 생각을 두려워한다면 차세대를 아동석에 너무 오래 앉혀둠으로써 그들이 자선활동에 보탤 수 있는 에너지를 낭비하게 된다. 집안 어른들이 차세대 기부자들에게 일종의 자동차 열쇠를 내주지 못하고 망설이는 데는 그럴 만한 이유가 있다고 느끼겠지만, 우리가 발견한 바에 따르면 차세대를 위한 열쇠를 따로 마련해주는 것이 자선적인 면에서나 다른 모든 면에서 그들의 성장에 가장 도움이 된다.

차세대 기부자 중 72.3퍼센트는 기부자로 성장하기 위해 경험을 통한 배움이 '아주 중요'하다고 응답했다. 기부 전통을 가족으로부터 물려받은 이들의 경우 '홀로서기'는 특정한 형태를 띤다. 그들은 그들 이전의 유명한 조상이 이미 엄청난 길을 개척했다 할지라도 '자신만의 길을 개척'하고 싶어한다. 한 기부자는 "그런 분리가 꼭 필요하다"라고 했다. "그건 보편적인 경험이에요. 제게 주어진 것이나 저를 위해 준비된 것이 아니라, 저만의 무게와 책임감, 성취감을 개발하는 거죠." 다른 차세대 기부자도 비슷한 말을 했다. "저는 저만의 유산을 창조하고 싶은 강한 열망이 있어요. 또는 부모님이 주신 것을 더욱 발전시킴으로써 '부모님이 제게 준 것'에 안주하지 않는 거죠. 저는 부모님의 성공을 이어받아 더 높은 곳까지 올라가고 싶어요." 이 기부자는 그렇게 하려면 다음 과정이 필요하다고 덧붙였다. "제가 가치 있게 여기는 것, 제가 하고자 하는 것, 제가 의미 있게 여기는 것을 찾아야 했어요. 저의 위치를 파악하고 저의 정체성을 확립해야 했죠. 제 가족의 후광과는 무관한 방식으로 말이죠."

이런 차세대 기부자들의 여정은 막 성인이 되어 정체성을 확립하려는 여느 젊은이들의 여정과 비슷하다. 큰 차이가 있다면 그들의 홀로서기 과정은 다른 사람들에게 커다란 영향을 미친다는 것이다. 그들이 어떤 기부자가 되느냐에 따라 그들의 엄청난 자원이 어디로, 어떻게 흘러갈지가 달라지기 때문이다. 평범하고 착한 20대들이 대학 졸업, 보람 있고 급여가 만족스러운 직장, 부모로부터의 독립을 고민하는 동안 차세대 기부자들은 여기에 다른 고민까지 더해진다. 바로 가족의 유산을 관리하는 동시에 세상에 변화를 가져와야 한다는 책임감이다.

7장에서 언급했듯이 홀로서기 과정에서 동료들과 어울리다보면 자신의 양육환경을 돌아보며 거기서부터 분리되고, 자신이 어떤 기부자가 되고자 하는지 결정하는 데 도움이 된다. 가족에게서 떨어져 자신의 정체성에 대해 고민해볼 기회―자수성가한 기부자의 경우 자선세계에 진입한 다른 새로운 기부자들을 만날 기회―는 자신의 특성을 파악하고, 어떤 기부자가 되고 싶은지 고민하고, 협조적인 환경에서 기부 역량을 키워나갈 여지를 제공한다.

우리가 인터뷰한 많은 차세대 기부자는 이처럼 집단적인 경험이 힘이 된다고 말했다. 세라 오제이(Sara Ojjeh)는 형제자매들과 함께 홀로서기에 나설 수 있었던 것은 부모님 덕분이라고 한다. 사남매는 부모님에게 함께 사용할 자선활동 자금과 교육 기회, 기본 원칙 몇 가지를 받았고 신뢰할 수 있는 조언자 몇 명도 소개받았다. 그녀의 아버지는 태그호이어 시계로 가장 잘 알려진 태그그룹(TAG Group)이라는 가족 기업의 성장을 도왔고 자선활동에 참여하면서도 대체로 익명을 유지했다. 세라 오제이는 이른 나이의 경험 덕분에 전 세계를 여행하게 되었고 자선적 정체성에 대한 명확한 감각을 형성할 수 있었다.

세라 오제이

나는 파리에서 미국인 어머니와 프랑스계 시리아인 아버지 사이에서 태어났다. 내가 다섯 살 때 우리 가족은 파리에서 제네바로 이사했고 그곳에서 유년기와 청소년기를 보내다가 제네바국제학교를 졸업하고 뉴욕대학에 진학했다. 나는 사남매 중 셋째로 멋진 두 언니와 놀라운 남동생이 있다.

부모님은 늘 자선적이었지만 항상 익명을 유지했고 우리에게 그런 말씀은 따로 하지 않았다. 아버지는 모금 만찬에서 가장 큰 기부금을 약속한 뒤 나중에 그 기관 담당자를 초대해 익명으로 하고 싶다는 의사를 전달하는 그런 분이다. 아버지에게 중요한 것은 즉각적인 만족이 아니라 항상 최종 결과였다. 할아버지는 자수성가한 분으로 여러 기업을 설립했다. 할아버지는 제2차세계대전 이전에 시리아에서 프랑스로 이주했고 전쟁중에 아랍어 라디오 뉴스 방송을 통해 돈을 벌었다. 아버지는 대학원 졸업 직후에 가족사업에 뛰어들어 여러 사업 분야 중에서도 태그호이어 손목시계로 가장 유명한 태그그룹의 성장을 도왔다.

배움의 기회

내가 열다섯 살, 남동생이 열세 살, 두 언니가 각각 열여덟 살, 열아홉 살이었던 어느 밤, 저녁식사 도중에 아버지가 말했다. "너희 네 명을 위한 프로젝트를 준비했단다." 그 말은 흥미로우면서도 놀라웠다. 아버지는 어머니와 함께 우리를 위해 은행 계좌에 얼마간의 돈—자선기금이 아니라 은행예금이었다—을 예치해두었으며 우리 사남매가 이제 막 제네바에 개업한 자선 조언자들의 도움을 받아 그 돈을 전략적으로 기부하기를 바란다고 했다. 우리가 얼마나 운이 좋은지 깨닫는 것과 효과적인 기부 방법을 배우는 것은 부모님에게 무엇보다 중요했다. 이런 노력을 위한 틀을 마련해주기 위해 자선 조언자들이 우리의 기부를 곁에서 도와주는 것도 역시 중요했다.

당시 나는 그 말을 믿을 수 없었고 숨이 턱 막혔다. 열다섯 살 때 나는 국제 바칼로레아를 시작하고 대입지원서를 쓰고 대학입학자격시험(SAT)을 준비하느라 눈코 뜰 새 없었으므로 '설마 농담이겠지?'라고 생각했다. 나를 위해 쓸 시간도 부족했다. 그 프로젝트가 내 삶의 방향을 바꾸어놓을 줄은 꿈에도 몰랐다.

부모님은 우리를 위한 네 가지 기본 원칙을 정했다. 첫째, 부모님은 나이, 성별과 무관하게 우리 사남매가 동등한 입장에서 협력하는 법을 배우기를 바랐다. 특히 부모님은 우리가 서로의 제안을 거절할 수 있기를 진심으로 원했다. 그렇지만 50대 50으로 표가 나뉘는 상황에서는 어떻게 해야 한단 말인가? 우리가 어떻게 그런 상황을 극복한다는 말인가? 부모님은 우리가 필연적으로 삶의 다른 영역에서(재정적인 영역이든 다른 영역이든) 서로 협력하고 형제자매가 아닌 동료로서 서로 존중하는 법을 배워야 할 상황이 올 것이라고 했다.

둘째, 우리는 익명을 유지해야 했는데, 이는 가장 중요한 부분이었다. 셋째, 우리는 4년 안에 기부를 마쳐야 했다. 이것은 우리가 개인적으로 겪고 있는 삶의 여러 문제보다 기부를 우선시해야 한다는 뜻이고, 마감의 중요성을 배우게 하기 위해서였다. 또한 정해진 기간 내에 우리가 만들어낼 수 있는 다양하고 지속 가능한 변화들을 이해할 수 있게 돕기 위해서였다.

마지막으로 그 4년 동안 연간 예산의 50퍼센트는 부모님이 후원하는 프랑스 인근의 프로젝트를 위해 사용해야 했다. 그곳은 거대한 이민자 공동체로 장학금이나 직업훈련자금 등의 긴급 보조금이 필요했다. 이 공동체 안에서 가난, 인종 갈등, 성폭력, 종교문제를 모두 발견할 수 있었고 덕분에 우리는 한 지역에서 다양한 요구와 상호작용할 수 있었다. 하지만 이 네번째 규칙의 가장 중요한 역할은 도움이 필요한 사람을 찾기 위해 굳이 멀리까지 갈 필요가 없음을 우리에게 가르쳐주는 것이었다.

우리는 2006년 초부터 와이즈 필란트로피 어드바이저(Wise Philanthropy Advisors) 팀원들과 일하기 시작했고 그들의 지도 덕분에 목표에 더욱 집중할 수 있었다. 그들이 우리 사남매를 준비시키는 과정은 매우 현명했는데, 사남매 모두 각자 의지가 강하고 독립적인 성격을 가진 탓이었다. 와이즈는 개별 인터뷰를 진행해 무엇이 우리 개개인을 움직이게 하는지, 공통분모는 무엇인지 파악했다.

결론적으로 도출된 것은 교육 분야에 대한 관심이었다. 할아버지는 아버지에게 "인생에서 모든 것을 잃을 수 있지만 아무도 너에게서 교육을 빼앗아갈 수는 없다"라고 했다. 이런 가치는 어린 시절 우리 사남매에게도 아로새겨졌다. 우리는 교육에 집중했다. 먼저 소규모 보조금부터 지급하기 시작해 우리가 점차 익숙해지고 적극적으로 바뀌면서 규모를 키워나갔다.

또한 우리는 투자 결과를 장기적으로 확인할 수 있는 프로젝트를 후원하고자 했다. 우리의 목표는 감사패를 받는 것이 아니라 어떤 프로젝트가 되었건 해당 공동체에 지속 가능한 방식으로 도움이 될 수 있으리라는 확신이었다. 우리의 기준은 늘 그것이었다. 우리의 조언자들―우리는 그들에게 '현명한 사람들(The Wise Guys)'이라는 별명을 붙여주었다―은 초반에 그들의 실사과정을 우리가 잘 이해할 수 있도록 정보를 보내주고 이후 직접 만남이나 토론을 통해 추가 정보를 제공했다.

위험을 감수할 자유

세번째 해가 끝날 무렵 우리가 주도권을 잡고 직접 후원 대상과 프로젝트를 선정했다. 아버지는 우리가 지급하는 보조금의 구체적인 내용을 모두 듣고서는 우리를 매우 자랑스러워했다. 어머니는 우리의 기부에 동참하고자 했으므로 함께 현장을 둘러보는 여행을 떠났다. 현장을 살펴보는 과정을 통해 우리 안에 단단한 무언가가 생겨났다. 우리는 현장 견학을 통해 캄보디아 소녀들을 만났던 때라든지 탄자니아에서 현장 견학을 마치고 숙소로 갔더니 바퀴벌레가 숙소 침대를 점령하고 있었던 끔찍한 밤을 웃으며 회상한다. 이처럼 끈끈하고 풍부한 경험은 우리 가족에게 굉장히 애틋한 기억으로 남아 있다. 네 개 대륙의 여러 프로젝트 현장을 방문함으로써 우리 사남매의 유대감은 강해졌고, 기부의 중요성을 더 잘 알게 되었으며, 우리가 후원단체들에게 주는 것 이상의 감동과 만족감을 그들로부터 얻었다. 애당초 4년으로 예정되었던 계획은 10년으로 늘어났다. 10대 자녀들에게 협력을 가르치려 했던 부모님은 그 결정이 우리 사남매의 인생 방향을 모두 바꾸어놓으리라고는 상상도 못 했을 것이다.

이 자선적 경험을 하고 몇 년 뒤 큰언니는 아랍어를 배우기 시작했고 런던정치경제대학에서 개발학 석사학위를 받고 어린이 투자 펀드 재단(Children's Investment Fund Foundation : CIFF)에서 근무를 시작했다. 작은언니는 커뮤니케이션에서 공공 정책으로 전공을 바꾸고 대사관에서 근무하다가 컬럼비아대학에서 교원자격증을 취득했다. 나는 홍보에서 기업의 사회적 책임으로, 현재는 자선으로 진로를 변경했고 뉴욕대학에서 보조금 배분 및 모금과 관련해 석사학위를 받았다. 최근에는 나만의 컨설팅업체를 설립해 개인과 가족 사무소를 상대로 자선 포트폴리오에 관한 자문을 담당하고 있다. 남동생은 최근 대학을 졸업했고 우리가 진행하는 자선사업의 재무관리를 꾸준히 도와주고 있다. 우리는 함께 일하고 서로를 동료로 존중함으로써 우리 안에서 새로운 에너지를 발견했다. 자선활동이 없었다면 아마도 그런 에너지는 얻지 못했을 것이다.

부모님이 우리에게 준 것은 자유라고 생각한다. 부모님은 우리에게 실수해도 괜찮고, 실패할 것이 뻔한 보조금을 지급해도 괜찮다고 했다. 대신 실패하더라도 함께 실패하고 그 실패로부터 얻은 교훈을 다음번에 적용하는 법을 배워야 했다. 실패할 수 있는 능력은 은행 계좌에 있는 초기 자금과 더불어 부모님이 우리에게 마련해준 선물이었다.

또한 우리는 부모님을 찾아가서 우리가 이런저런 조사를 했고, 이런 결정을 함께 내렸으며, 이 프로젝트를 지원할 것이라고 당당히 말할 수 있는 능력을 얻었다. 와이즈의 역할은 이런 여정 속에서 우리를 안내하고 길잡이가 되어주는 것이었다. 덕분에 우리는 부모님의 선택에서 떨어져 있다는 자유로움을 느낄 수 있었고 부모님은 우리의 과정을 신뢰할 수 있었다. 우리의 프로젝트는 독립성을 키우는 것은 물론 서로를 신뢰하는 방법을 배울 기회를 주었다. 우리가 주도하다가 원할 때면 그 내용을 부모님과 공유하는 방식이었다.

이 모험적인 프로젝트에 참여함으로써 나는 내가 원하는 임팩트에 관해 확신을 얻는 법을 배웠다. 나는 20대 초반에 지원 기회를 통해 내가 배우고 촉진하고자 하는 것과 관련해 이런 자신감을 키웠다. 따라서 패션 브랜드의 최고경영자에게 "안녕하세요, 전 스물세 살이고 기업의 사회적 책임 프로그램을 시작하는 것에 관한 아이디어를 나누고 싶습니다"라고 당당히 말할 수 있었다. 더불어 그 아이디어를 실행에 옮길 수 있었다.

내 목소리 찾기, 나의 접근 방식 조정

뉴욕대학에서 미디어문화와 커뮤니케이션으로 학사학위를 받은 뒤 나는 당시 급성장중이던 마이클 코어스에서 일하기 시작했다. 나는 마이클 코어스의 최고경영자를 알고 있었고 어느 금요일 오후 그에게 말 그대로 엘리베이터 안에서의 짧은 홍보를 하게 되었다. "저는 이 회사가 경쟁사들을 앞서기 위해 세상을 위한 좋은 일을 시작하고 (양손으로 허공에 따옴표 표시를 하며) '코어스가 이 세상에' 대해 신경쓴다(Kors Cares)라는 걸 보여줘야 한다고 생각합니다." 최고경영자는 "그거 괜찮군. 월요일에 내 사무실에 들러 한번 자세히 설명해보게"라고 말했다. 결국 그 회사는 유엔세계식량계획(United Nations World Food Programme)과 4년간의 파트너십을 체결해 "워치 헝거 스톱(Watch Hunger Stop)"이라는 새로운 캠페인을 시작했다. 손목시계 한 개가 팔릴 때마다 도움이 필요한 아이에게 100끼의 식사를 제공하는 캠페인으로 마이클 코어스는 최근 이 파트너십을 갱신했다. 마이클 코어스에서의 성과와 한계를 뛰어넘고 위험을 무릅쓴 자신감은 모두 부모님이 우리에게 자선 참여 기회와 경험을 제공해준 덕분이라고 나는 생각한다.

마이클 코어스를 퇴사한 뒤 나는 세계 최대 글로벌 보건단체인 파퓰레이션 서비스 인터내셔널(Population Services International : PSI)을 우연히 소개받게 되었고 지금까지 후원자로서 이 단체와 놀라운 여정을 이어오고 있다. 2013년 나는 메테마리트(Mette-Marit) 노르웨이 왕세자비와 멀린다 게이츠가 공동 설립한 매버릭 컬렉티브의 두번째 창립 회원이 되었다. 이 단체는 극심한 빈곤을 근절하기 위해 여성들과 소녀들의 건강 증진을 위한 시범 프로그램을 후원한다. 매버릭 컬렉티브에서의 활동을 통해 나는 차세대 기부자로서 내 목소리를 발견할 수 있었다. 나는 처음으로 자선 프로젝트의 단독 운영을 맡게 되었지만 내 형제자매들과 늘 구체적인 내용을 공유하고 그들의 의견과 통찰력을 존중한다. 예컨대 작년에 우간다의 모성보건클리닉을 방문하고 귀국했을 때 언니들은 내게 문자 메시지로 그 프로젝트의 장기 목표와 모성보건 분야에서 임팩트를 만들어낼 방법에 대해 물었다.

우리는 지금도 자선적 경험을 공유하기 때문에 현장 방문 정보를 가십거리처럼 서로 나눈다. 우리는 과거에 함께 일한 적이 있고 실사를 함께 진행한 적이 있다. 우리에게는 서로 공유하는 자선활동에 관한 맥락과 언어가 있다. 부모님은 우리 사남매에게 자선활동의 기회를 마련해주면서 내가 이 분야에서 경력을 쌓고 석사학위까지 받으리라고는 예상하지 못했을 것이다. 그 기회는 지금 내 일을 하는 데 필요한 자신감의 근원이다.

시간이 흐르면서 나의 가치는 변하지 않았지만 접근법은 완전히 바뀌었다. 나의 모토는 '기부는 가정에서 시작되지만 자선은 파트너십에서 시작된다'이다. 기부는 일대일의 관계라고 생각한다. 이는 '내가 어떻게 내 이웃을 도울 수 있을까?'의 문제다. 출산 도우미 역할을 할 때 나는 한 번에 우리 지역사회의 임신부 한 명을 도울 수 있다. 그것이 나의 일대일 관계다. 하지만 비영리단체 파트너 또는 자선 분야 동료들과 함께일 때 나는 자선적 노력의 규모를 확대해 시스템 변화를 가져올 수 있다.

부모님이 우리에게 많은 것을 가르쳐주었다고 생각한다. 하지만 그냥 그런 자선가가 아니라 효율적인 자선가가 되려면 올바른 파트너가 필요하다는 것을 깨달았다. 차세대 기부가 제대로 작동하려면 우리는 한 세대로서 서로 힘을 모아 이 세상의 가장 시급한 문제들을 해결해나가야 한다. 동료들을 자극하기 위한 한 방법으로 나는 익명 자선이라는 아늑한 공간에서 벗어나 당당히 내 이름을 밝히고 무대에 나선다. 부잣집 아이에 대한 오명이 있다는 것을 나도 알고 있고, 부유하게 자란 대다수 젊은이는 우리가 가진 특권에 대해 약간의 죄책감도 느낀다. 그런 내가 무대에서 이름을 밝힘으로써 사람들의 입방아에 오르내린다 할지라도 그런 것은 아무래도 상관없다는 생각이 들었다. 가장 중요한 것은, 나는 내가 가진 목소리와 자산으로 이런 일을 하고 있다는 사실이니까. 나는 다른 사람들도 이런 일을 할 수 있도록, 변화를 만드는 것에 대해 당당하고 편안해질 수 있도록 영감을 주고 격려해주고 싶다. 당신에게 변화를 만들 능력이 있다면 당신에게는 그렇게 할 책임이 있다.

나는 지속 가능한 변화를 믿고, 우리에게 가깝거나 먼 곳에서 임팩트를 만들어낼 수 있다고 믿는다. 나의 가치는 여전히 그대로지만 나의 접근 방식은 더 요란해졌다. 차세대가 내 이야기를 듣고 여성들과 소녀들을 위해 더 많은 돈을 기부할 수 있다면 그것은 충분히 가치 있는 일이다. 그 과정에 내 프라이버시가 약간 침해된다 하더라도 말이다. 그 정도는 괜찮다.

내가 생각하기에 그것—지속적인 변화를 위해 나의 목소리를 빌려줄 수 있게 된 것—이야말로 진정한 변화가 아닐까 싶다.

세대적 정체성

차세대 기부자들은 수표를 발행하고 자선행사에 참여하는 전통적 자선에서 벗어나고 있다. 우리는 다른 방식을 원한다. 소셜 미디어 캠페인이 들불처럼 번지는 이유 중 하나도 그 때문이라고 생각한다. 우리는 모두가 함께할 수 있는 시끌벅적한 프로젝트를 원하고 더 많은 사람이 모일수록 더 즐겁게 변화를 만들어낼 수 있다. 우리는 가족 구조 내에서 또는 그 밖에서 자선에 참여할 방법을 찾아낼 수 있다. 우리는 조급함과 협력정신을 모두 갖춘 세대이며, 이 두 가지가 합쳐졌을 때 자선을 위한 새롭고 놀라운 플랫폼이 생겨난다. 우리는 힘을 합쳐 더 큰 변화를 만들어낼 수 있고, 우리의 참여와 행동과 관련해 서로에게 감시자가 되어준다.

나는 비영리단체들이 차세대 기부자들에게 창의적으로 대응해야 한다고 생각한다. 최근 산토도밍고 외곽 시골 지역에서 10대 엄마들을 진료하는 병원에 방문한 적이 있다. 그 엄마들은 자신들을 살펴보기 위해 해당 프로그램 담당자가 외국인들과 함께 나타난 것을 보고 무척 당황했는데, 충분히 그럴 만했다. 나는 일행과 잠시 헤어진 뒤 나의 짧은 스페인어로 대기실에서 엄마들과 편안한 대화를 나누고 그들의 이야기를 경청했다. 내가 하고 싶은 일은 바로 그런 것이었다. 여성들과 연결되고, 그들의 어려움과 경험으로부터 배우고, 도움이 필요한 사람과 그들을 도울 방법에 대해 파악하는 것이었다.

이 점을 염두에 두고 나는 더 전략적인 후원자가 되는 법, 감정과 전략의 차이를 이해하는 법을 고민하기 시작했다. 현장에 가서 "여기 있는 아기를 전부 제가 데려가고 싶어요" 또는 "도움을 요청하는 모든 사람에게 5달러를 주고 싶어요"라고 말할 수는 없다. 그 방법은 현실적이지 않다는 사실을 스스로 깨달아야 한다. 직접 나가서 보고 느끼고 이해하기 전까지는 그 누구도 그것을 가르쳐줄 수 없다. 더 중요한 것은 본인이 문제에 대한 해결책을 안다고 가정하지 말고, 어떻게 하면 더 효율적으로 도움이 될 수 있는지 물어보는 것이다.

나의 스물한번째 생일날, 나는 선물 대신 기부를 부탁해 총 5만 달러가 모였고 부모님도 기부금을 보탰다. 나는 형제자매들과 함께 그 돈을 배분했는데, 각자의 강점을 활용해 결정했다. 우리는 펜슬 오브 프로미스(Pencils of Promise)에 돈을 기부하기로 했다. 당시 설립된 지 몇 년 되지 않은 그 단체로서는 상당한 금액의 보조금이었다. 그들의 첫 제안은 네 개의 학교를 짓고 각 학교에 우리 사남매의 이름을 붙이는 것이었다. 우리는 그 제안에 크게 공감하지 못했다. 대신 "돈이 가장 필요한 곳이 어디죠?"라고 물었다. 그들은 교사 훈련과 건물 화장실 같은 추가시설이라고 답했고, 빠른 결정을 내렸다. 연례행사 모금을 통해 학교 건설비를 기부할 사람은 순식간에 모을 수 있지만 교사나 학생처럼 사람에 대한 후원금을 구하는 것은 훨씬 어렵다. 자선 분야의 파트너십이 가장 큰 변화를 만들 수 있는 것은 바로 이런 부분이다.

물론 수표를 발행하고 누군가 제대로 일을 할 것이라고 믿어주는 자선가도 필요하다. 하지만 차세대 기부자로서 전통적 자선의 틀에서 벗어나 어떻게 하면 가장 효율적인 자선가가 될 수 있는지 알고 싶다면 직접 경험해야 한다. 학교 건물을 짓는 것뿐 아니라 여학생 전용 화장실을 만들고 교사 훈련에 투자하는 것이 왜 중요한지 이해해야 한다. 지역사회의 모든 것이 연결되어 있고 상호의존적이란 사실을 아는 것은 지속 가능성의 열쇠가 된다.

나는 PSI와의 파트너십에도 이 모델을 적용한다. 모성보건 관련 시범 프로그램의 자금 후원을 요청받았을 때 내게는 그들만큼 철저하게 조사와 실사를 진행할 여력이 없었다. 그래서 그들에게 오늘날 모성보건과 관련해 가장 도움이 필요한 곳이 어디인지 물었고 그들은 우간다라고 답했다. 좋다. 그렇다면 우간다였다. 나는 기부자들이 NGO를 신뢰해야 해야 하고, 기부자의 목표 달성을 돕고 삶을 바꾸는 지속적인 변화를 만들어낼 수 있도록 그들에게 권한을 주어야 한다고 믿는다.

비슷한 이치로 조언자들이나 비영리단체들에게는 이렇게 말할 책임이 있다. "좋아요. 학교를 지어 거기에 당신 이름을 붙이고 싶다고 하셨는데요, 다른 가족과 함께 학교를 지어서 추가 기반시설까지 마련하는 것은 어떨까요?" 그렇게 하면 여러 기부자와 비영리단체가 함께하는 파트너십이 완성된다. 파트너십은 기부자와 단체 사이에서만 맺어지는 것이 아니다. 동일한 목표를 가진 기부자들 사이에서도 맺어질 수 있다.

여정의 중요성

다른 가족들은 자녀의 자선교육을 돕기 위해 무엇을 할 수 있을까? 모든 부모에게 우리 부모님과 같은 비전이 있는 것은 아니다. 우리 부모님은 우리가 경험을 통해 배우게 했고, 몇 번은 실패를 통해 배우게 해주었다—초반에는 별로 효과적이지 않은 보조금을 지급했다. 하지만 자녀의 연령대에 따라 다른 좋은 방법이 있다고 생각한다. 어릴 때는 지역사회 봉사활동을 통해 인간의 경험을 탐구해보는 것이 좋다. 그러다 10대가 되면 마약 예방이나 성매매문제 등으로 관심사가 발전할 수 있는데, 그때 부모나 조언자와 함께 그 문제를 논의하고, 프로젝트를 비교하고, 감정적이고 효과적인 참여 동기를 고민해볼 수 있다.

　10대 후반이나 20대가 되면 동료나 파트너와 협업할 기회가 생긴다. 내가 그랬던 것처럼 형제자매와 협력할 수도 있고, 적당한 동료 네트워크를 찾을 수도 있고, 몇몇 다른 가족과 함께 프로젝트를 진행할 수도 있다. 조언자 역할 중 하나는 부모들이 자녀와 대화하도록 격려하고 그 자녀가 좋은 파트너를 만나 능력을 키우도록 도와주는 것이다. 자녀가 가족재단이나 다른 단체를 통해 일할 준비가 되었을 때 재단의 5퍼센트 연간 지급액 중 1퍼센트를 직접 관리하고 배분하도록 맡기는 것은 어떨까. 가족 내 차세대에게 각자 능력을 키우고, 직접 조사를 통해 자신의 자선적 목표를 찾을 기회를 제공하자. 설령 그들은 실패하더라도 그 실패로부터 교훈을 얻을 것이다.

　세라 오제이와 그녀의 형제자매들의 놀라운 교육 여정은 다른 많은 가족이 제공할 수 있는 것보다 훨씬 정교할지도 모른다. 하지만 청소년기에 제공되는 신중한 교육이 중요하다는 것만은 분명한 교훈이다. 이런 교육 경험 덕분에 세라 오제이는 자신의 자선적 정체성을 확고히 다지고 자신감과 명확성, 안목을 갖고 세상에 홀로서기를 할 수 있었다. 이것은 값으로 따질 수 없는 삶의 경험이다. 세라 오제이의 여정은 선형적이지 않았지만 새롭게 부상하는 정체성에 대한 깊은 성찰 덕분에 자신이 누구인지, 기부자로서 무엇을 성취하고 싶은지를 분명히 알게 되었다.

규범 파괴 : 차세대는 '현재 세대'

　많은 차세대 기부자는 여전히 주요 자선가로서 정체성을 형성해나가는 '변화' 단계에 있지만, 어린 나이에 기부를 시작할 수 있는 능력을 고려해 차세대를 '현재 세대(Now Generation)'로 불러야 한다는 주장도 있다. 과거 미국 자선가들은 에릭 에릭슨이 말한 일명 생성적(generative) 시기—40세부터 64세까지—에 주로 돈을 벌었다. 그리고 이후의 '성숙(maturity)' 단계에 재정적 안정감을 느끼며 삶을 돌아보고, 미래세대는 물론 사회를 위한 자금을 따로 책정해두었다.[6] 하지만 우리가 앞서 말한 것처럼 차세대 기부자들의 주요 특징 중 하나—그들이 전통의 틀에서 벗어나고 있다는 중요한 증거 중 하나—는 지금 당장 변화를 불러오겠다는 결단이다. 부모, 조언자들, 비영리단체 전문가들은 20년쯤 기다렸다가 차세대를 참여시켜도 괜찮다고 생각하는 대신 세라 오제이의 부모처럼 차세대가 지금 당장 기부에 참여할 자원과 의향이 있음을 깨닫고 있다.

차세대 기부자들은 이것이 기회인 동시에 시급한 문제라고 느낀다. 가족의 자선을 더 효율적으로 바꾸려는 그들의 의지와 조언자들에게 더 적극적으로 후원 대상과 후원 방식을 추천해달라고 요구하는 모습에서 그것을 확인할 수 있다. 가족과 조언자들, 비영리단체들은 이런 다급함을 오만함으로 여길 수도 있지만, 이처럼 적극적인 태도는 차세대가 우리 사회의 문제를 어떻게 인식하는가를 더 잘 반영한다. 그들 눈에는 문제가 그만큼 거대하고 시급해 보이는 것이다. 9장에서 알렉산더 소로스를 통해 알게 된 것처럼 많은 차세대 기부자는 "왜 기다려야 하지?"라고 반문한다. 한 기부자는 "기다렸다가 나중에 대단한 일을 시작하는 것보다는 지금 당장 기부하는 것이 중요하다고 생각한다"라고 했다. 다른 기부자는 자신의 가족재단이 법적으로 요구되는 최소한도인 5퍼센트가 아니라 더 많은 자산을 기부할 것을 촉구했다고 한다. 후원단체들에게 그 돈이 꼭 필요하다고 믿기 때문이다.

우리가 어릴 때 부모님이 세운 가족재단은 매우 비공식적이다. 우리는 우리가 이사회 명단에 올라 있다고 들었다. 연말에 네 가족이 모여 가족회의를 한 번 하고, 세금 정책에 따라 "그렇다면 올해의 5퍼센트를 어디로 보낼 것인가?"를 결정하는 것이 전부였다. 그러다 20대가 된 내가 말했다. "잠깐만요. 우리는 가족으로서 지금보다 훨씬 더 잘할 수 있어요. 제가 먼저 해볼게요. 제가 관리하는 모든 자산을 갖고, 그걸 대부분 사용할 만한 공격적인 기부 계획을 고민해볼게요."

임팩트 세대는 초기 노력이 실패로 돌아가더라도—부유한 가문의 일원으로서 그 실패는 큰 조명을 받을 수도 있지만—지금 당장 기부에 나서고자 한다. 한 기부자는 세라 오제이가 말했던 것처럼 실패를 통해 배우는 것의 장점을 설명했다. "우리는 경험을 통해서만 배울 수 있고, 실패를 통해 가장 많은 것을 배울 수 있다고 생각해요. 그러므로 우리는 밖으로 나가서 직접 경험하고, 우리의 행동과 실패로부터 교훈을 얻어야 해요. 다만 그 실패가 재앙 수준이 아니기를 바랄 뿐이죠."

당신의 자녀가 당신을 실망시킬까봐 실패를 너무 두려워한다면, 일거수일투족을 세간의 주목을 받는 부유한 명문가 자녀는 어떨지 한번 생각해보라. 적어도 어린 나이에는 실패를 하더라도 그 규모가 심각하지 않고 회복 가능성도 훨씬 높다. 자금과 위험 부담은 시간이 흐르면서 점점 더 커질 수밖에 없기 때문이다.

이 장의 내용이 의미하는 바는?

이 책을 처음 펼쳤을 때 당신은 신탁기금 상속자와 젊은 기술업계 억만장자들이 여가시간에 아트 바젤(Art Basel)을 구경하고 이비사의 바다에서 수영하느라 바쁠 것이라고 생각했을지도 모른다. 하지만 우리가 들은 바에 따르면 해나 킴비는 현지 문제를 파악하기 위해 메인주를 돌아다녔다. 세라 오제이는 펜슬 오브 프로미스를 위한 모금을 통해 화장실 건설과 교사 훈련을 지원했다. 빅토리아 로저스는 시카고 사우스사이드의 수 덩컨 아동센터에서 수년간 자원봉사를 했다. 해나 킴비, 세라 오제이, 빅토리아 로저스는 차세대 기부자들 중에서 예외가 아닌 전형적인 경우에 가깝다. 이른 나이에 시작된 그들의 자아 찾기 여정은 그들의 자선적 학습 여정과 맞물려 그들에게 각자 아주 탄탄한 정체성을 선물했다.

우리가 만난 차세대 기부자들은 청소년기에서 성인기로 넘어가는 모든 개인이 겪게 되는 정체성 형성에만 집중하는 것이 아니다. 그들은 집안 어른들, 그리고 인류에 대한 무거운 책임감을 안고 정체성 형성 여정에 나서고 있다. 그들의 자선적 선택이 사회에 엄청난 도움이 될 수도 있고 엄청난 해가 될 수도 있음을 알기 때문이다. 실패하든 실패하지 않든 차세대 기부자들의 자아 찾기 여정은 다른 평범한 사람들의 여정보다 우리 세계에 더 큰 영향을 미칠 확률이 높다. 따라서 우리는 그들의 여정을 눈여겨보아야 하고, 자신의 여정을 진지하게 받아들이는 차세대 기부자들을 통해 희망을 가져야 한다.

물론 아직 배우는 단계인 기부자들이 내리는 결정으로 인해 실제 사람들, 이슈, 단체들은 타격을 입게 될 것이다. 따라서 차세대 기부자 자신들과 그들을 돕는 사람들은 배움 단계에서 발생하는 것이라 할지라도 치명적인 실수를 피할 수 있도록 늘 주의해야 한다.

차세대의 부모, 교사, 조언자, 멘토로서 우리는 차세대가 이런 책임감을 잘 받아들이도록 도와줄 수 있다.[7] 정체성 형성 단계는 매우 중요하기 때문에 자신감을 키우는 습관 형성을 돕는 것부터 시작해야 한다. 연구에 따르면 차세대 기부자 절반 이상이 스물한 살 이전에 기부를 시작하므로 우리에게는 생각보다 더 빨리 이 작업에 나설 여력이 있다.

차세대 기부자들은 분명 그들의 자아 찾기 여정에 대한 지원을 원하는 데 동료 집단, 교육 플랫폼, 조언자, 관련 서적 등 유용한 자원이 있다.[8] 비영리단체 전문가들도 차세대의 자아 찾기 여정에 유익한 파트너가 될 수 있다. 세라 오제이는 "비영리단체들이 차세대 기부자들에게 창의적으로 대응해야 한다"라고 했다. 우리도 그 말에 동의한다. 우리가 이 책에서 줄곧 주장한 것처럼 비영리단체들은 차세대 기부자들의 참여를 유도하면서 열린 자세를 유지하고, 그들의 아이디어를 진지하게 경청하고, 그들이 애타게 원하는 직접적이고 의미 있는 경험의 기회를 제공해야 한다. 그렇게 하는 비영리단체들은 차세대가 열망하는 학습 기회를 제공하는 동시에 엄청난 혜택을 누리게 될 것이다.

조언자들도 차세대 기부자들의 자아실현과정을 도울 수 있다. 이타적인 차원의 도움을 주는 것만으로 충분히 동기부여가 되지 않는다면 이 연구 결과를 한번 살펴보자. 고객의 부모 중 한 명이 사망한 뒤 차세대 상속자의 45퍼센트만이 부모가 고용했던 조언자를 계속 고용했고, 양 부모가 모두 세상을 떠난 뒤에는 2퍼센트만이 기존 조언자를 계속 고용했다.[9] 조언자들은 앞으로 오랫동안 사업을 유지하기 위해서라도 차세대와 직접적인 관계 구축에 힘써야 한다. 자문회사들은 여러 세대의 맥락을 이해할 수 있도록 직원을 재교육하고 각 세대별로 적합한 직원을 배치하고 마케팅, 기술 상품, 관계 관리와 관련된 새로운 도구를 개발해 젊은 고객들의 세계관에 부응해야 한다.

조언자들과 비영리단체 전문가들은 가부장이나 가모장이 자녀들의 홀로서기를 도울 수 있도록 유익한 회의, 동료 집단, 자원, 컨설턴트를 소개해주는 역할도 고려해볼 수 있다. 우리는 기성세대 기부자와 고객이 현재의 주도 세력이며 비영리단체들이 이들에게 집중하고 싶어한다는 것을 안다. 하지만 차세대 기부자들은 내일의 생명줄이 될 것이고, 그들에게 투자한 약간의 시간은 향후 열 배의 수익으로 돌아올 수 있다.

아이러니하게도 가정 내에서 자녀, 손주, 조카를 도와주는 것이 어쩌면 가장 어려울 수 있다. 기성세대는 연약한 어린아이에 대한 기억—까진 무릎이나 다섯 살 생일잔치 등—에서 벗어나는 것이 힘들 수 있다. 하지만 많은 연구 결과에 따르면 자녀들에게 올바른 가치관을 심어주려고 노력하는—바깥세상을 보여주고 그 가족이 수많은 우여곡절 끝에 성공했음을 알려주는—그런 사람들이야말로 자녀의 미덕을 키워주는 부모들이다. 한 차세대 기부자의 말을 들어보자.

부모님은 두 분이 지원하던 소액 금융 프로젝트를 확인하기 위해 우리를 케냐 빈민촌으로 데려갔고, 할아버지가 어린 시절을 보냈던 진흙 움막으로 데려갔다. 내가 열두 살일 때에는 나를 배에 태워 아마존 산림 벌채 현장으로 보내 7일간 일을 시켰다. 내가 그 기간을 정확히 기억하는 것은 날짜만큼 초코바를 가져가서 하루에 하나씩 먹었기 때문이다. 오늘날 나는 "너는 삼루에서 태어난 것일 뿐 네가 삼루타를 친 것이 아니다"라고 했던 아버지의 충고를 고맙게 생각한다. 실리콘밸리에서 자란 나는 거품 속에 갇혀 있었으므로 다른 사람들이 어떻게 사는지 알 필요가 있었다. 그 경험은 내게 매우 커다란 영향을 미쳤다.

* * *

　삶의 초기 단계에서 자아 찾기와 더불어 기부를 시작하는 추세는 자선 분야로서는 흥미진진한 전개가 아닐 수 없다. 2, 30대 청년들이 더 오랜 기간, 더 많이 기부할 수 있기 때문이기도 하고, 위험을 감수하고 불신하지 않는 그들의 성향 덕분에 그들뿐 아니라 우리 모두가 더 나은 미래를 상상할 수 있기 때문이다. 그들의 젊음, 특권, 자신의 유산을 남기려는 욕구를 고려할 때 그들은 오늘날 우리가 상상하는 것보다 훨씬 더 혁신적이고 참신한 방식으로 임팩트를 만들어낼 확률이 높다. 현재 홀로서기와 배움과 경험과 성장과 기부를 동시에 섭렵해가고 있는 임팩트 세대의 기부자들로 인해 생겨날 변화가 무척 기대된다. 우리는 희망을 품고 있다.

12장

결론 : 기부의 황금기를 최대한 활용하기

이 책은 엑스 세대와 밀레니얼 세대의 주요 기부자들이 역사상 가장 주목할 만한 자선가들이 될 것이라는 다소 대담한 주장으로 시작했다.

이들 차세대 기부자는 유례없이 막대한 자원을 갖고 있을 뿐 아니라 새로운 방식으로 판도를 바꾸는 기부를 하고 있고, 앞으로도 계속 그렇게 해나갈 것이다. 그들은 자선 분야의 임팩트 혁명을 주도하고 있다. 이것은 미국 내에서, 그리고 어쩌면 전 세계에서 새로운 기부 황금기의 특징으로 자리매김하게 될 것이다.

이런 차세대의 견해는 우리가 2, 30대 젊은 부자에 대해 갖고 있는 선입견과 충돌하기 때문에 더욱 놀랍다. 우리가 생각하는 그들은 물질주의의 거품 속에 갇혀 살고, 초반에는 헬리콥터 부모로부터, 나중에는 엘리트 전용 사설기관에 의해 보호받고, 신생 기업에 대한 투자나 파티 모임에 집착하는 젊은이들이기 때문이다. 그들에게 자선이란 남들에게 자랑하기 위한 사치품, 자신의 브랜드 가치를 높이기 위한 허영일 뿐이란 말도 자주 들어왔다.

부의 창출과 집중 현상이 폭발적으로 나타나고 있는 오늘날 경제 상황을 고려할 때 많은 제트족(jet-set)이 이런 전형적인 이미지와 맞아떨어진다. 하지만 우리가 이 책을 준비하면서 만난 차세대 기부자들은 전혀 달랐다. 대니얼 루리 같은 사회적 기업가들은 효과적인 빈곤 척결 방법을 파악하고 거기에 투자하기 위해 지역사회 파트너와 긴밀히 공조하고 있었다. 제나 와인버그 같은 신세대 자선 분야 지도자들은 가족의 기부 전통을 진심으로 지키고 발전시키면서 동료들과 함께 배움을 이어나가고 있었다. 세라 오제이처럼 열정적인 글로벌 기부자들은 불우한 사람들과 그들을 돕는 비영리단체와 끈끈한 관계를 맺고 있었다.

전 세계, 국가, 지역별로 골치 아픈 문제들이 끊이지 않는다. 고액 기부자들은 연구와 전략에 투자하고, 전도유망한 혁신을 실험하고, 부당하거나 비효율적인 시스템을 개혁하기 위한 활동을 후원함으로써 이런 문제에 매우 커다란 영향을 미칠 수 있다. 그들의 역할은 정치적 격변기와 불확실성의 시대, 다시 말해 정책 결정이 지지부진하고 분열이 발전의 발목을 잡는 시대에 더욱 중요해질 수밖에 없다. 지금은 그 어느 때보다 적극적인 주요 기부자들이 많이 필요한 시기일지도 모른다.

우리가 조심스럽게 제시한 임팩트 세대 기부자들에 관한 희망적인 묘사에 모든 독자가 동의하지는 않을 것이다. 그들의 무모한 열망과 실험 의지는 건실한 자선적 전통주의자들의 회의론이나 노골적인 저항에 직면할수도 있다. 직접적인 단체활동 참여—엄청난 돈과 사회적 인맥은 물론 시간과 재능까지 활용하는 그런 참여—에 대한 강렬한 열망은 재앙을 낳는 공식처럼 보일 수도 있다. 간섭이 지나친 기부자의 비위를 맞추느라 전전긍긍하고 싶은 비영리단체가 어디 있을까? 따라서 우리는 이 진지한 차세대 기부자들에 관해 발견한 내용을 싣는 한편, 그들의 한계와 과제도 솔직하게 평가하고자 했다. 또한 우리는 비영리단체 전문가들, 기부 가족들, 조언자들, 차세대 기부자들에게 함께 일하는 방법, 기부세계에서의 함정을 피하는 방법에 관한 지침도 제공한다.

모든 사람이 동의할 것으로 예상되는 두 가지는 차세대 고액 기부자들이 우리의 집단적 미래에 커다란 영향을 미치리라는 것, 그리고 우리는 그들이 어떤 자선가가 되어가고 있는지 알아야 한다는 것이다. 따라서 이 책의 주목표는 그들의 계획을 그들의 목소리로 전달하는 것이다.

다가오는 혁명

이전 세대의 주요 기부자들과 마찬가지로 엑스 세대와 밀레니얼 세대는 기부에 대한 책임감을 느끼고 기부를 통해 다양한 이슈와 관련해 변화를 만들어내고자 한다. 하지만 이전 세대와 달리 그들은 다른 무엇보다 임팩트를 중요시하고 자선 분야의 혁명을 통해 더 나은 결과를 거두고자 한다.

임팩트에 대한 이런 열망은 차세대 기부자들이 새로운 결과를 얻기 위해 자선 전략을 수정하고 위험을 감수하는 수밖에 없다고 느낀다는 의미다. 한 기부자는 "우리에게는 다른 작업 방식이 필요한데, 지금의 방식은 통하지 않기 때문이다"라고 했다. 기부 가문 출신의 차세대 기부자들은 부모, 조부모와 함께 여러 세대로 구성된 팀으로 일할 준비가 되어 있지만, 그들과 자수성가한 1세대 기부자들은 필요할 경우 단독활동을 할 것이다. 그들은 더 큰 임팩트를 얻기 위해 비합리적인—스콧 벨스키의 표현—행동도 서슴지 않을 것이다.

하지만 그들의 비전에는 혁명정신과 존중이 담겨 있다. 그들은 혁명을 위한 혁명이 아니라 임팩트를 위한 혁명을 원한다. 차세대 기부자들은 이전 세대로부터 많은 것을 배웠다는 것을 인정하고 유산의 훌륭한 관리인이 되고자 한다. 그들은 그들의 자선적 혁명을, 기부를 새로운 차원으로 발전시켰던 이전 세대 기부자들을 기리는 한 방식으로 본다. 그들은 기부의 긍정적 가치를 가르쳐준 부모와 조부모에게 감사하고 삶의 모든 측면에서 그런 가치가 매끄럽게 연결될 수 있기를 바란다. 사실 과거와 미래, 존중과 혁명 사이의 올바른 균형 찾기는 임팩트 세대의 정체성 형성과정에서 가장 핵심적인 도전 과제다.

우리는 차세대 기부자들이 지금 당장 혁명에 나서고자 한다는 것을 안다. 이는 커다란 변화가 임박했으며 향후 몇 년간 이런 변화가 가속화되리란 것을 의미한다. 일부 분야는 다른 분야보다 더 빠른 변화를 경험하게 될 것이다.

단기적으로 우리는 많은 기부자가 새로운 혁신—더 많은 차세대 기부서클, 협업 기부, 재단기금과 관련된 사회적 책임 스크린, 개별 기부자의 선택지를 극대화하기 위한 혼합 분야 기부 방식 등—을 실험할 것으로 예상한다. 다른 종류의 변화, 이를테면 비영리단체가 참여 유도 전략을 재정비해 기부자가 의미 있는 방식으로 단체활동에 참여하도록 하는 것과 가족들이 의사 결정 권한을 여러 세대와 나누는 등의 변화는 더 오랜 시간이 걸릴 것이다. 하지만 이 책에 소개된 차세대 기부자들의 이야기를 통해 알 수 있듯이 이처럼 복잡하고 장기적인 변화도 이미 시작되고 있다. 해나 킴비는 고향인 메인주에서 후원자와 피후원자의 관계를 근본적으로 바꾸기 시작했고, 캐서린 로렌즈는 자신의 가족재단이 여러 세대로 구성된 팀으로 제대로 작동하도록 했다.

혁명의 속도의 경우 자수성가한 1세대 기부자와 차세대 상속자 간의 차이가 두드러졌다. 양 집단은 비슷한 전략—더 많은 혁신과 직접적인 참여, 동료와의 협업 및 동료로부터의 배움 등—을 통해 자선 분야를 혁신하고자 하지만 그런 변화를 즉각 적용할 수 있는 역량에서는 차이가 났다. 자수성가자는 본인이 생각하는 이상적인 자선 전략을 더 빨리 적용할 수 있지만 상속자는 이미 확립된 가족 구조를 거쳐야 한다는 추가적인 문제에 직면한다. 자수성가자는 자기 길을 마음껏 개척할 수 있지만 상속자는 새로운 길을 개척하는 동시에 이미 닦아둔 길을 지켜야 하는 경우가 많다.

하지만 모든 차세대 기부자는 혁신적 비전을 실현하는 데 어려움을 겪는다. 거대한 기관, 다양한 이해당사자, 고질적 관행이 산재한 분야에서 이런 비전을 실현하기란 쉽지 않다. 비영리단체들이 느끼는 공포도 상당하다. 급격한 변화는 그들이 돕는 사람들이나 그들이 옹호하는 대의에 부정적 영향을 끼칠 수 있기 때문이다. 이는 차세대의 바람보다 임팩트 혁명에 오랜 시간이 소요될 수도 있으며 차세대는 이에 실망하게 될 수도 있다는 뜻이다. 하지만 그들이 임팩트에 집중하는 동시에 적극적인 참여 의지를 갖고 있다면 우리는 그 변화가 완전한 효과를 드러낼 때까지 차세대가 단단히 버틸 수 있으리라 믿는다.

기부의 황금기는 정말 황금빛일 것인가?

1장에서 말했듯이 차세대 주요 기부자들은 이전 세대보다 더 많은 기부 자금을 갖게 될 것이고 이것은 새로운 기부 황금기의 첫번째 조건이다. 우리가 미국에서 경험하고 있는 역사적인 부의 집중 현상과 59조 달러 규모의 부의 이전—순자산 가치가 높은 비교적 소수의 가정 내에서 이루어질 예정이다―이 이것을 보장한다. 또하나 기억할 것은 순자산 가치가 100만 달러 이상인 미국 가정이 인구 비율로는 7퍼센트밖에 되지 않지만 전체 자선 기부의 50퍼센트를 차지한다는 사실이다. 이처럼 재산과 고액 기부의 편중은 앞으로 더 심화될 전망이다.[1] 하지만 이런 경제적 현실과 더불어 은퇴 이후가 아니라 평생에 걸쳐 기부하고자 하는 차세대 기부자들의 의지만으로는 기부의 황금기가 보장되지 않는다. 이런 막대한 자금을 기부하는 데 상당한 주의도 요구된다.

차세대 기부자들은 본인이 원하는 기부자로 변모하는 과정에서 여러 사람의 화를 돋울 것이다. 기부를 변화시키려는 그들의 의지는 좋은 의도와 가치에서 출발하지만 우리가 말했듯이(또한 역사가 증명하듯이) 혁명은 혼란스럽다. 긍정적이고 진정한 임팩트를 이끌어내기 위해서는 차세대 기부자와 비영리단체, 차세대 기부자와 가족, 조언자 사이의 건강하고 존중이 담긴 관계 형성을 위해 노력해야 한다. 우리는 자원이 가장 필요한 곳에 제공될 수 있도록 도와야 한다. 차세대 기부자들이 고질적이고 복잡한 문제를 해결하는 데 일조할 수 있다면 변화와 적응은 번거롭더라도 그만한 가치가 있을 것이다. 그 가능성만으로도 임팩트 세대에게 주어진 기부 혁신의 기회는 충분히 정당화될 수 있다.

* * *

우리는 매우 긍정적인 입장이지만 차세대 기부자들이 자선 분야에 뛰어들면서 발생할 수 있는 잠재적 변화도 파악하려고 노력했다. 먼저 기부금의 직접적인 임팩트를 보여주기 힘든 대형 단체와 중개자 조직은 차세대 기부자 유치에 어려움을 겪을 것이다. 기부자의 재능 기부 기회를 마련하기 어려운 단체들도 마찬가지일 것이다. 여기에 적응하려면 직원과 다른 자원을 재배치하는 시간, 노력, 의지가 요구된다. 하지만 기관들이 실제로 변화에 적응해 차세대 기부자들이 그토록 염원하는 의미 있는 직접 참여를 가능하게 한다면 그들은 아주 오랜 시간 동안 더 큰 기부자, 더 나은 기부자로 남을 것이다.

차세대 기부자들이 사회문제 해결을 위해 시장의 해결책을 적극 수용함에 따라 임팩트 혁명은 영리 부문과 비영리 부문의 경계를 흐릿하게 만들 것이다. 물론 시장의 해결책이 더 지속 가능한 방식으로 문제를 해결할 때도 있을 것이다. 이를테면 자선 차원에서 모기장을 지급하는 대신 공장을 세우고 현지인을 고용해 모기장을 만들어 파는 사례처럼 말이다. 차세대 사회적 투자자들이 이런 사례에 열광하는 것은 당연하다. 그들이 자본 투자와 사회적 목표를 일치시키고, 그들의 경제력으로 기업이 사회적 책임을 다하도록 압박하고, 우리 사회의 윤리적 기업과 실적 좋은 비영리단체로 자금을 집중시키는 모습에 박수를 보내고 싶다. 하지만 비즈니스 업계의 해결책이 비영리단체의 미션과 일치하지 않을 때도 있고 비즈니스 업계의 지표가 사회적 목표 달성을 측정하기에 늘 적절한 것도 아니다. 우리는 차세대 기부자들이 점차 경계를 무너뜨리는 중에 새롭고도 까다로운 방식으로 그런 긴장감이 계속 조성되리라고 예상한다.

또한 우리는 차세대 기부자들이 얼마나 큰 진정성을 품고 있든 이 기부 황금기에 엄청난 힘을 얻게 되리라는 점을 잊어서는 안 된다. 다른 기부자들과 마찬가지로 그들은 민주주의적 책임이라는 공적인 규제 밖에서 활동하게 될 것이다. 그들에게는 그들이 원하는 대상에게, 그들이 원하는 방식으로 기부하거나 기부하지 않을 자유가 있다.[2] 우리는 그들이 실패한다고 해서 투표를 통해 그 자리에서 끌어내릴 수 없다. 차세대 기부자들이 이 세상에 도움이 되고 싶고 자신들이 후원하는 대상을 위해 겸손한 파트너가 되고 싶다고 자주, 그리고 열정적으로 말하는 것을 매우 다행스럽게 여기는 것도 이 때문이다. 이런 자세를 유지할지 여부에 따라 그들이 건전한 권력 역학의 혁명을 이끌게 될지, 이끌지 못할지가 결정될 것이다. 차세대 기부자들이 지닌 투명성에 대한 강한 믿음은 매우 고무적이다. 특히 그들이 그런 믿음을 자신의 기부에 적용하고, 과거의 많은 고액 기부자가 고집했던 은밀함을 피할 수 있다면 말이다. 동료 참여에 대한 그들의 뜨거운 관심도 도움이 될 수 있다. 동료들은 서로의 전략을 점검하면서 권력 오남용을 견제할 수 있기 때문이다.

우리는 사회문제 해결을 위해 정부와 협력하고 싶다고(또는 협력하기 싫다고) 말한 차세대 기부자가 거의 없었다는 점에 주목해야 한다. 물론 일부 기부자는 자선활동을 실험적 영역으로 인식하며, 그들에게 혁신을 설계할 자유가 있고 정부는 나중에 그 혁신을 '확대 적용'할 수 있다는 식으로 말했다. 하지만 차세대 기부자들이 기부를 확대하는 가운데 그들의 투자가 그와 비슷한 목표 달성을 위한 정부의 노력과 어떻게 맞물리는지 정확히 이해하는 것이 중요하다. 정부의 적절한 역할과 관련해 불확실성과 의견 불일치가 심각한 시기에는 더더욱 그러하다. 우리는 우리의 인터뷰가 2016년 대선 이후에 진행되었다면 이 문제에 관해 더 많은 논의가 가능하지 않았을까 생각한다.

마지막으로 우리가 이 책에 소개한 적극적인 기부자들은 앞으로 주요 기부자로 등극할 엑스 세대와 밀레니얼 세대의 유일한 구성원들이 아님을 기억해야 한다. 부의 편중과 이전을 통해 더 많은 사람이 떠오르게 될 것이고 그들은 기부 여력이 충분하다. 아직 적극적인 활동을 시작하지 않은 차세대 기부자들 역시 이처럼 진취적이고, 양심적이고, 무엇보다 임팩트를 중요시할 것이라고 어떻게 확신할 수 있다는 말인가?[3]

하지만 이 문제에 관해서도 조심스러운 낙관론을 가질 만한 근거가 있다. 우리가 이 책을 쓰면서 만난 차세대 기부자들은 그들 세대의 선구자이자 차세대 기부에 대한 적극적인 지지자다. 앞서 살펴본 바에 따라 우리는 그들의 동료들이 그들의 선례를 따르고 그들의 경험으로부터 교훈을 얻을 것이라고 믿는다. 그들이 네트워크를 통해 긴밀히 연결된 세대임을 고려하면 더더욱 그럴 수밖에 없을 것이다. 또한 우리는 연구를 통해 뚜렷한 '세대적 성격'이 밝혀졌음을 알고 있고 이것은 새로운 차세대 기부자들에게도 영향을 미칠 것이다. 하지만 새로운 차세대 기부자들은 기존 기부자들보다 다양한 사회적·민족적 환경에서 배출될 확률이 높고 차세대 기부 분야에 새로운 아이디어와 관행을 불러올 것이다. 기부가 미국 밖으로 점차 확대됨에 따라 차세대 기부자들의 '외형'은 점점 더 복잡해질 것이다. 향후 연구는 이처럼 새롭게 등장하는 차세대 기부자들에게 초점을 맞추어야 한다.

* * *

지금은 역사상 중요한 순간이다. 차세대 기부자들은 자선을 변화시킬 수 있는 방식으로 점점 고액 기부자의 자리를 꿰차고 있다. 이 책의 많은 독자는 부모, 조부모, 형제자매, 사촌, 친구, 조언자, 피후원자, 파트너, 동료로서 이들의 기부 여정을 돕게 될 것이다. 우리는 이 책을 통해 밝혀진 사실들이 그 과정에 도움이 되기를 바라고 기부자와 그 기부자를 도와주는 모든 사람이 이 역사적 기회를 최대한 활용할 수 있기를 바란다. 다음의 내용은 이 책에 소개된 여러 조언을 요약해둔 것이다. 첫번째 파트는 비영리단체 전문가, 가족, 가족재단 내 직원, 조언자를 위한 조언이고, 두번째 파트는 차세대 기부자를 위한 조언이다.

거래가 아닌 변화를 찾아라

차세대 기부자들은 변화, 즉 자기 자신의 변화, 단체 및 동료와의 상호 작용의 변화, 그들이 걱정하는 이슈와 대의의 변화 등을 원한다. 비영리단체 전문가, 가족 구성원, 조언자, 그 밖의 직원 등은 차세대가 이런 변화를 달성하도록 도와주고 그 과정에서 혜택을 얻을 수 있다. 이 변화에는 신뢰, 진정한 파트너십, 장기적이고 의미 있는 결과가 포함된다. 이런 결과는 우리 모두에게 좋은 것이다.

가치 있다고 여겨지는 것이 아니라 가치를 중심으로 차세대를 참여시킨다. 차세대에게 그들의 가치가 무엇인지 묻고 그 가치를 당신의 목표와 일치시킬 방법에 대해 논의한다. 차세대가 그 가치를 언어화하고 우선순위를 정할 수 있도록 돕는다. 차세대 기부자들은 삶의 모든 선택과 그들의 가치를 매끄럽게 정렬하고자 한다는 것을 기억하자. 그들이 가치와 다른 것들을 연결한다고 해서 놀라지 말자.

당신의 노력이 만들어내는 임팩트를 보여준다. 차세대 기부자들에게 그들의 기부가 만들어내는 확실한 변화—그들의 기부로 인해 온도계 눈금이 한 칸 올라가는 것이 아니라—를 확인할 수 있도록 돕는다. 그렇게 함으로써 큰 문제가 작아 보이고 더 쉽게 해결될 것처럼 보이는 착시가 생기더라도 말이다. 차세대 기부자들과 협력해 모든 당사자가 생각하는 '임팩트'의 정의를 명확히 정리하고 넘어간다.

위험이 따른다 할지라도 새로운 것을 받아들인다. 전략 변경 방법이나 더 큰 임팩트를 위한 새로운 도구에 관한 차세대의 아이디어를 진지하게 받아들인다. 그들이 기부금뿐 아니라 아이디어까지 내놓을 경우 그 아이디어의 장점이나 지속 가능성을 고민해본다. 그들은 모든 것이 다 통하지 않는다는 것을, 또는 지금 당장은 힘들다는 것을 잘 알고 있다. 하지만 제나 시걸이 지적한 것처럼 비영리단체 입장에서 최악의 선택은 차세대 기부자에게 "한번 검토해볼게요"라고 말해놓고 그와 관련해 아무런 피드백도 주지 않는 것이다. 이것은 차세대의 가족에게도 동일하게 적용된다.

개방적이고 정직하고 당신이 생각하는 것보다 더 투명해야 한다. 차세대 기부자들은 특히 비영리단체와 친밀하고 솔직한 관계를 맺고자 한다. 그들은 단체의 단점까지 모두 알고 싶어한다. 차세대 기부자들에게 일방적인 보고를 하지 않도록 주의하고 그들과 함께 대화를 나누도록 하자. 이 관계는 반드시 쌍방향이어야 하며 작위적이거나 형식적이어서는 안 된다.

차세대 기부자들의 '올인'을 유도할 방법을 찾는다. 그들을 현금자동인출기 또는 파티플래너로 취급하지 않는다. 그들은 비영리단체와 가족의 자선활동에 의미 있는 참여를 하고자 한다. 억지로 만들거나 조작하지 않은, 실질적으로 단체에 보탬이 되는 그런 기회를 원한다. 그들은 차이를 만들어낼 수 있는 일, 그들의 재능과 전문성을 활용할 수 있는 일, 진정으로 필요한 일을 하고 싶어한다. 따라서 그들이 소매를 걷어붙이고 본인과 단체에게 유익한 실질적 문제에 뛰어들 수 있도록 방법을 찾아보자. 함께 성장할 방법을 모색함으로써 그들을 존중하자.

동료를 중시하는 성향을 받아들이고 연결자 역할을 한다. 차세대 기부자들은 동료와 함께 배우고 기부하는 것을 좋아하지만, 그런 동료를 어디서 찾아야 할지 모를 수도 있다. 조언자나 비영리단체가 비슷한 기부자들을 서로 소개해줄 수 있다면 그들은 그것을 대단한 부가가치로 여길 것이다. 그들이 '맞교환' 방식의 거래관계를 넘어 서로에게 영감을 주며 더 전략적인 기부자로 발돋움할 수 있는 관계로 발전하도록 도와주자. 차세대 기부자들에게 기부금을 걷는 데 그치지 말고 동료들과 함께 문제를 해결할 수 있는 자리를 마련하자.

가족 이야기 속에서 그들의 자리를 찾도록 돕는다. 차세대 기부자들, 그중에서도 특히 상속자들은 종종 가족 유산의 훌륭한 관리인이 되고 싶다고 말한다. 하지만 그것은 그들이 물려받은 유산을 더욱 발전시키는 것을 의미하는 경우가 많다. 그들 자신보다 더 거대한 가족 서사 속에서 자신의 자리를 발견할 수 있다면 그들은 다음 단계로 도약하는 데 꼭 필요한 자신감, 명확성, 통제력을 얻을 수 있을 것이다. 그들이 그들의 자리를 찾는 과정에 당신이 도움이 될 수도 있다.

세대별 차이를 이해하고 활용한다. 차세대 기부자들은 가장 심각한 사회적 병폐를 해결하는 데 모든 세대에게 각자 기여할 수 있는 자산이 있다고 믿는다. 그들은 다른 세대를 대신해서가 아니라 다른 세대와 함께 경기장에 나갈 준비가 되어 있다. 여러 세대의 고유한 기술을 활용할 방법을 찾은 다음, 그것이 가져올 수 있는 이점을 환기하자. 유산, 전략, 위험, 기부의 여러 측면에 관한 세대 간의 대화를 촉진하자. 세대 간의 동료의식을 키울 방법을 찾자. 차세대를 아동석에 앉혀두지 말자. 그들은 오래 견디지 못하고 다른 곳으로 떠날지도 모른다.

배움과 경험의 근원이 된다. 떠오르는 기부자들은 정체성 탐색과 배움의 여정을 매우 진지하게 받아들이며 그 과정에 도움을 얻고 싶어한다. 그들은 특히 경험으로부터 배우고, 후원단체에 무엇이 진짜 필요한지 배우고, 자선 분야의 혁신에 대해 배울 기회를 원한다. 이 분야에서는 신규 기부자와 차세대 기부자를 대상으로 한 학습 자료가 턱없이 부족하다. 당신이 그런 자료를 제공할 수 있다면 그들은 당신에게 더욱 고마워할 것이다.

홀로서기를 돕는다. 그들이 그들의 목소리를 찾는 것을 허락하고 그럴 만한 힘을 주자. 그들이 자신이 원하는 기부자, 우리 모두에게 필요한 기부자로 성장할 수 있게 도와주자.

당신의 힘을 좋은 일에 사용하라

차세대 기부자들이여, 당신에게는 놀라운 힘이 있다. 단지 돈을 기부할 여력이 있는 사람으로서가 아니라 당신이 지지하는 그룹과 이 세계의 미래를 위한 희망으로서 말이다. 당신은, 특히 이제 막 기부자 대열에 합류한 사람이라면 그렇게 느끼지 않을 수도 있지만 재산, 가족 유산, 인맥, 심지어 젊음까지도 당신의 힘이라는 것을 기억해야 한다. 하지만 이런 힘에는 책임이 따른다. 본인의 힘을 좋은 일에 사용할 최선의 방법을 찾는 과정 중에 빌과 멀린다 게이츠가 2016년 연례 서신에서 언급한 질문을 스스로에게 한번 던져보자. "당신의 초능력은 무엇인가?"[4] 당신이 더 나은 세상을 위한 변화를 주도하면서 고려해볼 만한, 우리의 연구에서 소개된 주제들을 다음에 정리했다.

혁신이 모든 문제를 해결할 수 없다는 것을 기억한다. 때로는 유효성이 검증된 방식이 최선의 해결책이다. 멋지고 새로운 전략적 아이디어나 임팩트를 위한 새로운 도구가 있다고 할 때 당신의 파트너에게—특히 오래된 단체들에게—그 아이디어에 적응하고 때로는 그것을 변형해 적용할 수 있도록 충분한 시간을 주자. 그들의 질문을 기꺼이 받아들이고 새로운 도구에 대해 함께 배워나가자. 그런 다음 당신의 혁신이 가져오는 더 큰 임팩트를 진심으로 환영하자.

말을 하기보다는 더 많이 듣는다. 당신은 비영리단체들이 당신을 은행 계좌가 아니라 하나의 인격체로 존중해주기를 바란다. 그들이 당신에게 마음을 열고 그들의 시간, 노력, 심지어 돈을 투자하는 방식으로 당신을 참여시키기를 원한다. 그들이 수년간 연구하고 피땀 흘린 분야에 대한 그들의 전문성을 신뢰하자. 친밀하고 서로를 존중하는 관계를 쌓아가는 과정에서 당신은 함께 일하고 서로에게 솔직해지기 위한 최선의 방법을 알아가게 될 것이다. 그런 신뢰 쌓기에는 시간이 걸린다. 상호존중과 신뢰 형성은 가족 내에서도 필수라는 것을 기억하자. 가정에서는 더더욱, 내 말을 하기보다는 상대방의 말을 들으려고 노력해야 한다. 또는 적어도 내 말을 하기 전에 잘 듣는 습관을 들이자.

배움을 우선시하되 임팩트를 희생해서는 안 된다. 기술, 경험, 지혜를 키울 방법을 적극적으로 모색해야 하지만 그 배움 때문에 임팩트가 뒷전으로 밀려나서는 안 된다. 당신은 새로운 배움의 기회와 많은 사람이 원하는 임팩트를 실현할 기회 사이에서 갈등하는 상황을 만나게 될 것이다. 그때 과감히 임팩트를 선택하면 그것을 통해 아주 많은 것을 배울 수 있다는 사실에 놀라게 될 것이다. 새로운 도구를 실험적으로 사용해 그것이 잘 작동하는지 알고자 할 때 그 실험이 비영리단체에게 도움이 되기보다는 부담이 되지 않는지 점검하자. 그리고 가장 중요한 부분. 실패는 훌륭한 배움의 도구지만 그것은 도움이 필요한 사람들에게 실질적 피해를 준다는 것을 기억하자. 실패를 두려워하지 말되, 잠재적인 실패의 위험을 신중하게 평가해 그만한 학습 가치가 있는지 확인하자.

회복력을 유지한다. 즉각적인 임팩트를 확인할 수 없다고 해서, 또는 당신에게 적절한 참여 기회가 주어지지 않는 것 같다고 해서 당신의 가족이나 단체를 떠나서는 안 된다. 많은 종류의 임팩트는 식별하기 쉽지 않고 오랜 시간에 걸쳐 만들어진다. 더 깊이 파고들고, 자세히 들여다보고, 질문을 던지자. 당신의 임팩트 혁명은 변화에 적응해야 하는 가족과 단체에게 좌절감을 줄 수 있고, 너무나도 당연하고 신속히 진행되어야 할 구조적·문화적 변화가 지지부진한 것을 목격하는 당신도 좌절감을 느낄 수 있다. 하지만 희망을 잃지 말자. 세상에는 당신의 에너지, 추진력, 끈기, 위험 감수 성향, 새로운 미래를 그려내는 능력이 필요하다. 우리는 당신이 원하는 변화를 이 세상에 가져올 수 있기를 기대한다.

차세대는 현재 세대

차세대 기부자들과 수년간 연구 및 그 밖의 작업을 함께한 결과 우리가 해줄 수 있는 최고의 조언은 이것이다. 기다리지 말자! 엑스 세대와 밀레니얼 세대 주요 기부자들은 임팩트 혁명의 시작을 열망하고 있다. 그들은 당장 올해, 또는 앞으로 5년에서 10년 동안에도 우리가 가장 걱정하는 이슈에 가장 많은 돈을 투자할 기부자가 아닐지도 모른다. 하지만 그들은 결국 그런 기부자가 될 것이고, 향후 수십 년간 주요 기부자로 활약하며 이전의 그 어떤 세대보다도 많은 돈을 기부하게 될 것이다. 지금 이 차세대 기부자들을 참여시킬 최고의 방법을 찾아내는 단체, 전문가, 가족, 조언자들은 앞으로 오랜 세월 함께할 충실하고 적극적인 지지자를 확보할 수 있을 것이다.

더 넓은 의미에서 볼 때 우리는 혁명이 다가오고 있음을 깨닫고 그 혁명을 최대한 활용할 줄 알아야 한다. 임팩트 세대에 속한 열정적이고 선의를 지닌 지도자들에 대해 더 많이 배우는 것은 이 여정의 중요한 첫 단계다. 이 세계에 지속적인 임팩트를 만들어내는 과정에 이 책이 도움이 될 수 있기를 바란다.

임팩트 세대의 참여 유도를 위한
최선의 전략

뉴노멀을 받아들일 준비가 되었는가?
역사상 가장 놀라운 자선가들의 참여를 유도해보자

이 책의 연구와 분석이 보여주듯이 미국의 차세대 주요 기부자들은 과거의 앤드루 카네기와 존 D. 록펠러는 물론 오늘날의 빌과 멀린다 게이츠, 워런 버핏에 버금가는—또는 그들보다 더 큰—영향을 우리 사회에 미칠 것이다. 차세대 기부자들은 우리의 건강, 지역사회, 경제, 문화, 심지어 기후에까지 직접적이고 일상적인 영향을 미칠 것이다.

이는 엑스 세대와 밀레니얼 세대가 향후 수십 년간 대부분—아마도 거의 모든—의 비영리단체의 주요 기부자가 될 것이라는 뜻이다. 또한 그들은 기부 가문의 자선 전통을 지켜나가는 관리인이 될 것이고 온갖 형태의 조언자들에게 가장 중요한 고객이 될 것이다. 다음에 소개하는 세 가지 최선의 전략 가이드는, 일명 임팩트 세대의 참여 유도에 각별한 관심을 보이는 세 집단—비영리단체 전문가 및 모금담당자, 가족, 조언자—에게 도움을 주기 위한 것이다.

전략 가이드 활용법

이 가이드는 이 책의 연구 및 분석 결과를 바탕으로 만들어졌고, 차세대 기부자들의 기부 참여와 자선적 정체성 형성에 유익한 최선의 전략과 실용적인 팁을 제공한다. 각각의 가이드는 각 집단에 가장 적합한 주제, 데이터, 인용문 및 연구 결과는 물론, 이번 증보판에 처음 소개하는 콘텐츠로 구성되어 있다.

우리는 당신이 팀원, 동료, 가족들과 이 최선의 전략을 먼저 논의한 뒤 행동에 나서기를 바란다. 우리 연구의 주된 목표를 성취하기 위해서는 궁극적으로 행동 이행이 필요하기 때문이다. 우리 연구의 목표는 이 세상의 가장 시급한 문제를 해결하는 데 차세대가 지닌 잠재력과 이 역사적 기회를 최대한 활용할 수 있도록 모두를 돕는 것이다.

임팩트 세대의 참여 유도와 관련해 비영리단체, 가족, 조언자를 위한 만병통치약이나 '규격품 같은' 해결책은 없다. 차세대 기부자들이 모두 같은 것을 원하는 것도 아니다. 하지만 이 최선의 전략 가이드는 실용적인 팁과 실천 방안을 통해 근본적인 출발점을 제시한다. 우리가 여기서 제안하는 내용은 다양한 상황과 대상에 맞게 변형할 수 있다.

이제 시작해보자!

비영리단체와 모금담당자를 위한
최선의 전략

서론

엑스 세대와 밀레니얼 세대는 향후 수십 년간 당신 단체의 생명줄 역할을 할 것이다. 그들은 당신이 일하는 단체에 역사상 가장 많은 돈을 기부하게 될 수도 있다. 우리는 비영리단체나 NGO 지도자, 전문가, 또는 모금담당자인 당신에게 차세대 기부자가 누구인지, 다가오는 자선 분야의 혁명이 어떤 모습일지, 어떻게 '차세대에게 적합한' 방식으로 그들의 참여를 유도할 수 있는지 도움을 주고자 한다.

이 가이드는 당신의 차세대 기부자 참여 유도 전략을 점검하고 재정비하는 데 도움이 될 것이다. 우리는 당신이 다가올 변화에 대비할 수 있도록 가장 실용적인 방법을 알려줄 것이다. 어떤 선제 조치를 취해야 하는지, 어떤 변화에 대비해야 하는지, 의도치 않은 결과나 예상치 못한 함정을 피할 방법은 무엇인지, 새로운 기회는 무엇인지도 보여줄 것이다.

다가오는 '임팩트 혁명'―'무엇'이 아닌 '어떻게'에 관한 혁명

차세대 기부자들에 대해 걱정하는 비영리단체에게 가장 자주 듣는 질문은 이것이다. 그들은 이전 세대와 같은 이슈와 대의에 기부할 것인가? 비록 조금 복잡한 '그렇다'이지만 우리의 대답은 대체로 '그렇다'이다. 차세대가 지지한다고 밝힌 이슈는 약간의 차이가 있기는 해도 이전 세대가 관심을 보인 이슈와 대체로 일치한다(2장 〈그림 3.1〉 참조).

하지만 차세대 기부자들이 어떻게 이런 대의를 지지할 것인지는 바뀔 것이고 그 대의와 관련해 어떤 단체를 후원할 것인지도 바뀔 것이다. 다가오는 자선 분야의 혁명의 원동력은 차세대 기부자들이 가진 임팩트에 대한 집착이기 때문이다. 이런 임팩트 혁명은 차세대 기부자들이 확실한 결과를 내놓는 단체, 차세대의 직접 참여를 통해 특정한 임팩트를 만들어내는 단체를 선호할 것이라는 의미다. 이것은 일부 비영리단체에게는 좋은 소식이고, 다른 단체에게는 불편한 소식이다. 어떤 단체에게는 단기적인 임팩트를 명확히 보여주는 것이 더 쉬우므로 그렇지 못한 단체들은 치열하게 대처해야만 살아남을 수 있다.

또한 차세대 기부자들은 한두 개 단체와 친밀하고 장기적인 관계를 맺고자 하는 열망이 있다. 그들은 기부금을 나누어 소액을 단체에 배분하는 데 별 관심이 없다. 이 가이드의 목표는 당신의 비영리단체―특히 프로그램 개발 및 기부자 참여 유도팀―가 변화에 대비하고 차세대 기부자들의 적극적인 투자를 유치할 수 있게 돕는 것이다.

최선의 전략 #1: 기다리지 말라. 차세대 기부자 참여 유도를 오늘 당장 시작함으로써 장기적인 파트너 관계의 기회를 잡는다.

이 분야의 연구자이자 전문가로서 우리는 많은 비영리단체 전문가와 모금담당자들이 차세대 기부자에 관한 연구 결과나 논의를 접할 때 느끼는 좌절감을 잘 이해한다. 그 좌절감은 이렇게 표출된다. "저는 올해 모금 목표를 달성해야만 해요. 그런데 당장 몇 년 안에 고액 기부자로 성장할 가능성이 없고 손이 많이 가는 차세대 기부자들과의 관계에 시간과 에너지를 쏟을 수 있겠어요?" 또는 "이 세대만을 위한 새로운 기부자 참여 전략을 시행하려면 저와 직원들이 더 많은 시간과 에너지를 쏟아야 하는데, 그러면 효율이 너무 떨어져요." 우리는 이런 실질적 고민을 잘 알고 있지만, 그럼에도 불구하고 첫번째 최선의 전략은 지금 당장 차세대 기부자들의 참여 유도를 시작하라는 것이다. 그 이유는 차세대 기부자들이 가진 잠재력이 어마어마하기 때문이다. 이 기부자들은 역사상 그 어느 때보다 젊은 나이에 기부를 시작하고 있으므로, 시간이 흐를수록 당신의 단체는 들인 수고에 비해 훨씬 큰 이익을 얻게 될 것이다.

차세대는 현재 세대

차세대를 '현재 세대'라고 불러야 한다는 주장이 있다. 이 세대는 역사상 그 어떤 세대보다 젊은 나이에 기부를 시작하는 경향이 있기 때문이다. 우리 연구에 따르면 엑스 세대와 밀레니얼 세대의 50퍼센트가 스무 살 이전에 기부를 시작하고 98퍼센트가 서른 살 이전에 기부를 시작한다. 이런 태도는 9장에서 소개한 차세대 기부자 알렉산더 소로스를 비롯해 "왜 기다려야 하는가?"라고 반문하는 다른 여러 기부자를 통해 잘 드러난다. 이전 세대 기부자들과 달리 차세대 기부자들은 인생의 황혼기 또는 가장 큰 소득을 올리는 시기까지 주요 기부를 미루지 않는다. 그들은 오늘날의 요구를 눈으로 확인하고 당장 뛰어들고자 한다. 알렉산더 소로스는 이렇게 말한다. "지금 이 세상에는 문제가 일어나고 있어요. 그렇다면 당장 기부를 시작하지 않을 이유가 있을까요?"

열망을 포용한다

영리한 비영리단체 전문가 또는 모금담당자라면 오늘 당장 차세대 기부자와의 의미 있는 관계 맺기에 돌입할 것이다. 이 떠오르는 기부자들의 젊은 에너지를 적극 활용하고, 그들의 의견이 당신의 단체—단체 내 사람들과 단체의 미션—에 반영될 수 있도록 하자.

안타깝게도 많은 차세대 기부자는 우리가 만난 한 기부자와 비슷한 기분을 느낀다. "저를 기부자로 여기며 다가오지 않아 [특정 단체에 대해] 너무 화가 났어요. 제가 보기엔 연령차별주의가 상당한 것 같아요." 그들은 비영리단체들이 그들 세대에게 이전 세대와 동등한 수준의 관심과 존중을 보이지 않는다고 느낀다. 이 젊은 세대에게 이전 세대와 같은 수준의 넉넉한 재산과 참여 의지가 있는 경우에도 말이다.

당신의 단체 및 기부자 관계 속에서 모든 성인의 역량을 파악하기 위해서는 한발 앞서가야 한다.

친밀하고 장기적인 파트너십에 대한 차세대 기부자의 선호를 활용한다

우리 연구의 또다른 흥미로운 발견은 차세대 기부자들이 부모나 조부모 세대보다 적은 수의 단체와의 관계를 선호하는 동시에 그렇게 선택한 단체와 더 깊고 장기적인 관계를 유지하는 성향이 강하다는 것이다. 현재 추세가 계속된다면 그들은 더 오랜 기간에 걸쳐 더 많이 기부하게 될 것이다. 따라서 차세대 기부자와의 관계 맺기가 지닌 또다른 이점은 수십 년간 이어질 수 있는 안정적인 유대를 형성할 수 있다는 것이다. 우리가 인터뷰한 많은 30대 기부자는 그들이 1, 20대 때 처음 알게 된 단체들이 그들의 장기적인 기부 계획에 중요한 역할을 미쳤다고 밝힌 바 있다.

실천 방안

- 기성세대 기부자들과 이사회 구성원들이 그들의 차세대 자녀, 손주, 조카를 당신의 사무실, 이벤트, 행사 현장에 데려오도록 한다. 현재 차세대 기부자 참여 유도와 관련해 별로 하는 일이 없다면 이는 훌륭한 출발점이 될 수 있다.
- 참여의 기회를 최대한 많이 제공한다. 차세대 기부자와 기성세대 기부자 간에 벽을 쌓지 않는다.
- 여러 세대가 자선에 관한 대화를 나눌 수 있는 플랫폼 역할을 한다. 예컨대 당신의 사무실에서 회의를 할 수 있도록 가족재단을 초대하자. 당신의 단체는 그들이 모일 수 있는 편안한 공간이 될 것이고 차세대 가족 구성원들은 그들의 여정에 당신을 파트너로 여길 것이다.
- 이제 막 시작하는 단계라면 차세대 참여 유도를 위한 시간 사용량의 월간 목표를 정하자. 처음에는 10퍼센트에서 15퍼센트 정도가 적당하다. 지도자회의나 직원회의에 이런 목표와 완료된 작업에 관한 논의를 포함시킨다. 새로운 참여 유도를 위해 과감히 포기해야 할

부분에 대해 합의한다.

- 당신 단체의 의사소통 전략을 기존 주요 기부자들뿐 아니라 차세대 기부자들에게도 적용한다. 인터넷에서 더 활발하고 창의적인 활동을 펼쳐나간다. 인터넷은 많은 차세대 기부자가 정보를 얻는 최초의 경로이자 가장 중요한 경로이기 때문이다.
- 젊은 기부자들이 적은 금액이라도 당장 기부를 시작할 수 있게 한다. 그런 다음 더 큰 금액을 기부할 수 있는 명확하고 흥미로운 방향을 제시한다. 그들이 어떻게 지도자로서의 경력을 쌓아나가고자 하는지 대화하고 당신의 단체가 할 수 있는 역할에 대해 고민한다.

최선의 전략 #2 : 개인과 관계를 맺는다. 차세대 기부자가 현금자동인출기 같은 존재나 '누구누구의 자녀'라는 생각은 버린다.

미국에만 150만 개가 넘는 비영리단체가 있다. 대다수 비영리단체 전문가들과 모금담당자들은 한정된 자원을 두고 끊임없이 경쟁한다. 차세대 기부자들은 종종 이들 단체를 위한 새로운 자금원으로 여겨진다. 하지만 잠재적인 차세대 기부자들과 관계를 맺을 때 흔한 함정들을 피하지 못하면 차세대의 마음이 싸늘하게 식어버릴 수 있다. 차세대와의 개인적인 관계 맺기를 위해 다음의 방법들을 고민해보기 바란다.

차세대 기부자들이 어른으로 인정받는다고 느끼도록 한다

차세대 기부자들은 비영리단체 전문가, 프로그램 개발 담당자, 자원봉사자가 그들을 유명한 누구누구의 자녀나 손주가 아니라 개인이자 어른으로 대우해주기를 바란다. 이들 중에는 석박사 학위를 소지하고, 기업이나 조직을 이끌고, 자녀를 키우는 사람들도 있다. 하지만 그들의 부모나 조부모가 비영리단체의 고액 기부자라는 이유로, 또는 자수성가한 사람의 경우 나이가 일반적인 고액 기부자의 자녀뻘이라는 이유로 차세대 기부자들은 '아동석'을 안내받는다. 대다수 비영리단체가 일부러 이런 인상을 심어주려고 하지는 않았을 테지만 그들은 전통주의자, 베이비붐 세대, 엑스 세대, 밀레니얼 세대의 마음을 동시에 헤아리는 것이 버겁게 느껴질 수 있다. 하지만 당신의 단체가 사실상 그런 신호를 보내고 있는 것은 아닌지 반드시 점검해보아야 한다. 이것은 이미 높은 평가를 받고 있는 부모나 조부모의 그늘 아래 살고 있는 차세대 기부자들에게 더더욱 민감한 문제다.

어떻게 이 일을 할 수 있을까? 한 기부자는 비영리단체와의 관계에 대해 자신이 원하는 최상의 시나리오를 이렇게 설명했다. "그들은 제가 했던 일 때문에 저를 알아줬고, 저라는 한 인간으로 받아들였어요. 누구의 손주 또는 누구의 조카가 아니라, 그냥 저로 인정했죠. 사람들은 제가 단체를 위해 했던 일과 그것이 얼마나 성공적이었는지를 고려해 저를 존중해줬어요. 전 그걸 고맙게 생각하죠."

거래가 아닌 관계에 집중한다

우리가 조사를 통해 파악한 최악의 시나리오는 지배 구조 및 모금 관련 조언자 에밀리 데이비스(Emily Davis, 뒤에서 소개할 것이다)의 표현처럼 차세대가 '현금자동인출기 취급'을 받는다고 느낄 때였다. 차세대 기부자들은 '자원과 두뇌'를 겸비한 유능한 기여자로 진지하게 인정받기를 바라고 '어떤 차를 모는지가 아니라 어떤 기술과 재능을 기부할 수 있는지를 기준으로 평가받고 싶어한다. 그들은 돈이 필요할 때만 그들을 찾는 비영리단체와는 엮이지 않으려고 한다. 이 내용은 특히 자수성가한 차세대 기부자들에게 해당된다.

우리의 조언은 거래가 아닌 관계에 집중하라는 것이다. 차세대 기부자들과 예비 기부자들을 성격, 취향, 재능, 가치를 지닌 진짜 인간으로 인정해야 한다. 진정한 쌍방향 대화를 통해 신뢰와 소통에 기반한 관계를 쌓아나가야 한다. 궁금해하자. 존중하자. 가까워지자. 이 책에서 앞서 소개한 한 기부자는 이처럼 건강한 관계는 30년 넘게 이어질 수 있다고 했다. 그러므로 당신이 '그들을 인간적으로 아낀다는 것'을 보여줄 수 있는 사소한 일들을 하자. 그들에게 잠깐 대화를 나누자고 사무실로 초대하는 이메일을 보내자. 한 기부자는 이렇게 말했다. "이건 관계예요. 내가 당신들에게 투자하는 것처럼 당신들도 내게 투자할 마음이 있어야 한다고요."

지레짐작하지 않고 질문한다

우리는 비영리단체들이 차세대 기부자의 참여 유도를 위해 좋은 의도로 프로그램을 기획했다가 결국 본질을 파악하지 못하고 실패하는 경우를 많이 보았다. 비영리단체 전문가들은 "우린 이런 이벤트를 기획했어요" 또는 "어떤 위원회를 구성했는데 결국 아무도 안 왔어요"라고 말한다. 안타깝게도 대체로 이런 실패는 비영리단체가 애초에 차세대 기부자들의 의견을 프로그램에 충분히 반영하지 못해 발생한다. 따라서 우리는 밀레니얼 세대와 엑스 세대 기부자들에게 그들이 원하는 참여 방식을 직접 물어보는 방법을 강력하게 추천한다. 그들은 분명 의견을 말해줄 것이다. 당신의 현재 차세대 기부자들 중 한 명에게서 나온 아이디어가 설령 실패하더라도 그것은 차세대의 더 깊은 참여, 더 나은 참여를 유도하는 기회가 된다.

그들은 그런 도전을 얼마든지 환영할 것이다.

예를 들어 일부 차세대 기부자—특히 자수성가한 사람들—는 회사를 운영하느라 바빠 개인적으로 시간을 낼 수 없지만, 그럼에도 불구하고 여전히 비영리단체에 돈을 기부하기 위한 창의적인 방법을 원할 수 있다. 한편, 어떤 차세대 기부자들은 비영리단체의 도움을 받아 여러 세대가 함께하는 자선활동에 참여하고 싶을 수도 있다. 부모와 조부모, 부모와 자녀, 또는 더 많은 세대가 함께 참여하는 자선활동 말이다. 하지만 핵심은 당신이 물어보지 않는 한 그들이 원하는 바를 알 수 없다는 것이다. 관계를 쌓을 수 있는 질문을 하자. 예컨대 당신이 기부를 하는 동기는 무엇인가요? 당신은 이 세상에 어떤 변화를 가져오고 싶나요? 당신이 그 일을 하는 데 우리 단체가 어떤 도움을 줄 수 있을까요? 당신은 어떤 참여를 원하나요? 등과 같은 질문을 던지자.

한 기부자는 어떤 참여를 원하는지에 관한 질문의 중요성을 강조했고 이것은 돈에도 똑같이 적용된다고 말했다.

비영리단체들의 가장 큰 문제는 지레짐작을 한다는 것이다. 그들은 내게 기술이나 돈이 없을 것이라고 짐작한다. 내게는 돈이 있다. 돈이 있다고 광고하지 않을 뿐이다. 그러니까 먼저 물어보라는 뜻이다.

실천 방안

- 차세대 기부자들과 인간적인 관계를 맺고 서로 알아간다. 그들이 어떤 사람인지 질문하고 당신에 대한 정보도 공유한다. 이런 상호작

용을 장기적인 관계 형성을 위한 과정으로 인식하자. 그들의 부모나 조부모를 잘 안다는 이유로, 또는 그들이 속한 세대의 특징을 잘 안다는 이유로 그들에 대해 이미 다 안다고 속단하지 말자.

- 설령 당신의 비영리단체에 현재 기부하는 사람이 그들의 부모나 조부모라 할지라도 차세대 가족 구성원을 어른으로 인식한다는 것을 분명히 보여주자. 차세대와의 직접 대화를 시작하고 기부 가문의 여성 혹은 남성 가장과도 대화하자. 기부 가문의 차세대와 독립적인 관계를 맺고 싶다는 의사를 분명히 드러내자.

- 젊은 기부자를 독립적인 기부자이자 장차 장기적인 주요 기부자로 성장할 존재로 인식한다는 분명한 신호를 보낸다. 소액이라 하더라도 그들이 지금 하고 있는 기부의 가치를 인정하는 모습을 보여준다.

- 차세대 기부자들이 돈뿐 아니라 자신의 경험, 노하우, 재능을 기부할 수 있는 방법을 찾는다. 그들에게 무엇을 잘하는지 물어보고, 단체의 목표 달성을 위해 그 재능을 활용한다.

- 차세대 기부자들에게 어떤 역할을 하고 싶은지 묻고 그 역할을 할 수 있는 기회를 준다. 기부자 커플의 경우 그들이 함께 또는 따로 참여하기를 원하는 프로그램이 무엇인지 알아보고 설사 둘 중 한 명이 모든 돈을 기부하더라도 두 사람 모두의 역할을 존중한다. 돈을 가진 사람의 배우자/파트너가 들러리 취급당한다고 느끼지 않도록 주의하자.

최선의 전략 #3 : 차세대 기부자들이 지닌 가치를 중심으로 참여를 유도한다. 기성세대 기부자들이 차세대 가족 구성원들에게 가치와 유산에 관해 이야기할 수 있도록 적극적으로 돕는다.

차세대 주요 기부자들은 일반적인 밀레니얼 세대와 마찬가지로 삶의 모든 과정에서 가치 중심의 선택을 한다. 차세대 기부자 저스틴 록펠러는 8장에서 차세대가 "이미 소비자로서의 선택과 일자리 선택을 통해 자신의 돈과 가치를 일치시키고 있다"라고 했다. 따라서 차세대가 자신의 기부와 개인적 가치를 긴밀하게 일치시키고자 하는 것도 놀랄 일이 아니다. 기억하자. 그들은 어떤 단체를 후원할지 고민하면서 끊임없이 자선세계에서의 자신의 정체성과 역할을 정립해나가고 있다는 것을, 그리고 우리 연구에 따르면 그들은 그 가치들이 전부 매끄럽게 연결되기를 원한다는 것을. 사실 '나의 개인적 가치에 부합하는' 미션을 가진 단체를 후원하는 것은 우리의 설문조사에서 응답자들이 꼽은 기부의 이유 중 1위를 차지했다. 한 차세대 기부자가 요약한 바와 같이 차세대는 "내가 참여하는 일은 내게 의미 있게 느껴진다"라는 '가치 명제'를 추구한다.

차세대 기부자들의 지지를 원하는 비영리단체 전문가들과 모금담당자들은 가치를 중심으로 참여 유도를 시작해야 한다. 당신 단체를 그들에게 알려주는 대신에 그들의 가치가 무엇인지 질문을 하자. 그들의 말을 경청하며 무엇인가 일치하는 부분이 있는지 살피자. 그런 부분이 있다면 그들의 가치와 단체의 미션을 연결하자. 그런 부분이 없다면 동그란 구멍에 사각형 조각을 억지로 끼워넣으려고 애쓰지 말자. 그것은 당신에게 시간과 에너지 낭비일 뿐이고 괜히 차세대 기부자들을 불편하게 만들 수 있다. 한 예비 기부자는 분통을 터뜨리며 말했다. "물건을 파는 듯한 인상이나 돈을 뜯어내려 한다는 인상을 풍기지 않으면서 아직 당신이 하는 일에 별 관심이 없는 사람들을 전략적으로 참여시킬 수 있을까요?" 다른 차세대 기부자는 이렇게 말했다. "전 우리가 돈 달라는 요구를 끊임없이 받게 될 거라고 생각해요. 그게 현실이니까요. 그래서 우리는 모든 일에 대해 조금 회의적일 수밖에 없어요. 다들 왜 이것이 자신의 단체에게 중요한 일인지를 설명하지만, 저와 제 아내는 왜 그게 우리에게 중요한 일인지 이해하는 게 더 중요하죠. 대화할 때 보통 그런 부분에서 괴리를 느끼죠."

가치관이 일치하지 않을 경우 당신이 참여시키려고 했던 기부자를 그의 가치와 더 잘 맞는 다른 비영리단체에 소개해주어야 할지도 모른다. 그런 경우에는 그렇게 하는 편이 낫다. 오늘 당장 억지로 당신의 단체에 참여시키기보다는 이런 식으로 선의와 존중을 보여주는 것이 장기적으로 더 큰 성과를 가져올 수 있다. 차세대 기부자들의 인맥이 상당히 두텁고 그들이 동료와 이런 이야기를 잘 공유한다는 것을 고려한다면 말이다.

더 빨리 가려면 속도를 줄여라

바쁜 일정을 쪼개 가치를 점검하는 일은 모금 목표치를 달성해야 하는 비영리단체 지도자나 프로그램 개발 담당자들에게 시간 낭비처럼 보일 수 있다. 하지만 이런 시간을 갖는 것은 조직 발전 세계에서 우리가 흔히 듣는 주문, 즉 "더 빨리 가려면 속도를 줄여라"와 일맥상통한다. 잠시 짬을 내서 이런 가치에 대해 이야기하지 않는다면 우리는 우리가 가까워지고자 하는 차세대 기부자들과의 관계를 도리어 망치게 될 수 있다. 한 차세대 기부자는 이렇게 말한다. "저를 젊은 전문가들을 위한 해피 아워에 초대해 잔뜩 취하게 해놓고 돈을 달라고 부탁하고, 그런 다음에는 [저와] 완전히 연락을 끊는 짓은 안 했으면 좋겠어요. 전략을 세우고, 신중히 고민하고, 우리가 잠재적으로 매우 큰 관심을 보일 수 있는 사람이란 걸 알아줬으면 좋겠어요."

우리는 기성세대 기부자들과의 관계에서 하는 것처럼 속도를 늦추고 차세대 기부자들과 관계를 쌓아가는 것이 더 낫다는 것을 배웠다. 그들에게 어디서 왔는지, 그들이 누구이며 무엇을 가치 있게 여기는지 물어보자. 당신은 직접적으로 일치하는 가치가 생각보다 많다는 사실에, 그리고 그들이 열성적으로 자신의 가치를 이야기한다는 사실에 놀랄 것이다. 또한 그들은 그들의 동기를 당신이 이해해준다는 사실에 기뻐할 것이다.

시애틀에 소재한 혁신적인 비영리단체 우드랜드 파크 동물원(Woodland Park Zoo)은 2164.net에서 동기부여 가치 카드를 구입해 새로운 자선 가문들과 가치에 관한 대화를 나누기 위한 도구로 사용했다. 이것은 동물원 프로그램이 어떻게 가족들의 가치와 일치하는지 파악할 수 있도록 도와주었고 가족들에게도 의미 있는 경험을 제공했다. 이런 쌍방향 훈련이 새로운 가족들 사이에서 너무 인기가 좋아서 동물원은 '와일드 토크(Wild Talk)'라는 카드를 자체 제작했다. 동물원 동물들이 그려진 이 카드는 어린이들을 위한 교육 및 참여 수단으로 사용된다.

세라 애런스타인

세라 애런스타인(Sarah Arenstein)은 차세대 기부자이자 비영리단체 전문가다. 모금 테이블 양쪽 끝에 모두 앉아본 그녀는 어떤 전략이 통하는지에 관한 남다른 통찰력을 갖고 있다.

가치 중심의 참여 유도에 관해

"[차세대 기부자들은] 자신들을 감동시키는 무언가를 찾고자 해요. 그냥 돈을 주지는 않죠. 우리가 함께 나누는 대화는 대부분 이런 거예요. 당신의 가치는 무엇인가? 관심사는 무엇인가? 어디서 영감을 받는가? 어떤 참여를 원하는가? 어떤 임팩트를 만들어내고 싶은가? 그런 다음에 기부가 시작되죠. 사람들은 자신이 신경쓰는 이슈와 연결되고자 해요. 우리 부모님 세대처럼, 단지 이 사회의 구성원이기 때문에, 사회 환원은 의무이기 때문에 기부를 하는 게 아니에요. [차세대의] 접근법에서는 참여가 아주 중요해요. 우리가 더 많은 사람을 참여시킬수록 더 많은 사람을 지도자로 키울 수 있어요. 더 많은 자선가를 만들어낼 수 있고 말이죠."

기성세대 기부자와 이사회 구성원이
여러 세대 간 대화할 수 있도록 돕는다

가치를 중심으로 차세대 기부자들을 참여시키는 가장 효과적인 방법 중 하나는 기성세대 기부자들과 그들의 자녀, 손주, 조카가 가치와 유산에 관한 대화를 나눌 수 있게 하는 것이다. 차세대 기부자들―상속자든 자수성가한 사람이든―은 트위터, 페이스북, 인스타그램이 아니라 가족에게 기부와 관련된 가치를 배운다. 사실 차세대 기부자 중 89퍼센트는 부모에게, 63퍼센트는 조부모에게 그들의 가치를 배웠다고 답했다. 10장에서 살펴본 바와 같이 차세대 기부자들―특히 상속자들―은 유산을 지켜나가거나 남기는 것을 진지하게 받아들이고, 아주 어린 나이부터 그런 문제에 대해 의식적으로 고민한다. 이런 차세대 가족 구성원들은 가족 서사 속으로 초대받아 지금의 부모와 조부모를 있게 한 주요 사건과 결정에 대한 개인적인 이야기를 듣는 것을 좋아한다.

비영리단체 전문가들은 기성세대 기부자들 및 이사회 구성원들에게 그들이 살아 있는 동안 그들의 가치와 유산에 대해 차세대에게 직접 들려줄 것을 적극 권할 수 있다. 기성세대 기부자들의 자녀, 손주, 조카를 당신에게 소개해달라고 부탁하자. 그렇게 함으로써 당신은 젊은 세대와 관계를 쌓을 수 있고 나이든 세대는 아직 몸과 마음이 건강할 때 젊은 세대와 논의를 시작할 수 있다. 훗날 젊은 세대가 덩그러니 남겨진 유서만 갖고 그들의 부모와 조부모가 그들의 자선활동이 어떤 식으로 이어지기를 바랐을지 짐작하는 대신에 말이다. 기성세대 기부자들은 차세대 가족 구성원들이 가족 유산을 변함없이 지켜나가기를 원하는지, 아니면 특정 이슈와 관련해 혁신을 허락하는 입장인지를 미리 알려줄 수 있다.

당신은 기성세대 기부자들이 이런 대화에 목말라하며 당신이 마련해준 기회를 반긴다는 사실을 알게 될 것이다. 대다수 기부자들은 자녀 및 손주와 기부에 관한 이야기를 나누고자 하지만 지금껏 기회가 없었을지도 모른다. 본인의 사후에 대해 이야기하는 것을 불편해하거나 어디서부터 시작해야 할지 갈피를 못 잡는 노년층 기부자를 만나게 될 수도 있다. 다행히 이럴 때 도움이 되는 도구가 있다. 또한 전기 작가, 비디오 작가, 구술역사가를 비롯해 가족 서사와 가치를 후손에게 전달하는 것을 돕는 여러 컨설턴트가 있다. 수전 턴불, 에릭 와이너, 엘라나 제이먼처럼 노년층 기부자들이 '윤리적 유서'나 '유산 편지' 쓰는 것을 돕는 조언자도 있다. 2164.net에서는 기부자가 말로 정확히 표현하기 힘든 자신의 가치와 유산을 후손에게 전달하는 것을 도와주는 '동기부여 가치 카드'와 '픽처 유어 레거시 카드'를 구입할 수 있다.

실천 방안

- 차세대 기부자에게 당신의 프로그램을 소개하거나 어떤 프로그램을 지원하고 싶은지 묻기 전에 먼저 "당신의 가치는 무엇입니까?"라는 질문을 한다.

- 차세대 기부자의 가치와 당신의 비영리단체의 미션이 일치하지 않는다면 그 기부자에게 더 잘 맞는 단체를 소개해주자. 그 기부자에게는 당신의 단체 미션과 가치가 맞아떨어지는 친구가 있다면 꼭 소개해달라고 부탁한다.

- 차세대 및 여러 세대 가족회의와 행사에서 명확한 가치 파악을 돕는 도구를 활용하자. 2164.net에서 판매중인 '동기부여 가치 카드'도 좋고 출시되어 있는 다른 도구도 좋다. 노년층 기부자와 이사회 구성원들에게 이런 도구를 가족들과 함께 이용해보라고 추천하자.

- 기부 가문의 가부장과 가모장에게 21/64의 '픽처 유어 레거시 카드'의 배포를 고려해본다. 이 카드는 나이 많은 기부자가 즐겁고 손쉽게 자신의 유산을 말로 표현할 수 있도록 도와준다. 이것은 장기 기부자가 당신의 단체를 지원하는 이유와 사후에 어떤 식으로 기부 활동이 이어졌으면 하는지에 대한 바람을 차세대 가족 구성원에게 전달하는 수단이 될 수 있다.

- 노년층이 후손과 함께 가족 서사와 유산에 대한 이야기를 나눌 수 있도록 돕는 훌륭한 도구 목록과 전문가 명단을 작성한다. 노년층 기부자들에게 어떤 도구와 접근법이 가장 효과적이었는지 물어본다. 노년층 기부자들이 아직 이런 도구를 사용해본 적이 없다면 당신이 알고 있는 도구를 소개해줌으로써 이런 대화의 장을 마련

해주자.

- 비디오 작가를 부르고 주요 기부자들을 초청해 그 가족이 당신의 단체와 인연을 맺게 된 사연을 들려주도록 한다. 그들은 다른 가족의 자선 이야기를 듣고 영상물을 받아 집에 돌아갈 수 있고 당신의 단체는 유용한 자료 화면을 확보할 수 있다.

최선의 전략 #4 : 차세대 기부자들에게 당신이 하는 일의 임팩트를 보여줄 수 있는 창의적이고 의미 있는 방법을 찾는다.

이 가이드의 서론과 이 책 1부에서 자세히 설명한 것처럼 차세대 기부자들의 가장 큰 특징은 임팩트 만들기에 대한 남다른 열정일 것이다. 기성세대 기부자들도 분명 임팩트를 고려하지만 차세대 기부자들이 임팩트에 대해 생각하고, 말하고, 걱정하고, 열망하고, 기대하는 수준은 그 세대만의 고유한 특징이라 할 만하다. 일부 기부자—특히 자수성가한 차세대—는 명확한 비즈니스 언어로 이런 내용을 설명한다. 기술업계에 종사하는 한 기부자는 자신의 동료들에 대해 이렇게 말한다. "[그들은] 입에 발린 소리를 들으려고 모든 이[비영리단체 지도자들]와 커피를 마시러 가지 않아요. 그들은 투자를 하고 수익을 기대하죠." 다른 기부자들은 임팩트에 대한 집착을 핵심적인 동기와 영감의 차원에서 설명한다. 한 자수성가한 차세대 기부자는 이렇게 말한다. "사람들에게는 개인적인 경험이 필요해요. …… 당신이 '내가 한 사람의 인생을 바꿀 수 있다니 정말 멋진 일 아니겠어!'라고 생각한다면 [그런 단체에] 기부하겠죠. '이건 해결하기 힘든 거대한 문제야. 내가 어떻게 변화를 만들어낼 수 있을까?'라고 고민하는 사람도 있을 테고요." 하지만 기부 결정을 하는 데 임팩트를 무엇보다 중요한 요인으로 여기는 이들도 있다. "저는 이 단체가 진정한 변화를 만들어낼 수 있다는 확신이 들기 전까지는 깊게 관여하지 않을 거예요."

따라서 차세대 기부자들에게 손을 내밀 때 당신은 그들의 기여를 통해 당신이 보기에, 그리고 그들이 보기에 모두 의미 있는 괄목할 만한 변화가 만들어질 수 있음을 어필해야 한다. 한 차세대 기부자는 이렇게 말한다. "저는 제게 임팩트를 보여주는 사람을 원해요. 이 자리가 왜 제게 중요한지 이해하는 사람을 원해요. …… 건물은 별로 중요하지 않아요. 제가 어릴 때 했던 경험을 아이들도 경험하게 하는 게 중요하죠. 그 경험이 오늘의 저를 만들었으니까요. …… 저의 열정을 자극해줬으면 해요. 듣기 좋은 칭찬만 해줄 것이 아니라. …… 듣기 좋은 칭찬만 늘어놓는 건 너무 싸구려처럼 느껴져요."

함께 임팩트 정의를 내린다

비영리단체들은 그들이 달성하고자 하는 임팩트의 범위를 이미 알고 있을 것이다. 임팩트를 '보는 것'은 각각의 기부자에게 다른 의미일 수 있다. 일부에게는 스프레드시트의 숫자를 확인하는 것이고, 다른 사람에게는 해당 프로그램에 참여하는 아이들의 얼굴을 확인하는 것이다. 이것은 차세대의 기부가 의도하는 임팩트의 정의를 헷갈리게 만든다. 최상의 시나리오는 당신과 차세대 후원자가 단체에게도 적합하고 기부자에게도 의미 있는 임팩트의 정의를 함께 찾아가는 것이다.

핵심은 임팩트를 어떻게 정의할 것인지를 두고 차세대 기부자와 대화를 나누는 것이다. 이 책 10장에서 소개한 차세대 상속자 캐서린 로렌즈는 세대별로 임팩트의 의미가 어떻게 달라질 수 있는지 멋지게 설명한다. "자신의 돈이 어디로 가는지 확인하고 싶은 마음은 누구나 똑같다고 생각해요. 제 할아버지의 경우 그건 건물 벽에 새겨진 당신의 이름을 확인하는 걸 의미했어요. 그건 손에 잡히는 대상이고 할아버지는 그 건물이 만들어졌단 걸 알 수 있으니까요. 반면에 젊은 세대가 원하는 건 이사회 구성원이 되거나 직접 참여하거나 [우리가] 돕는 사람들을 만나는 거라고 생각해요. 우리는 건물 외부의 벽돌보다는 건물 내부의 프로그램에 더 신경쓰죠."

젊은 기부자들이 생각하는 임팩트의 정의가 무엇이든 간에 거의 모든 젊은 세대가 당신의 단체가 만들어내는 임팩트를 명확히, 부인할 수 없는 방식으로 확인하고자 한다(우리는 2장에서 이런 트렌드를 집중적으로 다루었다). 당신의 미션과 기부자의 가치 및 목표에 부합하는 방식으로 임팩트를 정의했다면 미래세대의 열정을 이끌어내는 열쇠는 그 임팩트를 보여주는 것이다.

임팩트를 보여주는 방식에 대해 신중하고 창의적으로 고민한다

그렇다면 기부자들이 임팩트를 확인할 수 있도록 어떻게 도울 것인가? 차세대 기부자들이 자선사업의 수혜자뿐 아니라 당신의 직원 및 자원봉사자와 직접 만날 수 있는 방법을 찾아보자. 현장 방문, 자원봉사 기회, 또는 차세대 기부자에게 서비스 대상자의 이야기를(서비스 대상자가 있을 경우) 직접 들어볼 기회를 주는 것도 좋다. 차세대 기부자들이 특히 실존하는 한 인간의 삶 속에서 자신들이 만들어낼 수 있는 변화를 머릿속에 그려볼 수 있도록 돕는다. 그들이 지역사회나 이슈 부분의 변화를 구체적이고 강력한 방식으로 확인할 수 있도록 돕는다. 가능하면 개념적인 방식이 아니라 실질적인 방식을 택한다. 한 차세대 기부자는 이렇게 설명한다. "사람들은 자신이 임팩트를 만들어낼 수 있는 일에 참여하고자 해요. …… [현장 방문이] 바로 그런 일이죠. 현장 방문은 돈이 어디로 흘러가는지, 그들이 어떤 임팩트를 만들어내는지 똑똑히 확인할 수 있게 해주니까요."

오늘날의 기술을 활용하면 직접 대면하지 않고도 임팩트를 확인하는 것이 가능하다. 예컨대 도너스추즈닷오그는 공립학교 교사들이 자금 지원이 필요한 학급 프로젝트를 온라인에 게시하면 기부자들이 어떤 프로젝트를 후원할지 선택하도록 하는 비영리단체다.

하지만 차세대 기부자에게 임팩트를 보여준다는 것이 자칫 의도는 좋으나 방향은 잘못된 시도로 변질될 수도 있다. 그저 고액 기부자가 원하는 방식, 또는 당신의 미션과는 어긋나는 방식으로 성공을 정의함으로써 고액 기부자의 비위 맞추기에 급급해질 수 있는 것이다. 당신의 주된 관심사는 언제나 당신이 달성하고자 하는 목표와 실질적인 욕구 충족이어야 한다. 진정한 장기 파트너가 되어줄 차세대 기부자들도 이에 동의할 것이다.

임팩트 보여주기의 구체적인 어려움을 해결한다

안타깝게도 임팩트를 보여주는 것이 쉬운 비영리단체가 있는가 하면, 어려운 비영리단체도 있다. 예컨대 모든 단체가 쉽게 추적 가능하거나 단기적으로 확인 가능한 임팩트를 만들어내는 일을 하지는 않는다. 모든 단체가 기부자가 직접 만나거나 확인할 수 있는 사람들을 돕는 것도 아니다.

어떤 사회문제는 해결하는 데 오랜 시간이 걸리고, 진보는 종종 점진적으로 이루어지며(기후 변화나 정신건강문제를 떠올려보자), 일부 단체가 즉각적인 욕구 충족에 초점을 맞추는 동안 다른 단체는 복잡하고 고질적인 시스템 문제에 집중한다. 좋은 소식은 많은 차세대 기부자가 이런 어려움과 관련해 당신과 타협할 준비가 되어 있다는 점이다. 이는 장기적인 파트너십을 선호하는 그들의 성향 덕분이다. "당신은 단체에 투자하고 있어요. 그들과의 지속적인 관계를 원하고, 그건 장기적인 관계가 될 수도 있죠. 실질적인 문제 해결에는 몇 년이 걸릴 수 있어요. 발판을 마련하고, 도움이 필요한 분야를 파악하고, 여러 어려운 단계를 거치려면 말이죠. 한동안은 성과가 전혀 없을지도 몰라요. 하지만 저는 우리에게 1년에 한 번, 일회성 기부가 아니라 오랜 기간에 걸쳐 효과적인 기부를 할 능력이 있다고 생각해요."

당신이 노력한 성과를 단기적으로 확인하기 어려울 때 차세대 기부자들과 협력해 임팩트 목표를 타당한 방식으로 정의하자. 임팩트는 어떤 구체적인 방식—이를테면 신규 프로그램 개발이나 운영 목표 달성—으로 단체를 개선하는 것일 수도 있다. 이를 통해 기부자로부터 핵심 운영, 역량 강화, 심지어 연구 개발—기존 기부자들은 별로 관심을 보이지 않았던 영역—에 대한 더 많은 지원을 받게 될지도 모른다. 좋은 소식은 차세대 기부자들이 장기적이고 친밀한 관계를 원하고, 이를 통해 운영에 대한 지원이 궁극적인 임팩트를 만들어내는 데 얼마나 중요한지 알게 되리라는 점이다.

실천 방안

- 차세대 기부자들을 대상으로 한 모금 연설에서 임팩트를 가장 중요한 메시지로 강조한다.
- 기부자와 예비 기부자가 그들이 신경쓰는 이슈나 사람들의 삶에 가져올 수 있는 실질적인 변화를 볼 수 있도록 한다.
- 주요 차세대 기부자들과 당신의 단체가 각자 생각하는 임팩트 정의

에 대해 논의한다. 단기적으로 외부사회의 변화가 아닌 내부 조직의 변화를 의미한다 할지라도 임팩트 정의를 서로 일치시키려고 노력한다. 합리적인 수준 안에서 각각의 주요 차세대 기부자들에게 최적화된 임팩트 관련 프레젠테이션을 준비하려고 노력한다. 임팩트 정의가 당신 단체의 미션과 어긋나지 않는지 늘 점검한다.

- 창의성 발휘를 두려워하지 말자. 임팩트를 보여주는 방법을 정할 때 오감을 전부 고려한다.
- 현장 방문 기회를 제공한다(당신의 단체가 하는 일에서 이것이 가능할 경우). 임팩트와 관련된 수치 너머에 존재하는 얼굴들을 보여준다.
- 웹이나 모바일 기술을 이용해 가상현실에서 임팩트를 확인하는 방법도 고려한다(예를 들어 촬영이나 녹음으로 임팩트에 관한 이야기를 기록하고 수혜자가 기부자에게 직접 감사의 말을 전하도록 한다).
- 당신의 임팩트를 숫자나 몇 가지 눈에 띄는 통계로 정리한다. 동시에 이야기가 담긴 데이터를 만들도록 한다.
- 당신의 단체가 장기적 변화가 필요한 구조적 문제나 이슈를 다루고 있다면 그 작업 내용을 차세대 기부자가 이해하기 쉽도록 마일스톤 (milestone)으로 세부적으로 나누고, 각각의 마일스톤이 달성될 때마다 그 임팩트를 보여줄 방법을 찾아본다.
- 차세대 기부자들이 생각하는 임팩트 측정 방식이 당신의 미션과 맞지 않거나 그런 작업에 너무 많은 자원이 투입되는 것이 부담스러울 때 차세대 기부자들과 의견을 나눈다. 그들은 당신이 몸담고 있는 분야에서는 당신이 전문가라는 것을 알고 있다. 다만 그들은 당신과 좋은 파트너가 되어 더 큰 임팩트를 만들어내고 싶을 뿐이다.

최선의 전략 #5 : 대형 단체라면 작게 보일 수 있는 방법을 찾는다.

우리 연구에 따르면 차세대 기부자들은 대체로 이전 세대와 같은 대의를 위해 기부하고자 하지만, 그렇다고 해서 이전 세대와 같은 단체에 기부한다는 뜻은 아니다. 사실 우리 연구는 한 가지 중요한 차이를 보여준다. 차세대 기부자들은 큰 단체보다는 작은 단체와의 협업을 선호한다는 것이다.

이런 성향은 대체로 임팩트를 눈으로 확인하려는 욕구와 비영리단체와의 친밀한 관계에 대한 욕구에서 비롯된다. 차세대 기부자들은 프로그램 뒤에 숨겨진 사람들을 만나고자 한다. 그들은 그들이 기부하는 단체와 일종의 '개인적인 친분'을 맺고 있다는 느낌을 받고 싶어한다. 그들은 거대한 모금용 양동이 안에 떨어진 물 한 방울, 또는 거대한 모금 온도계의 눈금 한 칸이 되는 것을 싫어한다. 한 차세대 기부자는 자신과 자신의 동료들이 원하는 친밀함을 다음과 같이 설명한다.

> 나는 전단이나 제안서를 통해 사람들의 이야기를 읽거나 듣는 것보다 사람들을 직접 만날 때 훨씬 상황을 잘 이해할 수 있다. …… 나는 내가 [프로그램을 운영하는] 사람을 직접 만날 수 있는 분야에 더 기부하는 경향이 있는데, 그런 개인적인 인연을 소중히 여기기 때문이다. 그들은 나의 사고와 관심사에도 영향을 준다고 생각한다. 또한 그들은 나의 질문을 들어준다. 나는 현장에서 직접 뛰는 사람에게 질문하는 것을 더 좋아한다. 직접 대면하는 것을 대체할 수 있는 것은 아무것도 없다.

차세대 기부자들은 작은 단체들이 더 민첩하고 혁신적이며 새로운 아이디어에 개방적이라고 생각한다. 이 역시 대형 비영리단체들에게는 인식 측면에서 불리할 수 있다. 대형 캠페인을 통해 기부금을 모아 여러 자선단체에 배분하는 중개자 역할을 하는 조직, 일명 통합 조직—유나이티드 웨이, 유대인연맹 등—도 불리한 입장이다. 차세대 기부자들이 '중개자'에게 기부한들 그 기부의 직접적인 임팩트를 눈으로 확인하기 어렵기 때문이다.

대형 단체를 작아 보이게 하는 방법

임팩트 세대에게 어필하기 위해 병원, 예술단체, 대학 같은 대형 기관은 적응해야만 할 것이다. 대형 비영리단체가 마술처럼 작은 단체로 변신할 수는 없지만 창의력을 발휘해 차세대 기부자들의 눈에 작아 보이게 할 수는 있다. 예컨대 새로운 기부자들에게 당신 단체의 주요 모금 캠페인에 기부해달라고 부탁하지 말고, 그 캠페인의 세부 항목에 기부해달라고 부탁하자. 특정한 신규 프로그램이나 이니셔티브를 후원하는 식으로 말이다. 차세대 기부자들에게 새로운 이니셔티브나 확장 단계의 성공적인 시범 프로그램을 소개하자.

가능할 경우 당신 단체에서 운영하는 작은 사업에 그들을 직접 참여시키자. 신규 프로그램 개발이나 그와 관련된 모금을 추진하는 태스크포스 팀에 참여시키자. 대형 단체의 내부 직원을 만나게 함으로써 '현장'이 어떤 모습인지 보여주자. 프로그램 운영자들과 차세대 기부자들 간의 능동적이고 수동적인(예를 들어 온라인) 의사소통 채널을 모두 확대하자.

레버리지와 목표한 임팩트를 강조한다

대형 비영리단체들은 그들의 규모와 자산 덕분에 더 큰 임팩트를 만들어닐 수 있다고 홍보할 수 있다는 것이 강점이다. 더 큰 임팩트는 차세대 기부자들이 궁극적으로 원하는 바이기도 하다. 당신이 유나이티드 웨이나 유대인연맹 같은 통합 조직의 직원이거나 대형 단체를 위한 대규모 캠페인 책임자라면 그런 캠페인을 통한 변화의 최종 결과를 강조하자. 또는 동료들과 자금을 모았을 때 더 극적이고 측정 가능한 형태의 임팩트를 만들어 낼 수 있음을 보여주자. 당신이 규모 확대를 위해 어떤 레버리지를 사용하는지 보여주자.

통합 조직은 차세대 기부자들이 기부의 궁극적인 수혜자들과 연결되어 있다고 느낄 수 있는 구체적인 방법을 찾아야 한다. 기본 업무나 작업 방식이 기부자의 가치와 일치하는 특정 부서를 소개해주는 것도 좋다. 또는 그들이 근본 원인을 다루는 전략적이고 혁신적인 증거 기반의 해결책을 후원한다는 것—이것 역시 차세대 기부자들이 선호하는 부분이다—을 보여주자. 궁극적으로 커튼을 열어 그들에게 그들의 기부금이 당신 단체 내에서 어떤 임팩트를 만들어내는지 보여주자.

실천 방안

- 차세대 기부자들에게 당신은 관료적인 대형 단체의 전형에서 벗어나 있다는 것을 보여준다.
- 대형 단체나 대규모 캠페인을 부분으로 나눔으로써 적극적인 차세대 기부자들이 더 쉽게 접근할 수 있도록 한다. 이를테면 대규모 모금 캠페인을 세분화하고, 구체적인 프로그램을 강조하고, 특정 수혜자에게 미친 영향을 보여주는 방식 등이 있다. 전반적인 내용을 소개하는 대신에 차세대 기부자에게 먼저 소개할 수 있는 전략적인

옵션 몇 가지를 정한다.

- 주요 모금 캠페인의 상징 역할을 했던 거대한 온도계를 버리자. 어떤 기부가 궁극적으로 무엇을 성취하게 될 것인지와 같은 임팩트 측정의 척도를 마련한다. 대형 캠페인만의 규모와 레버리지 효과를 강조한다.
- 차세대 기부자를 특정 프로그램이나 새로운 아이디어와 연결해주고 돈뿐 아니라 시간과 재능도 함께 기부해달라고 부탁한다.
- 차세대 기부자에게 단체 내에서 일하는 사람을 소개해 실제 작업과정을 볼 수 있게 한다.
- 당신의 단체가 가진 장점을 이미 잘 알고 있는 몇몇 기부자에게 혹시 동료를 소개해줄 수는 없는지 물어본다.
- 낙담하지 말자. 당신이 포섭한 모든 차세대 기부자는 기존 관행보다 훨씬 오랫동안 당신의 단체를 후원할 확률이 높다는 것을 기억하자.

최선의 전략 #6 : 불편하게 느껴진다 할지라도 투명해지고 솔직해진다.

정보화 시대를 사는 차세대 기부자들은 손가락 하나로 거의 모든 단체의 정보를 얻는 데 익숙하다. 따라서 그들은 비영리단체에 새로운 차원의 투명성을 기대한다. 클릭 몇 번으로 모든 지식을 얻는 것이 당연한 그들은 프로그램 정보, 재무 데이터, 그 밖의 세부 사항을 손쉽게 파악할 수 없을 때 실망한다. 이는 기부자 개인에게 제공되는 정보에도 동일하게 적용된다. 한 기부자는 비영리단체들이 "침투 가능한 경계, 개방적인 정책을 통해 [기부자들이] 직접 보고 체험할 수 있게 해야 한다"라고 했다. 일부 비영리단체는 차세대 기부자 유치를 위해 솔직하고 개방적인 태도를 취하는 것이 어려운 일이 아닐 것이다. 반면 일부 단체는 이것을 끔찍하게 생각한다.

분야가 이런 변화에 준비가 되었든 되지 않았든 우리 연구에 따르면 차세대 기부자들은 본격적인 기부에 나서기 전에 상당한 주의를 기울여 단체를 알아가고자 한다. 차세대 기부자들은 비영리단체로부터 더 많은 정보와 임팩트 자료를 얻을 수 있기를 바란다. 따라서 차세대 기부자들과 가까워지고 싶은 비영리단체는 자료 수집 및 정보 공유와 관련해 새로운 기부자들에게 개방적인 자세를 취해야 한다.

우리가 인터뷰한 한 젊은 기부자는 기부 전에 철저한 '단체 평가'를 하고 싶다고 했고 초반 조사와 참여가 성공적으로 판명된 이후에는 더 큰 투자를 할 생각이라고 전했다. "저는 타이어를 발로 차보듯이 우리가 단체, 구조, 이사회, 명성, 변화를 만드는 능력을 점검중이라고 생각해요. 먼저 서로 익숙해진 이후에 감정적 단계―감정적이고 영적인 단계―의 참여가 시작되죠. 그쯤 되면 투자할 가치가 충분하다고 느낄 테니까요. 저는 이 단체가 변화를 만들어낼 수 있다는 확신이 들기 전에는 그런 단계까지 가지 않을 거예요."

문제는 대다수 비영리단체들이 주요 기부자들과 이 정도로 투명한 관계를 맺는 데 익숙하지 않다는 것이다. 우리는 모금 전문가 훈련과정이나 비영리단체 개발과정에서 이런 수준의 정직함은 가르치지 않는다. 하지만 차세대 기부자들은 단체의 단점까지도 전부 알고 싶어한다. 차세대 기부자들은 장밋빛 전망만 강조하는 말이나 직원의 솔직하지 않은 태도를 단박에 눈치채고 이것은 때때로 관계 훼손의 원인이 되기도 한다. 정직함, 투명성, 개인적인 친분에 대한 차세대의 욕망은 솔직히 비영리단체 전문가들을 힘들게 한다. 많은 이는 이런 상황을 불편해한다. 그렇기 때문에 비영리단체들은 더더욱 '기부자 참여'에 대해 고민해야 한다.

투명성의 장점을 받아들인다

5장에서 소개한 차세대 기부자 해나 킴비는 기부자들에게 더 솔직하고 개방적인 비영리단체의 이점과 그것이 위기에 처한 단체에 어떤 결과를 가져왔는지에 관한 이야기를 들려주었다. 우리는 당신이 이 이야기를 다시 읽고 팀원들과 토론해볼 것을 권한다. 해나 킴비에 따르면 그녀 같은 차세대 기부자들은 비영리단체들이 그들의 어려움—심지어 실패까지도—을 솔직히 털어놓기를 바란다. 차세대 기부자들은 '정직한 단체에게 거의 항상 보상을 제공'하는 경향이 있기 때문이다. 기부자와 후원단체의 관계가 단단할수록 더 쉽게 솔직해질 수 있고, 차세대 기부자는 편안하게 '사려 깊은 피드백'을 제공하고 함께 문제를 해결해갈 수 있다. 해나 킴비도 어려움을 겪고 있는 비영리단체와 이런 식으로 문제를 해결했다. 해나 킴비가 제공한 다차원적인 후원은 "우리가 그저 수표만 발행해주는 사람들이었다면 절대 불가능했을 일"이었다.

임팩트 세대에게 투명성은 품질과 신뢰의 지표다. 예컨대 한 차세대 기부자는 한 단체의 웹사이트 품질과 그곳에서 제공하는 정보의 종류를 기준으로 그 단체를 미리 판단하는 편이라고 했다.

모든 사람이 잠재적 기부자이기 때문에 당신의 단체를 외부세계에 소개하는 방식이 중요하다고 생각한다. 그런 것[훌륭한 웹사이트]이 없다는 것은 그 단체에 관한 어떤 사실을 말해준다. 웹사이트를 만들 예산이 없을 수도 있고, 그 단체가 생긴 지 얼마 안 되었을 수도 있고, 다른 나쁜 의도가 없을 수도 있다. 그럼에도 불구하고 그 단체가 모든 것을 솔직하게 보여주지 않는 것처럼 느껴지는 것은 어쩔 수 없다. 나는 그들이 재무 정보를 웹사이트에 공개하지 않으면 조금 짜증이 난다. 그렇게 쉽게 구할 수 있는 자료를 왜 웹사이트에 올리지 않는다는 말인가? 그 자료를 다른 곳에서 아예 구할 수 없는 것도 아닌데 말이다.

이 정도의 투명성이 지닌 장점은 더 많은 차세대 기부자를 유치하는 동시에 도움이 필요할 때 활용할 수 있는 신뢰와 의사소통 기반의 관계를 구축할 수 있다는 것이다. 이런 관계를 형성함으로써 쌍방향 소통의 선례를 만들 수 있으며, 이로 인해 당신은 후원자와 그들의 계획에 관한 더 많은 정보를 얻고 진정한 파트너로서 그들과 더 가까워질 수 있다. 4장에서 소개한 한 차세대 기부자는 다음과 같이 설명했다.

당신이 뭐라고 하든 [비영리단체는] 항상 당신이 권력을 쥐고 있는 것처럼 대할 것이다. 따지고 보면 그것은 사실이니까. 나는 아주 솔직해지려고 애쓰고 우리가 원하는 것은 완벽함이 아니라고 강조한다. 상황이 뜻대로 풀리지 않는다는 것을 알고 있고, 그렇다고 해서 후원을 중단하지는 않을 것이라고 말한다. 늘 대화의 통로를 열어두려고 하는데, 그들이 하는 일을 우리가 진심으로 지지한다는 것을 보여주기 위해서다. 이는 "지금 수표를 들고 있는 사람은 나야"라고 말하는 것이 아니라, 좀더 친밀한 관계를 쌓는 일이다.

이런 공식을 뒤집는다면 어떨까? 기부자들에 대한 투명성을 부담으로 여기는 대신 단체가 겪고 있는 문제 해결을 위해 기부자들을 활용한다면?

비영리단체 전문가들이 차세대 기부자들을 적극적으로 참여시킬 방법을 찾을 수만 있다면 그들은 비영리단체가 겪는 문제에 대해 배우고 검증된 해결책을 찾고자 하는 욕망 덕분에 강력한 파트너가 될 수 있다. 좀더 솔직한 내부 정보를 공개함으로써 그들에게 문제 해결을 위한 사려 깊은 피드백, 유용한 재능, 새로운 아이디어를 내놓을 기회를 마련해줄 수도 있을 것이다. 설령 그런 결과로 이어지지 않더라도 해나 킴비 같은 기부자들은 단체의 성과와 과제를 더 많이 이해하게 되면서 해당 단체에 더 많이 기부하게 될 것이다. 다시 말해 이것은 당신의 단체 내에서 문제를 해결하는 방식과 주요 기부자를 참여시키는 방법을 바꾸어야 한다는 뜻이지만, 그렇게만 한다면 다양한 성과를 거둘 수 있을 것이다.

데이비드 뮬크

데이비드 뮬크(David Muehlke)는 아내 퍼트리샤와 함께 다양한 종교 관련 자선단체에 기부한다. 그는 자신과 같은 기부자에게 잘 통하는 의사소통 방식―그리고 그렇지 못한 의사소통 방식―을 다음과 같이 실질적이고 명료하게 정리한다.

기부자 의사소통에서 투명성과 관련성을 향상하는 방법에 관하여

"우리가 기부하는 교회와 종교 관련 기관들은 그 돈을 어떻게 사용하는지 투명하게 공개하는 편입니다. 우리는 그런 부분을 높이 평가하죠. 저는 일반적인 연례 서신 같은 걸 좋아하지 않는데, 거기엔 심금을 울리는 표현만 있고 구체적인 내용이 없기 때문이죠. 제가 알고 싶은 것은 이런 거죠. A, B, C를 진행하는 데 당신의 전략은 무엇인가? 왜 당신의 단체는 실패와 어려운 과제에 대해서는 말하지 않는가? 제 역할을 다하는 단체라면 매번 100퍼센트 성공할 순 없을 텐데 말이죠. 저는 번드르르한 마케팅 전략을 좋아하지 않아요. 제가 볼 때 어떤 단체를 더 믿음직하게 보이게 하는 건 투명성―성공, 기회, 과제, 실패를 솔직히 드러내는 자세―이에요. 저에게 더 많은 기부금을 원하는 단체도 마찬가지예요. 왜 이곳에 기회가 있는지에 대한 좋은 근거를 보여주란 말이죠. 알록달록, 반짝반짝한 네 페이지짜리 편지보다는 저에게 딱 맞는 네 문장이 더 낫죠. 개인 대 개인으로서 제 돈이 어떻게 사용되는지 알려주거나 특정 프로젝트를 설명해줄 수 있는 문장 말이에요."

실천 방안

- 단체의 내부 사정 공개를 꺼리지 말자. 온라인 및 오프라인 현장 방문을 통해 또는 잠재적 기부자에게 자원봉사나 직원을 소개해줌으로써 기부자들에게 당신이 지금 하고 있는 일, 이를테면 진행중인 프로젝트를 구체적으로 보여주자.
- 기부자들에게 당신이 어떻게 임팩트를 만들어내고 측정하는지 확실히 보여준다. 당신의 성공담과 더불어 부족한 부분이나 어려움을 겪는 부분도 보여준다. 예컨대 재무 데이터나 임팩트 측정 방식과 관련해 당신의 단체가 아직 부족하다 할지라도 개방적인 자세를 취하자. 태도가 중요하다.
- 기부자와 예비 기부자가 가장 즐겨 찾는 정보, 예컨대 조직 구조와 전략, 지원 대상, 재무 데이터 관련 정보가 당신이 일하는 단체의 웹

사이트에 올라와 있는지 점검한다.

- 단체의 새로운 과제 때문에 고생하는 전문가들을 위해 차세대 기부자들의 도움을 요청하는 것을 고려해본다. 그들은 어쩌면 자신의 시간과 재능뿐 아니라 그 해결책을 후원하기 위한 자금까지 제공할지도 모른다.

- 기부자에게 더 많은 정보를 공개할 때 건강하고 생산적인 힘의 균형을 유지하도록 한다. 당신이 공유하는 정보는 단지 기부자의 필요나 요구에 의한 것이 아니라 당신 단체의 미션과 부합해야 한다. 그렇게 만들어진 개방적인 관계를 통해 당신이 이전까지 다른 방식으로, 다시 말해 덜 투명한 방식으로 일할 수밖에 없었던 이유를 솔직히 설명하자.

- 너무 솔직해지는 것이 아닌가 걱정스러울 때 당신이 쌓은 건강한 관계로 인해 기부자들은 당신의 정직함을 벌하는 대신 보상할 것이라고 굳게 믿자.

최선의 전략 #7 : 새로운 것과 위험한 것에 개방적인 태도를 보이고 차세대 기부자의 새로운 생각을 진지하게 받아들인다.

이 책에서 우리는 차세대 주요 기부자들이 임팩트 확대를 위해 기부 방식을 바꾸고자 하는 의지와 남다른 자금력 덕분에 역사상 가장 주목할 만한 기부자가 될 것이라고 주장한다. 그들은 큰 위험이 따른다 할지라도 기부 혁신에 대한 의지 때문에 새로운 방식과 도구를 시도한다. 임팩트 세대는 새로운 방식의 자선활동을 이미 과감히 수용하고 있다. 그들은 많은 영역에서 경계를 무너뜨리고 상업적인 방식과 자선적인 방식을 혼합한다.

비영리단체들은 여러 시행착오를 거치고 변화의 속도를 끌어올리며 험난한 시기를 견딜 준비를 해야 한다. 맨 처음 자선활동이 시작될 때부터 혁신은 늘 존재했지만 이제 새로운 아이디어가 자선 분야를 뒤흔들 것이다. 향후 수십 년간 변화는 새로운 일상이 될 것이고 차세대 기부자들은 이런 변화를 특히 반길 것이다. 이는 변화를 진보로 인식하는 사고를 수용하고 단체의 유연성과 적응력을 끌어올려야 한다는 뜻이다.

차세대 기부자들은 혁신을 사랑하지만, 비영리단체가 굉장히 혁신적이라고는 생각하지 않는다

비영리단체 전문가나 모금담당자로서 당신은 차세대의 혁신 사랑을 받아들이고 그들과 변화에 관해 대화하는 법을 배워야 한다. 물론 모든 통제권을 넘겨주거나 새로운 것을 받아들이느라 이미 훌륭한 것을 내던지는 어리석음을 범해서는 안 된다. 많은 차세대 기부자―특히 자수성가한 사람들―는 요즘 떠오르는 기업가적이고 혁신적인 영리단체와 비교했을 때 비영리단체를 느리고 조심스럽고 위험 회피 성향이 강한 단체로 여긴다. 한 기부자는 이렇게 설명한다. "대부분의 젊은 기부자가 비영리단체를 갑갑하고 졸린 집단으로 본다고 생각해요. 거대한 단체 내에는 너무 많은 돈을 받거나 받는 돈에 비해 하는 일이 거의 없고 생각이 없는 직원들뿐이라고 말이죠. 대다수 비영리단체에게는 에너지, 경쟁력, 혁신성, 민첩성이 없는 것 같아요. 제가 추천하고 싶은 방식은 당신의 비영리단체가 지닌 혁신적인 부분을 잘 보여주라는 거예요. 그리고 실제로 혁신적인 단체가 되라는 거지요."

차세대 기부자들은 고질적인 사회문제를 해결하기 위해 새로운 아이디어와 접근법을 시도하는 단체를 찾고 싶다고 우리에게 말했다. 비영리단체가 핵심 미션과 관련해 임팩트를 만들어내는 데 집중한다는 사실을 알리기 위해 당신은 단체의 혁신성을 강조하고 그 말을 실천으로 옮겨야 한다. 실험적인 시도에 관한 대화에 차세대 기부자를 참여시키자. 그들의 동료로부터 모금하는 방법뿐 아니라 프로그램 및 운영과 관련된 그들의 혁신적인 아이디어도 들어보자. 임팩트 세대는 다양한 분야에서 공부하고 일하고 있으므로 당신이 받아들일 준비만 되어 있다면 당신의 단체를 강화하기 위한 각 분야의 혁신을 소개해줄 것이다. .

개방적인 자세를 취하되 고유함을 유지하고 정중하게 거절한다

차세대 기부자의 참여를 유도하면서 한 가지 중요한 점은 당신의 고유함을 훼손하거나 반쪽 진실만으로 기부자들을 우롱해서는 안 된다는 것이다. 때로는 차세대 기부자가 열정을 가진 무언가에 대해 '안 된다'라고 말할 수 있어야 한다. 단체의 미션과 관련된 사회문제, 지역, 이슈에 집중하는 것은 차세대 기부자의 아이디어를 거절할 때 정당한 사유가 된다. 그들이 그 아이디어에 얼마든지 자금을 지원할 준비가 되어 있다고 하더라도 말이다. 거절할 때는 당신이 그들의 아이디어를 진지하게 받아들인다는 점을 분명히 하고 거절할 수밖에 없는 이유를 설명하자. 최악의 방법은 "흥미롭네요" 또는 "나중에 한번 살펴볼게요"라고 대충 얼버무린 뒤 다시는 그 이야기를 꺼내지 않는 것이다. 차세대는 이런 반응을 끔찍해하고 이는 지금까지 쌓아온 신뢰마저 무너뜨릴 수 있다. 6장에서 소개한 제나 시걸은 다음과 같이 말한다.

기부와 참여를 모두 원하는 차세대 이사나 기부자가 당신의 비영리단체를 위한 아이디어를 갖고 왔을 때 "한번 살펴볼게요"라는 말은 절대 해서는 안 된다. 어쩌면 이 말은 비영리단체들이 남발하는 캐치프레이즈가 아닐까 싶다. 비영리단체 운영자나 프로그램 개발 담당자들이 "한번 살펴볼게요"라고 해놓고 아무 답변도 해주지 않는 것을 너무 많이 보았다. "이런저런 이유에서 이 아이디어는 우리 단체랑은 맞지 않는 것 같아요" 같은 실망스러운 답변이라도 좋다. 적어도 당신이 앞에 있는 사람을 존중하고 있으며 그 사람의 의도에 대해 고민해보았다는 뜻이니까.

우리는 더 나은 결과를 위해 혁신에 대한 차세대 기부자의 지지를 긍정적으로 평가하지만 이와 같은 '새로운 것에 대한 편향'은 신중해야 할 이유가 되기도 한다. 혁신은 사회문제를 해결하는 특효약이 아니고 우리는 현장의 비영리단체 전문가들이 느끼는 좌절에 공감한다. 그들은 "차세대는 자신들이 부적절하게 권력을 휘두르며 우리 삶을 아주 피곤하게 만들고 있다는 걸 깨닫지 못하는 건가?"라고 하소연한다. 이것은 '그릇가게 안의 황소' 같은 상황, 다시 말해 새로운 아이디어에 흥분한 차세대 기부자가 단체를 휘젓고 다니며 의도는 훌륭하지만 불필요한 피해를 유발하는 상황으로 이어진다.

이런 상황을 피하기 위해 당신은 차세대가 초래하는 혼란을 인지하도록 돕고, 왜 그것이 당신을 힘들게 하는지 이해하도록 도와야 할지도 모른다. 특히 차세대의 아이디어가 당신의 미션을 훼손할 수 있다고 우려한다면 말이다. 그들은 강력한 위치에 있고 당신은 웬만하면 그들을 기쁘게 해주고 싶을 것이다. 그러다보니 아직 준비되지 않은 분야나 그것을 지지할 역량이 부족한 분야에 혁신을 도입하게 된다. 하지만 앞서 언급했듯이 투명하고 정직하게 대응한다면 차세대 기부자들이 그들의 혁신적인 아이디어를 실현하는 데 필요한 역량과 기반시설에 자금을 지원하겠다고 할지도 모른다. 당신의 진심으로 인해 관계는 더 단단해질 수 있다.

실천 방안

- 차세대 기부자들에게 당신이 그들의 아이디어와 혁신을 반긴다는 사실을 알린다. 그들의 말을 경청하고 잘 이해했는지 확인하기 위한 질문을 하자. 당신이 제대로 듣고 있다는 것을 보여주자. 별난 아이디어라고 해서 너무 빨리 무시하지는 말자. 당신은 다음번의 대승을 놓치게 될지도 모른다.

- 차세대 기부자에게 "한번 살펴볼게요"라고 말하고 다시는 그 이야기를 꺼내지 않는 어리석음을 범하지 않는다. 그 아이디어가 당신의 단체와 맞지 않는다면 차세대 기부자에게 그 이유를 차근차근 설명해준다.

- 차세대 기부자가 가져온 아이디어를 단칼에 거절하는 대신 이렇게 말하는 것은 어떨까. "지금 이 상태로 우리 단체에 바로 적용할 수는 없지만, 이 아이디어를 발전시켜 적용할 수는 있을 것 같아요. 더 길게 대화하면서 그 이유를 알아보고 이 문제를 다른 각도에서 살펴볼 생각이 있나요?" 또는 이렇게 말하는 것은 어떨까. "함께 이 아이디어에 대해 더 깊이 생각해봐요. 제가 좀더 고민해본 다음에 다시 한번 만날까요?"

- 차세대 기부자로 구성된 포커스 그룹을 만들어 그들의 아이디어를 들어보고 그들이 그 아이디어를 실행하는 데 어떤 식으로 참여하

고자 하는지 알아본다. 하지만 먼저 제안한 모든 아이디어를 실행에 옮기기는 힘들다는 점을 분명히 짚고 넘어간다.

- 연구개발과 실험에 매년 얼마만큼의 자원을 투입할 것인지 목표를 정한다. 예컨대 어떤 단체는 10퍼센트의 시간과 자원을, 다른 단체는 30퍼센트의 시간과 자원을 목표로 삼을 수 있다. 기부자와의 대화에서 이런 목표치를 잘 활용한다. 목표치를 달성하기 위해 새로운 아이디어를 더 많이 받을 수도 있고, 올해 목표치를 초과 달성했으므로 그들의 아이디어를 내년에 검토하겠다고 말할 수도 있다. 하지만 후자의 경우 나중에 반드시 검토하겠다는 약속을 지켜야 한다.
- 변화 수용에 대한 건전한 태도와 절차를 키워나간다. 조직개발 및 변화 관리 전문가를 당신의 비영리단체로 초청한다.

최선의 전략 #8 : 차세대 기부자에게 의미 있는 배움과 참여의 기회, 특히 직접적인 경험과 동료 학습의 기회를 제공한다.

차세대 기부자들이 이전 세대의 고액 기부자들과는 다른 방식의 참여와 관계 맺기를 원한다는 명백한 증거에도 불구하고 많은 비영리단체는 여전히 자선행사, 경매, '맛없는 식사'를 제공하는 이벤트를 통해 엑스 세대와 밀레니얼 세대 기부자들을 유치하고자 한다. 우리 연구에 따르면 거의 모든 차세대 기부자는 각자의 배경과 무관하게 '의미 있는 참여'를 원한다. 그들은 '참여를 통한 배움'을 원하고, 이전 세대보다 단체활동에 '더 깊이 관여'하고자 하며, 특히 '임팩트를 눈으로 확인'하고 싶어한다. 그들은 냅킨

색깔을 정하거나, 자선 경매 물품을 구하거나, 자녀를 집에 두고 주중 모금 행사에 참여하고 싶은 마음이 없다. 차세대 기부자들은 모든 행사에 참여하는 것을 원하지 않기 때문에 종종 이런 일에 관심이 없는 것으로 인식된다. 하지만 문제는 그들이 자신에게 주어진 참여 기회를 의미 있다고 여기지 않는 것이다. 그들은 일회성 기부보다 더 나은 것을 원한다. 한 기부자의 설명을 들어보자.

> 내가 참석한 한 회의에서 자선 참여를 쉽게 만들겠다며 이런 의견이 나왔다. "그러니까 버튼을 눌러서 당신의 자금이 보조금으로 자동 지급되게 하는 거예요." 흥미롭게도 그 회의에 참석한 젊은이들은 싸늘한 반응이었다. 나는 그 아이디어가 정말 별로라고 생각해서 "오, 그런 소리 하지 마세요"라고 했다. 그것은 우리가 원하는 것이 아니다. 우리는 더 친밀하게 참여할 수 있기를 원한다. 우리의 자선활동에 대해 알고 싶다. 그것이 세상에 어떤 영향을 미치는지 알고 싶다. 참여와 대화의 기회를 원한다. 나는 버튼을 눌러서 어떤 단체에 10만 달러를 기부하고 다시는 그 단체와 연락하지 않는 상황을 원하지 않는다. 그런 것에는 흥미가 전혀 생기지 않는다.

차세대 기부자들에게는 '참여문화'에 대한 갈증이 있다. 그들은 당신의 단체, 그 단체가 다루는 이슈, 운영 방식, 그 단체가 성장하는 과정에서 그들이 맡을 수 있는 역할에 대해 진지하게 알아가고자 한다.

경험적 배움, 참여를 통한 배움의 기회를 제공한다

차세대 기부자들은 자선적 정체성을 탐색하고 형성해나가는 삶의 단계에 있으며 이런 학습 여정을 도울 수 있는 자원을 받아들일 마음이 있다. 우리 연구에 따르면 그들은 특히 체험 학습과 동료 학습을 선호한다. 이것은 차세대가 간절히 원하는 배움의 기회를 당신의 단체가 제공할 수 있다는 의미다.

기부자에게 의미 있는 체험의 기회를 제공하는 것은 쉽지 않지만 실제로 그렇게 하는 단체들은 보상을 받게 될 것이다. 한 기부자는 다음과 같이 말한다.

> 기부자가 발행하는 수표뿐 아니라 기부자에게 관심을 보이는 단체, 기부자가 경험을 통해 배울 수 있도록 적절한 참여 기회를 마련해주는 단체에게는 엄청난 잠재력이 있다고 생각한다. 그것은 쉬운 일이 아니다. 단체 입장에서도 엄청난 자원이 필요하다. 비영리단체도 기부자에게 많은 투자를 해야 하기 때문이다. 하지만 이것은 엄청난 기회이기도 하다. 조직이 차세대를 어떻게 참여시키느냐와 그들이 젊은 나이에 무엇을 배우느냐에 따라 그들의 미래 행동과 관점이 바뀔 수 있기 때문이다.

이런 체험 학습 제공을 위한 몇 가지 전략을 살펴보자.

1. 현장 방문 및 수혜자와의 만남을 준비한다

차세대는 도움이 필요한 곳, 또는 당신의 단체가 임팩트를 만들어내는 곳을 확인하기 위한 개인적인 현장 방문이나 소그룹 현장 방문을 강력히 원한다고 말했다. 한 차세대 기부자는 우리가 다른 수많은 이에게서 들은 내용을 다시 강조했다. "기부자로서 가장 만족스러운 순간은 현장 방문이나 자원봉사를 통해 직접 참여할 기회를 얻을 때예요. 저는 그런 일이 가장 신나거든요. 수백 건의 보조금 신청서를 읽어왔지만, 직접 사람을 만나고 작업 현장을 확인하는 것보다 나은 건 없어요." 하지만 이런 현장 방문과 경험을 위해 올바른 환경을 조성하는 것이 중요하다. "저는 불평등한 관계일 경우 현장 방문이 항상 불편하게 느껴져요. 제게 참여 기회를 준 최고의 비영리단체는 저와 일종의 파트너 관계였어요."

2. 교육 경험을 제공한다

새로운 정보를 얻을 수 있는 곳은 많다. 따라서 차세대 기부자들에게 교육 이벤트를 제공할 생각이라면 풍부한 학습 경험을 제공하자. 설교 같은 강의를 줄줄이 기획하기보다는 차세대가 쌍방향 학습에 더 익숙하다는 것을 기억하자. 당신의 플랫폼에 대해 숟가락으로 떠먹이듯 하나하나 알려주는 대신 그들을 가치 중심의 토론에 참여시키자. 그들이 돈으로 무엇이든 구입할 수 있는 환경에서 자랐다면 오로지 당신만이 줄 수 있는 경험을 제공하자.

3. 자원봉사자와 만나고 자원봉사에 참여할 기회를 제공한다

잠재적이거나 적극적인 차세대 기부자들은 자원봉사자와의 대화나 자원봉사 참여의 이점을 잘 알고 있다. 해나 킴비는 이 책 5장에서 다음과 같이 말한다.

나는 비영리단체의 자원봉사자들을 만나는 것도 좋아한다. 윌더니스 트레이닝에서 자원봉사를 했던 경험 때문인 것 같다. 나 역시 열정적인 자원봉사자인데, 다른 열정적인 자원봉사자들을 보면 그들이 해당 단체의 완벽한 지지 세력임을 깨닫게 된다. 그들이 시간과 재능을 기꺼이 지원할 수 있는 것은 해당 단체의 미션을 진심으로 신뢰하기 때문이다. 나는 자원봉사자들의 열정에 공감하므로, 다른 단체의 자원봉사자들이 왜 그렇게 시간을 내서 자원봉사를 하는지에 대해 듣는 것을 매우 좋아한다.

당신은 차세대의 관심사 및 가치와 일치하면서 학습에 초점을 둔 의미 있는 자원봉사 기회를 마련하는 것을 목표로 해야 한다. 또한 당신이 일하는 단체의 목표와의 연관성도 중요하다. 봉투 채우기나 손님 명단 작성만으로는 부족할 것이다. 한 차세대 기부자는 이렇게 말한다. "제가 열정을 쏟을 수 있는 일, 도전하는 기분으로 할 수 있는 일을 맡고 싶어요. 일시적이고 시간제한이 있고 얄팍한 자원봉사 말고 도전적인 일에 적극적으로 참여하고 싶어요."

차세대 기부자에게 동료 학습 경험을 제공한다

6장에서 자세히 소개한 바와 같이 차세대 기부자들에게 중요한 또다른 참여 형태는 동료 학습이다. 이전 어느 세대보다 서로 많이 연결되어 있기 때문에 차세대는 동료의 경험이나 동료가 제공하는 정보(수평적 학습)를 비영리단체, 미디어, 심지어 그들의 조언자가 제공하는 정보(수직적 학습)보다 더 신뢰하는 경향이 있다. 그들은 자선적 성향을 지닌 동료로부터 배우고 서로 친해질 기회를 갈망한다.

당신의 단체를 위한 명확한 출발점은 차세대 기부자들을 서로 소개해주는 것이다. 같은 의문을 갖고 같은 어려움을 겪고 있는 차세대를 서로 만날 수 있게 해주자. 당신의 단체와 연계된 동료 네트워크를 구축하거나 기부자들이 뭉칠 수 있게 도와주자. 어떤 방향을 선택하든 이런 집단이 구성원들에게 배움의 기회를 제공하도록 하자. 차세대 기부자가 자선 동료와 함께 개인적 경험뿐 아니라 교육적 경험까지 쌓는다면 그들은 자신이 무엇을, 어떻게 후원하고 싶은지 명확히 파악하게 될 것이므로 그들의 보조금 지급 규모는 더 커지고 그 방식은 훨씬 정교해질 것이다.

이런 동료 집단을 자산으로 활용할 수 있는 방법을 찾자. 차세대 기부자는 비영리단체가 기부자 유치 전략의 일환으로 급조한 단체에 초대받았을 때 금세 알아차린다. 그들에게 해당 단체의 임팩트 확대에 진짜 도움이 될 수 있는 목표를 마련해주자. 단체 내에서 진정한 변화를 만들 수 있도록 동료와의 활발한 교류를 장려하자.

21/64에서는 동료 학습의 욕구를 충족시키기 위해 교육 프로그램, 차세대 기부자들을 위한 동료 네트워크, 새로운 기부자, 차세대 기부자, 가족, 조언자에게 필요한 여러 자원을 개발했다.

실천 방안

- 차세대에게 의미 있는 학습 경험을 제공한다. 여기에는 작위적이지 않은 현장 방문, (가족, 동료, 또는 직원과 함께하는) 학습여행, 자원봉사 기회, 쌍방향 교육 행사, 차세대 동료 집단, (세대 내에서 또는 세대 간) 멘토 프로그램, 이사회 참여 등이 포함된다.
- 하지만 차세대를 참여시키기 위한 수단으로 원래 없던 자원봉사 기회를 억지로 마련해서는 안 된다. 차세대는 연출된 상황을 단박에 알아챈다. 자원봉사가 당신의 단체에 실제로 도움이 되게 하고 진지하게 진행한다.
- 차세대가 가족들과 함께 참여할 수 있는 학습 경험을 제공한다. 차세대, 특히 자수성가한 사람들은 비영리단체 참여를 통해 자신의

자선적 정체성을 키우는 동시에 그 가치를 가족과 함께 나누고자
한다.

- 간단한 규칙에 따라 성인 학습 경험을 제공한다. 프레젠테이션이 전
체의 3분의 1을 넘지 않도록 하고, 직접적인 쌍방향 학습이 최소
3분의 1을 차지하도록 하며, 나머지 3분의 1은 토론 및 질의응답으
로 구성한다.

- 연결자 역할을 담당한다. 차세대 기부자가 다른 동료 기부자를 만
나 협력할 수 있도록 적극적으로 돕는다.

- 차세대 기부자들이 본인의 자선 경험을 공유하도록 한다. 다른 외
적인 목표 없이 배움, 영감, 인적 교류의 기회로서 이런 활동을 장려
한다.

- 차세대 기부자가 불편해하지 않을 경우 다른 친구를 체험 학습 행
사에 데려와달라고 부탁한다. 이때 잠재적 기부자의 가치가 프로그
램의 취지와 잘 맞아야 한다는 것을 명심한다.

최선의 전략 #9 : 차세대 기부자가 시간, 재능, 인맥 등 모든 자산을 '올인'할 수 있도록 돕는다.

미래의 주요 후원자들은 '두 섬성' 세대다. 5, 6, 7장에서 자세히 다룬
것처럼 일반적인 차세대 기부자는 자신이 택한 몇몇 단체에 '올인'하고 싶
어한다. 일명 네 가지 'T'—돈(treasure), 시간(time), 재능(talent), 인맥
(ties)—를 모두 제공하고자 한다. 그들은 자신의 모든 자산을 활용할 수
있도록 단체와 친밀하고 지속적인 관계를 원한다. 이는 차세대가 보통 멀

리서 기부금만 보냈던 이전 세대보다 훨씬 '손이 많이 가는' 기부자라는 뜻이다. 하지만 좋은 소식은 차세대 기부자들이 그들의 시간과 재능을 진심으로 기부할 만큼 당신의 단체와 가까워졌을 때 그들은 큰돈을 꾸준히 기부하며 당신이 만나본 사람들 중 최고의 후원자가 될 수 있으리라는 것이다. 게다가 그들에게 시간과 재능이 있는 동료를 소개해달라고 부탁하면 훨씬 더 큰 기회의 문이 열린다.

차세대 기부자들은 사회적 변화에 재정 자원과 인적 자원이 모두 필요하다고 믿는다. 그들에게는 이 두 가지를 모두 제공할 능력과 의지가 있다. '최선의 전략 #2'에서 언급한 것처럼 이들 기부자는 기술, 경험, 능력을 지닌 유능한 인재가 아닌 현금자동인출기 취급을 당하는 것을 불쾌해한다. 그들은 그저 파티 계획을 담당하는 것으로 만족하지 않는다. 다른 자원봉사자나 직원과 나란히 팀 프로젝트에 참여하거나 문제를 해결하고자 한다.

차세대가 올인할 수 있는 창의적이고 구체적인 방법을 찾는다

많은 비영리단체가 젊은 기부자들의 시간, 재능, 인맥을 창의적으로 활용할 방법을 물색중이라는 것을 알고 있다. 이 가이드의 여러 항목에는 기부자의 '올인'을 유도하는 다양한 방법이 설명되어 있다. 검증된 두 가지 전략은 다음과 같다.

1. 그들이 스스로 유용하다고 느낄 수 있는 자원봉사 기회를 제공한다

자원봉사 기회를 마련하는 데 힘쓰는 것은 단체의 핵심 업무를 방해할 수 있으므로 항상 우선순위는 아니다. 앞서 확인한 것처럼 차세대 기부자들은 봉투를 채우는 일로는 만족하지 않기 때문이다. 하지만 그들의 실력을 똑똑하게 활용할 경우, 특히 비영리단체 전문가와 모금담당자가 기부자의 재능과 단체의 필요를 잘 연결할 경우 서로에게 득이 되는 윈윈 상황을 만들 수 있다. 예컨대 한 차세대 기부자는 이렇게 말한다. "[제 회사는] 비영리단체의 웹사이트 관련 작업을 도왔어요. 우리의 자원과 데이터베이스와 기술을 공유했죠. 매우 동등한 파트너 관계였어요. 기부자와 그런 관계를 맺으려면 분명 더 많은 시간이 걸리겠지만, 그럴 만한 가치가 있다고 생각해요."

2. 그들이 사색 파트너가 될 수 있는 프로젝트나 위원회, 태스크포스에 배치한다

차세대 기부자가 자선행사나 차세대 모임에 초대받는 것을 싫어하는 이유 중 하나는 그런 자리에서 자신의 재능을 펼칠 기회가 주어지지 않는다고 느끼기 때문이다. 우리 책에 소개된 한 기부자는 '매우 겸허하고 겸손한 사색 파트너'로 대접받는 것이 가장 이상적이라고 했다. 다른 기부자들은 그들의 전문 분야와 관련해 '도전'을 받는 상황이나 실질적인 문제를 해결하는 '현장'에 있는 것을 강조했다. 이런 차세대에게는 "소셜 미디어에서 우리 단체를 홍보해주세요"라고 부탁하는 대신, 그들을 팀 프로젝트에 참여시키자. 이런 묵직한 종류의 참여는 기부자 입장에서 많은 시간과 에너지를 투자하는 것이며 그들은 그 작업을 진지하게 받아들인다. 차세대 기부자는 돈 낭비를 싫어하는 만큼, 또는 그 이상으로 시간 낭비를 싫어한다.

지레짐작하지 않는다

차세대 기부자의 시간과 재능을 활용할 방법을 찾는 과정에서 그들이 가진 재능과 기꺼이 나누고자 하는 재능에 대해 지레짐작하지 말자. 특히 차세대 여성 기부자들 중에는 자신의 기술이 저평가받는다고 불평하는 경우가 많았다. 한 명은 이렇게 말했다. "제가 파티 준비 말고 다른 것도 할 수 있을 만큼 똑똑하다는 거 아시나요? 전 그것보다 더 많은 일을 할 수 있다고요." 지금 당장 그 기부자가 전업주부로 집에서 아이들을 키우고 있다 할지라도 당신의 직원들에게 기부자들의 배경과 그들이 받은 전문교육에 대해 알아볼 것을 권하자. 법률교육을 받은 차세대 기부자들은 법률 제안서 작성을 부탁하는 단체에 끌리는 경우가 많았고, 재정 지식을 갖춘 기부자들은 예산 계획과 관련해 도움을 요청하는 단체에 끌리는 경우가 많았다. 이런 전문성을 갖추고 있지만 단 한 번도 도움을 요청받지 못한 기부자도 많았다.

또한 젊은 자원봉사자에게 주요 기부자가 될 능력이 없다고 함부로 단정하지 말자. 사실 우리가 인터뷰한 몇몇 차세대 기부자는 흥미가 생기는 단체에서 먼저 비밀스럽게 자원봉사를 하며 가까이에서 관찰한 뒤 기부를 결정한다고 했다. 이런 일을 주기적으로 하는 한 기부자는 이렇게 조언한다. "자원봉사자에게, 특히 젊은 자원봉사자에게 의미 있는 일을 맡기세요. 그 자원봉사자가 어떤 사람인지는 절대 알 수 없는 거고, 어쩌면 나중에 고액 기부자가 되어 나타날 수도 있으니까요."

에밀리 데이비스

에밀리 데이비스(Emily Davis)는 차세대 기부자다. 또한 그녀는 이사회 지배 구조, 모금, 자선사업과 관련된 차세대 이슈에 초점을 맞춘 비영리 및 자선 관련 컨설턴트이기도 하다. 그녀의 저서 『모금과 차세대(Fundraising and the Next Generation)』는 차세대 자선에 관한 다양한 이슈를 다룬다.

올인 관계를 준비하고 활용하는 법에 관하여

"모든 단체가 한 번이라도 기부자였던 모든 밀레니얼 세대와 이런 관계를 맺어야 한다고 말하는 게 아니에요. 제가 추천하는 건 똑똑하게 시작하라는 거죠. 우리는 더 정교하게 목표를 설정하고 사람들을 잘 연결하기 위해, [자원봉사자를 기부자로] 발전시키기 위해 정보를 수집해야 합니다. 그런 다음 [그들의 참여가] 진정성 있는 결과를 낳을지 고민해야죠. 이것은 적절한 조합이 될 것인가? 우리에게, 그리고 그들에게 적합한 조합이 될 것인가? 아무거나 일단 던져보고 무엇이 통하는지 한번 보자는 식은 곤란해요. 비영리세계에서 우리는 항상 다양한 방식으로 마케팅과 모금을 접목해왔어요. 앞으로의 미래는 모금과 자원봉사자 개발을 접목하는 데 있다고 생각해요. 자원봉사는 이제 자선만큼이나 전략적이에요. 따라서 당신의 단체와 관련된 경험을 원하는 사람들에게 사려 깊게 접근해야 하죠. 과감하고 대담한 방식을 택할 수도 있어요. 한번 자원봉사에 참여한 사람에게 후속 업무를 진행하는 것처럼 처음으로 25달러나 50달러를 기부한 사람에게는 어떤 후속 업무를 진행할 수 있을까요?"

올인하는 기부자의 장점

이처럼 새로운 종류의 참여가 다른 단체보다 당신 단체에게 더 어려운 일일 수도 있다. 예컨대 일부 비영리단체는 이런 깊이 있는 참여 기회를 마련하고 관리하기에는 자원이 너무 부족할 수 있다. 비밀 유지 원칙이나 다른 문제 탓에 기부자의 깊은 참여에 대해 신중할 수밖에 없는 단체도 있다. 재능 기반의 참여를 요구하는 기부자로 인해 힘의 불균형이 심각해진다는 불만의 목소리가 있다. 이런 기부자들은 좋은 기분을 느끼기 위해,

동료와의 친분을 쌓기 위해, 또는 단순히 "내가 당신들보다 더 유능하니 내 재능을 활용하게 해달라"고 요구하며 비영리단체의 업무를 가중한다. 하지만 다시 말하지만 상호존중에 기반한 올인 접근법은 장기적인 성과로 이어질 수 있다.

차세대 기부자들을 당신 단체의 내부 업무에 깊이 관여하게 함으로써 얻을 수 있는 또다른 이점은 많은 비영리단체가 선호하는 종류의 자금을 확보할 수 있다는 것이다. 그것은 수년간에 걸친, 무제한에 가까운 핵심 운영 자금이다. 단체를 가까이에서 지켜본 차세대 기부자는 단체의 관점에서 상황을 파악해 이런 핵심 지원의 중요성을 더 잘 이해한다.

실천 방안

- 차세대를 당신이 활용할 수 있는 재능을 지닌 사람으로 진지하게 받아들인다. 가장 좋은 방법은 그들에게 재능과 경험을 활용해 해결할 수 있는 문제를 맡기는 것이다. 특정한 과제나 이슈에 집중하는 기부자와 직원으로 구성된 위원회에 배정하거나 동료 간 작업 그룹을 구성해 비영리단체가 직면한 문제를 해결하는 일을 맡긴다.
- 당신의 현재 기부자들이 어떤 재능을 지니고 있는지 파악하기 위한 설문조사를 고려해본다. 젊은 기부자들 중에는 아직 당신이 발견하지 못했지만 단체에 도움이 될 만한 숨은 재능을 가진 사람이 있을지도 모른다.
- 비영리단체의 필요와 차세대 기부자 재능 간의 올바른 '매치'를 강조한다. 시간이 조금 흐른 뒤 기부자들에게 그 매치가 적절한지 의견을 구한다.

- 여성이나 전업주부를 무조건 모금위원회나 사교위원회에 배정하는 일반적인 실수를 피한다. 그들이 무엇을 잘하는지 알아보고 그 재능을 활용하자.
- 솔직하되 존중하는 자세를 취한다. 친밀한 관계를 오래 유지하려고 차세대 기부자가 오만하게 굴거나 갖가지 요구로 단체를 숨막히게 하는 상황을 좌시해서는 안 된다. 당신의 직원이 그들의 모든 요구에 동의해서도 안 되고 그들의 모든 요구를 짜증스럽게 무시해서도 안 된다.
- 기부자의 참여 의지와 단체의 필요 간에 권력관계 문제가 발생했을 때 주요 기부자를 잃게 될까 두렵다면 자선 분야의 전문가에게 도움을 청해 원만한 관계로 나아갈 방법을 모색한다.

최선의 전략 #10 : 신입과 베테랑이 모두 활약하는 여러 세대로 구성된 진정한 팀을 만들어 이사회에 참여시킨다.

오늘날의 공유경제 및 글로벌 정보화 시대에 21세기 기술을 갖춘 차세대 성인들을 이사회 구성원이나 팀원으로 활용하지 못하는 비영리단체는 경쟁우위를 잃을 수 있다. 엑스 세대와 밀레니얼 세대는 비영리단체 이사회와 위원회에서 현재 안타까울 정도로 그 수가 적다. 이처럼 신입의 패기와 에너지가 결여된, 온통 베테랑으로만 구성된 팀은 장기적·단기적으로 결코 제대로 운영될 수 없다.

10장에서 이 문제를 자세히 다루었고 차세대 기부자들이 원하는 것이 바로 이런 여러 세대로 구성된 팀 전략임을 살펴보았다. 그들은 이사회 내부의 '형식적인' 젊은 회원이 되는 것을 원하지 않는다. 우리는 당신 단체의 혁신과 미래 건전성을 위해 이사회에 여러 차세대 기부자를 참여시킬 것을 강력히 권한다. 또한 당신의 단체만큼이나 차세대 기부자도 그 이사회 회원 자격을 소중히 여기도록 하는 것을 목표로 삼아야 한다. 그렇다면 어떻게 해야 양쪽 모두 윈윈할 수 있을까?

올바른 방식으로 차세대를 참여시킨다

많은 차세대 기부자는 그저 이사회 회원 자격을 넘어선 의미 있는 참여를 원하지만, 그렇다고 해서 이사회 참여에 관심 없다는 뜻은 아니다. 당신이 이 단계를 밟을 준비가 되었다면 차세대는 그런 초대를 어떻게 받아들일 것인지에 관해 여러 아이디어가 있다는 사실을 명심하자. 그들은 허수아비 이사가 되기를 바라지 않고 당신의 비영리단체를 위해 일하고 싶어 한다. 한 차세대 기부자는 교훈적인 이야기를 들려준다. "유명한 미디어 관련 비영리단체가 저와 제 아내에게 '우리 이사회에 가입하시겠습니까?'라고 물으며 접근해왔어요. 그 대가로 우리는 매년 수만 달러를 기부하고, 다른 사람들에게서 수만 달러를 모금해야 했죠. 물론 우리 부부는 '아뇨, 당신들은 지금 이사회 회원 자리를 돈 주고 팔고 있잖아요'라고 말했어요. 우리는 앞으로 40여 년간 계속 기부할 수 있어요. 저는 그 일을 더 똑똑하게 해내고 싶기 때문에 중요한 일에만 시간을 투자하고 싶어요."

또한 차세대 기부자들은 서로 기대하는 바를 명확히 파악하고 '개개인이 그 기대치를 이해하고 당신이 그 기대치에 동의하는 것'을 원한다. 젊은 기부자들의 참여를 원하는 비영리단체는 종종 잠시 멈추는 것을 잊어버린다. 이사회 및 단체 야유회를 준비해 새로운 회원들을 위한 오리엔테이션 시간을 갖고, 직무기술서에서처럼 각자 기대하는 바를 설명하고, 당면한 기회와 과제를 논의하는 절차를 생략해서는 안 된다.

여러 세대로 구성된 팀의 정신에 입각해 새로운 차세대 구성원을 위한 멘토링의 가치도 고려해보자. 일반적으로 추천할 만한 방식은 이사회의 신규 차세대 구성원이 첫해에 비영리단체 활동과 자신의 역할에 잘 적응하도록 돕기 위해 베테랑 구성원을 한 명씩 배정해주는 것이다.

차세대 기부자가 당신의 이사회에서 할 수 있는 특별한 역할을 활용한다

차세대 기부자들은 기성세대보다 더 혁신적이고 현상 유지에 대해 도전하는 성향이 있다. 이런 성향은 어느 정도 조절이 필요하지만 제대로 활용하면 당신의 단체를 위한 강력한 자산이 될 수도 있다. 임팩트에 대한 차세대의 열망은 오랜 시간에 걸쳐 안일해지고 참신한 아이디어가 고갈된 당신의 이사회에 새로운 에너지와 집중력을 불어넣을 수 있다. 차세대는 이전 어느 세대보다 고도로 연결되어 있으며 동료에게 자선활동을 배우고자 하는 의지가 강하다. 따라서 차세대를 당신의 이사회로 초대하면 새로운 영향력에 관한 인식 확대의 가능성이 상당히 높아진다.

이 젊은 이사들이 실질적인 역할을 원하고 기부자로서 존중받기를 바란다는 것을 항상 기억하자. 최상의 시나리오는 의도적으로 여러 세대로 구성된 팀을 만들어 이전의 권력 구조가 구성원 간의 서로 동등한 권력 구조로 차차 바뀌도록 하는 것이다. 그리하여 두 세대, 세 세대, 심지어 네 세대의 이사들이 공동의 목표를 위해 함께 일하고 각 세대가 그들의 고유한 가치를 인정받도록 하는 것이다. 이때 바라는 바는 모든 이사가 서로 똑같아지는 것이 아니라 서로의 차이를 보완하면서 전반적으로 더 강력한 단체를 만들어가는 것이다. 변화에 대한 두려움 때문에 이런 이행이 어렵게 느껴진다면 비영리단체 이사회를 포함해 여러 세대 간의 역동성 향상을 전문적으로 다루는 여러 컨설턴트와 전문가의 도움을 받을 수 있다.

실천 방안

- 이사들을 위한 직무기술서를 작성해 자원봉사자 및 단체와 서로 기대하는 바가 같도록 한다.
- 예비 이사나 신규 이사가 기존 이사들과 어울릴 수 있는 점심식사 자리나 티타임을 마련해 그들이 다른 동료들에 대해 알아나가고 편안하게 질문할 기회를 준다.
- 차세대 이사들과 서로 기대하는 바에 관해 합의하는 한편, 당신이 그들의 재능, 인맥, 기부에 많은 기대를 걸고 있음을 알린다. 새로운 이사가 들어온 뒤 1, 2년 동안 주기적으로 접촉해 잘 적응하고 있는지, 존중받는다고 느끼는지, 이사회 참석에 문제가 없는지 확인한다. 이사 임기 종료를 앞두고 다른 자리로 바꾸어달라는 요청이 들어올 때까지 기다리지 말고 미리미리 방향을 수정한다.
- 차세대 이사가 들어올 때 기존 이사를 잊어서는 안 된다. 기성세대 이사들도 새로운 집단 역학에 적응하기 위한 오리엔테이션이 필요하다. 이사회 차원의 만찬이나 모임을 준비해 어색한 분위기를 깨고 건전한 사회적 및 업무적 환경을 조성한다.
- 이사회 내의 여러 세대를 통합하는 작업이 버겁게 느껴진다면 비영리단체 컨설턴트의 도움을 받는다.

다음 단계

비영리단체 전문가들과 모금담당자들은 종종 한숨을 쉬며 우리에게 이렇게 말한다. "세상에, 차세대 기부자들을 참여시키려면 너무 할일이 많은 것 같네요." 그들은 새로운 지평에 의해 자극을 받는 동시에, 타성에서 벗어나기 위해 노력해야 한다는 부담감을 느낀다. 그렇다. 차세대 기부자들과 이처럼 새롭고 복잡한 관계를 쌓고 최고의 전략들을 단체 운영에 도입하는 데는 엄청난 시간과 에너지가 요구된다. 기부자에게 편지를 발송하거나 잘 모르는 기부자에게 전화를 거는 것보다 훨씬 더 힘들다. 하지만 일단 전문가들이 차세대 기부자들과의 이런 혁신적인 관계가 어떤 의미인지 파악하게 되면 그 혜택이 너무나도 명백하기 때문에 이전으로 돌아가는 것은 거의 불가능해진다.

샤나 골드세커의 단체 21/64(www.2164.net)는 비영리단체 전문가는 물론 주요 기부자 및 개인 자산이 많은 고객을 상대하는 전문가를 대상으로 이런 여러 세대 접근법에 관한 이틀간의 훈련과 도구를 제공한다. 훈련을 마친 전문가들은 기부자 및 서비스 대상자와의 새로운 관계 구축 방법을 알게 되는 동시에, 그것이 기존 포트폴리오에 무언가를 추가하는 수준이 아니라 기존 관행을 완전히 뒤집는 새로운 방식이라는 것을 깨닫는다. 마이클 무디가 근무하는 도러시 A. 존슨 필란트로피 센터(www.johnsoncenter.org)도 이사회 훈련 프로그램, 리더십 개발 컨설팅, 온라인 자료를 통해 비영리단체와 모금담당자의 차세대 관련 문제 해결을 돕는다. 샤나와 마이클은 그들의 연구나 그것이 비영리단체, 모금담당자에게 미치는 영향에 대해 언제든지 대화할 준비가 되어 있다.

우리는 국내외 비영리단체 전문가들이 이 책에 소개된 내용을 그들의 경험의 프리즘을 통해 소화하고 논의하고 토론함으로써 차세대 기부자의 참여와 관련된 가장 신나는 아이디어와 해결책, 흥미진진한 질문을 내놓을 것이라고 굳게 믿고 있다. 우리가 일하는 기관—샤나 골드세커의 21/64(sharna@2164.net)와 마이클 무디의 도러시 A. 존슨 필란트로피 센터 (moodym@gvsu.edu)—에 직접 연락해 당신이 이 분야에서 주도하고 있는 새로운 연구 소식이나 주요 이니셔티브에 대해 알려주기 바란다. 우리는 당신으로부터 새로운 것을 배울 기회와 좋은 대화를 나눌 기회를 언제든지 환영한다.

가족을 위한 최선의 전략

서론

전통적인 자선 가문의 엑스 세대와 밀레니얼 세대는 기부라는 가족 유산을 계승하고 그들만의 독특하고 강력한 방식으로 기부 전통과 수단을 발전시켜나갈 것이다. 이 떠오르는 기부자들의 가족으로서—또는 그들을 돕는 직원으로서—당신의 지원과 지도는 매우 중요하다. 좋은 소식은 차세대가 당신에게, 그리고 당신과 함께 기부에 대해 많이 배우고 가족 기부를 통해 더 큰 임팩트를 만들어낼 수 있기를 바란다는 것이다.

우리의 목표는 당신이 차세대의 참여를 유도하고, 그들에게 방향을 제시하고, 그들로부터 배울 수 있도록 돕는 것이다. 어떻게 하면 차세대 기부자가 이런 자선적 소임을 다할 수 있도록 잘 준비하게 할 수 있을까? 우리는 어떤 방법이 차세대의 자선교육에 가장 효과적인지, 누가 또는 무엇이 자선과 관련된 그들의 가치에—그리고 접근 방식에—커다란 영향을 미치는지 살펴보려고 한다.

차세대가 자선적 정체성을 형성하도록 돕는다

우리의 연구를 통해 차세대는 가족 유산을 존중하고, 이전 세대와 비슷한 대의를 위해 지속적으로 기부하고, 이전 세대와 비슷한 가치에 근거해 기부 결정을 한다는 사실이 밝혀졌다. 하지만 그들에게는 더 효율적이고, 직접적이고, 서로 잘 연결된 방식으로 자선 분야를 혁신하려는 열망이 있다. 그렇다. 그들은 변화를 원한다. 하지만 그것은 자선이 고질적인 사회문제 해결을 위한 촉매가 될 수 있는 변화여야 한다(여기에서 '임팩트 세대'라는 용어가 나왔다). 그들은 미래를 개선하는 동시에 과거를 존중하고자 한다. 이쯤에서 우리는 모두 안도의 한숨을 쉴 수 있다!

그들은 주요 기부자로서 자기 역할을 진지하게 받아들이고 있고, 무엇보다도 가족에게 자신이 진지하게 받아들여지기를 원한다. 그들은 자신이 어떤 기부자인지, 왜, 어떻게 기부하고자 하는지를 알아가는 과정에 있다. 그들은 자신이 원하는 모습의 기부자가 되기를 열망하며 스스로 이런 질문을 던진다. 나는 무엇을 가치 있게 여기는가? 나에게 중요한 문제는 무엇인가? 내가 어떻게 변화를 만들어낼 수 있는가?

성인이 되면서 맞닥뜨리는 정체성 문제―개별성, 변화, 홀로서기의 문제―는 보편적이다. 하지만 차세대 기부자들의 경우 재산이나 자선적 전통에 따른 특혜와 책임이라는―혹자는 어깨를 짓누르는 무게라고 말하는―또다른 뉘앙스가 이런 성장 여정에 더해진다. 그들은 개인적 정체성과 자선적 정체성 형성의 매우 중요한 단계에 있다. 따라서 그들은 모든 도움을 받을 수 있어야 한다.

여느 부모와 마찬가지로 부유한 자선 가문의 부모도 자녀를 건강하고 생산적인 사회 구성원으로 길러내는 데 관심이 많다. 하지만 차세대 기부자의 자선적 정체성 형성과정은 특히 더 중요하다. 부모와 조부모, 자선사업 종사자뿐 아니라 전 세계의 주요 기부로 인해 영향을 받는 모든 사람에게 말이다. 이런 정체성 형성 단계가 그토록 중요하다면 우리는 그것을 위해 무엇을 할 수 있을까?

당신이 해야 할 일은 가족 내의 차세대 구성원에게 양질의 자선 체험 기회와 지도, 홀로서기를 위한 자율성, 참여 기회, 공동의 가치에 관한 대화, 협업을 위한 지원과 존중을 제공하는 것이다. 이 가이드에 소개된 여덟 가지 최선의 전략을 통해 차세대의 자선적 정체성 형성과 그들의 기회 활용 극대화에 당신이 기여할 수 있기를 바란다.

최선의 전략 #1 : 일찍 시작한다. 차세대에게 어린 나이부터 기부 기회를 주고 가족의 기부를 관찰할 수 있게 한다.

자선에 대한 조기 노출은 차세대 기부자의 자선적 정체성 형성을 위한 최고의 권장 사항이다. 어린아이를 자원봉사에 참여시키는 것이 되었든, 부모의 자원봉사를 지켜보게 하는 것이 되었든, 아니면 양쪽 모두가 되었든 조기교육은 성격 발달에 중요한 단계다. 이것은 차세대가 실제로 갈망하는 종류의 경험이기도 하다.

차세대 기부자들은 동료나 인터넷을 통해 여러 이슈와 단체에 대해 배우는 것을 좋아하지만 직접적인 경험을 통한 배움이 여전히 가장 강력하다고 생각한다. 부모, 조부모, 다른 가족 구성원의 기부를 관찰하는 것은 두번째로 강력한 배움의 원천이다.

다시 말해 우리 아이들은 초연결사회에 살고 있지만 여전히 직접 경험하거나—어린 나이에 소액을 기부하는 등—가족 구성원의 자선활동을 관찰함으로써 자선에 대해 가장 많이 배운다는 뜻이다. 가족재단의 이사회에 출석하는 것만으로도 큰 변화가 생긴다. 사실 차세대는 집안 어른들을 관찰하는 것이 본격적인 자선교육보다 더 강력한 경험이라고 말한다. "그건 본보기를 통한 교육이에요. 우리 [가족재단의] 이사회는 우리가 얌전하게 행동하고 회의 진행을 방해하지 않을 자세가 되어 있다면, 아무리 어린 나이라도 회의 참석을 허락해줘요. 그 과정을 지켜보는 게 큰 도움이 되었는데, 그건 너무 추상적이지 않았기 때문이죠."

차세대에게 가족의 기부를 소개하는 일은 '빠르면 빠를수록 좋다'

중요한 성격 발달은 성인기 이전에 이루어지기 때문에 당신의 차세대에게 자선의 개념을 소개하는 일은 빠를수록 좋다. 차세대 기부자들은 '유소년회의에 참여했던 경험'과 '엄마 뱃속에서부터' 기부에 노출되었던 경험에 대해 즐겁게 이야기했다. 한 차세대 기부자는 "성격 형성기에 이런 경험은 나의 세계관과 우선순위를 완전히 바꾸어놓았다"라고 증언했다.

위험 요소도 생각해보자. 당신의 재산이나 상당한 기부에 대해 차세대에게 알리고 싶지 않다는 이유로 차세대의 참여를 미루면 그들은 당신의 삶의 물질적 측면(집, 차, 보석, 학교, 여행)만 보게 되거나 당신이 꺼내는 다른 평범한 주제에 대해서만 듣게 된다. 그럴 것이 아니라 차세대에게 진지한 대화, 경험, 관찰을 통한 배움의 기회를 제공하자. 논의 주제가 기부금 액수에 한정될 필요는 없다. 당신 가족에게 기부가 얼마나 중요한지, 그것이 세상에 얼마나 큰 변화를 가져오는지에 대해 대화하자.

어린 나이에 가족 자선사업과 관련해 긍정적 경험을 했던 한 차세대는 기성세대에게 작은 봉사활동을 통해 [어린아이들이] 편안하게 자선에 참여할 기회를 마련해줄 것을 권한다. '당일치기 지역사회 봉사활동을 통해 자선이 무엇인지 자연스럽게 배우고 참여'할 기회를 주라는 것이다. 그렇게 하면 아이들은 특권층의 거품을 걷어내고 자선의 필요성을 이해하게 된다. "가정 폭력 보호소에서 자원봉사를 하면서 이건 진짜구나, 장난치는 시간이 아니구나, 이게 사람들의 삶이구나라는 생각을 했어요. 그런 초기 경험과 부모님의 도움을 통해 다른 사람들이 어떻게 사는지 알게 되었고 우리에게 사회 환원의 책임이 있다는 걸 알게 되었어요."

당신의 기부활동을 차세대가 관찰하도록 한다

간단한 출발점은 차세대가 당신의 기부를 관찰하도록 하는 것이다. 예컨대 당신이 가족재단 회의에 참석하거나 후원단체를 방문할 때 자녀를 데려가는 것은 어떨까. 한 기부자는 어머니가 가족재단 이사회 회의에 참석하는 모습을 지켜보면서 진지한 관심과 헌신을 키워왔다고 말한다.

나는 스물한 살 때부터—그러니까 지난 3년 동안—정식 투표 회원이었지만 열여덟 살 때부터 회의에 빠짐없이 참여했다. 띄엄띄엄 참여한 것은 그보다 훨씬 이전부터였다. 첫 회의에 참석할 당시 나는 열한두 살 정도였다. 그때는 뭐가 어떻게 돌아가는지 전혀 몰랐다. 그냥 자리에 앉아서 '501(c)(3)가 대체 뭘까?'라는 생각을 했다. 하지만 나는 자라면서 줄곧 어머니에게 자선에 관한 이야기를 듣고 자원봉사에 참여했으며 마침내 이 세계를 이해하게 되었다. 어머니는 내게 이렇게 말했다. "함께 여행을 떠나자. 너도 같이 가서 앉아 있으면 돼." 그래서 나는 그 회의를 따라다녔고 회의 내내 낙서를 하는 시간이 더 많았지만 그것은 훌륭한 조기교육이었다.

차세대 기부자는 이런 관찰 경험을 통해 기부에 대해 배울 뿐 아니라 영감을 얻고 동기부여를 받는다.

차세대에게 어린 나이에 기부를 시작할 기회를 준다

훨씬 더 의미 있는 배움은 관찰이 아니라 실제 참여를 통해 가능하다. 우리 연구에 참여한 차세대 기부자들은 성인이 된 현재, 자선에 대한 열정과 익숙함을 얻게 된 주된 원인으로 어린 시절의 기부와 자원봉사 경험을 꼽았다. 실제로 98퍼센트의 응답자는 서른 살 이전, 51퍼센트는 10대 이전에 기부를 시작했다고 한다. 95퍼센트는 스물한 살 이전에 자원봉사를 시작했다고 답했다. 또한 이른 나이부터 주기적으로 기부하는 성향은 상속자들에게 한정된 것이 아니다. 자수성가한 차세대 역시 '지금 당장 기부하고 싶다'는 열망을 갖고 있다.

당신은 차세대에게 기부 수단을 제공할 수 있고 여기에는 자원봉사를 통해 그들의 시간과 재능을 기부하는 것도 포함된다. 우리는 당신이 이 문제에 접근하는 구체적인 방법을 파악할 수 있도록 11장에서 소개한 세라 오제이의 글을 다시 읽어볼 것을 권한다. 한 가지 방법은 차세대에게 본인이 선택한 이슈와 관련해 일정 금액을 기부할 수 있는 권한과 책임을 맡기는 것이다. 한 젊은 기부자는 100달러나 500달러의 '손주들의 기부'를 통해 '의미 있고 임팩트 있는' 단체에 후원할 수 있는 이른 참여 기회를 긍정적으로 평가했다. 다른 기부자는 저녁 식탁에서의 작지만 목적의식이 있는 출발을 추천한다. "우리는 이 문제에 관해 우리 아이들에게 굉장히 의도적으로 접근했어요. 매주 금요일 저녁에는 온 가족이 함께 식사를 하죠. 우리가 그때 치르는 의식 중 하나는 지금 우리가 서 있는 자리에 대해 감사해하는 시간이에요. 우리는 '체다카' 상자에 돈을 넣고 각자 감사하게 느끼는 것이 무엇인지 이야기를 나눠요. 상자가 가득 차면 우리 아들이 그 돈을 어디에 기부할지 결정하죠."

어떤 방법을 택하든 차세대가 이런 기회를 진지하게 받아들일 수 있도록 '동기화기제(gating mechanism)'를 마련하자. 그리고 필요하다면 전문가의 도움을 받을 수 있도록 하자. 이처럼 쉽게 통제되고 관리되는 시나리오 안에서는 차세대가 실패를 하더라도 그 위험이 낮아진다. 한 차세대는 가족들에게 이렇게 조언한다. "실패는 그냥 실패예요. 어쩔 수 없는 일이죠. [하지만] 자녀들에게 용기를 주세요. 스스로 조사를 하고 이해할 수 있도록 하세요. 함부로 판단하지 말고요." 이처럼 직접적인 기부 경험은 차세대가 훗날 준비된 상태로 더 큰 기부를 할 수 있도록 돕는다. "[예전에] 지도를 받으며 소액 기부를 해본 경험 덕분에 [더 큰 재단과의] 작업을 시작하면서 사소한 실수는 피할 수 있다고 생각해요."

자선에 대한 조기교육을 시작하고 차세대에게 약간의 자율권을 허용하면 그들은 자선에 대한 열정을 키워 어른이 되어서도 꾸준히 자선에 참여할 확률이 높아진다. "제가 생각할 때 가장 눈에 띄는 차이는, 자선과 봉사를 가끔 생각날 때 하는 일로 여기지 않고 그것이 당신의 삶에서 결정적이고 중요한 자리를 차지하게 된다는 겁니다."

실천 방안

- 차세대가 어린 나이부터 자선의 가치를 이해하도록 돕는다. 부모의 일상적인 감사와 기부를 흉내내게 해도 좋고, 함께 봉사활동을 해도 좋고, 돼지저금통 두 개를 마련해 하나는 기부용, 하나는 본인 저축용으로 사용하게 해도 좋다.
- 당신이 자원봉사를 할 때 차세대를 데려간다.

- 자선에 관한 가족회의—가족재단 이사회 회의 또는 다른 회의—에 차세대를 초대한다.
- 자선활동을 마친 뒤에는 당신에게 기부가 개인적으로 어떤 의미인지, 당신 가족은 세상에 어떤 영향을 미치고자 하는지에 관해 솔직한 대화를 나눈다.
- 차세대에게 당신이 기부하는 모습을 보여주는 것과 더불어 차세대를 돕고 여러 질문에 답해줄 수 있는 집안 어른, 조언자 또는 가족재단 직원과 '기부 멘토' 관계를 맺을 수 있도록 한다.
- 당신의 가족에게 가족재단이나 기부자조언기금이 있다면 당신의 아이들에게 해당 단체의 직원이나 조언자를 소개해 어린 나이부터 개방적이고 소통적인 관계를 쌓도록 한다.

최선의 전략 #2 : 차세대를 너무 오랫동안 '아동석'에 앉혀두지 않는다. 여러 세대로 구성된 가족의 팀을 만든다.

차세대를 자선의 여정에 일찍 초대할 때의 문제점은 차세대가 일단 참여하면 얼른 '아동석'에서 졸업해 가족 후원의 중요한 자리로 옮겨가기를 기대한다는 것이다. 그들은 다음 단계로 나아가고자 하고, 가족의 기부활동 내에서 의미 있는 역할을 찾고자 하고, 나이든 세대가 은퇴할 때까지 가만히 기다리지 않을 것이다. 우리는 당신이 이것을 장점으로 바꿀 것을 권한다.

임팩트 세대의 열정을 활용하고 그들에게 참여 방법을 알려준다

엑스 세대와 밀레니얼 세대는—개인 기부와 가족 기부를 통해—이전 세대보다 더 일찍 자선에 참여하기를 기대한다. "제 조부모님은 [자녀들을] 아주 늦은 시기에 [이 일에] 참여시켰어요. 제 부모님 세대가 [자녀들을] 참여시킨 방식은 일종의 방향 전환이었죠. 그건 다른 방식이었고, 우리는 그 결정을 진심으로 존중하고 존경해요."

그들은 자신이 선호하는 방식으로 좋은 일을 하고 싶어하고, 이런 열망을 품은 채 가족의 기부 테이블에 곧 초대될 것이라는 분명한 기대를 하게 된다. 우리의 설문조사에 따르면 차세대 기부자 중 41퍼센트는 스물한 살 이전부터, 88퍼센트는 서른 살 무렵에 어떤 식으로든 가족 기부에 참여하고 있었다. 절반 이상은 향후 가족 기부에 '매우 관여'할 것으로 예상했고, 나머지 3분의 1은 적어도 '어느 정도 관여'할 것으로 예상했다. 하지만 대부분의 설문 응답자들은 현재의 참여 수준이 그들의 기대에 못 미친다고 했고 그들 중 다수는—특히 그 격차가 언제 좁혀질지 알 수 없으므로—이런 상황이 짜증스럽다고 했다.

우리는 가족 기부의 목표를 더욱 발전시키기 위해 차세대의 열망과 젊은 에너지를 적극 활용할 것을 권한다. 차세대를 이전 세대보다 일찍 가족 기부과정에 참여시키지 않는 것은 불확실성과 좌절감을 낳을 수 있다. 우리는 설문조사 과정에서 이런 반응을 자주 접했다. 개인적인 기부는 하지만 가족 기부에는 참여하지 않는 한 기부자는 이렇게 한탄했다. "누군가에게 뭔가에 대한 말을 하면 할수록 그들을 더 신나게 할 수 있다고 생각해요. '너도 이사회에 참여할 수 있어' 또는 '너도 적극적인 역할을 맡을 수 있어'라고 말할 준비가 되지 않았다면, 그들과 멀어질 수밖에 없겠죠. 저는 이제 가족재단에 참여하려던 열망에 점점 환멸을 느끼고 있어요."

물론 많은 가정에서는 차세대를 참여시키기 위한 첫 단계로 일종의 '아동석'을—실질적이거나 은유적인 의미에서—활용한다. 차세대가 가족 기부 결정을 지켜보게 하거나 소액으로 직접 기부 결정을 하도록 만드는 것이다. 차세대가 너무 오랫동안 그 자리에 묶여 있다고 느끼거나 가족 내에서 자기 자리를 못 찾겠다고 느끼지만 않는다면 이 방법도 괜찮다. 한 기부자는 그의 가족이 그를 위해 마련한 '진로'에 대해 이렇게 설명한다. "가족재단 이사가 되기 위해서 우리는 유급으로 근무하며 우리가 하는 일에 대해 대단한 관심을 보여야만 했어요. 1년 동안 자문위원회를 참관하며 우리에게 기부금 지급과 관련된 일을 할 만한 자격과 헌신이 있다는 것을 보여줘야 했죠."

다른 한 명은 이렇게 말한다. "대학을 갓 졸업한 뒤 가족재단으로부터 예산을 배정받고 2만 달러의 기부금을 책임지게 된 것은 영광이었어요. 저는 그 일을 진지하게 받아들였고 많은 것을 배웠죠. 제가 선택한 후원단체의 활동에 참여함으로써 자부심을 느낄 수 있었어요."

다른 기부자는 분명한 진로와 이른 나이의 참여가 모두에게 최선이라고 말한다. "부모님이 개인적인 활동만 하다가 갑자기 이사회 활동을 시작했을 때 적응하느라 고생한 걸 알고 있어요. …… 하지만 우리에게는 그것이 더 순조로운 전환이 될 거라고 생각해요."

제크 휘튼

제크 휘튼(Zach Whitten)은 일리노이주 머튼 소재 럼프킨 가족재단의 차세대로서 어린 나이에 자선을 접하게 되었다. 현재 이 재단은 버지니아 코먼웰스대학에서 컴퓨터공학교육을 제공한다.

어린 나이에 가족 자선을 접하게 되는 것에 관하여

"우리는 직접적인 경험을 통해 배웠어요. 처음 참여하기 시작했을 때 저는 열 살이었어요. 어른들은 우리에게 할일을 맡겼어요. 제가 할일이 있었죠. 저는 비영리단체를 조사하고, 이런저런 제안을 하고, 그 단체에 기부금을 줄 수 있었어요. 전부 제가 도맡아 한 일이었죠. 모든 사람이 제 말을 잘 들어줬어요. 그건 정말 직접적인 경험이었죠. 저는 그곳에 있었고, 이야기를 들었고, 다른 사람에게 끌려다니거나 어른들이 일하는 동안 구석에 앉아 있으라고 강요받지 않았으니까요. 어른들의 장부를 보고 '그런데 이 돈은 어디로 가는 건가요? 열 명의 월급으로 전부 쓰이나요?' 같은 질문을 하면서 배웠어요. 기부금 장부를 들여다볼 생각을 했던 것 자체가 저에겐 너무 자연스러웠어요. 제가 어린아이일 때부터 [자선에] 참여하지 않았다면 절대 지금 하는 일을 하지 못했을 거예요. 어린 나이부터 참여했기 때문에 나이가 들고 훨씬 바빠진 지금도 계속 참여할 수 있는 거죠."

다시 말하지만 가족 내에서 차세대에게 명확한 진로를 알려주지 못하거나 완전한 성인 역할을 맡길 것이라는 희망을 주지 못할 경우 그들은 좌절할 수 있다. 한 차세대 기부자는 본인 가족의 의도가 명확하지 않다고 말한다. "가족들은 제가 참여하길 바라는 걸까요? 아니면 저는 계속 아동석에서 대기해야 하는 걸까요?" 그녀는 자신의 가족이 엇갈린 메시지를 보낸다고 느꼈다. 그녀는 가족 제안에 따라 대학을 졸업하고, 일자리를 구하고, 몇 년간 자선회의에 참석했다. 하지만 가족들은 여전히 그녀를 가족재단 이사회에 초대하지 않고 있다. 그녀는 '자신의 가치를 증명'하기 위해 도대체 무엇을 더 해야 하는지 답답해했다.

우리는 일부 부모와 조부모가 차세대를 가족 기부에 참여시키는 데 대해 걱정한다는 것을 안다. 하지만 우리 연구에 따르면 차세대에게 '자동차 열쇠'를 맡겨야 한다는 생각을 받아들여야 한다. 오늘날의 문제들을 더 잘 해결하기 위한 기부 방식에 관한 생각은 조금 다를 수 있겠지만 사실 차세대는 이전 세대를 존중하기 때문에 가족 유산과 자선사업을 책임감 있게 관리하는 사람이 될 수 있다.

여러 세대로 구성된 팀에 관한 새로운 패러다임을 수용한다

차세대가 참여를 열망하고 하루빨리 아동석에서 성인석으로 옮겨가려는 이유는 여러 세대로 구성된 팀의 일원이 되고 싶어서다. 사실 자선 분야에서 여러 세대로 구성된 팀은 새로운 패러다임이 되어가고 있다. 수명이 길어지면서 여러 세대의 성인들이 동시에 활동하고 있다. 오늘날 가족기금과 가족재단에는 최대 네 세대가 함께 참여하는 경우도 있다.

한 세대에서 다음 세대로 '배턴을 넘겨준다'라는 개념은 이제 통하지 않는다. 더군다나 차세대는 릴레이 은유를 이해하지 못한다. 그들은 신입이 베테랑에게 배우고, 각 세대가 각자의 재능을 활용해 전체를 이롭게 하는 팀에 들어가고 싶어한다. 첫번째 주자가 배턴을 넘겨줄 때까지 마냥 기다리는 것이 아니다. 우리 연구에 따르면 차세대 기부자 중 다수는 기부와 관련해 그들의 부모와 조부모에게서 가장 큰 영향을 받는다고 말한다. 그들은 같은 팀의 일원으로서 당신에게 배우고 싶어한다.

그러므로 당신의 가족으로 이루어진 여러 세대로 구성된 팀에서 베테랑이 되어주기를 바란다. 차세대에게 당신의 지혜와 경험을 나누어주되, 차세대 아이들(성인 자녀)이 보탬이 될 수 있는 부분을 인정하자. 우리가 은퇴할 때까지 차세대를 참여시키지 않는다면 그 아이들은 주변부를 맴돌며 수십 년을 허송세월하거나 완전히 마음이 식어 자신의 아이디어와 재능을 다른 곳에서 발휘할 수 있다.

이 여러 세대로 구성된 팀을 수용할 경우 변화에 대비하자. 대다수 가족과 재단들은 기존 시스템에 차세대 기부자를 받아들이면서 현상 유지가 가능하다고 생각한다. 하지만 그 새로운 가족 구성원을 통합하기 위해서는 전체 시스템이 함께 바뀌어야 한다는 사실을 곧 깨닫는다. 일부 기성세대는 이사회 테이블에 차세대가 앉을 자리를 마련하면서 자신의 통제권을 일부 포기해야 한다고 느낄지도 모른다. 하지만 더 나은 접근 방식은 전체가 부분의 총합을 넘어서는 포용적인 단체를 만들어가는 것이다.

상호존중과 동료의식

여러 세대가 함께 자선적 자원을 제공함에 따라 그들은 의사 결정 과정에서 부모와 자녀의 관계를 벗어나 동료의 관계로 나아간다. 스티븐 트리트(Stephen Treat) 박사는 열린 마음으로 경청하고 독립성이 보장된 상호존중과 신뢰를 확대함으로써 '동료의식'을 키울 수 있다고 말한다. 한 젊은 기부자는 이런 존중은 모든 팀원이 기여하는 바를 인정하는 데서 비롯된다고 설명한다. "기성세대의 지혜와 경험을 차세대가 존중할 수 있다면, 세상에 질문을 던지고 깊이 사고하는 차세대의 능력을 기성세대가 존중할 수 있다면 많은 것을 이룰 수 있습니다. 비록 차세대가 30년간 이 분야에서 일해온 사람들처럼 전문용어를 많이 알지 못하더라도 말이죠."

나이 많은 가족 구성원들은 차세대의 고유한 경험, 재능, 실력을 소중히 여길 필요가 있다. 우리 연구에 참여한 많은 차세대 기부자는 기부의 새로운 방식이나 트렌드에 대해 자신들이 더 많이 안다고 강조했다. 그들은 이른 나이부터 자원봉사와 기부활동에 참여한 탓에 자선에 대한 열망이 더 강하고 그런 책임에 대해 더 준비되어 있다. 급변하는 정보화 시대와 글로벌 공유경제 속에서 21세기의 기술을 갖춘 차세대 성인들을 팀원으로 받아들이지 않는 가족들과 재단들은 도태의 길로 접어들 수 있다.

실천 방안

- 당신의 사고, 계획, 의사소통을 순차적 방식이나 릴레이 방식이 아니라 포용적이고 여러 세대를 아우르는 방식으로 전환한다. 당신의 차세대가 상호존중과 평등을 바탕으로 한 팀에서 기성세대와는 다른 역할을 할 수 있다는 것을 인정한다.
- 가족의 자선적 자원 중 일부를 떼어 차세대 가족 구성원에게 넘겨주는 것을 고려해본다. 이 과정을 진지하게 받아들이고, 차세대를 가족회의에 초대해 어떤 과정을 거쳐, 그리고 왜 그런 기부 결정을 내렸는지 설명하게 한다.
- 정직하지 못한 모습을 보여서는 안 된다. 차세대를 가족 자선에 참여시키고 싶다고 말하면서 가까운 미래에 그들을 이사회에 초대할 채비를 하지 않는다면 당신이 의도한 바를 이룰 수 없다. 가족재단 정식 참여나 재단 이사직과 관련해 차세대에게 명확한 진로와 시간표를 보여준다.
- 차세대 성인이 가족의 주요 의사 결정 기구에 가입할 수 있는 나이를 정한다. 그런 통과의례의 시기를 모든 관계자에게 널리 알린다.
- 재단 이사를 추가할 때 재단이나 단체 차원의 오리엔테이션을 통해 신규 이사의 적응을 돕고 당면한 기회와 과제를 논의한다.
- 이사들을 존슨 필란트로피 센터 또는 PJSF x 21/64 이사회 리더십 코스(PJSF x 21/64 Board Leadership Course)가 운영하는 이사회 인증

(Board Certification) 훈련에 참여시킨다.

- 재단이나 가족 내에서 차세대가 단체활동에 참여한 첫해에 자신의 역할에 잘 적응할 수 있도록 멘토를 배정한다.
- 세대 차이에 대해 이야기하고 서로를 이해한다. 각 세대에게 영향을 미친 사건과 상황을 살펴보고 세대 간의 다른 견해를 어떻게 하나의 기부 전략으로 발전시킬 수 있을지 고민한다.
- 여러 의견을 조율하는 방법과 관련해 단체협약을 수립한다.
- 필요할 경우 가족 자선과정에서의 효율적인 세대 융합을 위해 전문가나 조력자의 도움을 받는다. www.2164.net 웹사이트에서 전국의 전문가와 조력자 명단을 확인할 수 있다.

최선의 전략 #3 : 가족 기부의 임팩트를 차세대에게 보여준다.

당신의 차세대에게 자선의 길을 소개하면서 가족 기부의 임팩트를 확실히 보여주자. 우리가 이 젊은 기부자들을 '임팩트 세대'라고 부르는 데는 그럴 만한 이유가 있다. 그들의 참여를 가장 많이 이끌어내는 것이 임팩트이기 때문이다. 조사에 따르면 차세대 기부자들은 보조금 프로그램의 직접적인 영향을 눈으로 보고 그것이 변화를 만들어내는지 강박적으로 확인하고자 한다. 차세대가 정의하는 임팩트와 이를 보여주는 몇 가지 실질적인 사례를 확인하고 싶다면 2장의 "보는 것의 힘" 부분을 다시 볼 것을 권한다. 앞서 언급했듯이 가장 큰 영향을 미치는 것은 직접적인 경험이다.

[우리의 보조금으로부터] 직접적인 도움을 받은 사람들을 만나는 것은 정말 대단한 경험이었다. 그것은 내가 무엇을 통해 배우는지, 매일매일 행하는 자선과 어떻게 연결되어 있는지 고민하게 만들었다. 내가 생각하는 세대 차이 중 하나는 기성세대가 덜 관심을 보이는 분야에 젊은 세대가 관심을 보인다는 것이다. 젊은 세대는 도움이 필요한 이슈, 사람, 문제와 관련해 직접적이고 대면적인 경험을 중시한다. 이것은 발표자, 발언자, 회의 같은 것과는 매우 다른 형태의 교육이자 노출이며, 배움이자 정보 수집이다. 젊은 세대는 이런 것들과 좀더 직접적으로 접촉하려는 열망이 있다고 생각한다.

이런 종류의 '보기(seeing)'는 차세대가 가족의 전통적인 자선적 관심사를 '가장 편안하게 받아들일' 수 있도록 돕는다. 당신이 아주 어린 차세대를 지도하고 있다 할지라도 그들에게 가족 자선사업의 영향을 보여주자. 어린 자녀를 둔 부모이기도 한 차세대 기부자는 이렇게 말한다. "우리 아이들은 이제 겨우 다섯 살, 세 살이지만 우리는 아이들에게 이 단체들에 관해 조금씩 알려줄 생각이에요. 아이들을 그런 곳에 데려가면, 아이들은 물리적으로 그곳이 어떤 곳인지 이해하게 되죠. 우리만큼 많이 소유하지 못한 사람들을 돕기 위해 이런 단체들이 하는 일을 아이들에게 들려주기도 하고요."

차세대가 가족 기부의 필요성을 인식하도록 돕는다

차세대에게 당신의 기부로 인한 변화를 보여주는 것과 더불어 이 세상에 존재하는 매우 실질적인 필요를 차세대에게 보여주는 것을 추천한다. '맨해튼 사무실의 이사회 회의실에 앉아' 추상적인 문제를 논의하는 대신,

당신이 후원하고자 하는 현장을 실제로 보여주는 것은 어떨까. 8장에서 소개했고 다음에 한번 더 소개하는 존 R. 시델 3세의 경우처럼 자녀들과 함께 배움의 여정에 나서자.

어떤 면에서 이것은 간단하다. 우리가 인터뷰한 한 기부자는 "이건 그냥 풍족한 환경에서 자란 아이들에게 세상의 이면을 보여주는 것"이라고 말했다. 하지만 약간의 의도와 의사소통이 필요할 수도 있다. 다른 기부자는 '의도적인 노출'을 강조한다. "부모는 어떤 의도를 갖고 자녀를 상황에 노출시켜야 해요. 저는 여행을 다니며 다른 사람들과 똑같은 것을 봤지만, 우리는 그것을 아주 다르게 내면화하죠. 저는 부모가 그들이 의도한 방식으로 자녀들을 상황에 노출시킬 수 있어야 한다고 생각해요."

차세대에게 봉사활동 기회를 마련해주는 것은 그들이 타인의 삶에 미칠 수 있는 영향과 그 필요성을 보여주는 또하나의 방법이다. 한 차세대 기부자는 어린 나이에 고아원을 방문했던 경험이 '큰 변화'를 가져왔다고 말한다. 이 기부자는 고아원의 과중한 업무 부담으로 인해 고아들이 방치되는 것을 직접 목격했고, 그것은 보조금 지급으로 이어졌다.

나는 정말 놀라운 자아실현 경험을 했다. 모든 상황이 맞아떨어지지 않았다면—내가 그 프로그램에 자원봉사자로 참여하지 않았거나, 그 여행을 떠나지 않았거나, 그 편지를 쓰지 않았거나, 그 보조금을 지급하지 않았다면—15명의 고아의 인생은 지금과 완전히 달라졌을 것이다. 이것은 매우 실질적인 방식으로 현장에 나가 직접 확인하는 작업의 위력을 증명했다. 이 경험으로 인해 나는 자선과 [가족]재단에 관심을 갖게 되었다.

존 러더퍼드 시델 3세

테드 터너의 장손 존 R. 시델 3세는 터너 재단 이사회의 구성원이자 이 책 8, 9장에서 소개한 인물이다. 여기서 그는 몇 가지 추가 조언을 한다.

가족 기부의 필요성과 임팩트를 보여주는 것에 관하여

"[당신의 차세대에게] 그들이 사는 주(州) 또는 나라 바깥세상이 어떤 모습인지 보여주세요. 이건 아마도 제가 할 수 있는 가장 좋은 조언일 거예요. 가족 모임이나 다른 행사를 통해 세상의 다른 지역과 사람들을 경험하는 시간을 가지세요. 개발도상국도 좋고, 당신이 보호하고 싶은 지역도 좋고, 당신이 기부하고 있는 지역도 좋아요. 그곳으로 가서 현장을 보고 어떤 임팩트가 만들어지는지 확인하세요. 당신이 돕고 있는 사람들, 특히 가족들의 삶을 확인하세요. 그런 것들이 그 여행을 가치 있게 만들기 때문이죠. 소매를 걷어붙이고 우리가 후원하는 지역사회의 일에 동참할 수 있다면 더 이상적이겠죠. 보람도 느끼고 자극도 받을 수 있을 겁니다. 또한 우리가[차세대가] 이 해결책의 일부라는 느낌도 받을 수 있을 거예요. 우리는 돈만 주는 게 아니에요. 우리는 이 해결책의 적극적인 일부가 되기 위해 노력하고 있어요."

차세대가 가족 기부의 거점 지역에 거주하지 않을 때

차세대가 가족 기부활동이 집중되어왔던 곳에서 지리적으로 멀리 떨어져 살 경우 지역적 경험은 특히 중요하다. 우리가 자선 가족으로부터 가장 많이 받는 질문 중 하나는 바로 이것이다. 우리의 차세대가 가족재단이 후원하는 지역에 살지 않는데 어떻게 해야 할까요?

많은 차세대 기부자는 가족재단이 집중하는 지역에서 멀리 떨어져 지내거나 해당 지역에서 단 한 번도 살아본 경험이 없다. 따라서 개인적으로 그 문제에 관여하는 데 어려움을 느낄 수 있다. 그들은 그들이 현재 거주하는 지역사회나 그들이 더 일상적으로 마주하는 이슈에 대한 기부에 더 관심이 많을지도 모른다. 또는 고도로 연결된 오늘날의 글로벌 사회를 고려할 때 전국적인 이슈 또는 해외 이슈에 기부하고 싶을지도 모른다. 이때 당신은 가족 기부와 관련해 좀더 추가적이고 계획적인 방식으로 차세대를 노출시켜야 한다.

하지만 고무적인 소식이 있다. 설문조사에 참여한 차세대 기부자들은 전통적인 지역 기반의 기부를 이어나갈 의사가 있다고 답한 것이다. 이는 9장에서 소개했듯이 기부 가문 출신의 차세대가 지역사회의 주요 기부자라는 역할을 비롯해 자신의 가족 유산을 몹시 자랑스럽게 여기기 때문이기도 하다. 한 기부자는 이렇게 말한다. "5대째 제 고향 마을에서 가족사업을 계속하고 있어요. 제 세대는 고향을 떠나 어쩌면 다시 그곳으로 돌아가지 않을 첫 세대이지만, 저는 우리가 어떤 식으로든 그 지역을 지속적으로 후원해야 한다고 생각해요." 이처럼 연결된 느낌을 갖게 하는 것이 관건이다.

가족 기부가 이루어지는 지역에서 자라지 않은 한 차세대 기부자는 사촌들과 함께 그 지역사회의 문제에 대해 적극적으로 공부했던 것이 큰 도움이 되었다고 말한다. "함께 밴을 타고 돌아다니면서 어떤 문제들이 있는지 확인했어요." 일단 가족 서사를 공유하기만 하면 대부분의 차세대 기부자는 '가족의 재산이 만들어지고 축적된 곳'에 그 돈을 기부하는 데 동의한다. 많은 이는 확대가족과 함께하는 이런 배움의 여정이나 행사가 '모든 가족 구성원이 신경쓰고 걱정하는 문제에 [함께] 집중'할 수 있게 하고 '가족재단의 초점을 분산하지 않아서' 좋다고 말한다.

당신은 차세대에게 가족 기부의 임팩트와 그 필요성을 보여주는 노력을 하면서 차세대의 개인적 성숙과 자선적 성숙을 모두 돕게 될 것이다. 한 차세대 기부자는 이렇게 설명한다. "전 감정적인 것과 효과적인 것의 차이를 이해하려고 노력해요. 현장에 가서 '여기 있는 아기를 전부 제가 데려가고 싶어요' 또는 '도움을 요청하는 모든 사람에게 5달러를 주고 싶어요'라고 말할 순 없어요. 그 방법은 현실적이지 않다는 사실을 스스로 깨달아야 하죠. 직접 나가서 보고 느끼고 이해하기 전까지는 그 누구도 그것을 가르쳐줄 순 없어요."

실천 방안

- 어떤 대의나 이슈에 대한 임팩트가 당신에게 무엇을 의미하는지, 그 이유는 무엇인지, 그 임팩트의 증거를 어떻게 확인하고자 하는지 가족과 함께 논의한다. 차세대 가족 구성원, 특히 이제 막 가족 기부에 참여한 차세대에게 똑같은 질문을 한다.
- 차세대 기부자들에게 가족이나 가족재단 직원이 수집한 보조금 관련 보고서, 사진, 비디오, 다른 증거 자료 등을 보여줌으로써 가족이 해당 지역에서 지닌 영향력을 더 친근하게 느낄 수 있도록 한다.
- 당신이 차세대와 함께 방문할 만한 현장이 없는지 후원단체에 물어본다. 차세대를 데려간다는 사실과 차세대의 나이를 미리 알린다. 당신이 특별히 확인하고자 하는 임팩트가 무엇인지 후원단체에 알려주고, 그 임팩트를 가장 잘 보여줄 수 있는 사례가 무엇인지 모든 관계자와 자유롭게 논의한다.

- 당신의 가족이 지역 기반의 기부를 한다면, 그리고 특히 당신의 차세대가 그곳에 살지 않는다면 해당 지역과의 친밀함을 유지하기 위한 여행을 계획한다. 그 지역으로 가서 사람들과 대화하고, 질문하고, 그들의 이야기를 들어보자.
- 서로 잘 모르는 사촌들, 가족 구성원들과 다 함께 여행을 떠나는 시간을 마련한다. 그렇게 하면 서로 친분을 쌓으면서 현장 이슈에 대해 배울 수 있다.
- 필요할 경우 가족이 함께 해외여행을 떠나 다른 지역의 문화와 문제, 고질적인 사회적 병폐를 해결하기 위한 보조금 지급 방법에 대해 배워본다.
- 분기별 또는 반기별 학습 프로그램을 마련해 가족이 후원하는 이슈 및 임팩트 확대 방법에 대해 공부한다.

최선의 전략 #4 : 당신의 가치와 차세대의 가치에 대해 대화한다. 그 안에서 공통분모를 발견할 수 있을 것이다.

기부에 대한 차세대의 접근 방식에서 가치는 중요한 역할을 한다. 이 부분은 아무리 강조해도 지나치지 않다. 차세대 기부자들은 다른 밀레니얼 세대와 마찬가지로 삶의 모든 부분에서 가치 기반의 선택을 하고자 하는 강한 열망을 품고 있다. 저스틴 록펠러가 8장에서 설명한 것처럼 이 세대는 "이미 소비자로서의 선택과 일자리 선택을 통해 자신의 돈과 가치를 일치시키고 있다." 그렇다면 차세대의 기부 방식이라고 해서 이와 다를까?

당신의 가치를 명확히 파악한 다음
차세대에게 그들의 가치에 대해 물어본다

21/64에서 샤나 골드세커의 팀은 이륙 전 비행기 승무원들이 말하는 "다른 사람을 돕기 전에 자신의 마스크부터 착용해주세요"라는 조언의 중요성을 가르친다. 다시 말해 부모와 조부모는 차세대가 지닌 가치에 대해 깊은 대화를 나누기 전에 먼저 자신의 가치를 정확히 파악하는 것이 중요하다. 우리의 연구에서 차세대가 집안 어른에게 가장 많은 가치를 배운다고 응답한 것을 고려할 때 이것은 특히 중요한 문제일 수밖에 없다.

하지만 차세대에게 그들의 가치가 무엇인지 물어보는 것도 중요하다. '나태한' 엑스 세대나 '물질주의적' 밀레니얼 세대처럼 미디어에서 흔히 비쳐지는 모습을 곧이곧대로 믿어서는 안 된다. 개인적 가치와 연계된 일은 차세대 기부자들에게 커다란 동기부여 요인이고 그들은 기부나 사회적 투자를 통해 자신의 가치를 실현할 방법을 찾는다. 가치에 관한 대화를 통해 당신의 차세대가 자선적 정체성을 형성하고 후원 대상과의 개인적인 친분을 키워나가도록 도울 수 있다. 이를 통해 그들은 모금담당자, 그들을 비영리 단체 이사회로 초대하려는 사람, 가치 중심의 투자를 돕는 조언자 및 투자자와 더 잘 소통할 수 있게 된다. 또한 다른 차세대 동료들과 기부에 대해 토론하는 것도 더 쉬워진다. "우리가 참여하는 모든 기부 서클에서 우리는 가치에 대해 대화하도록 격려를 받아요. 그것이 많은 기부를 위한 토대이기 때문이라고 생각해요." 차세대 기부자들이 본인의 가치에 대해 명확히 알게 되면 그들은 기부에 대한 더 큰 열정과 자신감을 가질 수 있다.

가치로부터 출발한다

대부분의 가족은 차세대에게 무엇을 후원하고 싶은지 물어봄으로써 그들을 참여시키기 시작한다. 전통주의자들은 여러 기관이 건립되던 시대를 살았고 베이비붐 세대는 그들이 소중히 여기는 대의명분을 중심으로 중요한 사회 변화가 이루어지던 시기를 살았다. 그러나 엑스 세대와 밀레니얼 세대는 가치로부터 출발하는 것을 선호한다. 그들이 성격 형성기의 역사적 사건으로 인해 영향을 받았든, 아니면 정체성의 일부로서 가치에 초점을 두었든 차세대를 가족 자선사업에 참여시키기 위한 현명한 출발점은 가치에 대한 논의다.

가족 자선의 가치에 관한 대화를 시작하고 차세대에게 그들이 소중히 여기는 가치에 대해 설명하도록 하자. 그들이 어디서 그런 가치를 배웠는지, 기부를 통해 어떻게 그런 가치를 실천하고자 하는지 물어보자.

당신은 차세대가 당신에게 그런 가치를 배웠다는 사실을 알고서 놀라게 될지도 모른다(차세대 역시 그 사실을 새삼 깨닫게 될 것이다). 우리 연구에서 많은 사람을 놀라게 했던 한 가지 발견은 차세대 중 89퍼센트가 부모에게, 63퍼센트가 조부모에게 기부와 관련된 영향을 받았다는 것이다. 그들의 가치는 필연적으로 거기서부터 진화할 수밖에 없겠지만, 가족 자선의 여정 초기에 그들의 가치에서 당신과 일치하는 부분을 분명 발견할 수 있을 것이다. 따라서 목표나 후원 분야를 논의하기 이전에 가치에 대한 논의부터 시작해보는 것도 좋을 것이다.

공유된 가치의 일치는 기부의 일치를 돕는다

모든 가족 구성원이 동일한 가치를 공유할 수는 없지만 모두가 동의하는 핵심 가치와 그와 관련된 공통의 언어를 찾으면 가족은 수월하고 효과적으로 집단적인 결정을 내릴 수 있다. 이처럼 공유된 가치는 가족이 함께하는 기부에 따르는 복잡하고 민감한 문제가 원만히 해결되도록 돕는다.

안타깝게도 많은 가족은 대화를 통해 공통의 가치를 찾기보다는 다양한 구성원이 각자 후원하고자 하는 것—다양한 프로그램 분야, 대의 또는 후원단체—의 차이점에 더 집중한다. 대화의 방향을 바꾼다면 각자가 선호하는 대의나 단체에 관한 시각차를 더 쉽게 좁힐 수 있을 것이다.

가치가 도저히 일치하지 않을 경우 그것은 최소한 자선사업의 진행 방식과 관련해 좋은 정보를 제공해준다. 이때 당신은 집단 기부를 강요하지 않는 방식을 고려해야 한다. 그 대신에 각기 다른 가족 구성원이 각자의 재량에 따라 다른 방식의 기부를 하게 해야 한다. 서로의 가치가 일치하지 않을 때는 각기 다른 기부자조언기금을 설립하거나 개인재단을 분할하는 방법이 있다. 이런 결정은 결코 쉽지 않겠지만 가족의 해체를 막을 수 있다.

당신 가족의 자선적 가치가 무엇이든 논의를 거쳐 그것을 가치와 비전에 관한 선언으로 정리할 것을 권장한다. 그리고 가족 자선의 방식에 따라 그 내용을 냉장고, 화이트보드 또는 웹사이트에 게시해둘 것을 권한다. 가족 구성원의 목표나 후원 대상이 서로 다르다고 할지라도 가치는(그리고 비전에 관한 선언은) 온 가족을 하나로 묶어두는 커다란 텐트 역할을 할 수 있다.

실천 방안

- 한 가족으로서 당신의 가치와 차세대의 가치에 대해 논의한다.
- 차세대에게 어떤 프로그램을 후원하고 싶냐고 묻기 전에 그들의 가치에 대해 물어본다.
- 온 가족이 동의할 수 있는 몇몇 핵심 가치를 파악한다. 여러 세대로 구성된 팀으로서 협업하고자 한다면 가족의 자선적 가치에 당신뿐

아니라 모든 사람의 가치가 반영되도록 한다.

- 당신의 가족재단에서 일할 전문 인력을 선발할 때 질문을 통해 그들의 가치가 당신 가족의 기부와 일치하는지 확인하자.
- 당신이 직원을 대하는 방식, 투자 정책, 선정 업체들이 당신의 가치와 일치하는지 고민해보자.
- 2164.net에서 판매하는 '동기부여 가치 카드'를 비롯해 명확한 가치 파악을 돕는 여러 도구를 활용하자. 차세대 또는 여러 세대 가족회의에서 사용해도 좋고, 그보다는 덜 공식적인 가족 모임이나 행사에서 사용해도 좋다.
- 2164.net에서 판매하는 '픽처 유어 레거시 카드'를 이용해 기부에 대한 당신의 비전을 가족들이 이해할 수 있도록 돕는다.

최선의 전략 #5 : 차세대 기부자가 가족의 기부 유산에서 자기 자리를 찾을 수 있게 돕는다.

대다수 차세대 기부자의 경우 그들의 가족과 가족 기부의 이야기는 그들의 기부를 돌아보는 계기가 된다. 상당한 자산을 지닌 성인으로서, 특히 찬란하거나 심지어 감당하기 벅찬 자선 유산을 받은 가족의 일원으로서 기부 정체성에 관한 문제가 부담스럽게 느껴질 수 있다. 우리 연구에 따르면 대다수 차세대 기부자는 그들의 자선 여정을 돕기 위해 이전 세대가 들려주는 가족 전통과 기부 이야기에서 많은 힌트를 얻는다.

차세대에게 가족의 성공담과 실패담을 모두 들려준다

기부에 대한 당신의 열정을 공유할 때 중요한 질문은 이것이다. 가족의 기부 역사를 어떻게 차세대에게 전달하는 것이 최선일까? 어떻게 하면 가족에게 주어진 기회와 시련을 솔직하게 전부 털어놓을 용기를 낼 수 있을까? 어떻게 하면 차세대가 한 개인의 역사보다 더 위대한 여러 세대에 걸친 가족 역사의 일부라고 느끼게 할 수 있을까?

우리는 자선 가족들이 기부 역사를 공유하는 일반적인 방법을 다음에 소개한다. 가족의 자선 이야기를—가족 역사에 관한 그 어떤 이야기라도—공유하는 것은 차세대의 정체성과 자존감을 형성하는 데 확실히 도움이 된다. 에모리대학의 마셜 듀크와 로빈 피부시는 가족 서사가 차세대에게 미치는 중요성을 강조한다. 그들의 연구에 따르면 부모와 조부모 이야기를 많이 아는 사람일수록 자존감이 높고 자신의 삶에 대한 통제력이 강하다고 한다.[1]

한 차세대 기부자는 집안 어른의 이야기를 통해 롤모델을 찾았고 가족의 핵심 가치를 물려받게 되었다고 말한다.

나는 항상 겸손이 우리 가족의 가치라고 생각해왔다. 할머니는 우리가 어릴 때 돌아가셔서 할아버지만큼 손주들과 가까워질 기회가 없었다. 하지만 할머니를 알던 많은 분이 할머니의 겸손함을 칭찬했다. …… 할머니는 유명한 분이었지만 매우 겸손했고, 궂은일을 마다하지 않고 소매를 걷어붙일 줄 알았으며, 공감 능력이 뛰어났다. 할머니에게는 오만함이 전혀 없었다. 당신이 참여하는 사업을 진지하게 받아들였다. 그런 롤모델은 우리가 인생을 살아나가는 데 훌륭한 모범이 된다.

당신은 가족 이야기 중 추하거나 부정적인 부분을 세세하게 공유하고 싶지 않을지도 모른다. 하지만 마셜 듀크와 로빈 피부시의 연구에 따르면 좋은 부분과 나쁜 부분 모두 공유하는 것이 힘든 시기를 이겨낼 수 있는 힘을 준다고 한다. 그들은 부침을 겪은 끝에 더욱 강해지는 '진동 서사'가 아이들의 회복력을 길러주는 것은 물론 '세대 간 자아'를 발전시킨다고 밝혔다. 이것은 아이들이 자신들보다 더 큰 무엇에 속해 있다는 의식을 일깨워줌으로써 가능해진다.

기다리지 말라 – 당신이 살아 있는 동안 가족 유산을 공유하고, 차세대가 그 유산에서 자기 자리를 찾도록 한다

당신에게 특정한 이슈, 단체, 기부가 상당히 중요하다면 당신이 세상을 떠나기 전에 그와 관련된 바람을 자녀들과 손주들에게 전해야 한다. 당신이 질문에 답할 수 없고 당신의 바람을 명확히 전할 수 없는 시점에 그 내용을 유언장이나 다른 법률 문서로만 전해서는 안 된다. 가족 서사에 관한 더 큰 지식을 전하는 과정에 이런 바람 역시 함께 전해줄 수 있다면 차세대는 당신이 원하는 바를 더욱 존중할 수 있는 위치에 서게 될 것이다.

이것이 불편한 대화일 필요는 없다. 당신과 차세대에게 모두 의미 있고 힘이 되는 경험이 될 수도 있다. 적당한 타이밍을 잡기 힘들거나 어디서부터 시작해야 할지 모르겠다면 다양한 도구를 활용할 수 있다. 차세대에게 가족 서사와 가치를 전달하는 일을 도와주는 전기 작가, 비디오 작가, 구술 역사가, 그 밖의 컨설턴트가 있다. 수전 턴불, 에릭 와이너, 엘라나 제이머처럼 재산문제를 넘어서 '윤리적 유서'와 '유산 편지' 작성을 돕는 전문가들도 있다.

가족 이야기와 유산에 관한 바람을 공유할 때 당신은 차세대가 그 이야기에서 자신의 길을 찾을 수 있도록 해야 한다. 이는 그들을 가족 자선 사업에 참여시키기 위해 중요한 일이다. 이에 따라 그들은 가족 서사 안에서 자신만의 장을 쓸 수 있게 되고, 자신만의 자선적 정체성을 찾을 수 있게 된다. 당신의 바람 중 어떤 부분은 토씨 하나 안 틀리고 그대로 따라주었으면 좋겠는지, 어떤 부분은 시대의 흐름에 맞추어 달리 해석될 여지가 있는지 차세대와 논의하기 바란다. 차세대의 목표와 열정과 아이디어가 어떻게 가족의 이야기와 부합하는지, 어떤 부분에서 가족의 이야기를 다음 단계로 가져갈 수 있는지 그들이 파악할 수 있게 도와준다.

10장에서 소개한 캐서린 로렌즈는 할아버지와 나눈 유산에 관한 대화가 차세대 기부자로서 자신의 생각에 어떤 영향을 미쳤는지에 관한 구체적 사례를 보여준다. 우리는 이 연구를 통해 캐서린 로렌즈처럼 가족 유산에서 배우는 동시에 그 유산의 훌륭한 관리인이 되고자 하는 기부자들을 많이 만났다. 그들은 그들에게 주어진 커다란 책임에 대해 더 많이 알고자 하고 그 책임을 안고 새로운 길을 개척하고자 한다.

차세대가 가족 서사 안에서 자기 자리를 발견하고 자신의 장을 쓸 수 있는 자율권을 부여함으로써 당신은 가족 유산의 정신을 오랫동안 계승할 수 있다.

실천 방안

- 기다리지 말자. 지금 당장 가족 이야기—특히 가족 기부의 역사—를 공유하고 차세대가 그 서사에서 중요한 역할을 할 수 있다는 것을 보여주자.
- 가족의 재산—어디서, 어떻게 부를 축적했는지, 그런 부에 따르는

책임은 무엇인지 등—또는 가족이 겪은 일들에 관해 대화하는 것을 불편하게 여기지 말자. 자녀들과 손주들이 성장해 더 많은 이야기를 들을 준비가 되면 더 많은 뉘앙스를 담아 새롭게 이야기를 들려준다.

- 가족들과 재미있고 손쉬운 방법으로 당신이 만들어나가고자 하는 가족 유산에 관한 대화를 나누기 위해 21/64의 '픽처 유어 레거시 카드'를 활용해본다.
- 차세대에게 가족 유산을 지금의 형태 그대로 유지해야 하는지, 또는 주제에 대한 혁신이 가능한지 미리 알려준다. 연례 이사회 회의에서 당신이 특정한 이슈나 단체를 후원하는 이유와 이런 후원을 차세대가 어떻게 이어나가주었으면 하는지에 관한 당신의 바람을 전달한다.
- 가족 휴가나 모임에 비디오 작가를 초대해 당신이나 경험 많은 집안 어른들이 후원단체와 함께 일했던 경험과 그 경험의 의미를 들려준다. 원본 영상은 보관하고 시청하기 편한 편집 영상을 요청한다. 차세대와 함께 그 영상을 시청하고, 토론하고, 그들의 질문에 대답한다.

최선의 전략 #6 : 차세대의 아이디어, 특히 그들의 전략과 혁신을 경청한다.

차세대 기부자들은 자신만의 자선적 유산을 쌓아가면서 변화를 위한 새로운 전략을 찾을 것이다. 2, 30대 젊은이들은 기성세대보다 위험을 감수하고 의심하지 않는 성향이 강하다. 그러므로 더 나은 미래를 과감하게 상상할 수 있는 여지가 생긴다. 이 젊은 세대는 역사상 그 어떤 세대보다 네트워크의 연결성이 강하므로 매우 쉽게 노출된다. 그리하여 차세대는 끊임없이 새로운 아이디어와 관행에 노출되고 '이건 우리 방식이 아니다'라고 선을 긋는 편견도 없다. 우리가 이 책에서 소개한 '임팩트 혁명'의 특징은 이전과 다른 이슈를 지원하는 것이 아니라 새로운 방식의 지원에 초점을 맞추는 것이다. 다시 말해 이것은 신예 자선가들이 받아들이는 혁신과 새로운 전략의 혁명으로 자리매김할 것이다. 그들은 다른 방식의 기부자가 되려 하고 오늘날 우리가 상상조차 할 수 없는 몇몇 아이디어를 포함해 임팩트를 위한 새로운 아이디어를 찾고자 한다.

달리 말해 기부 가문 내의 갈등은 대부분 전략, 새로운 사업, 위험 감수가 중심이 될 것이다.

차세대의 아이디어와 의견을 진지하게 받아들인다

차세대의 모든 아이디어가 훌륭하거나 당신의 가족에게 유용한 것은 아니지만 그래도 그 아이디어를 진지하게 고려해야 한다. 그렇지 않으면 차세대는 스스로를 당신의 동료가 아니라 당신의 뜻을 받들기 위해 그 자리를 지키는 사람으로 느끼기 시작할 것이다. 그들은 쓸모 있는 사람으로 인정받지 못하고 무시당한다고 느끼더라도 당신에 대한 사랑과 존경 때문에 얼마간은 꾹 참고 그 일에 참여할 것이다. 하지만 궁극적으로 그들의 참여가 지속되지는 않을 것이다. 『목적경제(The Purpose Economy)』의 저자 에런 허스트에 따르면 밀레니얼 세대는 목적 기반의 프로젝트를 위해 직장을 옮기거나 여가를 포기하는 한이 있더라도 자신의 아이디어를 추구할 방법을 찾을 것이라고 한다.[2] 다시 말해 차세대 가족 구성원은 가족 내에서 자신의 아이디어를 펼칠 기회를 얻지 못하면 가족을 벗어나 목적 기반의 아이디어를 추구하게 될 것이다.

뒤집어 말하면 차세대 기부자들은 특히 기부 전략 및 혁신과 관련해 자신의 아이디어를 내놓을 의지와 열의가 있으며 매우 적극적으로 참여할 수 있다. 그들은 영리 부문과 비영리 부문의 경계 허물기가 한창인 시기에 어른이 되었기 때문에 자선 분야에도 틀에서 벗어난 아이디어를 적용하고자 한다. 한 인터뷰 대상자는 이렇게 말한다. "[차세대에게] 옵션을 주면 그들은 굉장히 혁신적인 아이디어를 내놓으면서 진지하게 설명하죠. 어른들은 그 말을 잘 들어주지 않아요. 어른들에겐 엄격한 작업 원칙이 있는데, 차세대에겐 아직 그런 게 없다고 말하면서 말이죠."

차세대는 기성세대의 지혜와 경험을 존중해야 마땅하지만 기성세대 역시 열린 자세를 유지하며 이치에 맞는 새로운 생각을 받아들여야 한다. 한 차세대 기부자는 예리하게 지적한다. "우리 세대는 이전 세대가 갖지 못한 초능력을 갖고 있지만, 그건 반대로도 적용될 수 있어요. 우리는 서로 배울 게 너무 많고, 키울 수 있는 능력과 활용할 수 있는 능력이 아주 많아요. 그러려면 마음이 열려 있어야 하죠."

당신은 가족의 기부 테이블에서 진지한 토론과 질의응답을 통해 차세대의 생각과 의견이 지닌 가치를 인정해야 한다. 그렇게 해야 차세대는 독립적인 성인으로 존중받는다고 느끼고, 비판적 사고 능력을 키우고, 더 나은 후원자로 발돋움할 수 있다. 그들은 이 모든 조각을 어떻게 끼워맞춰야 할지 모르는 경우가 많으므로 그 과정에서 당신은 안내자 역할을 잘 해야 한다.

진지하게 경청하는 것은 당신에게 가장 큰 도전이 될 것이다. 다시 말하지만 당신이 이것을 긍정적으로 받아들이기를 바란다. 위험에 대한 허용치를 상향 조정함으로써 혁신에 열광하는 차세대를 가족 기부에 더 깊이 참여시킬 수 있다. 오늘날 많은 차세대 기부자는 임팩트 투자나 프로그램 기반 투자(PRI), 풀뿌리단체 후원을 통해 가족재단을 이끌고 있다. 가족들은 가족 역사를 창의적으로 활용할 수도 있다. 많은 가족의 재산은 기업가적인 위험 감수와 혁신을 거쳐 형성되었다. 뒤집어 말하면 혁신을 받아들이지 않는 것 자체가 위험이 될 수 있다. 한 기부자는 앞에 놓인 도전과 함께 나아가야 할 방향을 제시한다. "완전히 망가진 게 아니라면 고치지 말자' 또는 '우린 늘 이런 식으로 일해왔어'라고 말하는 경향이 있어요. [일부 사람은] 특정한 대의나 이슈에 대해 매우 열정적이지만, 평지풍파를 일으키는 것을 싫어하고 변화에 전혀 관심이 없죠. 우리 세대 입장에서 그런 모습은 굉장히 실망스러워요. 이런 충돌이 관점을 바꾸는 데 도움이 되고 있죠. 저는 왜 그것이 이런 식으로 작동해야만 하는지 그들에게 잘 설명할 수 있어요."

가족 자선과 관련해 더 전략적이고 분석적인 태도를 취한다

더 전략적인 자선에 대한 차세대의 열망을 포용하기 위해 당신은 과거의 가족 기부를 분석하고, 프로그램 분야를 함께 공부하고, 함께 제안서를 읽고, 다른 후원자와 대화하고, 후원단체를 인터뷰하고, 공동 전략을 개발해야 한다. 이 책에서 소개한 차세대 기부자 캐서린 로렌즈의 가족은 분기별로 특정 주제에 대한 학습시간을 준비해 가족 구성원들이 함께 공부하고 성장할 수 있게 한다. 다른 한 기부자는 이렇게 말한다. "제가 원하는 건 가족 내에서 기부에 관해 대화하는 새로운 습관을 만드는 거예요. 예전에는 그런 습관이 없었죠. 저는 우리가 개인 기부나 집단 기부에 관해 좀더 편안하게 대화하고, 함께 성장할 방법을 찾을 수 있으면 좋겠어요."

어느 정도 혁신을 수용하고 소액의 보조금 배분을 맡김으로써 당신은 차세대에게 경험을 통해 기부를 배울 수 있는 기회를 줄 수 있다. 많은 차세대 기부자는 성공만큼이나 '실패를 통한 전진' 덕분에 많은 것을 배울 수 있었다고 말한다. 위험을 감수하려는 그들의 의지를 잘 보여주는 말이 있다. "실패에서 배우지 않을 때 그것은 진짜 실패가 된다." 당신의 단체 내에 어느 정도의 실패가 허용될 수 있는 안전한 공간을 마련해 차세대가 새로운 전략과 혁신을 시도할 수 있게 하자. 그런 실패는 당신의 기부가 더 큰 임팩트를 불러오는 밑바탕이 될 것이다.

실천 방안

- 차세대 기부자의 아이디어를 진지하게 존중하는 자세로 들어준다. 차세대가 아이디어를 낼 수 있는 토론시간을 마련한다.
- 차세대가 자신이 제안한 전략을 정확히 설명할 수 있도록 다음의 질문을 한다. 새로운 아이디어를 지지하는 너의 변화 이론이나 근거는 무엇인가? 이것과 관련해 어떤 조사를 했는지 보여줄 수 있나?
- 가족의 자선 전략을 함께 검토하는 시간을 마련한다. 무엇이 제대로 작동하고 있는지, 혁신의 여지는 없는지 알아본다. 먼저 전략 변화에 관한 내용이 담긴 이 책 3장을 다시 읽어보고 당신의 팀원들과 〈그림 3.2〉에 소개된 '자선 전략에서 가장 중요한 다섯 요소'를 논의한다.
- 모든 팀원이 올인할 준비가 되어 있지 않다면 전체 자금의 일정 부분만 혁신을 위해 책정해놓거나 임팩트 투자에 투입한다.
- 당신의 차세대에게 그들의 아이디어를 검토하겠다고 말하고 그 약

속을 어겨서는 안 된다. 의구심이 든다면 당신이 우려하는 바가 무엇인지 알려준다. 이를테면 이런 질문들을 한다. "만약 이 아이디어가 실패한다면 우리는 어떻게 될까?" "이것이 성공한다면 우리는 어떻게 될까?" "그래, 이런저런 이유 때문에 나는 아직 고민스러운데, 그래도 한번 시도해보고 싶니?"

- 새로운 전략의 임팩트 측정 방법을 고민하고 그와 관련된 기한을 정한다.
- 보조금이 원래 의도대로 사용되지 않은 사례에 대해 연 1회 검토하는 시간을 갖고 그 경험에서 얻을 수 있는 교훈이 무엇인지 함께 논의한다. 무엇이 제대로 통했는가? 무엇이 통하지 않았는가? 다음 기회에는 어떤 변화를 줄 수 있을까?

최선의 전략 #7 : 차세대가 어떤 이슈나 단체에 자신의 시간과 재능까지 기부할 수 있도록 도와준다. 가능하다면 당신도 그들과 함께 시간과 재능을 기부한다.

차세대 기부자들은 어떤 이슈를 위해 돈 이외에 다른 것까지 기부하고자 한다. 그들은 열정을 쏟을 분야를 찾으면 돈은 물론 시간과 재능까지 기꺼이 내놓는다. 재산을 상속받은 경우든 자수성가한 경우든 차세대는 자신의 정체성에서 기술과 능력을 돈보다 더 중요한 부분으로 여긴다. 이런 기부자들은 '인간이 아니라 현금자동인출기'로 취급받는 것을 매우 싫어한다. 특히 차세대 여성 기부자들은 후원금을 모금하고 파티를 준비하는 사람 이상으로 인정받기를 원한다. 그들은 좋은 일을 하고자 하고, 그것도 자신의 전부를 바쳐 그 일을 하고자 한다.

만약 후원단체와의 파트너십을 통한 가족 기부가 차세대에게 그들의 시간과 재능을 쏟을 만한 통로가 되어준다면 이는 차세대뿐 아니라 장기적으로 해당 가족과 후원단체에게도 좋은 일이 될 것이다. 또한 차세대는 가족 기부의 분명한 가치를 깨닫게 될 것이다.

차세대의 재능 개발을 위한 최선은 경험적이고 직접적인 배움이다

우리는 차세대가 젊은 나이부터 기부에 참여하며 현장 경험과 자원봉사를 통해 자선적 정체성을 개발하기를 원한다는 것을 알고 있다. 따라서 우리는 이런 경험의 기회를 제공함으로써 그들을 더 적극적인 기부자로 만들고, 자선적 정체성 개발을 돕고, 가족 자선활동에서 더 큰 역할을 맡기 위한 책임감을 키워줄 수 있다. 한 차세대 기부자는 이렇게 말한다. "우리는 궁극적으로 이런 경험에 완전히 몰두하기를 바란다고 생각해요. 이런 것을 이해하려면 경험적 배움이 필요해요. 그 경험을 통해 지식, 배움, 능력을 키워 우리의 조부모님처럼 미래에 대한 선견지명을 얻을 수 있죠."

이와 비슷하게 5장에서 소개한 빅토리아 로저스의 이야기는 조기 체험의 훌륭한 사례다. 그녀는 어린 시절에 미술을 가르치는 자원봉사를 했으며 이후 가족재단 이사회에서 활동하고 지도자 및 기부자 역할을 맡으면서 미술은 그녀의 주요 자선 분야가 되었다. 이처럼 직접적인 접근법은 더 깊고 장기적인 관계를 맺는 데도 도움이 된다. 차세대 기부자들은 비록 작은 기부로 시작할지라도 후원자로서 그들의 긴 수명은 충분한 보상이 되고도 남는다. 한 기부자는 이렇게 말한다. "제가 처음 보조금을 지급할 때, 해당 단체의 대표를 직접 만났고 아직도 그분과 알고 지내요. 우리는 계속 연락을 주고받는데, 다음주에는 그분과 커피를 한잔하기로 했어요. 벌써

10년째 이어지는 인연이죠."

가족 기부를 통해 차세대가 올인할 수 있게 도와주는 것을 잊지 말자. 그들에게 이사회 참석만 요구할 것이 아니라 가족재단 내에서 역할을 맡기자. 직접 참여를 원하는 성향을 고려해 그들이 가족 자선활동에 기부할 수 있는 재능을 활용하자. 그들에게 뉴스레터 작성이나 웹사이트 정비를 부탁하고, 투자위원회 활동을 요청하자. 다시 말하지만 차세대가 가치 있게 여기는 재능을 적극 활용함으로써 당신은 재단의 목표를 초과 달성하고 차세대의 장기적인 참여를 유도할 수 있다.

가족이 함께 자원봉사를 하고 세상사를 이야기한다

차세대에게 경험적 배움의 기회를 주는 것은 당신이 이런 경험에 동참할 때 더욱 효과적일 수 있다. 당신은 자원봉사를 함께함으로써 종종 가족의 식탁이나 이사회 테이블 주변에 형성되기 마련인 거품에서 벗어날 수 있다. 가족재단에서 활동중인 한 젊은 기부자는 말한다. "모래에 머리를 처박고 이런 일을 하면 너무 편하죠. 가족재단 이사는 매우 고립된 역할이에요. 아무것도 '할' 필요가 없죠. 책임이 없어요. 그냥 1년에 한두 번 이사회 회의에 참석하고 그 거품 바깥으로 벗어나지 않기도 해요. 그래서 [저는 제 아이들이] 세상 밖으로 나가서 여러 문제와 잠재적인 해결책을 모두 볼 수 있도록 도와주고 있죠."

가족이 함께하는 자원봉사는 당신이 후원하는 분야에서 행하는 일에 대한 직접 학습의 기회를 제공한다. 당신이 만나는 후원단체 담당자는 매일같이 힘든 일을 하므로 당면한 과제가 무엇인지, 어떤 것은 잘 작동하고 어떤 것은 그렇지 못한지 말해줄 수 있다.

가족이 함께 시간과 재능을 기부하는 봉사활동에 참여하고 그 과정에서 보고 듣고 배운 것을 논의하는 시간을 가지면 가족 기부의 효율성도 높일 수 있다. 또한 종종 까다로울 수밖에 없는 기부자와 후원단체 간의 권력 역학을 차세대가 더 섬세하게 이해할 수 있도록 도와주자. 이런 봉사활동은 '배움의 순간'도 제공한다. 비영리단체 지도자가 기부자에게 진짜 원하는 것이 무엇인지 들을 수 있고, 비영리단체가 고액 기부자들에게 '의미 있는' 자원봉사 기회를 마련하기 위해 직원들의 귀한 시간과 자원을 투자하는 상황을 왜 힘들어하는지 논의할 수도 있다.

마지막으로 자원봉사는 가족을 통합하고 세대 간 유대감을 형성하는 한 방법이 될 수 있다. 우리가 인터뷰한 한 차세대 기부자는 주기적으로 가족 봉사활동을 계획하는 것을 제안한다. "모두가 함께하는 자원봉사의 장점 중 하나는 여러 세대를 하나로 묶을 수 있다는 거예요. 자원봉사를 하면 기분이 좋아요. 몸도 가볍게 느껴져요. 게다가 눈앞에서 임팩트를 확인할 수 있죠."

실천 방안

- 시간과 재능까지 기부하고자 하는 차세대의 열망을 지지해준다.
- 차세대가 비영리단체에 어떤 자원을 각각 얼마만큼 제공해야 할지 고민하는 과정에서 그들에게 시간, 재능, 돈, 인맥과 관련된 수단을 제공한다.
- 그들의 재능과 후원단체의 필요가 일치하는 좋은 사례를 찾는 것의 중요성을 강조한다. 비영리단체가 그들의 도움을 진짜 필요로 할 때와 기부자의 기분을 맞춰주기 위해 자원봉사 경험을 '마련할' 때의 차이를 이해할 수 있도록 도와준다.

- 가능하다면 주기적으로 가족이 함께 봉사활동에 참여한다. 눈에 보이는 사회문제의 이면에 대해 토론한다.
- 차세대가 가족의 기부 테이블에서 그들의 재능을 펼칠 수 있도록 격려한다. 그들이 어떤 재능을 갖고 있는지, 어떤 재능을 기부하려 하는지에 대한 선입견을 버리지 않으면 그들의 잠재력을 충분히 활용할 수 없다. 그들에게 무엇을 잘하는지, 어떤 기여를 하고 싶은지 물어보고 변화를 만들기 위한 기회를 함께 모색한다.
- 차세대를 이사회에 받아들이는 것과 더불어 프로그램 및 투자 관련 위원회에 배치하는 것을 고려한다. 그들에게 특정한 과제나 이슈를 전담하는 직원을 소개해주고 자선활동의 진행 방식을 파악할 수 있도록 인턴과정을 밟게 한다.
- 일부 차세대는 가족 자선 뉴스레터를 구상하거나 연례 가족 휴가를 계획하거나 분기별 학습 프로그램을 준비함으로써 가족 자선활동에서 '가족'을 하나로 묶는 역할에 관심을 보일지도 모른다.

최선의 전략 #8 : 차세대가 인맥도 활용할 수 있게 돕는다.

차세대 기부자들은 자선 여정에 자신의 동료를 참여시키는 것을 선호한다. 이 기부자들, 특히 밀레니얼 세대는 이전의 어느 세대보다 네트워크로 강하게 연결되어 있고 근본적으로 동료의 영향을 많이 받는다. 먼저 동료 기부자들과의 인맥은 차세대가 그들이 후원하는 이슈나 단체에 도움을 주고자 하는 핵심 자원이다. 하지만 이런 인맥은 필수적인 학습, 영감, 전략적 아이디어의 보고 역할도 한다. 동료와의 인맥은 중요한 배움의 경험을 제공하고, 차세대가 자신의 자선적 정체성과 가족 자선 내에서의 역할을 명확히 하는 데 도움을 줄 수 있다.

차세대가 동료에게서 배운 것을 가족 기부활동에서 활용하게 한다

솔직히 말하면 차세대 기부자들은 가족을 벗어나면 어디에서 자선적 경험을 쌓아야 할지 모르는 경우가 많다. 후원자가 되기 위한 로드맵 같은 것이 없고 그 연령대를 겨냥한 공식적인 자선교육도 거의 없다. 인터넷의 소용돌이 속에서 자란 차세대는 동료에게 정보를 구하는 것을 선호한다. 그들은 동료가 제공하는 진짜 경험과 정보(수평적 학습)를 단체, 미디어 또는 그들의 조언자가 제공하는 정보(수직적 학습)보다 신뢰하는 경향이 강하다. "스스로 밖으로 나가서 지식을 찾고 자기 자리를 찾아야만 해요. 당신을 돌봐주고, 지지해주고, 해당 분야의 지도자와 만나 기부에 참여할 수 있게 도와줄 동료, 동호회 또는 다른 네트워크를 찾아야 하죠."

동료 기부자와의 경험은 정체성 형성에도 중요한 역할을 한다. 차세대 기부자들은 종종 '가족에게서 벗어날 수 있는 점'이 좋다고 말했는데, 이런 활동을 통해 본인 스스로 자선적 정체성을 확립해나갈 수 있기 때문이다. 그들이 동료에게 전략적 조언을 구하는 것은 재정 지원 계획을 세우면서 자선적 정체성을 함께 형성해간다는 의미다. 보조금 배분에 참여하는 동료와의 친분을 통해 지원 대상이나 지원 방식에 견제와 균형이 작용할 수 있다. 또한 그것은 지원자 역할에 관한 하나의 기준점이 될 수 있다.

다시 말해 당신은 차세대가 가족의 울타리 밖에서 실력을 키울 수 있도록 격려하는 것이 좋다. 차세대에게 동료와의 활동 기회를 주어 그들이 어떤 역할을 할 수 있고, 무엇을 기여할 수 있는지 파악하게 하고 혼자가 아님을 깨닫게 하자. 당장 참여할 수 있는 기부자 동료 집단이 주변에 없다면 우리 연구에 참여한 일부 차세대 기부자가 그랬던 것처럼 그들이 직접 기부자조언기금이나 배움의 공동체 역할을 할 동료 집단을 만들 수 있도록 도와주자. 이에 관한 실질적 조언을 얻고 싶다면 7장에서 소개한 제나 와인버그의 이야기를 다시 읽어보기 바란다.

차세대가 새롭게 익힌 지원 방식을 가족의 기부 테이블로 가져와 활용할 수 있도록 적극적으로 장려하는 것을 잊지 말자. 당신이 허락한다면 이런 기술은 가족 기부를 더 풍요롭게 만들 수 있다. 가족의 울타리 바깥에서 그들이 거둔 기부 성공 사례를 인정해줌으로써 당신은 차세대를 가족 기부에 더 깊이 참여시킬 수 있다. 또한 당신의 장기적인 임팩트 확대에 유용한 한두 가지 전략을 얻을 수도 있을 것이다.

동료 참여를 위한 몇 가지 기회

차세대 가족 구성원들이 동료를 만나고, 동료와 협력하고, 함께 배울 방법은 다양하다. 먼저 당신은 차세대 가족 구성원들 간의 친분 쌓기를 장려할 수 있다. 특히 유소년 이사회, 별도의 기금, 또는 휴가 등 공식적인 차세대 훈련이나 기부 과정을 통해 서로 잘 모르고 지내던 사촌들끼리 친해지게 하는 방법이 있다. 차세대를 '아동석'에 너무 오래 앉혀둘 위험에 주의해야 하지만 이처럼 차세대만 참여하는 과정은 강력한 경험이 될 수 있다. 이때 그들에게는 전담 조언자와 마감 시한은 물론 학습, 참여, 리더십을 중심으로 한 명확한 비전을 제시하는 것이 좋다. 한 차세대 기부자는 이렇게 말한다. "우리의 이사회 대표가 유소년 이사회를 만들 당시, 그는 차세대를 아주 어린 나이부터 제대로 훈련시키면 다음 세대의 이사들을 양성할 수 있고, 우리 재단은 굉장히 오랫동안 성공적으로 운영될 것이라고 확신했어요. 그렇게 되면 [퇴임 이사와 신임 이사 간의] 매우 어수선한 세대교체 시기도 없을 것이고, 매우 의도적인 전략을 취할 수 있겠죠."

앤 스웨인

앤 스웨인(Anne Swayne)은 키스 앤드 주디 스웨인 가족재단(Keith and Judy Swayne Family Foundation)의 회장이다. 그녀는 가족재단을 운영하는 동시에 동료 모임을 주선한다.

멘토와 동료 공동체를 찾는 것에 관하여

"저는 부모님의 그늘에 가려지고 싶지 않아요. 발언권을 갖고 싶어요. '저와 같은 상황인 다른 사람들'을 만나 그들에게서 배우고 싶어요. 제가 존중하고 존경할 수 있는 방식으로 일하는 대표도 만나고, 그렇지 못한 방식으로 일하는 대표도 만나고 싶어요. 제 주변에 제가 많은 것을 배울 수 있는 공동체를 만들고 싶어요. 저는 큰 영향력을 행사하는 방법을 몰랐고 그게 무슨 의미인지도 몰랐지만, 저와 같은 일을 하는 사람들을 찾아 그들에게 배우고 싶었어요. 엄청난 힘을 갖고 있으면서도 겸손한 사람들로 구성된 자선 공동체를 곁에 두고 싶어요. 이 사람들은 저에게 방향을 알려주고, 그들의 안 좋았던 경험과 실수를 알려주는 등 놀라운 멘토 역할을 해줬어요. 저는 [다른 차세대 기부자들과] 개방적인 관계를 맺는 것이 얼마나 중요한지 깨닫기 시작했죠. 서로 비슷한 입장인 사람, 다시 말해 조용히 기부 예산을 집행하는 신탁관리인과는 통하는 게 많아요. 이렇게 함께 모이기를 원하는 사람들이 많아요. 우리는 우리가 봉사하는 지역사회에 도움이 되는 방향을 여전히 모색하고 있어요."

예컨대 여러 차세대에게 함께 현장 방문이나 여행을 떠날 기회를 주면 가족의 유대를 형성하는 데 도움이 된다. "[기부는] 우리가 완전히 다른 차원에서 서로를 알아갈 수 있게 했죠. 우리 모두가 이런 식으로 친해질 수 있었던 건 놀라운 경험이었어요. 저는 저보다 나이 많은 두 사촌에 대해 많은 걸 알게 되었죠. 자선활동은 우리가 각자 신경쓰는 문제가 무엇인지 알아갈 수 있는 새로운 플랫폼을 제공했어요."

차세대가 가족 내의 생각이 비슷한 동료와 친해질 기회를 적극적으로 활용하도록 격려하자. 가족재단 회의에는 종종 차세대 '트랙' 또는 모임이 존재한다. 예컨대 21/64가 제공하는 21세에서 40세의 자선가를 위한 차세대기부자 휴가(NextGenDonors Retreat) 프로그램이나 폴 앤드 제나 시걸 재단(Paul and Jenna Segal Foundation : PJSF)이 후원하는 차세대를 위한 이 사회 리더십 코스에 당신의 차세대를 참여시킬 수도 있다. 마지막으로 우리 연구에 참여한 차세대 기부자들은 레버리지 효과를 극대화하기 위한 수단(다른 사람들과 기부금을 보태서 더 큰 임팩트를 만들어내는 등)이자 유용한 교육 수단으로 기부 서클을 높이 평가했다. 또한 많은 이는 기부 서클을 통해 가족의 울타리 바깥에서 자선적 기술과 정체성을 발전시켰다고 한다.

전반적으로 차세대 가족 구성원이 비슷한 삶의 단계에서 비슷한 결정을 내려야 하는 동료들과 어울리게 함으로써 당신은 그들의 열정, 용기, 전문성을 키워줄 수 있다. 동료와 함께하는 배움과 기부는 차세대를 더 나은 후원자, 더 자신감 넘치는 후원자로 발전시킨다. 예컨대 한 차세대 기부자는 동료들이 주도하는 자선회의에 참석한 뒤 자신감을 얻게 되었다고 말한다. "[그것은] 저에게 매우 고무적이었어요. 생각했던 것만큼 제가 혼자가 아니라는 사실을 알게 되었고, 제가 감수해볼 만한 위험이 있다는 것도 알게 되었죠."

실천 방안

- 당신의 차세대가 이용할 수 있는 재정적 자원을 따로 책정해둔다. 그들이 동료 네트워크(예를 들어 회원 가입비), 기부 서클(예를 들어 공동 자금), 차세대 기부자 교육 프로그램(예를 들어 등록비와 여행비용)에 참여할 때 이 돈을 쓰도록 한다.
- 21/64는 신규 및 차세대 기부자들은 물론 그들을 돕는 가족, 조언자들을 위해 개발한 교육 프로그램, 동료 네트워크, 자원을 활용한다. www.2164.net에서 구입할 수 있다.
- 유소년 이사회, 차세대 기부 서클, 또는 차세대 기부자조언기금을 설립할 경우 차세대에게 어느 정도 자율성을 허용하되, 훈련과 지원을 해줄 수 있는 직원이나 전문 인력을 배치한다.
- 동료 기부자 네트워크 및 기부 서클에서 활발히 활동하는 당신의 차세대에게 그곳에서 알게 된 전략, 전술, 이슈, 후원단체에 관해 물어보자. 흥미로운 부분이 있다면 차세대에게 공식적이거나 비공식적인 가족 모임에서 그 내용을 설명하게 함으로써 함께 배우고 고민하는 시간을 가져보자.

다음 단계

차세대 기부자를 참여시키고, 지도하고, 유산을 물려주고, 가치를 조율하고, 가족 기부활동에 편입시켜 건강하고 효율적인 여러 세대로 구성된 팀을 만들기 위해 애쓰는 것은 당신 혼자가 아니다. 훈련받은 전문가, 맞춤형 지원, 실용적인 자원 등 모든 단계의 지원이 준비되어 있다.

샤나 골드세커의 비영리단체 21/64는 차세대를 가족 기부활동에 참여시키고 가족의 가치, 목표, 기부 전략을 전달하려는 여러 세대로 구성된 자선 가문들을 위한 맞춤형 서비스를 제공한다. 워크숍, 가족 휴가, 일대일 코칭, 장기 전략 변화 프로젝트는 물론 실용적인 도구를 판매하는 온라인 상점, 전국의 자격을 갖춘 조언자 명단도 준비되어 있다. 마이클 무디가 소속되어 있는 도로시 A. 존슨 필란트로피 센터(www.johnsoncenter.org)는 이사회 훈련, 리더십 개발 컨설팅, 런필란트로피(www.learnphilanthropy.org) 같은 온라인 자료를 통해 차세대 문제를 걱정하는 후원자들을 돕는다. 샤나와 마이클은 그들의 연구에 관해 여러 가족 및 단체와 대화를 나눌 준비가 되어 있다.

우리는 국내외 자선 가문과 그 직원들이—이 책에서 소개한 내용을 그들의 경험의 프리즘을 통해 소화하고 논의하고 토론함으로써—차세대 기부자의 참여와 관련된 가장 재미있는 아이디어와 해결책, 흥미로운 질문을 제시할 것이라고 굳게 믿고 있다. 우리가 일하는 기관—샤나 골드세커의 21/64(sharna@2164.net)와 마이클 무디의 도로시 A. 존슨 필란트로피 센터(moodym@gvsu.edu)—에 직접 연락해 당신이 이 분야에서 주도하고 있는 새로운 이니셔티브는 물론 우리의 조언을 가족, 재단, 직원 개발에 적용하면서 발생한 문제에 관해 알려주기 바란다. 우리는 당신에게 새로운 것을 배울 수 있는 기회를 언제든 환영하고 당신과 좋은 대화를 나눌 수 있기를 바란다.

조언자를 위한 최선의 전략

서론

조언자로서 당신은 고객에게 무슨 말을 해야 하는지, 어떤 도움을 주어야 하는지, 어떻게 방향을 제시하고 영감을 불어넣어야 가장 큰 효과를 낼 수 있는지 알고 있다. 특히 젊은 고객들에게는 이런 도움이 절실하다. 오늘날 어느 때보다 당신이 관심을 가져야 할 젊은 잠재 고객 집단이 있다. 이 그룹을 얼마나 잘 참여시키느냐에 따라 앞으로 오랫동안 당신 사업의 성패―그리고 자선 분야의 성패―가 갈릴 것이다.

대다수 청년들은 전문적인 도움을 받으며 인생을 시작하지 않는다. 하지만 재정 자원이 풍부한 차세대 청년들은 돈을 벌어들이고, 재정 계획을 세우고, 책임감 있는 신탁관리인이 되고, 결혼을 통해 미래를 설계하고, 후손을 위한 유서를 작성하면서 부모, 조부모, 동료 이외의 사람―당신 같은 전문가―에게도 조언을 구할 것이다. 질문은 이것이다. 당신은 그들을 돕기 위한 자리에 서 있을 것인가? 그들은 당신에게 가장 큰 고객, 가장 오랜 고객이 될 수 있다. 조언자로서 당신은 자신의 사업 번창이나 유지를 위해 이런 기부자들과 진정한 관계를 구축해야 한다.

이 가이드는 차세대 고객을 상대하는 전문적인 조언자들—금융, 법률, 회계, 패밀리 오피스 분야—을 위한 것이다. 여기에는 대기업 소속 직원과 개인사업자는 물론 자선 관련 상담사도 포함된다. 편의를 위해 이 모든 직업군을 '조언자'로 통칭한다. 우리의 목표는 차세대에 관한 우리의 연구 결과를 통해 당신이 차세대의 호응을 이끌어낼 방법을 찾는 데 도움을 주는 것이다.

조언자가 어떻게 임팩트 세대를 참여시키느냐에 따라 미래가 좌우된다

조언자들은 차세대 기부자와 가까워지기 위해 더 빠르고 영리하게 움직여야 한다. 이타적인 동기만으로는 부족하다고 느낄 경우 이 연구 결과에 주목해보자. 부모 중 한 명이 사망한 후 재산을 상속받은 차세대 중 45퍼센트만이 부모의 조언자들로부터 계속 도움을 받았다. 나머지 한 명의 부모까지 세상을 떠난 뒤에는 2퍼센트로 급격히 줄어들었다.[1] 조언자와 각종 조언을 제공하는 회사들에게 이 통계는 경고의 메시지다.

향후 몇 년 동안 당신은 생업에 활력을 불어넣기 위해 기존 고객의 차세대 가족 구성원들과 새로운 관계를 맺어야 할 것이다. 동시에 기성세대와는 다른 방식으로 차세대 잠재 고객들에게 접근해야 할 것이다. 차세대 기부자들은 이미 분야의 관행을 거부하며 분야를 뒤흔들고 있기 때문이다.

당신은 임팩트 세대의 관심과 호응을 유도하고 그들이 기회를 잡도록 돕는 과정에 패러다임 변화를 겪게 될 것이다. 이 가이드에 소개된 일곱 가지 최선의 전략이 그런 패러다임 변화를 도울 수 있기를 바란다.

최선의 전략 #1 : 당신의 차세대 고객들이 누구인지, 그들이 원하는 것은 무엇인지 적극적으로 배운다.

먼저 차세대 고객들과 당신이 속한 분야의 차세대가 누구인지 파악하자. 그들이 누구인지 배우자. 그들이 어떤 존재인지, 무엇을 좋아하는지 알아가려는 의도적이고 지속적인 노력을 하자. 여기에는 기존 고객의 자녀와 손주(유산 상속자)는 물론 잠재적인 신규 차세대 고객(자수성가해서 큰돈을 번 사람)도 포함된다. 나이 많은 기존 고객에게 소개를 부탁하는 것과 더불어 차세대와의 접점을 적극적으로, 특히 대화를 유도하는 방식으로 늘려나가자. 참여 이벤트와 질의응답, 공부 모임, 포커스 그룹도 좋다. 그러면서 당신이 차세대의 의견에 관심이 많으며 그들과 가까워질 의미 있는 기회를 원한다는 것을 보여주자.

당신은 평소 편안하다고 느끼는 범위에서 벗어나야 할지도 모른다. 조언자들은 보통 본인과 비슷한 연령대의 고객을 선호하며 더 쉽게 공감할 수 있는 본인 세대의 고객을 유치하는 데 집중한다. 본인 세대의 고객이 아닌 다른 세대의 고객을 만나려는 의식적인 노력을 하지 않음으로써 본인의 영향력 범위를 의도적으로 제한하는 결과를 낳거나 잘못된 고정관념을 형성할 위험이 있다. 우리는 당신에게 차세대에 대한 선입견이 없는지, 그 잠재 고객들과의 관계 형성을 방해하는 장애물 같은 것은 없는지(예를 들어 차세대는 자기 고집을 꺾을 마음이 없으며 권리의식이 강하다는 선입견) 곰곰이 생각해볼 것을 권한다.

오늘날의 세대별 성격, 특히 차세대의 성격에 익숙해진다

현재 미국사회에서 스물한 살 이상의 성인은 다섯 세대로 나뉜다. 전통주의자, 베이비붐 세대, 엑스 세대, 와이 세대/밀레니얼 세대, 제트 세대다. 당신은 당신 회사에 소속된 모든 연령대의 조언자들이 이들 세대의 성격을 이해하도록 훈련해야 한다. 이 책 1, 10장에는 다섯 세대의 특징을 간단히 정리한 내용이 담겨 있고 샤나 골드세커가 운영하는 비영리단체 21/64와 데이비드 스틸먼이 운영하는 제트 세대 구루(Gen Z Guru)는 세대별 차이점과 효과적인 여러 세대 참여에 관한 훈련을 제공한다.

우리의 연구는 미국의 차세대 기부자들을 대상으로 이루어졌지만 유럽과 아시아를 비롯한 다른 지역에도 비슷한 세대가 떠오르고 있다. 이 기부자들은 전반적으로 비슷한 세대적 특징을 공유하는 동시에, 결코 간과할 수 없는 문화적 차별성을 지니고 있다. 따라서 조언자들은 각자 이 부분에 친숙해져야 한다. 또한 당신의 차세대 고객들은 전반적으로 해당 세대의 특징을 갖고 있겠지만 개인마다 문화적 영향이나 양육환경이 달라 기부 성향이 다를 수밖에 없다. 모든 차세대 기부자는 같지 않다. 사실 오늘날 떠오르고 있는 세대는 이전의 어떤 세대보다 다양성이―인종 및 종교를 포함한 여러 측면에서―돋보인다.

당신의 접근법을 바꿀 준비가 되어 있어야 한다

여전히 기성세대가 주요 고객인 기업이 다른 세대의 욕구까지 충족시킬 수 있도록 노선을 완전히 바꾸기란 쉽지 않다는 것을 이해한다. 우리가 알고 있는 일부 조언자는 현실을 완전히 외면한다. 그들과 나이가 비슷한 현재 고객들이 사망할 무렵이면 어차피 자신들도 사망할 터라 그 고객의 자녀들과 관계를 발전시킬 이유가 없다고 가정하는 것이다. 하지만 다른 조언자들은 좀더 현실적이고 장기적인 시각을 갖고 있다. 일부 기업은 나이 많은 조언자가 가부장 또는 가모장 같은 고객을 담당하고, 젊은 조언자가 그들의 자녀, 손주, 조카를 담당하는 형태의 팀을 꾸리고 있다. 우리는 차세대를 동참시키려는 노력이 최소한 어느 정도는 필요하다고 믿는다. 새로운 고객을 유치하는 것이 중요하기 때문이기도 하고, 이 차세대 가족 구성원들이 이전 세대보다 훨씬 젊은 나이에 개인 자산과 자선 가문의 자산을 관리하는 일에 참여하기 때문이기도 하다.

차세대 고객들이 원하는 바를 알고 싶다면 당신의 접근법 중 몇 가지를 조정할 수 있어야 한다. 조언자들은 차세대가 누구인지 배우는 것과 더불어 새로운 용어에 익숙해지고, 열린 자세를 취하고, 젊은 고객을 위해 새로운 도구와 방식을 실험해볼 의지가 있어야 한다. 조언 회사들은 여러 세대의 맥락—한 세대의 지도자들이 물러나면서 다음 세대에게 일종의 배턴을 물려주는 방식이 아니라 여러 세대가 동등한 위치에서 공동의 목표를 향해 협업하는 방식—속에서 활약할 수 있는 직원을 채용해야 할지도 모른다. 또한 기업들은 차세대 고객들의 세계관에 부합하는 마케팅, 기술 제품, 관계를 위한 새로운 도구를 개발해야 할 수도 있다.

실천 방안

- 나이든 고객들에게 자녀, 손주, 조카를 당신의 사무실로 데려올 것을 권한다. 또는 여러 세대를 위한 교육 콘텐츠를 소개하는 행사를 주최해 자연스럽게 차세대를 소개받는다. 당신이 현재 차세대 참여와 관련된 일을 거의 또는 전혀 안 하고 있다면 이것은 좋은 출발점이 될 수 있다.
- 당신과 당신의 동료들이 세대별 차이점—그리고 특히 차세대 기부자들의 남다른 특징—을 배울 수 있는 세미나에 참석하거나 그 분

야의 연사나 트레이너를 초청한다. 『임팩트 세대』를 교재로 사용하는 독서 모임을 만들어 이 책의 토론 가이드(부록 D)나 조언자 가이드를 활용하는 것을 고려해본다.

- 차세대 고객들에게 공감할 수 있고, 그들의 언어를 사용하고, 그들이 원하는 바에 열려 있는 밀레니얼 세대 조언자를 당신의 팀에 영입함으로써 다양한 세대에게 다가간다.

- 차세대 기부자 포커스 그룹을 조직해 이 기부자들이 당신의 회사 상품이나 서비스 중에서 만족하는 것과 그렇지 못한 것을 파악하고 좀더 매력적으로 다가갈 수 있는 방법을 찾아본다. 새롭게 발견한 내용을 발표한다.

- 큰 회사 소속이 아니라 혼자 영업하는 조언자나 독립 계약자일 경우 자신과 다른 세대의 프리랜서 조언자와 협업해 모든 연령의 고객을 유치하는 것을 고려해본다.

- 자산 관리 및 투자 분야의 조언자는 고객의 요구에 부응하기 위해 특정 분야의 전문가, 가령 자선 관련 조언자와의 협업을 고려해본다.

- 기존 고객뿐 아니라 차세대에게 적합한 커뮤니케이션 전략을 도입한다. 웹사이트와 소셜 미디어 홍보를 창의적으로 확대한다. 차세대 기부자들은 그곳에서 제일 먼저 가장 많은 정보를 얻기 때문이다.

- 시간을 투자한다. 차세대 유치를 위해 매월 할애해야 하는 목표시간을 정해두면 도움이 된다. 보통 10퍼센트에서 15퍼센트가 적당하다. 성실한 이행을 위해 운영진회의나 직원회의에서 목표, 진행 상황, 차세대 고객에 관해 배운 내용을 논의한다. 새로운 노력에 시간을 더 투자하기 위해 상대적으로 뒤로 미뤄야 할 부분이 무엇인지 합의한다.

최선의 전략 #2 : 기다리지 말자! 지금 당장 차세대와 진정한 관계를 쌓기 시작한다.

이 가이드에서 얻을 것이 없다 하더라도 이것 하나는 기억해주기 바란다. 지금 당장 시작하라! 자선적 마인드를 지닌 차세대 고액 순자산 보유자들은 나이가 들 때까지 기다리지 않고 지금 당장 기부를 함으로써 기존의 틀을 깨고 있다. 우리 연구에 따르면 밀레니얼 세대와 엑스 세대의 고액 기부자 중 50퍼센트는 스무 살 이전에, 98퍼센트 이상은 서른 살 이전에 기부를 시작했다. 그들이 이런 일을 원활하게 할 수 있도록 적극적으로 도와주자. 이 차세대를 오늘날의 재정적·자선적 욕구를 실질적으로 충족해줄 수 있는 성인 기부자로 진지하게 받아들이자.

차세대 기부자들은 지금 당장 적극적인 기부자가 되기를 원하기 때문에 당신은 그들을 지금 당장 참여시켜야 한다. 지금 나서지 않으면 이 잠재 고객들은 부모와 조부모로부터 유산을 물려받아 당신이 손을 내밀려고 할 때쯤에는 이미 다른 조언자나 조언 회사로부터 도움을 받고 있을지도 모른다.

거래가 아니라 관계에 집중한다

차세대 기부자들은 자신의 노력과 참여를 거래가 아니라 혁신으로 보는 것을 선호한다. 그들과 관계를 맺는 것은 단순히 재산과 관련된 기술적 문제뿐 아니라 다른 것에도 관심을 갖는 것을 의미한다. 그들은 돈과는 무관한 여러 분야에서 도움을 원한다. 차세대 기부자들은 당장 재산, 유산, 또는 주요 기부를 계획하는 단계가 아닐 수도 있지만 향후 수십 년간 자신이 어떤 사람이 될 것인지 고민하는 시기에 있다. 그들은 성인으로서의 정체성을 형성하는 동시에 중요한 투자 및 기부 결정을 한다. 그들에게 더 큰 그림—돈과 인생 결정의 교차점—을 보여주면 그들은 당신이 도움을 주고 싶어한다는 것을 알게 될지도 모른다. 당신이 성공한다면 그들은 아주 오랫동안 당신 곁에 머물 것이다. 우리가 인터뷰한 차세대는 자신과 비슷한 가치를 지닌 조언자들을 찾고 있으며, 만약 그런 조언자들을 찾으면 앞으로 긴 세월 동안 충실하고 지속적인 관계를 맺고 싶다고 말했다.

차세대에 대해 배운 내용(최선의 전략 #1 참조)을 이런 관계를 형성하는 데 적용하자. 우리가 만난 차세대 기부자들은 이런 관계 중심의 접근법에 대해 '차세대가 인생의 현 단계에서 겪는 문제에 대해 생각'하도록 돕고—그것이 당신의 본업과 무관하다 할지라도—문제나 불만 해결을 위해 적극적인 조언을 하고, '단순히 차세대에게 무언가를 팔기 위해' 그들의 인생에 피곤한 미팅 하나를 추가하지 않는 것이라고 설명했다.

차세대가 당신에게 필요한 것을 제공할 것이라고 기대하지 말고 당신이 차세대에게 필요한 것을 제공하자. 한 차세대 기부자는 다음과 같이 설명한다.

내가 조언자들에게 원하는 것은 내 삶에서 마찰을 없애주는 것이다. 많은 사람이 내게 접근해 "한번 만나뵙고 싶었어요. 저는 자산관리인인데요, 어쩌고저쩌고"라고 말한다. 반면 내 회사가 인수합병될 무렵 나에게 접근한 팀은 이렇게 말했다. "백오피스 문제, 수표 발행, 온라인 송금 등 매일 처리해야 할 새로운 일들이 많을 거라고 생각해요. 우리는 기쁜 마음으로 당신의 짐을 덜어주고 싶어요. 또한 당신의 포트폴리오 중 다른 사람이 관리해줬으면 좋겠다 싶은 부분이 있다면 그 문제에 대해서도 기꺼이 대화할 준비가 되어 있어요." 그들은 나에게 어떤 상품을 판매하는 대신 내가 매일 직면하는 문제에서부터 출발했기 때문에 나는 기꺼이 대화에 참여했다. 유산설계사, 변호사, 회계사도 마찬가지로 나는 "우리에게는 유산 계획 분석을 돕는 도구가 있는데, 한번 같이 살펴보고 피드백을 드리면 좋을 것 같아요"라고 말하며 다가오는 사람들이 좋다.

차세대의 홀로서기를 돕는다

차세대 기부자들에게 당신의 '딱딱한' 상품과 기술에 대해서만 설명하지 말고 '부드러운 기술'에 대해서도 알린다. 그들은 단순히 보조금 배분과 투자 수단을 마련하는 것을 넘어 부와 자선의 인간적인 측면에도 매우 관심이 많기 때문이다. 그들이 변화과정에 있다는 것을 이해하자. 그들의 홀로서기와 자아실현을 도와주자. 독립적인 성인이 될 수 있도록 도와주자. 무엇보다 그들을 '누구누구의 자녀'가 아니라 독립적인 인격체로 받아들이자. 조언자들은 이 차세대 기부자들이 자선의 여정에서 어디쯤 서 있는지도 파악해야 한다. 이제 겨우 물에 발을 담근 사람과 젊은 나이에도 불구하고 꽤 많은 것을 경험한 사람을 구분해야 한다. 함부로 추측하지 말아야 한다.

실천 방안

- 먼저 인간적인 단계에서 차세대 기부자에 대해 알아본다. 그들에 관한 질문을 하고 당신이 누구인지 말해준다. 그들이 그들의 언어로 그들을 표현하도록 해준다. 각각의 상호작용이 당신이 원하는 장기적인 관계 형성에 기여한다고 생각하자. 당신이 그들의 부모나 조부모와 아는 사이라고 해서, 또는 해당 세대의 특징을 잘 안다고 해서

그들에 대해 다 안다고 생각하지 말자.

- 당신이 어떻게 하면 도움이 될 수 있는지 물어본다. 그들이 원하거나 필요로 하는 것을 당신이 안다고 가정하지 않는다. 말을 하기보다는 많이 들어준다. 잠재적인 차세대 고객에게 현재 삶의 어떤 단계에 있는지 물어보고 그들의 삶에서 마찰을 줄여줄 수 있도록 도와주자. 그들이 지금 당장 직면한 문제와 관련해 도움을 주자. 이를테면 가족문제라든지 주택 매입에 관한 정보와 인적 자원, 보험, 유서 작성, 자녀를 갖는 것의 재정적·법적 여파 등.
- 신뢰를 쌓기 위해서는 당신이 생각하는 것보다 훨씬 개방적이고 정직하고 투명해야 한다.
- 지금 당장은 차세대의 부모나 조부모가 당신의 고객일지 몰라도 당신이 차세대를 성인으로 인정한다는 것을 보여주자. 그들과 독립적인 관계를 맺고 싶다는 의사를 확실히 밝히자. 그들의 부모에게만큼이나 그들에게도 적극적으로 응대하자. 배경을 알기 때문에 그들에게 더 가치 있는 조언을 해줄 수 있지만 어쨌든 상담 내용을 비밀로 유지하고 그들의 결정에 대해 (그들의 부모가 아니라) 그들과 직접 논의하자.
- 차세대 기부자에게 당신의 본업과 무관한 분야의 전문가를 소개할 경우 당신과 비슷한 유형의 전문가, 당신만큼이나 차세대의 가치를 인정할 줄 아는 전문가를 찾아준다. 그 새로운 관계가 당신에게도 영향을 미치기 때문이다.
- 차세대에게 어떤 임팩트를 만들어내고 싶은지 묻고 행동을 취하도록 도와준다.
- 당신이 차세대와 관계 맺는 것을 그들의 부모와 조부모가 왠지 낯

설고 불편하게 느낄 수 있다. 저항이 생길 경우 당신의 고객들이 지금 당장 차세대와 이런 대화를 나누는 것이 얼마나 중요한지 깨닫게 도와준다.

최선의 전략 #3 : 차세대 기부자들에게 그들의 가치가 무엇인지 묻고 다른 부분과 일치시킬 수 있도록 돕는다.

차세대는 대단히 가치지향적이기 때문에 가치를 중심으로 차세대와의 관계를 구축하자. 우리의 설문조사에서 차세대는 기부를 하는 이유 중 1위로 가치를 꼽았다. 많은 차세대 기부자의 구호는 '가치 있다고 여겨지는 것보다는 가치'다. 그들은 이전의 어느 세대보다 자기 삶의 모든 영역—돈을 벌고 쓰고 투자하고 기부하는 방식 등—에서 가치가 매끄럽게 연결되기를 바라고 기대한다.

차세대에게 무엇이 신경쓰이는지 삶의 다양한 측면—예컨대 투자, 기부, 자원봉사, 동료 인맥—을 어떻게 가치와 일치시키고 싶은지 물어보는 것부터 시작하자. 초기 논의의 초점은 어느 단체에 기부하고 싶은지가 아니라 자선가로 성숙해가면서 어떤 사람이 되고 싶은지, 어떻게 기부하고 싶은지에 맞추어져야 한다(예를 들어 한두 차례의 고액 기부를 할 것인가, 여러 번의 소액 기부를 할 것인가? 1년간 기부할 것인가, 몇 년에 걸쳐 기부할 것인가? 지역단체, 국가단체, 국제단체 중 어디에 기부할 것인가? 단독으로 할 것인가, 단체로 할 것인가? 전통적인 방식을 택할 것인가, 혁신적인 방식을 택할 것인가?). 이 작업은 향후의 기부 결정을 뒷받침할 수 있는 강력하고 튼튼한 기반 역할을 할 것이다. 차세대 기부자들은 자신과 가치가 일치하는 조언자를 선택하기 때문에 먼저 당신의 가치가 무엇인지부터 파악하고 당신이나 당신의 회사가 그 가치를 실천하는 명확한 사례를 제시할 수 있도록 하자.

가치를 정의하고 일치시키는 도구를 이용한다

가치를 명확히 하면 자신감이 생기고 의사소통이 원활해진다. 당신의 고객들은 본인의 욕구와 소망을 더 잘 표현할 수 있게 되고 그와 관련된 당신의 예측 능력도 향상될 수 있다. 당신의 차세대 고객들이 가족재단 내의 여러 세대로 구성된 팀(10장에서 자세히 다룬 내용)을 통해, 또는 형제자매, 사촌, 동료, 배우자/파트너와 함께 협업 기부를 한다면 여러 사람의 기부 결정에 영향을 미치는 가치를 파악하기 위해 전문적인 도구 사용을 고려해본다. 이런 과정을 통해 공동 후원자들은 협업 방식과 원칙에 대해 서로 협의할 수 있게 된다. 고객들이 집단의 근본 가치를 명확히 표현하고 우선순위를 정하도록 돕지 못하면 기부자들과 그들의 조언자들은 갈등에 휘말릴 수 있다. 예컨대 해당 지역사회에서 장학금을 지원하기를 원하는 기성세대와 해외에서 소액 신용대출을 지원하려는 차세대 기부자들 사이에서 갈등이 생길 수 있다.

우리 연구에서 89퍼센트의 차세대 기부자들은 자신의 기부가 부모에게 영향을 받았다고 했고, 63퍼센트는 조부모에게 영향을 받았다고 했다. 우리가 이런 영향력과 관련된 질문을 했을 때 대다수는 집안의 연장자에게 가치를 배웠다고 답했다. 근본 가치는 과거와 현재를 잇는 가교, 세대를 이어주는 결합 조직이 될 수 있다. 자선 가문의 구성원이 아닌 당신은 중립적인 촉매 역할을 하며 정체된 역학관계에 대한 해결책을 제시하고, 그들이 큰 승리를 거두도록 도울 수 있다.

자신의 단체가 자선재단의 자산 투자, 후원단체로의 수표 발송, 비과세

서류 작성 등 '딱딱한 기술'에만 치중한다고 느끼는 조언자라면—또한 기부자 고객과 가치 및 자선적 정체성에 관해 대화하는 '부드러운 기술'이 아직 어색하게 느껴지는 조언자라면—다른 단체와 협업함으로써 서로의 장단점을 보완할 수 있다. 그렇게 해야 하는 이유는 무엇일까? 차세대 기부자들은 이 문제를 명확히 짚고 넘어가고자 하고, 이와 관련해 조언자들의 도움을 원하기 때문이다. 당신은 차세대에게 유익한 회의, 동료 집단, 자원, 컨설턴트가 있다는 것을 집안 어른들에게 알림으로써 어른들이 차세대의 홀로서기를 돕도록 장려하는 역할도 맡을 수 있다.

바쁜 일정을 쪼개서 가치를 명확히 정리하는 것이 열정 넘치는 기부자들과 그들의 조언자들에게는 시간 낭비처럼 보일 수 있다는 것을 안다. 하지만 수년간의 증거를 살펴보면 '더 빨리 가기 위해 속도를 늦추지' 않는 조언자들은 차세대 기부자들이 원하는 바로 그 성과를 저해할 위험이 있고, 이것은 고객과 조언자의 관계에 악영향을 미칠 수 있다. 조언자들이 시간을 들여 이 초기 작업을 하지 않을 경우 차세대 기부자들은 자신의 가치와 무관한 이사회에서 활동하다가 금방 사퇴하거나 자신의 보조금이 충분한 성과를 내지 못하는 상황이나 자신의 투자가 자신의 가치와 충돌하는 상황을 보며 좌절한다. 한 차세대 기부자는 가장 중요한 주의사항 중 하나를 이렇게 요약했다. "우리는 40조 달러의 상속자들이에요. 우리가 우리의 가치가 무엇인지 알지 못한다면, 그 돈을 깔고 앉은 채 아무것도 안 하게 되겠죠."

매슈 골드먼

매슈 골드먼(Matthew Goldman)은 샌프란시스코 만안 지역의 유명한 자선 가문에서 성장했으며 하스(Haas)와 골드먼(Goldman) 가문의 기부 유산을 물려받았다. 그는 현재 기부자로서 다양한 활동에 참여하는 동시에, 쌍둥이 형제인 제이슨과 함께 사회적 책임 기업인 G2 인슈런스(G2 Insurance)를 운영하고 있다.

차세대 기부자들과 가치 중심의 관계를 구축하는 것에 관하여

"처음엔 그런 대화를 나눠야죠. 그건 사람들이 인생에서 어디를 향하고자 하는지 이해하는 거예요. 그들이 '자선적 노력은 내게 중요한 일이에요'라고 말한다면, 그것을 중요한 과제로 여겨야 해요. 그 사람이 자신의 여정을 떠나게 하세요. 전문가를 데려오세요. 사람과 사람을 연결해주세요. 전 그게 조언자의 역할이라고 생각해요. 우리가 생각하는 조언자는 '아! 이 사람은 자선 분야에 정말 관심이 많구나. 나는 이런저런 비영리단체를 위해서 일하니까 양쪽을 연결해줄 방법이 없나 찾아봐야지'라고 생각하는 사람이죠. 그건 어떻게 연결자 역할을 할 것인지, 당신의 회사 직원들과 함께 자원을 제공할 것인지, 어떻게 그 일을 함께 해낼 것인지에 관한 문제죠. 그 가치 훈련—21/64의 [동기부여 가치] 카드—은 정말 대단했어요. 저는 먼저 자신의 가치가 무엇인지와 어떤 임팩트를 원하는지 파악한 다음에, 자신의 관심 분야로 뛰어들어야 한다고 생각해요. 오랫동안 꾸준한 후원자가 되는 동시에 적절한 임팩트, 본인이 원하는 임팩트를 만들어낼 방법은 무엇일까요? 저는 가치에서부터 출발하는 거라고 생각해요. 그런 다음 세금이나 기부 전략 등 나머지 문제에 대해서는 조언자들이 방법을 알려줄 수 있죠.

실천 방안

- 당신의 개인적 가치와 당신이 소속된 회사의 가치에 대해 적극적으로 대화한다. 당신과 당신의 회사가 내리는 결정에 이런 가치가 어떻게 반영되는지 보여준다.

- 당신의 프로그램이나 제품에 대해 설명하기 전에 차세대에게 질문한다. "당신이 신경쓰고 중요시하는 가치는 무엇입니까? 당신의 가치관과 삶의 다양한 영역을 좀더 매끄럽게 연결하고 싶은 부분은 어디인가요? 그 과정에 우리가 어떤 도움을 주면 좋을까요?"

- 오늘날 조언자들을 위해 마련된, 예컨대 2164.net의 '동기부여 가치 카드'처럼 가치를 정의하기 위한 제품과 활동을 알아본다. 2164.net 의 많은 제품은 개별 고객, 또는 여러 세대의 고객들과 함께 사용할 수 있도록 만들어진다. 당신의 기성세대 고객에게도 가족 모임에서 이런 도구를 한번 사용하도록 권해보자.

- 차세대가 부모와 조부모의 가치를 어떤 식으로 물려받는지 살펴보자. 기부 방법은 서로 다를지 몰라도 차세대가 기부하는 이유는 기성세대와 같은 경우가 많다.

- 차세대 기부자들의 모든 가치가 그들의 부모나 조부모, 그들이 속한 가족재단이나 기부자조언기금의 가치와 똑같을 것이라고 생각하지 말자. 기억하자. 개인에게는 자신만의 가장 중요한 가치들이 있고 가족재단의 신탁관리인 또는 기부 서클이나 다른 후원단체 참여자로서의 가치들이 따로 있다는 것을. 당신의 고객이 어떤 상황에서 어떤 가치를 따르는지 확실히 알아두자.

- 고객들이 계획중이거나 참여중인 자선 프로그램을 보완하기 위한

합의서 작성을 돕자. 가치를 중심으로 공동의 언어를 구축하자. 여러 세대의 가족 구성원들이 동참하는 경우에는 이 작업이 더더욱 중요하다.

- 복잡한 가족 역학 속에서 가치와 비전을 일치시키기 위한 추가 도움이 필요하다면 당신의 고객들에게 그 분야의 전문가를 추천하거나 초빙한다(국내 보조금 배분 컨설턴트 네트워크, 자선 관련 조언자, 또는 21/64의 공인 조언자 데이터베이스를 검색하자).

- 차세대 기부자들이 보조금 배분 외에도 자신의 가치를 표현할 수 있는 다양한 방법을 살펴본다. 당신의 회사가 임팩트 투자 서비스를 제공한다면 이번 기회에 차세대 기부자들에게 그 사실을 알리자. 젊은 기부자들은 자신의 가치에 부합하는 자원봉사 기회를 원할 수도 있다. 당신과 연결되어 있는 자선단체가 있다면—그리고 그 단체의 미션과 고객의 우선순위가 일치한다면—차세대 기부자를 현장에 초대하자. 그 기회를 이용해 고객을 더 많이 알아가고 고객이 자선에 대해 깊이 배울 수 있도록 도와주자.

최선의 전략 #4 : 차세대 기부자들이 가족 이야기와 유산 내에서 자기 자리를 찾도록 돕는다.

고객들이 본인의 자선적 유산에 대해 차세대 가족 구성원들에게 알릴 수 있도록 도와준다. 오늘날 주요 기부자들의 조언자들은 그들의 고객들이 나이를 불문하고 본인의 자선적 유산과 재정적 유산에 모두 관심 있다는 사실을 알 것이다. 사실 부유한 고객들은 본인의 자선적 유산을 더 중요하게 여기는 경향이 있다. 기부 가문의 가부장 또는 가모장은 세금문제를 계획하는 것보다는 차세대를 가족의 자선 전통에 참여시키는 데 더 관심이 많다는 뜻이다. 따라서 당신은 스콧과 토드 피디언이 말한 것처럼 고객들이 재산 계획의 원리 원칙 같은 '수준 이하'의 대화뿐 아니라 가치와 유산, 미래에 대한 바람 같은 '수준 이상'의 대화를 나누도록 도와야 한다.[2]

고객들이 차세대와 가족 서사 및 유산에 관해 대화하도록 돕는다

차세대 기부자들은 가족 서사 속으로 초대받고 오늘날의 가족을 있게 한 조상들의 이야기와 결정에 대해 듣는 것을 좋아한다. 차세대 상속자들은 자신들이 물려받은 유산을 전반적으로 존중한다. 대다수 기부자들은 자녀, 손주와 기부에 관한 이야기를 나누고 싶어하지만 아직 적당한 타이밍을 찾지 못했을 수도 있다. 본인의 죽음에 대해 말하는 것이 불편하거나 단순히 어디서부터 시작해야 할지 몰라 망설이는 나이든 고객도 있다. 조언자로서 당신은 이런 대화를 나눌 수 있게 돕는 역할을 할 수 있다. 시작이 어려울 뿐 모든 세대가 이런 대화를 원한다는 것을 명심하자.

백지에서부터 자신의 유산을 써 내려가는 것, 또는 자신이 어떻게 기억되기를 원하는지에 관한 연설을 하는 것은 그 누구에게도 쉽지 않다는 사실을 기억하자. 당신은 전기 작가, 비디오 작가, 구술 역사가 등 가족 서사와 가치, 유산을 후세대에 전달하는 과정을 돕는 전문가들에게 도움을 청할 수 있다. 또한 수전 턴불, 에릭 와이너, 엘라나 제이먼처럼 '윤리적 유서'나 '유산 편지'의 작성을 돕는 조언자도 있다.

나이든 기부자들이 그들의 바람을 명확히 전하도록 돕고, 차세대 가족 구성원들이 가족 유산을 변함없이 계승해야 하는지, 약간의 혁신을 가미할 여지가 있는지 정확히 파악하도록 돕자. 차세대의 질문에 대답해줄 집안 어른이 사망한 후에 당신 혼자서 고인의 뜻을 전하는 상황을 미리 방지하자. 이런 논의는 당신이 기존 고객의 후손들과 가까워지고 그들에게 당신이 귀한 자원이 될 수 있음을 홍보할 수 있는 엄청난 기회다.

차세대에게 유산이란 오늘날의 결정을 위한 엔진이다

고객들이 가족 이야기와 바람을 공유하는 것을 돕는 가운데 차세대가 그 안에서 각자의 길을 발견하도록 격려해주자. 그들 역시 젊은 나이에도 불구하고 자신만의 유산을 창조할 방법을 찾기 시작한 어른이라는 점을 기억하자. 우리가 인터뷰한 한 기부자의 표현에 따르면 차세대 기부자들은 유산을 닻이 아니라 '엔진'으로 여긴다. 차세대는 대체로 유언이나 증여자산을 남기는 방식을 원하지 않는데, 그 이유는 지금 당장 기부를 해서 그 임팩트를 확인하려는 성향 때문이다. 하지만 그들은 그 과정에서 당신의 도움을 필요로 한다. 그들은 자신의 시간, 재능, 돈, 인맥을 투자해 변화를 만들어내면서 이전 세대가 보지 못했던 부분까지 볼 수 있을까? 유산은 차세대가 본인의 선택을 들여다보는 렌즈 역할을 한다. 조언자로서 당신의 역할은 차세대가 그들의 유산을 부담이 아닌 기회로 인식하도록 돕는 것이다. 책임과 의무, 죄책감 때문에 당신을 찾아오는 고객도 있겠지만 그런 것은 동기부여의 요소로 한계가 있다. 그들이 자신만의 유산을 쌓는 방식으로 임팩트를 만들어내는 과정을 도울 때 그들은 당신의 오랜 고객으로 남을 것이다. 그들의 목표, 열정, 아이디어가 가족 이야기와 연결되는 지점을 보여주고 그 이야기를 다음 단계로 끌어올리는 과정을 당신이 도울 수 있음을 알리자.

실천 방안

- 기성세대 고객들을 초대해 그들의 유산에 대해 차세대에게 이야기하도록 하고 그들을 돕겠다고 약속한다. 고객들이 힘들게 느끼는 부분을 보완해줄 도구, 워크숍, 전문 인력을 추천한다.
- 자선 가문의 가부장과 가모장에게 21/64의 '픽처 유어 레거시 카드' 배포를 고려해본다. 이 카드는 기성세대가 자신의 유산을 쉽고 재미있고 명확하게 전달할 수 있게 한다. 이것은 고객이 자신이 사망한 후에 어떤 기부가 지속되기를 원하는지 파악하는 데도 도움이 된다.
- 고객들을 (그들의 가족재단이나 기부자조언기금과 함께) 편안한 장소로 초대해 가족 이야기를 나누고 유산을 정의하기 위한 모임을 갖는다. 행사를 지원하고 감독할 전문가를 초대한다. 차세대 가족 구성원들은 당신의 회사와 좀더 가까워질 것이고, 당신을 그들 여정의 파트너로 인식하기 시작할 것이다.
- 비디오 작가를 초대하고 당신의 기성세대 고객들이 후손들에게 본인의 유산에 관해 들려주는 행사를 주최한다. 가족의 가치와 이야기를 공유하도록 유도하고 고객에게 촬영 영상을 제공한다. 그리고 당신 회사에서 필요한 자료 영상은 따로 보관한다. 이것은 당신의 고객들이 그 문제에 대해 처음으로 생각해보는 기회가 될 수 있으므로 차세대와 함께 다음 단계에 대한 논의도 나눈다.
- 기성세대에게 성공담은 물론 실패담까지 들려달라고 부탁한다. '진동 서사'는 굉장히 강력할 수 있으며 차세대에게 회복력을 키워준다.

- 세대 간의 일방적인 이야기 전달이 아니라 세대 간의 대화를 유도한다. 부모나 조부모가 가족 이야기와 유산을 들려주는 동안 차세대가 질문을 할 수 있도록 하자. 차세대가 질문할 기회를 줌으로써 그들의 호기심을 확인하고 세대를 연결하는 다리를 놓을 수 있다.
- 유산이나 가족 역학에 관한 험난한 대화가 예상되는 경우 제3자인 조력자를 초빙해 직접 고객을 돕게 하고 당신은 힘든 대화가 끝난 뒤에도 계속 믿음직한 조언자로 남도록 하자.
- 이 모든 과정에 차세대 가족 구성원을 단지 당신에게 중요한 고객의 후손이 아니라 앞으로 자신만의 유산을 쌓아나갈 가능성이 있는 개인으로 인정한다.

최선의 전략 #5 : 배움의 원천이 된다.

상속이나 자수성가로 인해 순자산 가치가 높아진 차세대 주요 기부자들은 개인 기부자 또는 자선가의 후계자로서 자기 역할을 더 알고 싶어한다. 그런 배움의 원천이 되어주자. 그것은 조언자로서 가장 큰 부가가치 중 하나가 될 수 있다. 자수성가한 사람들은 자선의 땅에 처음 발을 내딛는 경우가 많다. 또한 그들은 엄청난 자산을 소유한다는 것이 어떤 의미인지 배워가는 과정에 있을지도 모른다. 제임스 그루브먼에 따르면 그들은 부의 땅에 막 도착한 '이민자들'로 새 언어를 배우고 자신이 맡고자 하는 역할을 정해야 한다.[3] 상속자들의 경우 독립적인 학습은 가족의 울타리 밖에서 자선적 정체성을 발전시키고, 그것을 내면화하고, 기부자로서 자신감을 키워나갈 기회다. 양쪽 차세대 기부자들이 이처럼 새로운 지형을 익힐 수 있도록 돕자. 차세대 기부자들은 '분야 현황을 잘 보여주고', '바깥 상황에 대한 교육'을 제공하고, '통찰력을 키워주는' 조언자들을 원한다고 전했다.

일단 11장에서 소개한 세라 오제이의 이야기를 다시 읽어볼 것을 권한다. 세라 오제이는 학습 여정에서 조언자가 맡을 수 있는 중요한 역할과 본인의 성공적인 사례를 자세히 들려준다.

차세대 고객에게 전략, 혁신, 기부자 교육의 기회를 제공한다

차세대 기부자들에게 모델을 보여주고 그들이 원하는 참여 방법에 대해 조언한다. 그들이 '올인'하는 법과 후원단체와 깊은 관계를 맺는 법을 이해하도록 돕는다. 예컨대 한 경험 많은 차세대 기부자는 조언자가 고객들과 나눌 수 있는 교훈적인 대화를 다음과 같이 설명한다.

조언자라면 이렇게 말할 수 있다. "네, 최근에 쌍둥이 딸을 낳아서 중앙아메리카의 여아교육에 특히 관심이 많다고 하셨는데요. 그런 일을 하는 단체가 몇 군데 있습니다. 어떤 단체가 끌리시나요?"[그러면 차세대 기부자는] "오, 우리는 학교를 세워서 우리 이름을 붙이고 싶어요.""네, 그것도 좋겠군요. 하지만 이건 어떨까요? 다른 가족과 함께 학교를 짓는 동시에 관련 기반시설까지 설치하면 좋지 않을까요?" 그러면 기부자는 "오! 물론이죠"라고 할 것이다. 이것이야말로 조언자의 역할이다.

오늘날 차세대는 기부의 임팩트와 혁신은 물론 기부 전략의 인식까지 향상시키고자 한다. 따라서 당신의 고객들에게 영리 부문과 비영리 부문의 전통적 경계를 허무는 방식을 비롯해 이 분야의 새로운 후원 메커니즘과 도구를 알려주자. 한 기부자는 이때 조언자가 중요하고 지속적인 역할을 할 수 있다고 말한다. "전통적인 자선의 물살은 꽤 강하기 때문에 어느 정도는 그 방향으로 떠밀려갈 수밖에 없어요. 하지만 제 눈에는 물살을 거슬러 헤엄치고 싶은 분야도 많이 보여요. 쉽지 않은 일이죠. 따라서 방향을 잡아주며 '네, 계속 그 방향으로 헤엄치세요. 제가 어떻게 도와드릴까요? 제가 어떤 과제를 던져주면 좋을까요?'라고 물어보는 조언자와 지속적인 관계를 맺어야 한다고 생각해요. 그렇지 않으면 전통의 물살에 휩쓸리기 쉽기 때문이죠."

차세대 고객들에게 기부자 교육과정, 특히 젊은 기부자에게 특화된 교육과정을 소개해주자. 예컨대 도러시 A. 존슨 필란트로피 센터는 보조금 배분 훈련과정을 제공하고 온라인 포털 런필란트로피를 통해 학습 자원을 제공한다. 전략적 자선에 중점을 둔 TPW의 임팩트 액셀러레이터(Impact Accelerator) 또는 PJSF X 21/64 이사회 리더십 코스도 준비되어 있다. 임팩트의 증거 분석, 혁신적인 전략 개발, 기부자와 후원단체 간의 건강한 관계 형성을 배우는 과정 등 차세대가 특히 관심 있는 분야의 훈련 프로그램을 활용한다.

차세대 기부자의 정당성과 능력을 지지한다

기부 가족들에게 '아동석'을 치워버릴 것을 권하자. 가족재단의 연장자들을 설득해 차세대를 가족재단 이사회에 초대하고 합리적인 기간 내에 의결권이 있는 정회원으로 받아주자. 가족재단 활동은 처음이지만 질문이 있을 때마다 부모님을 찾아가기 싫어하는 차세대에게 멘토나 자문이 되어주자. 세상에 바보 같은 질문은 없다는 것을 차세대에게 분명히 알려주자. 당신 눈에는 너무 당연하지만 차세대로서는 아직 배울 기회가 없었던 사항들을 일일이 알려주어야 할지도 모른다. 이를테면 후원단체의 포트폴리오를 어떻게 파악해야 하는지, 보조금 신청서와 비영리단체 예산을 어떻게 분석해야 하는지, 가족재단의 투자 정책을 어떻게 이해해야 하는지 등.

차세대가 가족 기부의 맥락 안에서 다양한 실험을 할 수 있도록 아이디어와 도구를 제공한다. 차세대가 '유능하고 즉각 반응할 줄 아는 보조금 제공자'로 성장할 수 있게 부모와 조부모가 직접적인 경험의 기회를 마련해주도록 돕는다. 미리 위험을 고지한 다음 '차세대에게 역량을 제공하고 그들에게 실패할 기회를 준다'. 너무 엄격한 비판을 통해 그들의 열정에 찬물을 끼얹어서는 안 된다. 그들이 지금 이 단계에서 잘 배우지 않으면 더 나이들어 추가 재산을 벌어들이거나 상속받거나 관리하게 될 때 위험은 더 커질 수밖에 없다. 때로는 도움을 줄 수 있는 사람이 조언자밖에 없으므로 이런 역할은 특히 중요하다.

애슐리 블랜처드

애슐리 블랜처드(Ashley Blanchard)는 런스버그-거식 앤드 어소시에이츠(Lansberg-Gersick & Associates)의 자선활동 지도자이자 힐스노든 재단(Hill-Snowdon Foundation)의 신탁관리인이다. 애슐리 블랜처드는 자선 조언자들의 지도를 받으며 성인으로 성장한 차세대 기부자이며 현재 동료 기부자들과 그들의 가족재단에 전략적인 보조금 배분에 관한 상담을 제공한다.

차세대 기부자들이 다양한 기부 방법을 배우도록 돕는 것에 관하여

"제가 함께 일한 차세대 가족 구성원들에게서 공통적으로 발견하는 것은 함께 배우고자 하는 마음, 자선을 통해 다른 사람이나 가족과 연결되

고자 하는 마음이에요. 많은 경우 그들은 가까이 살지 않고 서로 잘 모르지만 가족재단을 통해 연결되고 싶은 욕망을 갖고 있죠. 제가 아는 두 고객의 가족재단은 자유재량을 많이 허용하는 편이에요. 구성원 개개인 또는 분가(分家)의 관심사에 따라 각자 기부 결정을 했죠. [하지만 이제] 차세대가 나타나 '우리는 함께 일하고 싶어요. 지금까지의 방식대로 하기는 싫어요'라고 말했죠. 이런 경우 조언자로서 제 역할은 이 고객들의 공통 관심사와 가치를 파악하도록 돕는 거예요. 저는 고객들에게 다른 가족재단의 사례를 많이 말해줬어요. 그들이 다른 가족재단의 진화, 의사 결정이나 자선 전략의 범위를 이해하도록 도와주었죠. 저는 다른 사람의 이야기를 통해 가장 많은 것을 배울 수 있다고 생각해요. 제 경우에는 그랬거든요. 전에 없었던 완전히 새로운 걸 만들어낼 필요는 없죠. 또한 함께 배우는 것도 정말 중요하다고 생각해요. 따라서 조언자로서 제 역할은 함께하는 학습 경험을 제공하는 거죠."

실천 방안

- 당신이 너무 당연하다고 생각하는 기부 전략들을 당신의 고객들이 다 알고 있을 것이라고 가정하지 않는다. 가족재단과 개인 기부의 배타적인 특성 때문에 오랫동안 기부활동에 참여한 사람조차 보조금 배분이나 투자 관행에 대해서는 잘 모를 수 있다.
- 가족들을 설득해 차세대를 위한 전문성 개발 예산을 따로 책정해놓도록 한다. 차세대는 이 예산으로 교육 그룹, 콘퍼런스, 프로그램에 참여하거나 연사 및 전문가를 초빙할 수 있다.

- 가족들을 설득해 아이들이 직접 기부에 참여해 교훈을 얻을 수 있도록 예산을 책정해놓도록 한다.
- 가족재단 이사회나 비영리단체의 야유회를 준비해 새로 들어온 차세대 구성원들에게 오리엔테이션을 제공하고, 당면 과제와 기회를 논의하고, 비영리단체나 가족 내에서 차세대 기부자의 성장을 도와줄 멘토를 배정한다.
- 배움의 기회로서 자원봉사를 추천한다. 차세대를 자원봉사에 참여시켜 비영리단체의 운영 방식과 당면 과제를 직접 살펴볼 수 있도록 한다.
- 모든 학습이 딱딱하고 공식적일 필요는 없음을 기억하자. 차세대 기부자들이 '거품'에서 빠져나와 더 넓은 시야를 확보할 수 있는 현장 활동은 매우 강력한 학습 기회가 될 수 있다.

최선의 전략 #6 : 연결해주는 사람이 된다. 차세대 기부자들이 동료와 함께 배우고 기부할 수 있도록 돕는다.

차세대 기부자들이 조언자에게 가장 원하는 것은 아마도 자신과 상황이 비슷한 동료 기부자들은 무엇을 하는지, 이 동료들은 기회와 과제에 어떻게 대응하는지, 어떤 방식으로 임팩트를 만들어내는지 알려주는 것이 아닐까. 부자들은 프라이버시를 중요시하기 때문에 종종 비슷한 어려움을 겪고 있는 동료를 찾는 것이 힘들 수 있다. 한 차세대 기부자는 이렇게 말한다. "고액을 상속받았다는 건 친구들에게 대놓고 할 수 있는 이야기가 아니에요. 그건 매우 사적인 문제고 대체로 아주 드문 경우죠." 자수성가해서 큰돈을 번 사람들은 더더욱 그럴 수밖에 없다. 많은 차세대 기부자는 자신의 사생활을 중요시해서 남들에게 정체성, 가치, 효율적인 자선에 관한 질문을 함부로 할 수 없다고 느낀다. 최악의 경우 자랑처럼 들릴 수 있고 좋게 보아도 준비가 덜 된 사람으로 생각될 수 있기 때문이다. 따라서 그들은 동료 기부자와 만날 기회를 간절히 바란다.

안타깝게도 오늘날의 조언자, 패밀리 오피스, 심지어 나이든 가족 구성원 등은 차세대 기부자들이 서로 협력할 수 있는 좋은 방법을 찾아주지 못하는 경우가 많다.

차세대 기부자들을 동료 및 동료 기부자 네트워크와 연결한다

차세대 기부자들은 동료가 제공하는 정보나 직접적인 경험을 다른 출처의 정보보다 더 신뢰하는 경우가 많다. 그들은 자신과 닮은 사람을 만나 배우고 싶어하므로 그렇게 할 수 있도록 도와주자. 그들의 동료가 무엇을 하는지 살펴보고, 활동적인 동료 기부자들에게서 새로운 아이디어와 진심어린 조언을 구할 수 있도록 도와주자. 의욕적인 차세대 기부자들을 소개해줌으로써 서로 알아가고 서로에게서 배울 수 있게 하자. 기부자 콘퍼런스, 워크숍, 야유회 참석이나 차세대 기부자 네트워크 가입을 제안하자. 당신의 차세대 고객들을 위한 연사 초청도 고려해보자. 당신의 고객들이 '잘 적응할 수 있는지, 무엇을 기여할 수 있는지 파악하고, 혼자가 아니라는 사실을 깨닫게' 하기 위해 동료 활동의 기회를 제공하자. 조언자로서 당신은 동료 학습을 원하는 고객들을 연결해줄 수 있는 좋은 위치에 있다.

물론 당신이 이런 관계 형성을 돕는 이유는 단순히 이타적인 것만은 아니다. 이런 노력은 윈윈 상황으로 이어진다. 한 기부자는 이렇게 요약한다. "[조언자들은] 화려한 브로슈어와 멋진 웹사이트를 원하죠. 하지만 그것보다 더 강력한 기억은 제 사촌으로부터 '난 전문적인 조언자의 도움을 받고 있는데, 우리를 위해 이걸 해줬지 뭐야. 이것 때문에 매우 유용했어' 라는 말을 듣는 순간이에요." 차세대에게는 질 좋은 학습의 기회이고 당신 에게는 신규 고객 확보의 기회가 되는 셈이다. 다른 기부자는 이렇게 이야 기한다. "우리는 다른 사람들이 당신을 신뢰할 만한 전문가로 평가하는지 확인하고 싶어해요. 우리는 업계의 명성보다는 친구들의 평가에 더 의지 하죠. …… 신뢰도는 [전통적인] 업계 전문지에 올라온 평가를 기반으로 하는 게 아니라, 당신이 어떤 성과를 내고 있는지에 따라 정해져요."

임팩트 세대는 전략적이고 개인적인 이유에서 동료와의 만남을 원한 다. 먼저 기부자들 간의 동료 학습은 그들이 이해할 수 있는 언어와 관점 으로 다양한 자선 전략을 알려준다. 한편, 이런 인맥은 정체성 형성과 가 치 확립을 위한 강력한 플랫폼 역할을 한다. 차세대 기부자들은 '자신과 비슷한 사람들'과의 이런 네트워크를 갈망한다. 한 차세대 기부자는 동료 기부자 콘퍼런스에 참여함으로써 자신감을 얻게 되었다고 말한다. "웃기게 들릴 수도 있지만, 동료들에게 정말 많은 걸 배워요. 혼자가 아님을 깨닫고, 젊은 나이부터 참여하는 게 괜찮다는 걸 알게 되죠." 많은 기부자는 '영감' 과 '의욕'을 얻게 된다고 말한다. 따라서 당신의 기부자들에게 동료 네트워 크에 참여함으로써 얻을 수 있는 전략적 이점뿐 아니라 개인적 이점까지 강조하자.

차세대에게 협업 기부의 기회를 제공한다

차세대 기부자들은—이전 세대보다 훨씬 더—함께 기부하려는 성향 이 강하다. 그들은 자원—재정적 자원과 인적 자원 모두—을 한곳에 모 음으로써 더 큰 임팩트를 만들어낼 수 있다. 당신의 고객들에게 협업 기부의 기회를 제공하자. 동료 기부 서클이나 다른 협업 형태의 보조금 배분 기회도 좋다. 우리의 인터뷰 대상자들은 기부 서클을 '젊은 차세대가 후원 분야에 발을 담글 수 있는 좋은 기회'라고 말했다.

실천 방안

- 차세대 기부자들이 모이고, 배우고, 협업 기부를 할 수 있는 자리를 알아보고 당신의 고객에게 추천해준다.
- 차세대 기부자 고객들과 그들의 가족을 위한 행사를 주최하고 당신의 회사나 다른 기부자들과 친해질 수 있도록 한다.
- 차세대 기부자들을 서로 연결해줌으로써 그들이 당신의 조언뿐 아니라 수평적인 동료 학습의 기회를 얻도록 한다.
- 차세대 기부자들을 위한 행사를 주최할 생각이라면 이 기본 모델을 기억하자. 차세대가 다른 곳에서는 경험할 수 없는 이벤트를 준비한다. 충분히 고민하고, 조금은 도발적인 부분도 있어야 한다.
- 모든 만남을 경험으로 간주하자. 다음의 내용을 명심하자. 1) 가치 기반의 이야기를 중심으로 메시지를 전달한다. 2) 최대한 많은 질문을 한다. 3) 쌍방향 대화의 기회를 제공한다. 4) 유쾌한 분위기를 유지한다.
- 적절한 경우 당신의 젊은 고객들이 직접 협업 기부 그룹을 만들 수 있도록 권하고 그 과정을 돕는다.

최선의 전략 #7 : 차세대 기부자들에게 임팩트 투자의 기회를 제공한다.

차세대 기부자들은 다른 어떤 세대보다 자신의 자산과 가치를 일치시키려는 성향이 강하다. 그들의 전략 중 하나는 '임팩트 투자'를 통해 재정적 수익은 물론 사회적·환경적 수익을 얻는 것이다. 이 전략은 이미 투자계를 근본적으로 바꾸기 시작했다. 자신의 가치와 투자를 일치시키는 것에 대한 차세대 기부자들의 큰 관심은 금융 분야와 관련된 우리 연구의 가장 큰 결실 중 하나다. 98퍼센트의 젊은 기부자는 부모가 모두 사망한 후 부모가 고용했던 조언자들을 떠난다는 통계를 보면 당신도 안심할 수 없는 입장이다. 사회적으로 책임감 있는 옵션을 제공하지 않는다면 당신의 미래는 위태로울 수 있다.

포트폴리오를 가치와 일치시킨다

당신의 젊은 고객들과 그들의 관심사가 무엇인지, 어떻게 본인의 가치와 자산을 현명하게 일치시킬 수 있는지에 관해 대화한다. 그들에게 중요한 이슈와 투자 포트폴리오를 일치시키기 위한 전략과 데이터 기반의 옵션을 제공한다. 임팩트 투자의 작동 방식과 결과에 관한 간단한 이야기를 해준다. 우리는 4, 8장에서 소개한 차세대 기부자 저스틴 록펠러의 이야기를 다시 읽어볼 것을 권한다. 여기에는 가치와 자산을 일치시키는 문제와 임팩트 투자에 관한 내용이 담겨 있다.

저스틴 록펠러가 설명한 것처럼 이런 가치와 자산의 일치는 기부자의 가치와 관련이 있는 즉각적인 요구(예를 들어 교육을 중시해서 교육 관련 현지 비영리단체에 투자한다)를 충족하는 것일 수도 있고 근본적인 문제, 개발, 기반시설, 장기적인 인식 개선(예를 들어 교육을 중시해서 교육기술 개발에 투자한다)을 지지하는 것일 수도 있다. 또는 훌륭한 관행을 지닌 기업(예를 들어 공정한 임금을 지급하고 여성과 유색인종을 고용하는 기업)에 투자하는 것일 수도 있고, 우리에게 해로운 산업(예를 들어 담배, 전쟁 비용 충당을 위한 다이아몬드 생산, 산업 오염물질)을 걸러내는 것일 수도 있다. 요컨대 고객의 가치에 부합하는 다양하고 혁신적인 방법이 있다. 여기에 적응하고 창의력을 발휘하려고 노력하는 자산관리자들이나 그 밖의 전문가들은 번영할 것이고, 그렇지 못한 사람은 경쟁에서 밀려날 것이다. 한 차세대 기부자는 이렇게 말한다. "당신이 이 분야에 관심이 있다면 우리는 당신의 [투자] 포트폴리오를 수정해줄 수 있어요'라고 말하는 조언자일수록 현재 고객을 뺏기지 않고 신규 고객을 확보할 가능성이 커요. 현재의 사업을 유지하거나 확장하고 싶다면 그들에게는 선택의 여지가 없어요. 젊은 고객들과 무엇이 가장 신경 쓰이는지, 자산과 가치를 어떻게 일치시키고 싶은지 대화를 나눠야 하죠."

임팩트 투자와 관련된 혁신 사례를 고객들에게 들려준다

임팩트 투자의 세계는 여전히 성숙해가는 과정에 있다. 끊임없는 변화가 나타나고 매일같이 새로운 아이디어가 시험대에 오른다. 고객들에게 다른 차세대 기부자들이 어떤 혁신을 만들어내고, 어떤 결과를 내는지 보여주자. 요즘 많은 자선 콘퍼런스에는 임팩트 투자 관련 부문이 추가되고 있는데, 차세대 고객들에게 이런 콘퍼런스 참여나 사회적 투자 네트워크 참여를 권하자. 그들에게 연구 결과와 효과적인 전략을 공유하고 그들이 직면한 어려움에 대해 논의하자.

당신의 노력은 장기적으로 더 큰 이익을 가져다줄 것이다. 차세대 기부자들이 임팩트 투자에 점점 큰 관심을 보이는 가운데, 이런 투자 방식을 확대 적용하면 새로운 도구와 투명성을 확보하고 이를 상품화할 수 있을 것이다. 이에 따라 당신의 소액 투자자들에게도 부가가치를 더해주는 낙수 효과를 기대할 수 있다.

실천 방안

- 관심을 보이는 고객을 대상으로 전체 투자자산 중 몇 퍼센트를 임팩트 투자로 전환할 것인지 목표치를 정한다. 결과를 확인하고 기회가 커짐에 따라 어떻게 이 퍼센티지를 늘려나갈 것인지 논의한다.
- 당신의 고객이 임팩트 투자를 이해하도록 도울 수 있는 인맥과 네트워크를 추천한다. 이 분야의 정보를 나누고 혁신을 홍보한다. 예컨대 디임팩트 플랫폼은 자산 가치가 높은 가족들이 임팩트 투자를 약속하고 이 분야의 투자에 관한 이야기와 데이터를 공유하도록 돕는다. 글로벌 임팩트 인베스팅 네트워크(GIIN)는 더 적극적인 임팩트 투자를 위한 국제 네트워크, 투자자 포럼, 훈련, 전략, 성과 측정 방법을 제공한다.
- 당신이 펀드매니저라면 임팩트 펀드 출시를 고려해본다.
- 독립적인 조언자라면 타사와 라이선스 계약을 맺거나 사회적으로 책임감 있는 투자의 평가와 추천을 도와주는 단체에 가입하는 것을 고려해본다.
- 투자 결정과 관련해 더욱 명확하고 즉각적인 투명성을 제공하기 위한 금융업계의 노력을 지지한다. 당신의 기업이 이와 관련된 새로운 도구를 연구, 개발하도록 돕고 차세대 기부자들을 상대로 테스트를 한다.

- 차세대를 위한 야유회 시기에 사회적으로 책임감 있는 기업으로 현장 방문 가는 것을 고려해본다.

다음 단계

차세대가 기부 및 투자의 임팩트를 높일 수 있도록 도와주는 조언자들에게 감사를 표한다. 차세대가 그 막대한 자산으로 무엇을 할지 결정하는 과정을 곁에서 돕는 당신은 혼자가 아니다. 훈련받은 전문가, 맞춤형 지원, 실용적인 자원 등 모든 단계의 지원이 준비되어 있다.

샤나 골드세커의 비영리단체 21/64(www.2164.net)는 자선 전문가 훈련 및 인증 과정은 물론 더 많은 차세대 기부자의 참여를 원하는 자문회사, 가족재단, 여러 세대로 구성된 가정을 위한 맞춤형 지원을 제공한다. 여기에는 워크숍, 가족 휴가, 일대일 코칭, 장기 전략 변화 프로젝트가 포함된다. 또한 21/64는 차세대 기부자 야유회, 코칭, 동료 네트워크, 조언자와 가족에게 실용적인 도구를 판매하는 온라인 상점, 인증받은 국내 자선 조언자들의 데이터베이스를 제공한다. 마이클이 소속된 도러시 A. 존슨 필란트로피 센터(www.johnsoncenter.org)는 이사회 트레이닝, 리더십 개발 컨설팅, 런필란트로피(www.learnphilanthropy.org) 같은 온라인 자료실을 통해 차세대 문제를 걱정하는 사람들을 돕는다. 샤나 골드세커와 마이클 무디는 그들의 연구를 자산관리회사, 콘퍼런스, 가족재단, 국제 모임에서 함께 나눌 준비가 되어 있다.

우리는 국내외 금융 및 자선 조언자들이—이 책에서 소개한 내용을 그들의 경험의 프리즘을 통해 소화하고 논의하고 토론함으로써—차세대 기부자의 참여와 관련된 가장 흥미진진한 아이디어와 해결책, 재미있는 질문을 할 것이라고 굳게 믿고 있다. 우리가 일하는 기관—샤나 골드세커의 21/64(sharna@2164.net)와 마이클 무디의 도러시 A. 존슨 필란트로피 센터(moodym@gvsu.edu)—에 직접 연락해 당신이 이 분야에서 주도하고 있는 이니셔티브는 물론 우리의 조언을 당신의 상황에 적용하면서 발생한 문제에 관해 알려주기 바란다. 우리는 당신으로부터 새로운 것을 배울 기회와 좋은 대화를 나눌 기회를 언제든 환영한다.

토론 가이드

본 가이드 활용 방법

본 가이드는 『임팩트 세대』에서 발견한 주제, 이야기, 시사점에 대해 더 깊이 고민해볼 기회를 주기 위해 만들어졌다. 먼저 이 책의 각 장에 대한 간략한 요약과 배경을 제공하고 뒤이어 토론 질문을 소개한다. 이 책은 총 3부로 구성되어 있으며, 각 부가 끝날 때마다 '다음 단계 훈련'을 통해 각 장에서 논의한 주제와 제안에 대한 실질적인 활용을 돕는다. 이런 행동 지침의 일부 또는 전부를 적용하고 그 경험을 다른 사람과 나누는 것을 고려해보자.

토론 그룹 내에서의 이용법

그룹 내에서 이 책에 대해 토론하면 다양한 관점과 해석이 드러날 수 있고 어쩌면 이 기부의 황금기를 최대한 활용하도록 사람들에게 영감을 줄 수 있을지도 모른다.

그룹 회원들을 위한 팁

본 가이드는 비공식적이고 자율적인 그룹, 공식적이고 고정 리더가 있는 그룹, 리더가 매번 바뀌는 그룹을 위해 만들어졌다. 본 가이드는 1시간이나 그 이상의 시간이 소요되는 일반적인 독서 토론 모임, 점심시간을 활용한 30분짜리 모임, 온라인 모임에서 활용할 수 있다.

- 의미 있고 활기찬 그룹 토론을 위한 두 가지 필수 요소는 다음과 같다. 1) 모든 참가자가 사전에 자료를 읽는다. 2) 모든 참가자가 토론에 참여한다.

- 대화 참여만큼 중요한 것이 경청이다. 열심히 듣고, 편안하게 자신의 의견을 나누고, '잘못된 대답' 같은 것은 없다는 점을 기억하자.

- 다양한 견해를 존중한다. 같은 내용에 대한 서로 다른 해석을 듣는 것은 즐거운 일이다. 따라서 서로에게 친절하고 다양성을 마음껏 즐기자.

그룹 내 지도자를 위한 팁(적용될 경우)

- 토론을 시작하기 전에 상호존중, 경청하는 자세—민감한 사안을 다룰 경우—비밀 엄수 등 분명한 기본 규칙을 정한다. '잘못된 대답' 따위는 없다는 것을 참가자들에게 알린다. 당신은 강사나 발표자가 아니라 조력자라는 점을 명심하자. 남의 말을 잘 들어주고, 이 부분에서만큼은 다른 사람의 모범이 되자.

- 토론 모임 때마다 이 책의 한 장을 다루든 한 부를 다루든 토론시간에 맞게 질문 개수를 적절히 조절한다. 사전에 토론 질문을 검토하고, 어떤 질문을 먼저 할 것인지 정하고, 예상되는 반응과 토론 진행을 위한 추가 질문을 고민한다.

- 여기서 소개한 모든 질문을 다루어야 한다는 부담은 갖지 않는다. 어떤 질문이 길고 유익한 토론으로 이어진다면 굳이 '더 많은 질문'을 다루기 위해 중간에 끊지 않는다. 가장 중요한 것은 당신의 그룹이 활기차고 의미 있는 대화를 나누는 것이다. 의견 차이도 괜찮다. 사람들이 열정을 갖고 있는 주제는 종종 의견 충돌을 낳을 수 있다. 비효율적인 아이디어에 대해서는 냉정하지만 사람들에게는 부드럽게 대하자.

- 재량껏 질문을 추가하거나 교체한다. 본 가이드의 토론 질문은 이 책의 모든 장이나 주제를 동등한 비중으로 다룰 목적으로 만들어지지 않았다. 이 질문들은 활발한 대화를 유도하는 데 가장 적합한 내용으로 구성되어 있다. 하지만 당신의 그룹에게 특별히 더 알맞은 주제가 있다면 그 부분에 더 많은 시간을 할애한다.

- 조력자로서 당신의 가장 중요한 역할 중 하나는 수용과 신뢰의 분위기를 조성하는 것이다. 오프라인 모임의 경우 어조와 보디랭귀지가 의사소통에서 중요한 부분을 차지한다는 것을 명심하자. 예컨대 모임 장소를 어떻게 꾸미고 그곳으로 들어오는 사람들을 어떻게 환영하는지에 따라 모임 분위기가 달라질 것이다. 본인의 보디랭귀지에 주의하고, 사람들의 눈을 쳐다보며 "안녕하세요"라고 인사하자. 오프라인 모임은 물론 온라인 모임에서도 시작 전에 비공식적이고 사교적인 대화를 유도한다. 토론중에는 참여자의 이름을 불러가며 대답을 유도하고―특히 내성적인 사람들의 경우―마친 뒤에는 함께 참여해준 것에 대해 감사의 마음을 전한다.

- 같은 그룹이 두 번 이상 만날 경우 지난 토론 이후 얻게 된 새로운 깨달음을 서로 나누면서 토론을 시작할 수 있다. 또는 본 가이드의

각 절(節)이 끝날 때마다 제공되는 '다음 단계 훈련'을 실천으로 옮겨본 사례를 공유할 수도 있다.

개별 독자를 위한 이용법

토론 그룹에 참가하는 경우가 아니더라도 본 가이드를 유용하게 사용할 수 있다. 토론 질문을 이용해 본인 생각을 정리하거나 친구, 동료, 조언자와 함께 그 부분을 논의해보자. 그 생각을 글로 정리해보는 것도 좋다. 특별히 더 의미 있어 보이는 질문이 있다면 당신이 신뢰하는 박식한 사람에게 그의 견해를 물어보자.

추가 자료

『임팩트 세대』와 관련된 리뷰, 언론 보도, 효과적인 기부 도구, 기고자 명단과 그들의 주요 후원단체, 비영리단체 전문가, 기부 관련 조언자 등 여러 분야의 독자를 위한 추가 자료를 얻고 싶다면 www.generationim-pactbook.org에 방문할 것을 권한다.

1장
서문: 가장 주목할 만한 자선가들

우리는 차세대 기부자들에 대해 그들이 누구인지, 어떻게 그들의 참여를 유도할 수 있는지 알아내야 한다. 그리하여 새롭게 떠오르는 자선 혁명으로부터 무엇을 기대할 수 있는지 파악해야 한다. 무엇보다 중요한 것은 그들의 역사적인 잠재력이 우리의 세상을 더 나쁘게 만드는 것이 아니라 더 좋게 만들 수 있도록 돕는 일이다.

– 『임팩트 세대』, 35쪽

우리는 차세대 주요 기부자들에 대한 탐구를 시작하면서 저자로서 과감한 주장을 내놓았다. 이 신예 자선가 집단이 역사상 가장 주목할 만한 역할을 할 것이라고 말이다. 다시 말해 그들의 성과는 카네기, 록펠러, 퓨스, 켈로그와 같은 도금시대의 자선 분야 거물들을 뛰어넘을 것이다. 먼저 차세대 기부자들의 유례없이 막대한 자산이 눈길을 끌지만 그것만으로는 충분한 이유가 되지 못한다. 그들이 주목할 만한 자선가가 될 것이라고 보는 이유는 이전 세대보다 젊은 나이에 기부를 시작하려 하고—따라서 더 오랜 기간, 더 많은 액수를 기부할 것으로 예상되고—게다가 이미 역사적 전환점을 맞고 있는 자선과 사회 분야에 많은 혁신을 도입하려 하기 때문이다. 그들은 더 큰 임팩트를 얻기 위한 일념으로 전통의 벽을 일부 허물어야 한다고 할지라도 기부 방식을 근본적으로 개선할 것이다.

어느 때보다 똑똑하고 효율적인 기부자들이 많이 필요한 시대에 우리에게는 임팩트 세대의 막대한 잠재력을 육성하고 지도할 수 있는 집단적인 기회가 주어진 듯하다. 이를 통해 새로운 기부의 황금기를 최대한 활용할 수 있을 것이다. 이 여정의 첫 단계는 이 떠오르는 기부자들에 대해 배우고, 그들의 말을 듣고, 그들을 참여시키는 더 좋은 방법을 모색하는 것이다. 이 책은 우리가 그런 단계를 밟아나갈 수 있도록 도와줄 것이다.

1장을 위한 토론 질문
서문: 가장 주목할 만한 자선가들

1. 이 책의 주제에 흥미를 갖게 된 이유에 대해 잠시 생각해본다. 차세대 기부자와 기부의 미래에 대해 무엇을 배우고 싶은가? 그룹 내 모든 사람이 질문에 답변한 다음 다양한 답변의 유사점과 차이점을 논의한다.

2. 오늘날의 자선 분야와 비영리 부문에서 가장 걱정스러운 도전과 추세, 문제는 무엇인가? 차세대 기부자들과 관련해 당신이 가장 걱정하는 것은 무엇인가?

3. 자선가에 대한 당신의 인식을 공유하라. 그들이 하는 일, 그 이유와 방식에 대한 당신의 인식을 설명하라. 당신의 삶은 그들에게 영향을 받았는가?

4. 엑스 세대와 밀레니얼 세대 기부자들에 대한 당신의 인식은 어떠한가? 그들과 전통적인 자선가들의 차이점은 무엇이라고 생각하는가? 이 책에 소개된 차세대 기부자들의 이미지는 이 책을 읽기 전 당신이 갖고 있던 이미지와 다른가? 만약 그렇다면 어떤 면이 다른가?

5. 오늘날 유례없는 부의 편중과 역사적인 부의 이전은 더 많은 사회적 자원이 점점 더 소수의 사람들에 의해 통제되는 것을 의미한다. 하지만 이처럼 편중된 부를 통해 나타나는 자선적 성과는 굉장히 많은 사람에게 영향을 미칠 것이다. 차세대 기부자들이 엄청난 재산을 스

스로 일구거나 상속받았다고 해서 그들에게 사회의 방향을 바꿀 권리가 있는 것은 아니라는 주장에 대해 어떻게 생각하는가?

6. 이 장을 읽은 뒤 당신은 다가오는 기부 황금기에 대해 예전보다 더 낙관적인가, 더 비관적인가, 아니면 별다른 변화가 없는가? 그 이유는 무엇인가? 가장 걱정되는 부분은 무엇인가? 희망적인 부분은 무엇인가?

1부 임팩트 혁명

똑같은 일을 반복하면서 다른 결과를 기대할 수는 없다. 그런 일은 벌어지지 않을 테니까.

— 『임팩트 세대』, 대니얼 루리, 67쪽

1부에서 우리는 차세대 기부자들이 공유하는 가장 핵심적인 성격, 오늘날의 기부와 비영리 부문에 큰 혼란을 가져올 것으로 예상되는 특징을 살펴본다. 바로 임팩트 확대에 대한 열망이다.

우리는 저자로서 다가오는 변화를 '임팩트 혁명'으로 명명할 것인지를 두고 고민했다. 먼저 이전 세대 자선가들이 임팩트에 대해 신경쓰지 않았던 것은 아니다. 또한 혁명은 너무 극적이거나 허세가 섞인 단어처럼 느껴지기도 했다. 하지만 궁극적으로 우리 결정에 영향을 미친 것은, 또한 다가오는 변화의 원동력으로 작용할 것은 차세대 기부자들이 근본적인 변화를 통한 임팩트에 대해 놀라울 정도로 깊이 고민하고, 이야기하고, 걱정하고, 노력하고, 의욕적이라는 사실이다. 우리가 조사한 2, 30대 주요 기부자 300명 가운데 거의 전원이 기부를 하는 중요한 세 가지 이유 중 하나로

'임팩트'를 꼽았다. 임팩트에 대한 열정은 75명을 대상으로 한 심층 인터뷰에서 더 강하게 드러났다.

임팩트는 다양한 사람에게 다양한 의미로 다가올 수 있지만 그것은 우리 모두―관찰자, 독자, 기부자, 또는 비영리 부문의 참여자―가 신경쓰는 부분이다. 우리는 모두 임팩트를 원하지만 그것에 어떤 비용을 지불하고 어떤 이익을 기대할 것인가? 새로운 기부 전략, 혁신, 실험을 통한 임팩트 추구가 우리의 자선적 기반을 뒤흔들 원동력으로 떠오를 예정이라면 임팩트의 의미를―좋든 나쁘든―자세히 살펴보고 그 여파에 대해 논의하는 것이 최선일 것이다.

지금부터 좀더 고민하고 준비하는 시간을 가져보자.

2장을 위한 토론 질문

임팩트를 보여줘

1. 당신이 걱정하는 사회문제를 선택한다(예를 들어 지역사회 내 학교 개선, 전 세계의 식량 불안 해소). 그것은 당신이 지금 당장 개선하기 위해 노력중인 문제일 수도 있고, 앞으로 노력하고 싶은 분야일 수도 있다. 당신이 이 문제에 관한 자선적 노력의 임팩트를 어떻게 정의하는지 공유한다.

2. 차세대 기부자들은 '임팩트를 보고' 싶어한다. 하지만 일부 단체는 '눈으로 확인'하기 어렵거나 오랜 진전을 거친 뒤 마지막 단계에서야 가시적 결과를 낼 수 있는 사회문제를 다룬다. 임팩트를 보고자 하는 차세대의 바람은 이 단체들에게 어떤 의미로 다가가게 될까? 그 임팩트를 창의적인 방식으로 드러내기 위해서는 어떻게 해야 할까?

3. 비판론자와 회의론자는 불우이웃돕기 프로그램보다 간접비와 핵심

운영비(직원 급여, 건물 등)에 많은 돈을 쓰는 비영리단체를 싫어하고 심지어 불신한다. 이 비판론자들은 후원자들이 예산의 대부분 또는 전부를 프로그램에 사용해야 한다고 주장하고, 일부 '감시' 웹사이트들은 전체 예산 중 간접비의 비중에 따라 자선단체의 등급을 매기기도 한다. 자선단체의 (간접비로 간주되는) 연구 개발 및 일반 운영 예산이 중요하다고 강조한 대니얼 루리의 이야기를 떠올려보자. 그런 후원에 대한 당신의 생각은 어떠한가? 일반적인 인식이 바뀌어야 할까?

4. 차세대 기부자들은 거대한 임팩트와 대담한(때로는 비이성적인) 목표 달성에 대한 기대가 남다르다. 그들이 눈을 낮추어 좀더 현실적인 목표를 추구함으로써 잃는 것은 무엇인가? 그저 점진적 변화가 아니라 자선 분야의 획기적 변화를 추구함으로써 얻을 수 있는 것은 무엇인가?

3장을 위한 토론 질문
새로운 황금기를 위한 전략 변화

1. 전략이 곧 열정이라고 말하는 차세대 기부자들에 대해 어떻게 생각하는가? 전략과 임팩트가 결정에 영향을 미칠 때 어떤 변화가 생기는가?

2. 차세대 개인의 기부와 그들의 가족, 다시 말해 부모와 조부모의 기부를 비교한 자료 〈그림 3.1〉에서 가장 안심한 부분, 걱정한 부분, 또는 예상한 부분은 무엇인가? 대부분의 이슈에서 드러난 유사성은 뜻밖이었는가?

3. 차세대 기부자들의 자선 전략에서 가장 중요한 다섯 요소(〈그림 3.2〉)에 대해 어떻게 생각하는가? 이런 선호도에 따른 궁극적 결과—좋

든 나쁘든 ― 는 무엇일까? 재난구호금처럼 즉각적인 자선 지원보다 근본적인 원인 해결과 제도적 변화를 위한 프로그램 후원을 선호하는 경향은 어떻게 생각하는가?

4. 후원단체에 더 정확한 보고와 높은 투명성을 요구하는 차세대 기부자들의 태도는 사회 변화에 긍정적일까, 부정적일까? 투명성에 대한 그들의 요청/요구는 비영리단체의 결정에 어떤 영향을 미칠까? 이 단체들은 어떻게 대응해야 할까?

4장을 위한 토론 질문

혁신하지 않을 이유가 없잖아?

1. 이 장은 차세대 기부자들이 어떻게 자선적 와해자가 되기를 원하는지 잘 보여준다. 이런 와해가 기부 방식을 개선하는 데 도움이 되는지 논의하자. 나이가 많거나 전통적인 기부자들이 이런 와해의 위험에 대해 어떤 말을 할까? 차세대 기부자들의 경험 부족 ― 순진함 또는 '남들이 생각하는 최선을 무시'하는 성향 ― 이 문제가 될까? 반대로 현재 상태를 유지하는 것이 획기적 혁신의 기회를 막는 것은 아닐까?

2. 차세대 기부자들이 열광하는 '도구 벨트의 여러 도구' 중에 당신을 흥분시키는 도구는 무엇인가? 당신이 현재 이용하고 있는 것은 무엇이며, 앞으로 더 이용하고 싶은 것은 무엇인가?

3. 더 크고 빠른 임팩트 달성을 위해 혁신을 꾀하고 비전통적 후원 방식을 이용하려는 차세대의 열망으로 인해 비영리·영리·정부 부문의 경계가 '좋든 나쁘든 허물어지기' 시작했다. 이처럼 경계를 허무는 혁신을 실제로 경험한 사례를 설명해보라. 그것의 장단점은 무엇인가 (또는 무엇으로 예상되는가)?

4. 임팩트 투자는 차세대 기부자들이 선호하는 또다른 신종 도구다. 저스틴 록펠러는 임팩트 투자에 대한 차세대의 관심 탓에 금융계는 점차 적응해야 하고 사회적으로 책임감 있는 투자에 대한 정보와 선택지를 확대해야 할 것이라고 말한다. 이와 같은 변화가 자선 분야에 미치는 직간접적인 여파는 무엇일까?

5. 1부에서 소개한 기부자들은 자선의 미래, 임팩트 혁명이 우리가 걱정하는 이슈에 미칠 영향에 대해 매우 낙관적이다. 1부를 읽은 뒤 당신도 이런 낙관적인 정서를 갖게 되었는가? 만약 그렇지 않다면 당신을 밤잠 설치게 하는 걱정거리는 무엇인가?

1부 다음 단계 훈련

임팩트를 정의한다

- 당신이 아는 사람 중에 기부가 아닌 다른 분야에서 '임팩트'를 상징하는 인물을 찾아낸다.
- 그 사람을 온라인으로 검색한 뒤 명확하고 손에 잡히는 방식으로 그의 임팩트를 기록한다.
- 당신에게 중요한 사회문제를 염두에 두고 해당 분야에서 그와 비슷하게 주목할 만한 임팩트가 어떤 모습일지 생각해본다. 그 분야의 임팩트와 관련된 구체적이고 정량 가능한 단기 목표는 물론 장기적인 희망까지 적어본다.

당신의 임팩트를 명확하게 한다

- 당신이 이미 기부하고 있거나, 함께 일하고 있거나, 자원봉사를 하

고 있거나, 특별히 신뢰하는 자선단체를 선택한다.

- 해당 단체의 지도자들이 단체를 위한 임팩트를 어떻게 정의하는지에 관한 대화를 나눈다.
- 지도자들이 기대하는 결과, 성과 또는 시스템 변화를 적는다.
- 그들의 목표 달성에 당신이 기여할 수 있는 부분은 무엇인지 자문해본다.

당신의 기부를 평가한다

- 당신이 자선 기부를 하고 있다면(액수가 얼마가 되었든) 작년에 했던 기부를 다음의 세 범주로 분류한다. 의무적/공동 기부, 열정적 기부(당신이 남다른 관심을 갖고 있으며 많은 조사나 전략을 고민하지 않는 분야), 전략적 기부(이슈에 대한 조사를 거쳐 바람직한 변화나 해결책을 찾아낸 다음 그 전략에 어울리는 단체를 찾은 경우).
- 당신이 각각의 범주에 얼마나 많은 돈을 사용했는지 살펴본다. 당신이 예상했던 비율과 실제 비율의 차이에 대해 생각해본다.
- 스스로 질문해본다. 앞으로 내가 원하는 이 세 범주의 이상적인 비율은 무엇인가? 각각의 퍼센티지를 적어본다.
- 이런 이상적인 비율에 맞게 기부를 조정하는 방법을 계획한다.

2부 올인

내가 아는 젊은이들 중에 큰돈을 기부해놓고 그 기부금을 받은 단체에
어떻게든 실질적으로 참여할 마음이 없는 사람은 거의 없다.

－『임팩트 세대』, 제나 시걸, 181쪽

2부에서 우리는 임팩트 세대의 혁명이 단지 돈에 관한 것이 아님을 밝
힌다. 차세대 기부자들은 미래의 후원 방식―자선 전략과 혁신적인 기부
방법―을 바꾸는 것은 물론 재산 이외의 것을 기부하고자 한다. 그들은
다른 자산까지 내놓으려 하고 그들의 후원단체 및 다른 기부자들과 친밀
한 관계를 맺고자 한다. 돈뿐 아니라 시간, 재능, 인맥까지 '올인'해 임팩트
를 만들어내려는 차세대 기부자들의 일반적인 성향을 자세히 살펴본다.

저자인 우리는 이전 세대의 많은 유명한 기부자가 인생을 바쳐 자선가
의 삶을 살았고 후원단체와 함께 일상적인 문제 해결에 전념했다는 것을
인정한다. 돈이 아닌 다른 자원을 기부하는 일은 새로울 것이 없지만 우리
연구에 따르면 거의 모든 차세대 고액 기부자는 '올인' 참여가 더 큰 임팩
트를 만들어낼 수 있다고 믿으며 돈뿐 아니라 다른 자원까지 기부하고자
했다. 이런 기부 방식은 임팩트 혁명이 진행되는 동안 더욱 확대될 것이다.

다만 문제가 있다면 차세대 기부자들은 시간과 재능, 인맥을 기부하고
자 하는 욕구를 그들의 후원단체가 충족해주기를 기대한다는 것이다. 향
후 주요 기부자와 단체의 관계를 완전히 재정립해야 할 수준까지 말이다.
다시 말해 차세대가 자리를 잡게 되면서 더 큰 변화의 물결이 예상된다. 우
리는 이런 변화에 대응할 방법을 논의하고, 함께 노력하고, 모두에게 유익
한 방향으로 나아가야 한다.

5장을 위한 토론 질문

'두 섬싱' 세대

1. 차세대 기부자들은 '수표만 발행해주는 것'을 '나쁜 자선'이라고 생각한다. 놀랍게도 그들 중 다수는 돈이 충분히 있음에도 불구하고 어떤 이슈에 돈을 기부하는 것보다는 그들의 시간을 할애하는 것이 더 가치 있다고 여긴다. 당신도 동의하는가? 당신은 당신이 지지하는 단체에 어떤 기여를 하는가?

2. 자선단체와 비영리단체는 이처럼 더 적극적이고, 어떻게 보면 손이 많이 가는 차세대 기부자들을 받아들이기 위해 어떻게 바뀌어야 할까? 비영리단체가 이런 '두 섬싱' 세대의 태도를 생산적으로 활용할 방법은 무엇일까? 차세대 기부자들이 너무 짐스러운 존재가 되지 않으려면 어떻게 해야 할까?

3. 이 장에서 빅토리아 로저스는 아버지의 응원에 힘입어 이른 나이부터 꾸준히 자원봉사에 참여했기 때문에 지금과 같은 적극적인 기부자 겸 자원봉사자가 될 수 있었다고 말한다. 당신에게도 지금의 기부 방식(돈이나 시간)에 영향을 미친 이른 나이의 경험이 있는가?

4. 국제 뉴스를 자주 접하고 글로벌 의식이 강한 오늘날, 지역사회 기부가 여전히 차세대 기부자들에게 매력적인 이유는 직접적인 참여와 확인이 가능하기 때문이다. 하지만 기부 가문의 차세대 구성원 중에는 가족 기부가 집중적으로 이루어지는 지역에 거주하지 않는 경우가 많다. 그들이 해당 지역사회에 살지 않을 경우 현지 단체들이 이 차세대 기부자들을 성공적으로 유치할 방법은 무엇일까?

5. 부유한 기부자들이 특권의 거품 안에서, 또는 '당신에게 무엇이 최선인지 내가 다 안다'라는 오만한 태도로 기부 결정을 한다고 비판하

는 사람들이 있다. 이런 비판에 비추어볼 때 직접 현장에 뛰어들어 무언가를 해내려는 차세대 기부자들의 욕구에 대해 어떻게 생각하는가?

6장을 위한 토론 질문

현금자동인출기 이상의 존재

1. 당신이 잘 아는 기부자와 비영리단체의 관계에 대해 생각해보라. 비영리단체가 차세대 기부자들을 현금자동인출기나 파티플래너로만 본다는 차세대의 비난은 정당화될 수 있는가? 자선단체들은 이런 관계 또는 인식을 바꾸기 위해 어떤 노력을 할 수 있는가?

2. 차세대 기부자들의 재능 기부를 통해 얻을 수 있는 이점은 분명 존재한다. 하지만 이를 통해 기부자와 단체의 권력 역학이 기부자 쪽으로 기울 수 있다. 기부자가 특권의식을 갖고 있는 경우에는 더더욱 그러하다. 그렇다면 비영리단체는 언제, 어떻게 차세대 기부자의 재능을 환영하고, 또 언제, 어떻게 선을 그어야 할까? 차세대 기부자들이 비영리단체 직원들의 전문성을 존중하면서 자신의 재능을 기부할 방법은 무엇인가?

3. 차세대 기부자들이 가장 존중하는 방식으로 재능을 기부하기 위해 비영리단체에 할 수 있는 질문은 무엇인가?

4. 이 장에서 소개한 제나 시걸은 '차세대를 위해 기존 기관을 다시 활용'하는 방식을 옹호한다. 그것이 당신이 잘 아는 '기존 기관'을 위한 현실적인 대책이라고 생각하는가? 비영리단체들은 차세대의 돈과 재능을 유치하기 위해 어떻게 발전해야 할까?

5. 하디 파르토비가 제안한 재능, 기술, 규모 확장, 공공 정책과 관련된

비영리단체의 대안 모델에 대해 어떻게 생각하는가? 그의 아이디어가 유익하게 적용될 수 있는 이슈와 상황은 어떤 것인가?

7장을 위한 토론 질문
영감을 자극하는 동료 압력

1. 밀레니얼 세대는 역사상 가장 많이 연결된 세대이며 그 정도는 나날이 더 심해질 것이다. 차세대 기부자들은 전략적 효과를 위한 동료 네트워크 활용을 커다란 이점으로 여긴다. 하지만 기부 분야에서 동료 네트워크에 대한 비판도 존재한다. 예컨대 그것은 누구를, 어떻게 후원할 것인지와 관련해 집단적 사고를 낳을 수 있고, 따라서 혁신을 저해할 수 있다. 동료 네트워크의 이점은 이런 우려를 잠재울 정도인가? 이런 비판의 타당성과 가능한 보호 조치에 대해 논의하자.

2. 제나 와인버그는 동료 네트워크를 통해 본인의 자선적 정체성을 형성하고 더 전략적인 기부자로 거듭날 수 있었던 이야기를 들려준다. 당신의 동료나 그룹 활동을 떠올려보았을 때 그것은 오늘날 기부자, 자원봉사자, 또는 이 분야 전문가인 당신의 성장에 어떤 영향을 미쳤는가? 오늘날 당신의 동료들에게 던질 수 있는 질문 한두 가지를 떠올려보자.

3. 많은 차세대 기부자는 그들의 기부 전략이나 선호하는 비영리단체에 대해 고민할 때 '기성세대의 지혜보다 동료의 전략적 분석을 더 신뢰'한다. 이것이 차세대 기부자의 참여를 원하는 비영리단체 전문가, 패밀리 오피스 직원, 기부 관련 조언자, 여러 세대 가족에게는 어떤 의미일까? 그들은 어떻게 차세대 동료로부터의 조언을 반영할 수 있을까?

2부 다음 단계 훈련

시간을 기부한다

- 당신의 관심사와 일치하는 미션을 가진 비영리단체를 떠올리고 당신이 얼마나 많은 시간을 할애할 수 있는지 생각한다. 한 계절 동안 자원봉사를 하고 싶은가, 시간별로 하고 싶은가, 월별로 하고 싶은가?
- 해당 단체에서의 자원봉사를 통해 무엇인가 배우고 싶은 것이 있는지 자문한다. 질문에 대한 답을 적어본다.
- 당신의 목적과 가용시간에 맞는 자원봉사 기회가 있는지 해당 단체의 지도자나 직원과 상의한다.
- 해당 단체가 당신을 위한 자원봉사 기회를 마련하기 위해 소비하는 시간과 당신이 실제로 자원봉사에 사용하는 시간을 비교한다. 당신이 자원봉사에 투자하는 시간이 당신의 요구를 들어주기 위해 그들이 쓰는 시간보다 더 긴가?

재능을 기부한다

- 당신이 어떤 단체나 이슈에 기부할 수 있는 모든 자산의 목록을 작성한다. 이를테면 교육을 통해 얻은 지식이나 전문성, 직업이나 취미를 통해 얻은 기술, 동원할 수 있는 인간관계, 행사를 위한 대여 공간 등.
- 이들 중 해당 이슈나 단체에 가장 가치 있는 자산이 무엇일지 고민한다. 당신이 가장 기여하고 싶은 자산 세 가지에 동그라미를 표시한다.
- 이 목록을 단체의 지도자나 프로그램 개발 담당자에게 가져가 당

신의 자산과 그들의 필요를 일치시킬 방법을 논의한다.

- 당신이 열심히 실천할 수 있고 해당 단체에도 도움이 되는 계획을 세우고 양측이 기대하는 바를 일치시킨다.

인맥을 활용한다

- 당신이 이 분야에서 수행하는, 또는 수행하고자 하는 가장 중요한 역할이 무엇인지 고려한다(예를 들어 기부자, 기부 관련 조언자, 패밀리 오피스 직원). 비슷한 역할을 맡고 있는 당신의 '동료'가 누구인지 적어본다. 당신이 이미 연락하고 있는 사람은 물론 연락이 닿으면 좋겠다고 생각하는 사람도 적는다.
- 이런 역할과 관련해 당신이 접촉해볼 수 있는 동료 집단, 기부 서클, 다른 네트워크를 인터넷으로 검색한다.
- 이런 역할과 관련해 적당한 동료 네트워크를 찾을 수 없을 경우 21/64와 도러시 A. 존슨 필란트로피 센터에 연락해 더 많은 정보를 얻는 방법을 고려해본다. 또는 당신이 직접 단체를 만들 수도 있다.

당신의 비영리단체에 차세대를 참여시킨다

- 당신이 비영리단체 전문가 또는 이사회 구성원이라면 다음번 모금 행사에서 주요 기부자들에게 그들의 자녀를 당신에게 소개해달라고 부탁한다.
- 차세대 기부자와 예비 기부자의 참여를 유도하기 위해 그들이 지금 단계에서 비영리단체에 시간과 재능, 인맥을 어떤 식으로 기부하고 싶은지부터 물어본다.
- 그들의 부모와 조부모와는 별개로 이들 차세대의 관심사를 알아가

며 그들과 독자적인 관계를 맺기 시작한다. 주요 기부자의 성인 자녀들의 경우 당신의 데이터베이스에 입력된 그들의 관심사와 재능을 확인하는 것부터 시작한다.

3부 과거를 존중하는 혁명가들

[저는] 저에게 주어진 기회를 존중하고 제가 배운 자선에 경의를 표하고 있지만, 동시에 그것을 저만의 독특한 스타일로 발전시켜나가고 있어요.

－『임팩트 세대』, 차세대 기부자, 258쪽

우리는 이 책의 출발점이 된 2013년 연구 보고서의 부제 "유산을 존중하며 자선을 혁신하다"를 매우 적절하게 잘 붙였다고 생각한다. 차세대 기부자들은 가족이나 자선 분야를 통해 배운 기부의 가치와 유산에 대해 엄청난 존경심을 드러낸다. 이런 존경심은 차세대 기부자들이 전통적 자선의 여러 관행, 개념, 기간(基幹)을 혁신하려고 애쓰는 중에도 확인된다.

이것은 흥미로운 이분법인데, 이전 세대의 자선이 사회적·경제적·역사적 맥락에 따라 그런 모습일 수밖에 없었음을 차세대 기부자들이 안다고 가정할 때 충분히 이해할 만하다. 그들은 이전 세대의 일부 업적에 경외심을 느끼기도 하지만 바뀐 시대에 걸맞게 좀더 집중적인 목표를 갖고 여전히 다른 방식의 기부를 원한다. 그들은 미래의 이런 변화야말로 과거를 진정으로 존중하는 최선의 방법이라고 여긴다.

차세대 기부자들은 이전의 어느 세대보다 개인적·직업적·자선적 삶에서 자신의 가치를 매끄럽게 연결할 수 있기를 바란다. 부모와 조부모가 자선적 역할에서 은퇴하기 이전부터 차세대는 3세대 또는 4세대로 구성된 새로운 여러 세대 팀에서 활약하며 지금 당장 커다란 사회적 변화를 만드는 일에 동참하고자 한다. 그들은 이전 세대의 발자취를 따라가기보다는 이전 세대의 유산을 존중하고 관리하고 발전시키면서 자신만의 독자적인 자선적 정체성을 형성하려고 한다.

이제 과거에 대한 존중과 미래에 대한 혁신이 복잡하게 뒤얽힌 이 젊은 세대를 한번 알아보자.

8장을 위한 토론 질문
가치가 매끄럽게 연결된 삶

1. 차세대 기부자들이 기부의 혁신을 꾀하는 가운데 90퍼센트에 가까운 차세대가 그들의 핵심적인 자선적 가치를 부모에게 영향받았다고 대답한 사실에 대해 놀랐는가? 당신의 가치에 영향을 준 사람은 누구인가?

2. 존 R. 시델 3세의 이야기는 유년기부터 기부에 대한 노출을 통해―재단, 비영리단체, 현장 방문, 도움이 필요한 지역으로의 여행을 통한 직접 경험―그의 가족이 그의 자선적 가치체계를 형성하는 데 도움을 준 과정을 담고 있다. 당신의 직접적인 기부 경험은 무엇인가? 당신의 자녀, 친척 아이들, 또는 당신이 사는 지역사회 내의 아이들이 어린 시절부터 기부를 경험하도록 도울 방법은 없는가?

3. 저스틴 록펠러는 본인의 개인적 기부와 투자를 위한 전략적이고 의도적인 모델을 소개하는데, 이는 기부와 투자를 모두 가치와 '일치'시키는 것이다. 당신은 이런 가치 일치 모델에 대해 어떻게 생각하는가? 고무적이라고 생각하는가? 어려울 것 같은가? 현명해 보이는가?

특권처럼 보이는가? 당신의 개인적 기부와 관련해 따를 수 있거나 따르고 싶은 모델이 있는가?

4. 이 책은 독자들에게 '차세대를 효과적으로 참여시키려면 먼저 그들의 가치를 건드려야 한다'라고 조언한다. 당신이 차세대와 교류하는 과정에 그것을 어떻게 적용할 수 있을까?

9장을 위한 토론 질문
거인들의 어깨 위에서

1. 유산은―일반적으로 그리고 개인적으로―당신에게 무엇을 의미하는가? 그것은 가족 유산에 관한 것인가, 아니면 더 넓은 개념에 관한 것인가? 당신은 이 세상에서 개인적인 선행을 하면서 유산에 대해 얼마나 많이 생각하는가?

2. 이 장에서는 많은 차세대 기부자가 직면한 주요 과제가 과거에 대한 존중과 미래를 개선하려는 뜨거운 열망을 조화시키는 것이라고 주장한다. 이 책에서 소개한 차세대 기부자들의 이야기를 살펴볼 때 이들 기부자가 양쪽의 긴장을 완화할 방법은 무엇인가?

3. 당신의 인생에서 가족 서사는 어떤 의미였는가? 가족의 과거 이야기가 오늘날의 선택을 결정하는 데 자신감을 준 경험이 있다면 함께 나누어보자.

4. 256쪽에는 알렉산더 소로스가 언급한 문제와 관련해 세 가지 도발적인 질문이 제기되어 있다. 이 세 가지 질문 중 한 가지를 선택해 그룹 회원들과 토론해보자.

5. 자선단체를 지지하거나 자선단체에서 근무할 경우, 또는 기부자들에게 조언하는 일을 업으로 삼을 경우 현재의 주요 기부자들이 유산

과 관련된 그들의 소망을 차세대에게 전할 것을 권하면서 어떤 구체적인 조치를 취할 수 있을까?

10장을 위한 토론 질문
여러 세대로 구성된 팀 만들기

1. 여러 세대로 구성된 지도자팀이 재단과 비영리단체를 이끄는 것은 차세대 기부자들이 도입한 또다른 '뉴노멀'이다. 여러 세대로 구성된 팀의 구성원들과 그들이 지지하는 단체들이 이처럼 새로운 역학에 적응해나가는 과정에서 맞닥뜨릴 것으로 예상되는 난관은 무엇일까? 또한 그 과정에서는 어떤 기회가 있을까?

2. 기부 분야든 다른 분야든 매우 효율적인 여러 세대로 구성된 팀의 사례를 알고 있다면 그 팀이 무슨 팀인지, 어떻게 작동하는지, 왜 그렇게 효율적인지를 설명해보자.

3. 캐서린 로렌즈는 사생활이냐 투명성이냐, 손에 잡히는 것을 후원할 것이냐 손에 잡히지 않는 것을 후원할 것이냐의 문제로 자선활동과 관련된 가족 구성원들의 성향을 세대 차이로 설명한다. 당신이 가정이나 직장에서 경험한 자선과 관련된 구체적인 충돌 중에서 그 원인이 세대 차이로 보이는 것이 있다면 설명해보자. 당신은 그 긴장을 해소하기 위해 어떤 노력을 했는가?

4. 부모-자식 관계에서 '동료의식을 획득'하는 것과 가족기업, 가족재단, 비영리단체 이사회에 '아동석'을 따로 두는 것 사이의 갈등을 생각해보자. 동료의식을 갖는 것이 부모와 성인 자녀에게 더 건강한 그룹 역학이라는 데 동의하는가? 당신의 가정이나 당신이 잘 아는 기관 내에서 진정한 동료의식을 촉진하기 위해 적용할 수 있는 기본적인

첫걸음, 가치, 규칙을 살펴보자.

11장을 위한 토론 질문

차세대의 자선적 정체성

1. 오늘날 사회에서 차세대의 홀로서기 능력을 저해하는 경우가 많다는 이 책의 주장에 동의하는가, 아니면 동의하지 않는가? 당신의 관점을 뒷받침할 사례를 제시해보자.

2. 세라 오제이의 부모가 자녀들의 홀로서기와 자선적 정체성 형성을 돕기 위해 자녀들에게 맡긴 '프로젝트'에 대해 어떻게 생각하는가? 당신도 당신의 가족을 위해 비슷한 프로젝트를 진행할 수 있는가? 당신의 버전은 어떤 모습인가?

3. 세라 오제이를 비롯한 많은 차세대 기부자는 가족, 동료, 자기 자신으로부터 실패할 기회를 얻는 것의 중요성에 대해 이야기한다. 실패가 생산적일 수 있다는 개념에 동의하는가? 이런 실패 용인에 내재된 위험은 무엇인가? 유례없이 막대한 자선적 자산을 좋은 일에 사용해야 하는 차세대의 책임과 실패할 자유의 중요성 중에 무엇이 우선인가?

4. 비영리단체 전문가, 많은 재산을 가진 가족이나 개인을 위한 조언자, 기부자 동료, 차세대 기부자의 가족 중 당신이 가장 공감할 수 있는 역할은 무엇인가? 차세대 기부자의 건강한 자선적 정체성 형성을 장려하고 지지하기 위해 당신이 할 수 있는 일을 말해보자.

3부 다음 단계 훈련

가치를 명확히 파악한다

- 가치 목록에서부터 출발한다. 인터넷에서 내려받을 수도 있고 www.2164.net/shop에서 '동기부여 가치 카드'를 구입할 수도 있다 (할인 코드 : GIVALUES).

- 당신의 기부나 자원봉사에 가장 큰 동기를 부여하는 세 가지 가치를 선택한다.

- 다음 질문에 대답한다. 당신이 마지막으로 시간이나 돈을 기부한 과정은 어떤 상황이었나? 당신의 선택은 당신의 세 가지 가치와 일치하는가?

- 당신의 기부를 좀더 당신의 가치와 일치시키기 위해 어떤 일을 할 수 있는가?

- 당신의 가치와 일치하지 않는 산업에 대한 투자를 줄이거나 가치와 일치하는 산업에 대한 투자를 늘리고 싶다면 투자 자문과 그 내용을 논의한다.

가족 역사를 배운다

- 당신 가족의 역사, 특히 가족의 자선활동이나 업적을 조사한다. 도움을 받고 싶다면 2164.net/shop에서 '내가 물려받은 것은 무엇인가?'를 구매해 사용해보자(할인 코드 : GIWAII).

- 가족이나 가까운 친척 중에 자선에 큰 뜻을 가졌던 사람들을 찾아본다.

- 그들에게 기부정신을 일깨워준 사건은 무엇이었나? 그들은 삶에서

어떤 가치를 중요시했나?

- 당신의 가족 역사를 어떻게 알게 되었고 그 가치와 이야기는 당신의 기부에 어떤 영향을 미치는가? 가족 역사를 배우면서 당신은 어떤 일을 더 하고 싶어졌는가? 어떤 일을 덜 하고 싶어졌는가?

가족 서사를 기록한다

- 비디오 작가를 고향으로 불러 가족 서사를 촬영한다. 또는 스토리 콥스(StoryCorps) 앱을 내려받아 저기술·저비용 방식으로 직접 촬영한다.
- 가족 역사에 대해 당신이 아는 것과 모르는 것을 되짚어보고 집안 어른이 살아계실 때 인터뷰하기 위한 질문 초안을 작성한다.
- 이렇게 얻은 가족 서사를 다른 가족 구성원들과 공유하고 반응과 의견을 살펴본다.
- 할머니, 할아버지를 인터뷰해 가족 이야기를 듣고자 하는 손주들을 위해 www.2164.net/shop에서 '조부모 유산 프로젝트'를 할인가에 구매한다(할인 코드 : GIGLP).

유산을 머릿속으로 그린다

- 8장에서 논의한 것처럼 www.2164.net/shop에서 픽처 유어 레거시 카드를 구입하거나(할인 코드 : GIPYL) 아이튠스에서 무료 앱을 내려받는 것을 고려해본다.
- 당신이 남기고 싶은 유산, 당신이 살고 싶은 인생과 관련해 가장 의미 있는 이미지의 카드를 고르고 그 카드에 대한 당신의 설명을 글로 남긴다.

- 당신의 기부와 당신이 남기고자 하는 유산에 관한 비전이나 목표 계획서를 작성한다.
- 당신이 원하는 유산이나 비전의 실현을 도울 수 있는 사람—예컨대 가족 구성원, 전문가 동료, 재산 계획을 돕는 재정 자문, 또는 자선 관련 조언자—에게 그런 열망을 알려준다.
- 가족 토론이나 윤리적 유서를 통해 자녀에게 이런 유산을 전한다.

12장
결론 : 기부의 황금기를 최대한 활용하기

혁명이 다가오고 있음을 깨닫고 그 혁명을 최대한 활용할 줄 알아야 한다.

—『임팩트 세대』, 334쪽

이전 세대 기부자들은 성공을 주로 '사회 환원' 또는 '큰 자산을 가진 사람으로서의 책임 완수'로 정의했을지 모르지만 차세대가 내린 정의는 임팩트의 정도라는 것을 이제 당신도 파악했을 것이다. 이런 견해는 우리가 아는 자선을 완전히 바꾸어놓을 수 있다.

이런 사고방식으로 인해 차세대 기부자들은 임팩트를 얻기 위해 '올인' 하게 되고, 동시에 과거 유산에 대한 존경심도 잃지 않는다. 따라서 차세대 기부자들은 자선적 정체성을 형성해나가는 중에 더 많은 위험을 감수하고, 새로운 전략을 시도하고, 소수 단체를 집중적으로 후원할 것이다. 이 모든 과정은 비영리세계의 개혁을 통해 매우 실질적인 변화를 가져올 것이다. 이것은 기부자들의 재정 고문, 가족 사무실과 가족재단 직원, 기부자와 그들 가족 모두에게 변화를 의미한다.

이 책을 읽은 뒤 당신이 차세대 기부자들을 큰 희망, 포부, 질문과 도전을 품고 있는 입체적인 인간으로 좀더 이해할 수 있게 되었기를 바란다.

이 모든 연구 결과를 통해 우리는 저자로서 조심스러운 낙관론을 얻게 되었지만, 솔직히 말하면 차세대 기부자들이 성장하면서 임팩트 혁명을 어디까지 끌고 나갈지 궁금하기도 하다. 미래의 기부에 대해 생각하면 해답보다는 질문이 더 많이 떠오를 수밖에 없다. 차세대 기부자들의 이런 변화는 환영할 만한 것일까? 우리는 충분히 미래에 대비하고 있는 것일까? 더 큰 임팩트를 향한 꿈은 실제로 달성할 수 있을까?

우리는 모든 독자와 함께 이 질문에 대한 답을 알아갈 수 있기를 기대한다.

12장을 위한 토론 질문
결론: 기부의 황금기를 최대한 활용하기

1. 이 장에서 소개한 새로운 기부 황금기에서 당신이 가장 기대하는 바는 무엇인가? 그것은 이 책이 예상하는 것만큼 역사적으로 중요한 시기가 될 것이라고 생각하는가? (이번이 이 책을 다루는 마지막 모임이라면 모든 그룹 회원에게 이 질문에 답할 기회를 준다.)

2. 당신은 이 책에서 말하는 것만큼 기부의 미래에 대해 희망적인가? 이 책을 완독한 뒤 미래에 대한 당신의 견해는 더 희망적으로 또는 덜 희망적으로 바뀌었나, 아니면 아무 변화가 없는가? 그 이유는 무엇인가?

3. 차세대 기부와 관련해 제기된 걱정 중에서 당신이 생각했을 때 가장 중요하고 복잡한 것은 무엇인가?

4. 차세대 기부자들에 관해 새로 배운 내용 중 가장 놀라운 것은 무엇인가? 당신이 전부터 갖고 있던 기부에 관한 중요한 질문, 또는 『임팩트 세대』를 읽은 뒤 새롭게 생긴 질문은 무엇인가?

5. 다가오는 기부 혁명에 대비해 당신이 지금 당장 시작할 수 있는 구체적인 일 세 가지는 무엇인가? 이 분야에서 당신의 역할—사회적 이슈의 지지자, 비영리단체 전문가, 기부 관련 조언자, 차세대 기부자 가족이나 차세대 기부자 본인—을 바탕으로 질문에 대답해보자(다시 한번 이번이 이 책을 다루는 마지막 모임이라면 모든 그룹 회원에게 이 질문에 답할 기회를 준다).

조사 방식과 데이터

이 책에 담긴 솔직한 성찰과 통찰은 현재 높은 수준의 기부 역량을 갖고 있거나 앞으로 갖게 될 2, 30대 개인들에게서 비롯되었으며 그들 중 다수는 자선에 관한 본인의 생각을 이번에 처음 공개했다. 이 기부자들의 데이터는 온라인 설문조사와 반구조적 심층 인터뷰를 통해 얻었고 우리가 자선 분야에서 쌓은 도합 40년의 경력을 바탕으로 분석되었다.

향후 수십 년간 고액 기부와 사회적 이슈의 범위를 통제할 능력을 지니고 있음에도 불구하고 엑스 세대와 밀레니얼 세대 기부자들에 대한 조사는 좋은 내용이든 나쁜 내용이든 놀라울 정도로 거의 이루어지지 않았다. 이런 세대가 지닌 기부와 자선에 대한 전반적인 태도는 어느 정도 알지만 이 세대 내에서 주요 기부 능력을 갖춘 개인들에 대해서는 잘 알지 못한다. 또한 순자산 가치가 높은 사람들에 관한 데이터는 상당히 많지만 그 안에서도 이 연령대를 집중적으로 분석한 데이터는 많지 않다.

따라서 우리의 프로젝트는 처음부터 연역적이라기보다는 귀납적이고, 가설 검증보다는 탐색적이고, 개방식 질문 제기에 가까울 수밖에 없었다.

또한 우리에게는 명확한 지향점이 있었는데, 그것은 우리의 연구 결과가 차세대 기부자들과 그들 곁에서 일하는 모든 사람에게 도움이 되었으면 좋겠다는 바람이었다. 이런 측면은 우리의 질문, 조사 방식, 데이터 수집 및 분석, 결과 발표에 영향을 미쳤다.

이 책은 차세대 기부자 대상의 설문조사 결과와 일부 인터뷰가 실려 있으나 연구 결과에 대한 해석이 다소 미흡했던 2013년 연구 보고서를 바탕으로 집필되었다.[1] 이 책에는 새로운 이야기(기부자 13명의 이야기 포함)와 상당한 양의 데이터가 새로 추가되었고, 그것이 우리에게 알려주는 놀라운 패턴에 대한 분석이 더해졌으며, 차세대 기부자의 가족, 조언자, 비영리단체 전문가와 모금담당자 등 특정 독자를 대상으로 한 시사점과 조언이 추가되었다.

우리는 이 탐색적이고 생성적인 조사가 이처럼 중요한 세대에 대한 추가 연구로 이어질 수 있기를 진심으로 바란다. 향후 연구에서 다루어질 만한 내용과 질문을 다음에 정리해두었다.

데이터 수집 및 분석

이 연구의 최초 문헌조사는 2011년에 시작되었고 주제는 순자산 가치가 높은 기부자들이 여러 세대로 구성된 가족 자선 및 기부활동을 통해 보여주는 세대별 정체성과 자선적 성향, 트렌드, 도전 등이었다. 이 보고서는 연구의 초점을 명확히 하고 이들 기부자를 위한 구체적인 질문들을 제시해주었다.

2012년 초 전국 파트너 단체들의 도움과 우리의 자체적인 명단을 통해 설문조사 후보자들을 초대했고 우리가 원하는 연령대와 재정 상황에 맞게 선별 작업을 했다. 고액 기부를 위한 충분한 재정 조건의 기준은 개인과 가족 모두에게 적용했다. 응답자들은 다음 조건 중 최소 한 가지를 갖추어야 했다.

- 개인 순자산 50만 달러 이상
- 개인 소득 10만 달러 이상
- 연간 개인 기부 5000달러 이상
- 가족 자선의 증여자산 50만 달러 이상

응답자의 상당수는 두 가지 이상의 기준을 충족했고 많은 응답자는 최소 기준을 훨씬 초과했다. 이런 선별과정을 거치고 너무 미흡한 응답을 걸러내고 나니 우리의 설문조사 표본으로 남은 유효한 응답자는 310명이었다. 다만 설문지 파손이나 일부 질문 미응답 탓에 모든 질문에 대한 답을 다 얻은 것은 아니다. 모든 설문은 무기명으로 작성되었다.

우리는 각 응답자로부터 상세한 정보와 개방식 답변을 얻기 위한 설문 도구를 개발했다. 이 설문을 통해 각 기부자의 '개인적' 자선(기부자가 속한 가정 내에서 이루어지는 기부와 봉사활동)과 그들 '가족'의 자선(가족재단 같은 가족 기부 수단을 통해 확대가족 내에서 이루어지는 기부와 봉사활동)에 대한 정보를 수집했다. 질문은 각 기부자의 자선활동 범위, 선호하는 전략과 이슈, 기부하는 이유, 정보와 배움을 얻는 방법, 인구통계학적 세부 사항에 초점을 맞추었다.

우리는 프로젝트 파트너, 업계의 수많은 동료, 자체적인 네트워크를 통해 인터뷰 대상자를 물색했다.[2] 그 결과 총 75명의 기부자를 인터뷰할 수 있었다.[3] 인터뷰는 대체로 대면 또는 스카이프를 통해 진행되었고(세 명은 전화로만 진행했다) 소요시간은 1시간에서 2시간 30분 사이였다. 인터뷰 내용은 녹음되었고 녹음본의 전체 또는 일부를 전사했다.

인터뷰 응답자들은 기밀성과 익명성을 보장받았고―직접적으로 소개한 13명의 기부자는 제외―모든 인용문은 익명으로 처리했다. 인용문에서 인터뷰 대상자를 식별할 수 있게 하는 정보는 제외하거나 수정했다. 인터뷰나 개방식 설문을 통해 얻은 인용문은 가독성과 문법을 위해 약간만 편집했다.

인터뷰는 '안내된 대화' 모델에 따라 진행되었다. 인터뷰에서는 앞에서 언급한 설문의 핵심 주제를 더 깊이 탐색하는 동시에 구체적인 설명, 사례와 이야기, 이들 기부자가 그들의 참여를 원하는 이들에게 해주고 싶은 조언에 관한 질문도 추가했다.[4]

우리는 인터뷰 대상자 75명 중 13명에게 실명을 밝히고 기부에 관한 본인의 사연과 생각을 본인의 언어로 함께 나눌 것을 제안했다. 우리가 인터뷰한 모든 기부자는 하나같이 모두 놀랍지만, 이 책에 소개한 기부자들은 놀라운 사연을 갖고 있는 동시에 이 책의 핵심 주제와 맞아떨어지는 부분들이 있었다. 그들에게 허락을 구한 뒤 우리는 인터뷰 전사본을 바탕으로 초안을 작성해 인터뷰 대상자들에게 제공했다. 그들은 이 초안을 다듬었고 일부는 새로운 이야기와 사례를 덧붙이며 내용을 대폭 수정하기도 했다. 추가 편집 단계를 거친 뒤 1인칭 시점으로 작성한 각 기부자의 글을 이 책에 실었다. 이 책에 실명으로 실린 인용문들은 각 기부자에게 허락을 받은 것이다.

엑셀과 SPSS 통계 소프트웨어를 이용해 설문조사 데이터의 빈도와 교차표를 생성하고 카이제곱 유의성 검정을 실시했다. 인터뷰 전사본 일부는 반복되는 주제와 패턴을 확인하기 위해 엔비보(NVivo) 질적 연구 소프트웨어를 통해 코드화했다.

모든 데이터에 대한 우리의 분석, 즉 기부자들 이야기의 가장 중요한 패턴에 대한 우리의 해석은 부분적으로 우리가 자선 분야를 개선하기 위해 공부하고 노력해온 지난 수십 년간의 경험을 바탕으로 한다. 또한 우리는 이런 발견 사항들이 가정 내에서 또는 직업적으로 차세대 기부자들의 참여 유도를 위해 애쓰는 사람과 이런 기부자들이 후원하는 이슈 및 단체에 관심 있거나 이를 통해 혜택을 받는 사람 등 모두에게 어떤 의미인지 살펴본다.

75명의 인터뷰 응답자는 이 책에 인용한 데이터 대부분을 제공한다. 설문 데이터를 통해 얻은 수치 중 몇 가지만 인용했으며, 일부 인용문은 설문조사의 개방식 질문을 통해 얻었다. 우리가 살펴본 많은 패턴과 주제는 처음에 이 설문조사의 분석을 통해 밝혀진 것들이다.[5]

표본의 특성

우리가 이 책에서 묘사한 일부 차세대 기부자는 거의 모든 미국인이 알만한 이름을 갖고 있다. 또다른 일부 차세대는 소득의 상당 부분과 많은 시간을 자선활동에 투자하고 있음에도 불구하고 기부자로서의 인지도가 거의 또는 아예 없다. 우리는 스스로 부를 쌓은 사람들은 물론 상속자들을 상대로 설문조사와 인터뷰를 진행했다. 상속자들의 경우 가족 기부에 참여하는 정도나 유형이 다양했다. 일부는 거대한 글로벌 재단을 가진 가문의 차세대였고, 일부는 특정 지역에만 기부하는 작은 재단을 가진 가문의 차세대였다.

이 책에서 조사한 기부자들은 기부 서클, 기부자조언기금, 온라인, 현물, 이벤트 기부 등 다양한 수단과 활동을 통해 기부했다. 일부는 기부뿐 아니라 투자를 통한 임팩트 만들기에 큰 관심을 보였다. 기부자 대부분은 어릴 때부터 자원봉사에 참여한 경험이 있었다. 일부는 기부자인 동시에 자선 분야 전문가로 활동했는데, 가족재단 운영자나 자선단체 직원 등으로 일했다. 다른 기부자들의 경우 본인이나 본인 가족이 얼마나 대단한 기부자인지, 앞으로 얼마나 대단한 기부자가 될 것인지에 관해 친구나 이웃에게 알리지 않는 편을 선호했다.

우리는 이처럼 평소 접근이 쉽지 않은 집단을 대상으로 거대하고 다양한 표본을 얻기 위해 고군분투했다. 설문조사와 인터뷰 표본을 선택할 때 연령, 성별, 인종, 민족, 지리적 분포 등 다양한 영역에서 다양성 확대를 위한 의식적인 노력을 기울였다. 또한 우리는 스스로 부를 일군 기부자도 많이 포함하려고 했는데, 그들은 잘 알려진 자선단체(이를테면 여러 세대로 구성된 가족재단)에 참여하는 경우가 많지 않아 찾아내기 더욱 어려웠다. 〈표 E.1〉은 설문조사와 인터뷰에 참여한 차세대 기부자 표본 집단의 인구통계학적 특성 및 개인적 특성을 요약한 것이다.[6]

전반적으로 이 책에서 언급한 차세대 기부자들은 고학력 정규직 근무자들이다. 대다수가 기혼이지만 자녀가 없고, 3분의 2는 여성이다. 수입, 재산, 기부금 수준, 자선 관련 증여자산을 고려할 때 그들은 미국 내 사회경제적 지위와 자선적 기여도에서 최상위층에 해당한다. 그들은 현재와 미래에 큰돈을 기부할 수 있는 상당한 능력을 지닌 것이 분명하다.

우리가 초점을 맞춘 연령대(21세에서 40세)는 대략 엑스 세대의 젊은층과 밀레니얼 세대의 나이 많은 층에 해당한다. 우리가 이 연령대에 주목한 이유는 이 차세대 기부자들이 주요 기부자로서의 역할에 적응해나가는 단계에 있기 때문이다. 예컨대 그들은 가족재단에서 좀더 공식적인 자리를 차지하거나 그들이 직접 벌거나 물려받은 재산을 어떤 방식으로 기부할 것인지 고민하기 시작하는 단계다. 〈표 E.1〉에 제시된 나이는 차세대 기부자들이 설문조사나 인터뷰에 참여할 당시의 나이라는 점을 기억하자.[7]

<표 E.1> 설문조사와 인터뷰 표본의 인구통계학적 및 그 밖의 특징

	설문조사	인터뷰
성별	*n*=224	*n*=65
여성	63.8%	63.1%
남성	36.2	36.9
연령	*n*=310	*n*=64
21-25세	13.5	7.8
26-30세	31.0	35.9
31-35세	31.9	17.2
36-40세	23.5	35.9
40세 이상	0.0	3.1
인종/민족	*n*=225	*n*=64
백인	95.6	89.1
아프리카계 미국인/흑인	0.9	4.7
라틴계/히스패닉	0.4	1.6
아시아계 미국인	2.2	7.8
아랍계 미국인	0.0	1.6
아메리카·알래스카 원주민	0.4	0.0
하와이·그 밖의 태평양 섬 원주민	0.9	0.0
혼혈	1.8	6.3
기타	2.7	3.1
교육	*n*=227	*n*=65
전문·박사 학위	8.8	10.8
석사학위	45.4	36.9
학사학위	44.5	52.3
준학사학위	0.4	0.0
고졸/검정고시(GED)	0.9	0.0
결혼/동반자	*n*=226	*n*=64
기혼이거나 장기 동반자 관계	60.6	54.7
싱글, 미혼이거나 동반자 관계	34.5	37.5
싱글, 이혼	4.0	1.6
별거	0.4	1.6
기타	0.4	4.7
가정 내 18세 이하의 자녀	*n*=227	*n*=63
0명	61.2	76.2
1~3명	38.8	23.8

	설문조사	인터뷰
거주지	*n*=194	*n*=63
북동부	31.4	35.0
오대호/중서부	20.7	12.7
남부/대서양 남부	23.2	15.9
태평양/산악 지역	24.8	36.5
고용 상태	*n*=227	*n*=64
풀타임(주 40시간 이상)	61.2	54.7
파트타임(주 40시간 미만)	13.2	6.3
자영업	8.8	25.0
학생, 미취업	8.4	9.4
집안 살림, 미취업	5.3	3.1
기타	3.1	1.6
정치 성향	*n*=225	*n*=63
매우 진보적	12.4	20.6
진보적	42.7	52.4
중도/무당파(independent)	27.6	23.8
보수적	13.8	3.2
매우 보수적	1.8	0.0
모름	1.8	0.0
종교	*n*=225	*n*=63
기독교	34.7	22.2
유대교	32.0	28.6
불교	1.3	3.2
힌두교	0.0	1.6
불가지론자	12.0	15.9
무신론자	4.9	14.3
없음	12.0	9.5
기타	3.1	4.8
종교활동 참여	*n*=224	*n*=63
주 1회 초과	2.2	0.0
주 1회	13.8	4.8
월 1회	25.0	17.5
연 1회	10.3	12.7
연 1회 미만	4.5	4.8
종교 기념일에만	24.1	33.3
안 함	20.1	27.0
부를 얻게 된 세대	*n*=307	*n*=38
본인이 직접 부를 일굼	7.2	15.8

	설문조사	인터뷰
본인 세대의 다른 가족 구성원	2.0	2.6
부모 세대	41.0	34.2
조부모 세대	34.9	18.4
증조부 세대	12.1	15.8
고조부 이전 세대	2.3	10.5
모름	0.7	2.6
연간 개인 소득	*n*=227	*n*=61
$50,000 이하	23.5	9.8
$50,000~$100,000	21.3	21.3
$100,000~$500,000	47.8	54.1
$500,000~$1,000,000	4.8	6.6
$1,000,000 초과	2.6	8.2
개인 순자산	*n*=274	*n*=61
$100,000 이하	17.9	8.2
$100,000~$500,000	24.8	6.6
$500,000~$1,000,000	14.6	14.8
$1,000,000–$10,000,000	34.3	42.6
$10,000,000 초과	8.4	27.9
연간 개인 기부	*n*=310	*n*=62
현재 없음	2.6	0.0
$1,000 이하	29.0	8.1
$1,000~$5,000	26.2	16.1
$5,000~$10,000	15.1	17.8
$10,000~$50,000	19.4	29.0
$50,000~$100,000	3.5	6.5
$100,000 초과	4.2	22.6
연간 가족 기부	*n*=303	*n*=60
$10,000 이하	12.5	3.3
$10,000~$50,000	16.9	10.0
$50,000~$250,000	15.9	18.3
$250,000~$1,000,000	27.8	16.7
$1,000,000~$5,000,000	10.9	31.7
$5,000,000 초과	12.2	13.3
모름	4.0	6.7
가족 자선 관련 증여자산	*n*=303	*n*=60
$500,000 이하	16.5	10.0

	설문조사	인터뷰
$500,000~$5,000,000	16.8	13.3
$5,000,000~$25,000,000	15.5	21.7
$25,000,000~$100,000,000	14.2	23.3
$100,000,000~$500,000,000	5.3	8.3
$500,000,000 초과	1.3	3.3
모름	30.4	20.0

조사 대상은 역량이 뛰어난 미국 내 차세대 기부자로 한정했다. 다만 미국 전역의 기부자들이 포함되었고 혼혈 출신과 글로벌 자선에 관심 있는 개인들도 많았다. 우리는 이 연구가 다른 나라의 차세대 기부자들은 물론 기부와 생활권 양쪽 측면에서 국경을 넘나드는 주요 기부자들에 관한 추가 연구로 이어질 수 있기를 희망한다.[8]

설문조사와 인터뷰 표본에는 본인의 정치 성향이 자유주의적/진보적 또는 중도라고 밝힌 기부자가 많았고 보수적이라고 답한 기부자는 극소수였다. 이는 이 세대 전체가 이전 세대보다 자유주의적이고 진보적인 탓도 있을 것이다.[9] 또한 기존의 여러 차세대 기부자 네트워크 중에는 진보 성향이 많고 보수 성향이 적다. 우리는 인터뷰 표본 중에서 정치적 보수주의자의 수를 늘리려고 했지만 그런 성향의 기부자를 많이 만날 수 없었다. 비록 우리가 인터뷰한 정치적 보수주의자들은 차세대 기부의 핵심 요소에 특별히 다른 점이 없었지만 우리는 이 문제가 향후 연구를 통해 더 밝혀지기를 바란다.

우리의 차세대 기부자 표본에는 미국 인구 대비 훨씬 많은 유대인이 포함되어 있는데, 어쩌면 샤나 골드세커와 유대계 자선 공동체의 특별한 인연과 인맥 탓일지도 모른다. 이런 경험의 장점은 더 많은 차세대 기부자를 연구에 참여시켜 자선에 대한 솔직한 견해를 밝히게 했다는 것이다. 하지만 순자산 가치가 높은 유대인 비율이 미국 인구 대비 높다는 것을 고려할 때 이런 과다 표본은 눈에 보이는 것처럼 그렇게 심각한 문제는 아니다.[10]

우리의 표본에서 백인이 아닌 차세대 기부자 수는 전체 인구 대비 상당히 적었다. 이는 순자산 가치가 높은 미국인 중 유색인, 특히 아프리카계 흑인과 라틴계/히스패닉의 비율이 전체 인구 대비 훨씬 낮기 때문이다. 사실 우리의 인터뷰 표본에는 실제 순자산 가치가 높은 인구와 비교했을 때 더 높은 비율의 비(非)백인 인종/민족(그리고 혼혈) 출신 기부자들이 포함되어 있다.[11] 여기서도 우리는 다양한 인종 및 민족 범주에 속한 차세대 기부자를 찾아내기 위해 특별한 노력을 기울였다.

현재의 한계점과 향후 연구

이 연구는 현실에서 만나기 어려운 인구를 대상으로 한 탐색적인 단면 연구로서 어떤 한계점을 갖고 있다. 우리는 이 연구를 기반으로 하는 다른 연구를 통해 그 한계점이 극복될 수 있기를 바란다. 먼저 이 연구는 차세대 기부자들의 행동을 직접 관찰한 것이 아니라 그들이 생각하거나 말하는 그들의 자선 방식을 주로 분석했다. 그들의 행동에 관한 자체적인 증언을 담아냈을 뿐 이 가상 행동에 대한 태도와 믿음을 분석하지는 않았다. 우리는 차세대 기부자들을 관찰하고 함께 일해온 도합 40여 년의 경험을 바탕으로 이 연구 결과를 발표했으며 우리의 평가에 대해 자신감을 갖고 있다. 하지만 연구 대상들이 하는 모든 말이 그들의 행동에 반영되는 것은 아니다. 따라서 차세대 기부자들의 행동을 면밀히 관찰하는 데 초점을 맞춘 향후 연구가 중요하다.

마찬가지로 우리가 발견한 차세대 기부자들의 자선적 성향과 접근법이 기성세대 기부자들에 관한 기존 연구와 비슷하거나 다른 경우가 있지만 이 책에서 소개한 세대별 차이점 중 상당 부분은 차세대 기부자들이 분명한 차이라고 인식하는 것을 기반으로 한다. 차세대의 부모와 조부모는—그리고 이전 세대의 다른 주요 기부자들은—차세대가 생각하는 세대별 차이점에 동의하지 않을 수도 있음을 기억하자. 차세대에 대한 기성세대의 인식을 분석한 향후 연구와 각 세대의 자선과 철학에 대한 유사한 데이터를 비교하는 추가 연구도 흥미로울 것이다.

이와 같은 연구의 또다른 질문은 다음과 같다. 차세대 기부자들이 현재 선호하는 접근법이 그들의 일생에 걸쳐 지금과 같을지 어떻게 안단 말인가? 이 책의 연구 결과 중 어떤 것이 기부에 관한 엑스 세대와 밀레니얼 세대의 독특한 시각에서 기인한 것이고, 어떤 것이 단지 오늘날 떠오르는 모든 기부자의 선호도에서 기인한 것인가? 우리가 이 책에 담은 내용 중 어느 정도가 동시대 출생 집단 효과(cohort effect)이고, 어느 정도가 생애주기 효과(life cycle effect)일까? 확실히 이 책은 인생의 한 시점, 발달과정의 한 시기에 놓인 차세대 기부자들의 모습을 보여준다. 하지만 아무리 제한된 형태라 할지라도 그들이 좀더 적극적인 기부자로 변해가는 중요한 순간을 담고 있다는 의미에서 우리는 이 책이 오늘날 차세대 기부자들의 스냅사진으로 유용하다고 생각한다.

우리에게는 이런 발견이 일시적 특징을 넘어선다고 믿을 만한 근거가 있다. 우리는 (앞서 인용한) 연구를 통해 각 세대의 일생에 걸쳐 유지되는 세대별 성격을 발견했고, 발달심리학을 통해 성장기에 형성된 성격 특징과 성향은 우리의 핵심적인 성격으로 평생 남게 된다는 것을 알게 되었다. 다시 말해 이 책에서 소개한 차세대 기부자들의 많은 특징은 그들이 나이가

든 다음에도 유지될 것으로 예상할 수 있다. 하지만 우리는 이 기부자들이 나이가 들어 자선 분야에서 더 많은 책임을 떠안는 과정을 추적하는 종단적 연구를 통해 이런 질문들에 대한 답이 나올 수 있기를 바란다. 이들 기부자는 매우 젊은 나이부터 기부를 시작한 사상 첫 세대고 우리는 일생에 걸쳐 이들의 태도와 행동을 추적할 수 있으므로, 본 연구는 하나의 기준점으로 유용할 수 있다. 우리는 역사상 가장 주목할 만한 자선가로서 그들이 오랫동안 연구되기를 희망한다.

마지막으로 결론에서 언급했듯이 우리의 차세대 기부자 표본에는 선택 편향이 존재한다. 이 연구에 포함된 기부자들은 현재 자선 분야에서 활발히 활동중인 사람들로 자선적 정체성을 형성하는 과정에 있으며 기부에 대한 나름의 생각과 계획을 갖고 있다. 그렇다면 우리는 그들이 나중에 주요 기부자로 활약하게 될 엑스 세대나 밀레니얼 세대 전체를 대변한다고 주장할 수 없다. 이 연령대에는 아직 자선의 여정에 뛰어들지 못한 사람들이 많다. 그동안 충분히 연구되지 않았던 이 집단에 대한 귀납적이고 생성적인 초기 연구로서 어느 정도의 선택 편향은 불가피한 것으로 여겨진다.

하지만 앞서 설명한 것처럼 우리가 연구한 표본 집단, 즉 차세대 기부자 표본에 포함된 기부자들은 앞으로 규모가 더 커지고 영향력을 행사할 집단의 지도자가 될 것이다. 따라서 우리의 연구 목적은 초기 조사를 통해 그들을 자세히 살펴보는 것이다. 이 책의 차세대 기부자들은 기부의 미래를 위해 차세대의 길을 닦고 있다. 그들은 새로운 동료들이 합류함에 따라 비슷한 세대 역학의 영향을 받는 동시에, 이미 활발히 활동중인 동료들에게서 영감과 자극을 받을 것이다. 다시 말하지만 차세대가 미국 내 고액 기부자로 입지를 굳혀가는 동안 이 책에서 소개한 추세가 계속 유지될 것인지 확인할 방법은 더 광범위한 차세대 기부자들에 관한 추가 연구밖에 없다.

감사의 말

무엇보다 이 책의 심장이라 할 수 있는 수백 명의 차세대 기부자─그들 중 대다수는 익명으로 소개되었다─에게 감사드린다. 여러분이 우리에게 마음을 열어 희망과 두려움, 꿈과 어려움에 대해 솔직히 털어놓지 않는다면 이런 프로젝트는 그 어떤 성과도 거둘 수 없기 때문이다. 우리를 믿어준 데 대해 고마움을 전한다. 우리가 여러분의 모습을 표현하는 데 부당한 부분이 없기를 바란다.

커튼 밖으로 걸어나와 이 책에서 이름을 밝히고 자신의 이야기를 들려준 13명의 기부자에게 특별히 더 고맙다. 여러분은 집필 및 편집 과정에 많은 시간을 할애했을 뿐 아니라 매우 협조적이었다. 우리는 이런 노력으로 인해 여러분이 걱정하는 이슈들이 좀더 조명받을 수 있기를, 여러분이 용감하게 제안한 혁신적인 전략들을 다른 사람들이 많이 활용할 수 있기를 바란다. 차세대─그리고 현재 세대─의 지도자가 되어주어 감사하다.

설문조사 응답자든 긴 인터뷰의 참여자든 여기에 소개된 차세대 기부자들은 자신들의 엄청난 자선적 책임과 기회를 진지하게 받아들이는 것처럼 이 책에서의 핵심적인 역할을 진지하게 받아들였다. 이 프로젝트가 진행되는 동안 많은 사람이 우리가 주장하는 것처럼 차세대 기부자들이 실제로 그렇게 진지하냐고 물어왔다. 이 책을 읽어보면 그에 대한 확실한 증거를 얻을 수 있을 것이라고 생각한다. 독자들은 차세대 기부자들이 말하는 자기 자신과 자신의 기부, 타인과 나누고자 하는 의지에 관한 이야기를 통해 그들의 진정한 관대함, 성실함, 심지어 취약함까지 확인할 수 있을 것이다. 그들은 우리를 괴롭히는 문제들을 해결하는 일에 마음과 정신을 모두 쏟고 있다.

수년에 걸쳐 엄청난 시간과 에너지를 요구하는 이런 야심만만한 노력에는 핵심 파트너들의 자원과 인내심, 끊임없는 지원이 반드시 필요하다.

샤나는 앤드리아 앤드 찰스 브론프먼 필란트로피스(Andrea and Charles Bronfman Philanthropies, 2019년에 문을 닫음)의 찰스 브론프먼, 고(故) 앤드리아 브론프먼, 제프리 솔로몬, 존 후버에게 감사의 말을 전한다. 그들은 그녀를 믿어주었고 21/64에 대한 초기 투자를 통해 이 책이 탄생할 수 있도록 도와주었다. 또한 샤나는 존 후버, 도리언 골드먼, 마빈 이스라엘로, 제니퍼 그루브먼 로젠버그, 게일 노리, 세라 오제이 등 현재 21/64의 이사회 회원들이 그녀의 지도력, 팀, 조직의 미션에 대해 보여준 격려와 지지에 고마움을 전한다.

마이클은 도로시 A. 존슨 필란트로피 센터의 가족 자선재단을 위한 프레이 재단 회장으로서 그의 역할을 지지해준 이들, 특히 프레이 재단과 그랜드밸리주립대학에 감사드린다. 이 센터와 대학은 장기적인 관점에 입각해 마이클에게 이 프로젝트를 성공적으로 진행할 수 있는 공간을 마련해주고 격려를 아끼지 않았다. 딘 조지 그랜트, 카일 콜드웰, 폴 스탠스비, 테리 베렌스, 고 짐 에드워즈에게 특별히 감사함을 전한다.

우리는 이 책의 연구, 개발, 제작을 가능하게 했던 헌신적인 초기 후원자들에게 감사의 말을 전하고 싶다. 앤드리아 앤드 찰스 브론프먼 재단, 맥스 M. 앤드 마저리 S. 피셔 재단, 셸리와 셸던 골드세커, 타르사디아 재단, 테코바스 재단, 프리다 C. 폭스 가족재단의 청년 자선 연결 프로그램 등이 여기에 포함된다. 이런 새로운 정보와 추가 자료가 효율적인 기부의 확대와 발전을 위해 자선 분야와 관련 독자들에게 널리 전파될 수 있도록 힘써준 빌 앤드 멀린다 게이츠 재단에도 감사드린다.

기존 「차세대 기부자들(Next Gen Donors)」 보고서와 「차세대 기부자들 : 유대인 기부의 미래(Next Gen Donors: The Future of Jewish Giving)」 보고서의 후원자들에게도 고마움을 전한다. 여기에는 맥스 M. 앤드 마저리 S. 피셔 재단, 조이스 앤드 어빙 골드먼 가족재단, 유진 앤드 애그니스 E. 마이어 재단, 모닝스타 재단, 익명의 기부자가 포함된다.

첫 보고서의 연구 및 배포는 전국에 분포한 파트너 단체들의 네트워크를 통해 이루어졌다. 여기에는 소규모 재단 연합(현 엑스포넌트 필란트로피), 볼티모어 지역 보조금 배분자 연합, 볼더 기빙(현 대응 자선을 위한 국립센터의 일부), 재단위원회, 미시간재단위원회, 이머징 프랙티셔너스 인 필란트로피, 보조금 배분자 지역 연합 포럼, 그랜드 스트리트, 그랜트 크래프트, 인디애나 보조금 배분자 연합(현 인디애나 자선 연합), 유대인 공동기금, 유대인 후원자 네트워크, 점프스타트, 리버티 힐 재단, 미니애폴리스 재단, 가족자선재단을 위한 국립센터, 리소스 제너레이션 등이 포함된다.

지난 몇 년간 이 작업을 도와준 우리 단체의 전현직 동료들에게도 깊은 감사의 뜻을 표한다. 21/64의 대니엘 오리스티언 요크, 바버라 테일러, 세라 핀켈스타인, 애디나 슈워츠, 에린 트로티어, 로빈 셰인, 안디네 수타르자디, 다비 라스키, 조스 탈하이머와 존슨센터의 태라 베이커, 얼리샤 키어

손, 앤드루 클라우커티, 셰리 콜버, 줄리 쿠튀리에, 셰리 홀, 베브 하케마, 티애나 하우버, 캐런 훅스트라, 홀리 호니그, 케이티 키루악, 앨리슨 루고 냅, 대니엘 라조이, 토리 마틴, 패티진 매커힐, 하이디 맥피터스, 마크 세인트아무르, 로버트 셰일럿, 우리가 여러분과 이 여정을 함께할 수 있었던 것은 행운이었고 그간 여러분의 귀한 조언에 고마움을 전한다.

이 분야의 다른 많은 동료에게도 감사의 뜻을 표한다. 이 책의 출간을 위해 경험, 조언, 추천을 아낌없이 보태준 이들은 다음과 같다. 마이클 앨버그-세버리치, 마이클 밸러오잉, 레이철 벤디트, 프레다 허츠 브라운, 크리스 카도나, 레슬리 크러치필드, 에밀리 데이비스, 에이드리엔 디카스파로, 코번트리 에드워즈-피트, 데릭 펠드먼, 제이슨 프랭클린, 엘리 프라이, 메리 갤러티, 졸린 고드프리, 애니 허낸데즈, 앤디 호, 제이 휴스, 브루스 카마진, 숀 랜더스, 로라 로더, 콜린 더빈 미첼, 테리 모스케다, 사티아 파텔, 엘런 페리, 아이-젠 푸, 에이미 래비노, 니티카 라지, 애나 글로리아 리바스-베즈케즈, 로젤마 서맬라, 캐서린 스콧, 폴 슈메이커, 더그 비턴티 스튜어트, 데이비드 스틸먼, 제니퍼 스타우트, 어바시 베이드, 잰 윌리엄스, 리처드 우, 킴 라이트.

또한 이 책을 위해 힘써준 편집자, 디자이너, 다른 컨설턴트들도 있다. 이 모든 과정에 매우 열정적이고 중요한 파트너—우리에게 최고의 독자이자 영리한 조언자—였던 하이디 토보니에게 깊은 감사의 뜻을 전한다. 하이디는 증보판에 추가된 최선의 전략 가이드와 토론 가이드를 개발하면서 우리와 긴밀히 협력하기도 했다. 리사 주니가, 로리 핑크, 캐런 베리, 콜레트 신, 리사 왕, 피터 루흐티, 마크 포티어, 맷 도프, 메리 프랭클린에게도 고마움을 표한다. 와일리출판사의 편집자 브라이언 닐은 이 프로젝트에 뜨거운 열정을 쏟았고 우리의 모난 글을 잘 다듬어주었다.

마지막으로 우리가 각각 감사의 말을 전하고 싶은 사람들은 다음과 같다.

샤나

마이클, 2011년 필라델피아 리딩 터미널에서 처음 토론을 나눈 이후 당신과 함께 작업하게 되어 너무 즐거웠어요. 우리의 다음 프로젝트도 몹시 기대됩니다. 엄마, 아빠, 저에게 기부정신을 일깨워주고 여러 세대로 구성된 자선 테이블에 초대해주셔서 감사합니다. 사이먼, 차세대가 바랄 수 있는 최고의 남편이자 파트너가 되어줘서 고마워. 오언과 사샤, 너희는 나의 영감이야. 모두 사랑한다.

마이클

샤나, 진정한 선의와 믿음, 인내를 바탕으로 내가 기대할 수 있는 최선의 자세로 이 공동작업에 참여해줘서 고마워요. 내가 눈을 뜬 그 순간부터, 그 액수가 얼마가 되었든 열린 마음과 열린 눈으로 하는 기부가 선한 인간의 도리임을 가르쳐준 내 가족에게 무한한 감사의 뜻을 전합니다. 격려, 위로, 머리 식히기 등 그때그때 내게 필요한 것을 제공해준 내 아내 캐런 지비에게 많은 사랑과 고마움을 전합니다.

증보판 서문

1. 『임팩트 세대』, 1장, p. 33.

2. 예컨대 세대별 기부에 대한 최신 데이터에 따르면 엑스 세대와 밀레니얼 세대가 전체 기부에서 차지하는 비중은 매년 더 늘어나고 있다. Mark Rovner, *The Next Generation of American Giving*(Blackbaud Institute for Philanthropic Impact, 2018). 또한 (안타깝게도) 미국인 기부자 수는 줄고 있지만 전체 기부액은 여전히 증가 추세임을 보여주는 좋은 증거가 있다. 이는 차세대 주요 기부자들을 포함한 고액 기부자들이 전체 기부액에서 더 큰 부분을 책임지고 있다는 의미다. Patrick M. Rooney, "The Growth in Total Household Giving Is Camouflaging a Decline in Giving by Small and Medium Donors: What Can We Do about It?" *Nonprofit Quarterly*, April 27, 2019.

3. 일부 차세대 기부자는 상속인인 동시에 자수성가자이며 우리 연구의 표본에도 이런 개인들이 포함되었다. 이 기부자들은 양쪽 정체성 간의 긴장관계와 그것을 극복하는 방법—이를테면 개인적 수단을 통해 당장 새로운 기부 방식을 도입하면서 가족적 수단을 점진적으로 변화시키는 방법—에 대해 들려주었는데, 이것은 우리가 양쪽 그룹 간의 차이점과 공통점을 파악하는 데 도움이 되었다.

4. 비영리단체와의 친밀한 관계를 통해 기부자들을 더 나은 파트너로 만들 수 있는 또 다른 방법은 해당 단체가 원하는 종류의 후원의 가치 프로그램 후원이 아닌 운영지원, 단기 지원금이 아닌 영구기금과 계획된 기부의 가치를 깨닫게 돕는 것이다. 차세대 기부자들은 성향상 이런 종류의 기부를 잘 하지는 않지만—임팩트를 눈으로 확인할 수도 없는데, 왜 사망 이후로 기부를 미룬단 말인가?—그들이 긴밀히 협력하는 단체에 그것이 필요하다는 사실을 알게 되면 그런 후원을 하게 될 것이다.

1장 서문 : 가장 주목할 만한 자선가들

1. 더 많은 예시는 다음을 참고하라. Joel L. Fleishman, J. Scott Kohler, and Steven Schindler, *Casebook for The Foundation: A Great American Secret*(New York: Public Affairs Books, 2007).

2. Waldemar A. Nielsen, *Golden Donors: A New Anatomy of the Great Foundations* (New York: Routledge, 2001).

3. Sean Parker, "Philanthropy for Hackers," *Wall Street Journal*(June 26, 2015). 숀 파커는 이 글을 쓸 당시 서른일곱 살이었으며 냅스터의 창립자, 페이스북의 전 회장, 기술업계 기업가, 투자자다.

4. 예시는 다음을 참고하라. John J. Havens and Paul G. Schervish, *A Golden Age of Philanthropy Still Beckons: National Wealth Transfer and Potential for Philanthropy Technical Report*(Boston College Center on Wealth and Philanthropy, 2014); Leslie R. Crutchfield, John V. Kanna, and Mark R. Kramer, *Do More Than Give: The Six Practices of Donors Who Change the World*(San Francisco: Jossey-Bass, 2011); Leslie Lenkowsky, "Big Philanthropy," *The Wilson Quarterly* 31(1) (2007): 47-51; Peter Singer, "What Should a Billionaire Give—and What Should You?" *New York Times Magazine*, December 17, 2006.

5. Emmanuel Saez and Gabriel Zucman, "Wealth and Inequality in the United States Since 1913: Evidence from Capitalized Income Tax Data" (working paper 20625, National Bureau of Economic Research, Washington, D.C., 2014).

6. Chuck Collins and Josh Hoxie, *Billionaire Bonanza Report: The Forbes 400 and the Rest of Us*(Washington, D.C.: Institute for Policy Studies, 2015). Deborah Hardoon, *An Economy for the 99%* (Oxford, U.K.: Oxfam International, 2017). See also Credit Suisse, *Global Wealth Databook 2016*(Zurich: Credit Suisse AG Research Institute, 2016).

7. Saez and Zucman, "Wealth and Inequality."

8. Lawrence Mishel and Alyssa Davis, *Top CEOs Make 300 Times More than Typical Workers*(issue brief #399, Economic Policy Institute, Washington, D.C., 2015).

9. 〈포브스〉의 연례 발표를 기반으로 한다. 역사적 통계는 다음을 참고하라. "Number of Billionaires in the United States from 1987 to 2012," http://www.statista.com/statistics/220093/number-of-billionaires-in-the-united-states/.

10. *The 2016 U.S. Trust Study of High Net Worth Philanthropy*(U.S. Trust and Indiana University Lilly Family School of Philanthropy, 2016). John J. Havens, Mary A. O'Herlihy, and Paul G. Schervish, "Charitable Giving: How Much, By Whom, To What, and How?" in *The Nonprofit Sector: A Research Handbook*, ed. Walter W. Powell and Richard Steinberg, 2nd ed. (New Haven, CT: Yale University Press, 2006).

11. Havens and Schervish, *Golden Age*. 가족 구성원이 살아 있을 때 이전되는 자산

의 총 가치는 59조 달러에 포함되지 않기 때문에 전체 이전 금액은 훨씬 더 클 것으로 예상된다. 또한 이런 예측치는 향후 수십 년간의 경제를 보수적으로 전망한 것이다. 결국 훨씬 더 큰 부가 이전될 수 있다는 뜻이다.

12. 엑스 세대와 밀레니얼 세대의 특성에 관한 복잡한 양상은 해당 세대에 관한 많은 문화적 해설과 제한된 학문 연구에 등장한다. 다음을 참고하라. Paul Taylor, *The Next America: Boomers, Millennials and the Looming Generational Showdown*(New York: PublicAffairs, 2014); Jean Twenge, *Generation Me: Why Today's Young Americans Are More Confident, Assertive, Entitled—And More Miserable Than Ever Before*, Revised and Updated Edition(New York: Atria, 2014); Neil Howe, "Generation X: Once Extreme, Now Exhausted," *Forbes* (August 27, 2014); Joel Stein, "Millennials: The Me Me Me Generation," *Time* (May 20, 2013); Christine Henseler, ed., *Generation X Goes Global: Mapping a Youth Culture in Motion*(New York: Routledge, 2012); Paul Taylor and Scott Keeter, eds., *Millennials: Confident. Connected. Open to Change*(Pew Research Center, 2010); Bernard Rosen, *Masks and Mirrors: Generation X and the Chameleon Personality*(Westport, CT: Praeger, 2001); Neil Howe and William Strauss, *Millennials Rising: The Next Great Generation*(New York: Vintage Books, 2000).

13. 전반적으로 엑스 세대와 밀레니얼 세대는 이전 세대와 비교해 인생의 비슷한 시기에 기부를 조금 덜 한다는 새로운 증거가 있다. 하지만 이것은 재산 수준을 불문한 해당 세대의 모든 사람을 기준으로 한 것일 뿐, 그 세대 내에서 부유한 사람들을 기준으로 보면 그렇지 않았다. 흥미롭게도 차세대 남성은 이전 세대보다 기부를 덜 했지만 차세대 여성은 이전 세대보다 더 많이 기부했다. Women's Philanthropy Institute, *WomenGive16*(Indiana University Lilly Family School of Philanthropy, 2016) 참고. '부록 E'에 소개한 것처럼 우리의 설문 및 인터뷰 대상자 중 3분의 2는 여성이었다.

14. 이 책에서는 삶의 현재 단계에서 기부에 가장 적극적이고 성찰적인 차세대 기부자들에게 초점을 맞춘다. 우리 연구의 한계에 관한 긍정적이고 부정적인 함의는 12장과 부록을 참고하라.

15. 이 책은 우리가 널리 인용한 2013년 보고서를 바탕으로 한다. 21/64 and Dorothy A. Johnson Center for Philanthropy, *Next Gen Donors: Respecting Legacy, Revolutionizing Philanthropy*(2013); nextgendonors.org에서 확인 가능하다. 이 보고서는 〈뉴욕타임스(New York Times)〉, 〈포브스〉, 〈크로니클 오브 필란트로피(Chronicle of Philanthropy)〉, 〈스탠퍼드 소셜 이노베이션 리뷰(Stanford Social Innovation Review)〉, 〈허핑턴 포스트(Huffington Post)〉, 〈얼라이언스

(Alliance)〉의 기사, 블로그, 사설에서 논의되었다. 당시 우리가 작성한 요약본은 다음을 참고하라. Sharna Goldseker and Michael Moody, "Young Wealthy Donors Bring Taste for Risk, Hands-On Involvement to Philanthropy," *Chronicle of Philanthropy*(May 19, 2013), and Amy Clarke et al., "What Do the Next Generation of Major Donors Want?" *Alliance 18*(4) (December 2013).

2장 임팩트를 보여줘

1. 이 글을 쓸 당시 서른여섯 살이던 마크 저커버그는 페이스북 창립자이자 회장이자 CEO다. 2016년 기준으로 그의 순자산은 500억 달러 이상이었다. 그의 아내 프리실라 챈은 소아과 의사이자 전직 고등학교 교사였다. 그들의 다른 자선 이니셔티브로는 뉴저지주 뉴어크공립학교 개혁을 위한 1억 달러, 샌프란시스코만 내 지역 공립학교 개혁을 위한 1억 2000만 달러, 실리콘밸리 커뮤니티 재단(Silicon Valley Community Foundation)에 기부한 거의 10억 달러 상당의 페이스북 주식 등이 포함된다.

2. 챈 저커버그 이니셔티브 홈페이지는 다음과 같다. chanzuckerberg.com.

3. www.goodventures.org and www.openphilanthropy.org. 카리 투나는 인터뷰에서 "가장 공격적이고 마케팅에 뛰어난 자선이 반드시 가장 좋은 일을 많이 하는 것은 아니다"라고 말했다. 이 내용은 다음의 글에 인용되었다. Vindu Goel, "Philanthropy in Silicon Valley: Big Bets on Big Ideas," *New York Times*, November 4, 2016, p. F7.

4. Parker, "Philanthropy for Hackers" (see Chap. 1, n. 3).

5. 파커 재단(Parker Foundation) 웹사이트에서 인용. parker.org/about.

6. *The 2016 U.S. Trust Study; Cause, Influence, and the Next Generation Workforce: The 2015 Millennial Impact Report* (Achieve, Inc., 2015) (see Chap. 1, n. 10); K. M. Rosqueta, K. Noonan, and M. Shark, "I'm Not Rockefeller: Implications for Major Foundations Seeking to Engage Ultra-High-Net-Worth Donors," *The Foundation Review 3*(4) (2011): 96–109; A. Goldberg, K. Pittelman, and Resource Generation, *Creating Change through Family Philanthropy: The Next Generation*(Brooklyn, NY: Soft Skull Press, 2006); Paul G. Schervish, "Today's Wealth Holder and Tomorrow's Giving: The New Dynamics of Wealth and Philanthropy," *Journal of Gift Planning* 9 (2005): 15–37; F. Ostrower, *Why the Wealthy Give: The Culture of Elite Philanthropy*(Princeton, NJ: Princeton University Press, 1995).

7. P. Slovic et al., "Psychic Numbing and Mass Atrocity," in *The Behavioral*

Foundations of Public Policy, ed. E. Shafir (Princeton, NJ: Princeton University Press), 126-142.

8. 이 때문에 구호단체들이 엄청난 통계—"허리케인 이재민 300만 명을 도우세요"—보다는 한 개인의 고통에 관한 이야기—"집을 잃은 어린 소녀를 도와주세요"—를 강조하는 것일지도 모른다. 〈뉴욕타임스〉칼럼니스트 니컬러스 크리스토프(Nicholas Kristof)는 다음 글에서 이런 주장을 했다. N. D. Kristof and S. WuDunn, *A Path Appears: Transforming Lives, Creating Opportunity* (New York: Alfred A. Knopf, 2015), 191-195.

9. S. Colby, N. Stone, and P. Cartarr, "Zeroing in on Impact: In an Era of Declining Resources, Nonprofits Need to Clarify Their Intended Impact," *Stanford Social Innovation Review*(Fall 2004), http://centreonphilanthropy.com/files/kb_articles/1251128244Zeroing%20in%20on%20Impact.pdf.

10. 영구성과 '소비 방식'에 관한 논의는 우리의 인터뷰에서 많이 다루지 않았지만 이 내용이 언급되었을 때 차세대 기부자는 나중이 아니라 지금 당장 최대의 임팩트를 얻기 위한 소비 방식을 열렬히 옹호하는 일이 많았다. 우리 조사에서 10.1퍼센트의 기부자는 유증 계획이 있거나 기부 연금이나 다른 계획 기부 수단을 이용중이라고 답했다.

11. 이 논의는 최근 비영리세계에서 특히 뜨겁다. 다음을 참고하라. Paul Shoemaker, "Reconstructing Philanthropy from the Outside In," *Stanford Social Innovation Review*(February 2015); Dan Pallotta, *Uncharitable: How Restraints on Nonprofits Undermine Their Potential*(Lebanon, NH: Tufts University Press, 2008); 간접비 신화(Overhead Myth) 캠페인을 위한 웹사이트(overheadmyth.com).

12. U. Gneezy, E. Keenan, and A. Gneezy, "Behavioral Economics: Avoiding Overhead Aversion in Charity," *Science* (October 31, 2014).

3장 새로운 황금기를 위한 전략 변화

1. 우리의 설문조사에서 자신의 대의가 이전 세대의 대의와 다르다고 답한 사람들은 가족 기부에 적극적으로 참여하지 않는다고 응답할 확률이 훨씬 높았다.

2. Paul Brest, "Strategic Philanthropy and Its Discontents," *Stanford Social Innovation Review*(April 2015); Crutchfield, Kanna, and Kramer, *Do More Than Give*; Patricia Patrizi and Elizabeth Heid Thompson, "Beyond the Veneer of Strategic Philanthropy," *The Foundation Review* 2(2011): 52-60; Thomas J. Tierney and Joel L. Fleishman, *Give Smart: Philanthropy That Gets Results*(New York: Public Affairs Books, 2011); Peter Frumkin, *Strategic Giving: The Art and*

Science of Philanthropy(Chicago: University of Chicago Press, 2006).

3. 이 연구에서 말하는 '가족' 기부는 기부자의 확대가족이 사용하는 기부 수단—가 장 일반적인 형태는 이전 세대가 설립한 가족재단—을 가리킨다. '개인적' 기부는 차 세대 기부자 본인과 차세대 기부자의 배우자/파트너, 자녀의 기부를 말한다.

4. Olivier Zunz, *Philanthropy in America: A History*(Princeton, NJ: Princeton University Press, 2012); Peter Dobkin Hall, "A Historical Overview of Philanthropy, Voluntary Associations, and Nonprofit Organizations in the United States, 1600–2000," in *The Nonprofit Sector: A Research Handbook*, ed. Walter W. Powell and Richard Steinberg, 2nd ed(New Haven, CT: Yale University Press, 2006).

5. 차세대 기부자들은 분명 이전 세대보다 인종정의와 사회정의/시민권—다음 장에서 소개할 운동 조직에 대한 후원 등—에 더 많은 기부를 하고자 했다. 그럼에도 불구 하고 그들에게 가장 중요한 자선적 열정이 무엇이냐고 물었을 때 이런 항목들이 많 이 언급되지는 않았다. 우리가 만난 유색인 기부자들은 인종 또는 사회정의를 더 많 이 후원하는 방식으로 기부 분야의 지형을 변화시키기보다는 전략 변경과 새로운 도구 혁신에 더욱 집중했다. 그들은 이런 지형 변화를 원했지만 그것은 그들이 가진 기부 전략 변화에 대한 욕구만큼 두드러지지 않았다.

6. Taylor, *Next America*, pp. 8, 30, and 119 (see Chap. 1, n. 12); Taylor and Keeter, *Millennials*; L. Kaufman, "Selling Green: What Managers and Marketers Need to Know about Consumer Environmental Attitudes," *Environmental Quality Management* 8(4) (1999): 11–20.

7. Peter Diamandis, *Abundance: The Future Is Better Than You Think*(New York: Free Press, 2012).

8. 일부 연구에 따르면 기부자들은 정보가 중요하다고 말하면서도 기부 결정을 할 때 반드시 정보를 수집하고 결정하는 것은 아니라고 한다. Hope Consulting, *Money for Good II*(San Francisco: Hope Consulting, 2011).

4장 혁신하지 않을 이유가 없잖아?

1. Pavithra Mohan, "Here's Why the Chan Zuckerberg Initiative Is an LLC, According to Zuck," *Fast Company*(December 3, 2015). See also Megan O'Neil, "Chan Responds to Questions About Plans for Facebook Fortune," *Chronicle of Philanthropy*(December 22, 2015); Benjamin Soskis, "Will Zuckerberg and Chan's $45bn Pledge Change Philanthropy?" *The Guardian*(December 2, 2015).

2. '이중 목표' 회사나 사회적 기업은 재정 수익과 더불어 사회적 영향력을 중요시하고

그것을 측정한다. '삼중 목표' 회사의 경우 기업이 극대화하고자 하는 세번째 요소로 환경적 임팩트를 추가한다.

3. 이런 마음가짐은 '본인이 잘할 수 있는 동시에 좋은 일을 할 수 있는' 직업에 대한 젊은 세대의 흥미에도 반영된다. Achieve, Inc., Cause, *Influence*; (see Chap. 2, n. 6); J. M. Twenge et al., "Generational Differences in Work Values: Leisure and Extrinsic Values Increasing, Social and Intrinsic Values Decreasing," *Journal of Management* 36(5) (2010): 1117-1142.

4. 다른 비판가들은 이 5퍼센트가 보조금 상한선보다는 하한선으로 여겨져야 한다고 주장하며, 심지어 일부는 오늘날의 긴급 요구에 부응하기 위해 보조금 수준을 상향 조정함으로써 증여자산을 '소비하는 방식'을 옹호한다. 우리가 만난 일부 차세대 기부자들은 이런 접근법을 강하게 옹호했고, 일부는 '영구적으로' 존재하는 재단에 반대했다. 하지만 이런 견해는 증여자산에 포함된 모든 자금은 사회적 영향력을 염두에 두고 투자되어야 한다는 믿음만큼 폭넓은 지지를 받지는 못했다.

5. Antony Bugg-Levine and Jed Emerson, *Impact Investing: Transforming How We Make Money While Making a Difference* (San Francisco: Jossey-Bass, 2011).

6. 다른 세대의 부유한 개인들도 이런 접근법을 받아들이고 있으며 그들 중 일부는 일명 '자선자본주의(philanthrocapitalism, 개인의 이윤과 인류의 혜택을 동시에 추구하는 형태의 자본주의―옮긴이)'를 포용한다. Matthew Bishop and Michael Green, *Philanthrocapitalism: How the Rich Can Save the World* (New York: Bloomsbury Press, 2008).

7. B코퍼레이션은 '사회적·환경적 성과, 책임, 투명성의 엄격한 기준'을 충족하는 영리 단체다(bcorporation.net 참조). 일부 주(州)는 기업들이 '베네피트 기업(Benefit Corporation)' 또는 '저수익 유한책임기업(Low-profit Limited Liability Corporation : L3C)'으로 등록하는 것을 법으로 허용한다. 밀레니얼 세대가 이런 기업에 느끼는 매력에 대해서는 다음을 참고하라. Chris Miller, "Millennials and Hybrid Legal Structures Are Here to Stay," *Stanford Social Innovation Review* (July 2016).

8. 2016년 11월 파타고니아 웹사이트. 파타고니아는 2011년 12월에 B코퍼레이션 인증을 받았다.

9. 501(c)(3) 단체와 501(c)(4) 단체는 비과세 단체를 구분하는 미국 국세청의 코드명이다. 대부분의 전통적인 비영리단체는 (c)(3)으로 비과세이며 세금 공제 기부를 받을 수 있지만 로비활동에 제한을 받는다. (c)(4) 단체도 비과세이지만 기부자들은 기부금에 대한 세금 공제를 받을 수 없다. 따라서 (c)(4) 단체는 더욱 실질적인 로비활동을 벌일 수 있고 선거 관련 활동도 할 수 있다. 하지만 양쪽 유형의 단체는 모두

특정 후보에 대한 지지를 할 수 없다.

10. 록펠러 1세는 가까운 자문인 프레더릭 테일러 게이츠(Frederick Taylor Gates)와 더 효율적이고 효과적인 기부 방법을 개발했고, 그중 일부를 역사학자들은 '과학적 자선(scientific philanthropy)'이라고 부른다. 그는 앤드루 카네기 같은 사람들과 함께 동료 자선가들이 이런 기부에 동참하도록 격려했다. John D. Rockefeller, "Some Random Reminiscences of Men and Events," *The World's Work*(October 1908).

11. ESG는 '환경, 사회, 지배 구조(environmental, social, and governance)'의 약어다. 이 세 가지 요인은 어떤 투자에 대한 윤리적 임팩트와 사회적 책임을 판단하는 기준이 된다.

12. 더 많은 정보는 다음을 참고하라. theimpact.org.

13. 차세대가 이용하는 기부 수단에 관한 우리의 연구 결과는 엑스 세대와 밀레니얼 세대의 전반적인 기부에 관한 다른 연구의 결과와 일치한다. Achieve, Inc., *Cause, Influence;* (see Chap. 2, n. 6); Mark Rovner, *The Charitable Habits of Generations Y, X, Baby Boomers, and Matures*(Blackbaud, 2013). 자선재단보다는 기부자조언기금(DAF)를 선호하는 자선 분야의 큰 변화에 대해 차세대 기부자들이 많이 언급한 것은 아니다. 그들은 더 전략적이고 적극적인 참여를 가능하게 하는 모든 수단에 관심을 보였다. 하지만 가족재단에 소속된 일부 기부자는 자기 방식대로 기부하기 위해 개인적으로 DAF를 이용하는 것을 선호했다. 설문조사 응답자 중 20퍼센트는 개인적으로 DAF를 이용하고 있었고 42퍼센트는 가족이 운영하는 DAF가 있다고 했다.

14. Goel, "Philanthropy in Silicon Valley" (see Chap. 2, n. 3).

15. 최근 연구에 따르면 밀레니얼 세대는 베이비붐 세대보다 자신의 기부와 투자에 새로운 트렌드를 접목할 확률이 훨씬 높다고 한다. 이 연구는 밀레니얼 세대를 '임팩트 세대'라고 부르는데, 그들은 자신들의 모든 자산으로 임팩트를 만들어내는 일에 열중하기 때문이다. *The Future of Philanthropy: Where Individual Giving is Going*(Fidelity Charitable, 2016). See also Achieve, Inc., Cause, Influence; (see Chap. 2, n. 6).

16. 예컨대 마크 저커버그의 첫번째 고액 기부는 뉴저지주 뉴어크 공교육 개선을 위한 1억 달러의 보조금이었는데, 이 기부는 야심찬 목표 달성에 실패하고 어려움에 처한 아동을 구하지 못했다고 많은 비판을 받았다. 마크 저커버그는 이 기부가 기대했던 임팩트를 만들어내지 못했음을 인정하면서도 뉴어크에서의 몇몇 성공을 지적했고, 자신이 이번에 얻은 교훈이 향후 교육 및 그 밖의 분야에서 추가적인 (더 큰 금액의) 투자를 하는 데 밑거름이 될 것이라고 강조했다. Dale Russakoff, *The Prize: Who's in Charge of America's Schools?*(Boston: Houghton Mifflin Harcourt, 2015); Benjamin Herold, "Zuckerberg Talks Personalized Learning, Philanthropy, and

Lessons From Newark," *EdWeek* 35(23) (2016): 1, 11.

17. Christian Seelos and Johanna Mair, "Innovation Is Not the Holy Grail," *Stanford Social Innovation Review* (Fall 2012).

18. Angela M. Eikenberry, "Refusing the Market: A Democratic Discourse for Voluntary and Nonprofit Organizations," *Nonprofit and Voluntary Sector Quarterly* 38(4) (2009): 582–596; Patricia Mooney Nickel and Angela M. Eikenberry, "A Critique of the Discourse of Marketized Philanthropy," *American Behavioral Scientist* 52 (2009): 974–989.

19. Veronica Dagher, "To Woo Millennials, Financial Advisers Turn to Their Charitable Side," *Wall Street Journal*, June 5, 2017.

5장 '두 섬싱' 세대

1. S. E. Helms, "Involuntary Volunteering: The Impact of Mandated Service in Public Schools," *Economics of Education Review* 36(2013): 295–310; and *Volunteer Growth in America: A Review of Trends Since 1974*(Washington D.C.: Corporation for National and Community Service, December 2006).

2. 밀레니얼 세대의 이런 성향을 전반적으로 잘 보여주는 다른 연구들은 다음과 같다. Kara D. Saratovsky and Derrick Feldmann, *Cause for Change: The Why and How of Nonprofit Millennial Engagement*(San Francisco: Jossey-Bass, 2013); and Center on Philanthropy at Indiana University, "Charitable Giving and the Millennial Generation," *Giving USA Spotlight* 2(2010): 1–12.

3. 모금 전략의 일환으로 차세대 기부자들을 봉사활동에 효과적으로 참여시키려는 비영리단체는 다음의 책에서 실용적인 팁과 도구를 얻을 수 있다. Emily Davis, *Fundraising and the Next Generation*(Hoboken, NJ: Wiley, 2012).

6장 현금자동인출기 이상의 존재

1. 효과적으로 사용될 경우 청년자문위원회나 청년이사회는 차세대 기부자들을 비영리단체의 핵심 업무나 가족재단 활동에 참여시키는 데 강력한 도구가 될 수 있다. Kevin Laskowski, Annie Hernandez, and Katie Marcus Reker, "Igniting the Spark: Creating Effective Next Generation Boards" (*Passages Issue Brief*, National Center for Family Philanthropy, June 2013).

2. 비영리단체를 위한 제안과 사례는 다음을 참고하라. Derrick Feldmann and Emily Yu, "Millennials and the Social Sector: What's Next?" *Stanford Social Innovation Review* (June 18, 2014); Saratovsky and Feldmann, *Cause for Change*.

3. BoardSource, *Leading with Intent: A National Index of Nonprofit Board Practices*(Washington, D.C.: BoardSource, 2015).

7장 영감을 자극하는 동료 압력

1. Christine Barton, Jeff Fromm, and Chris Egan, *The Millennial Consumer: Debunking Stereotypes*(Boston: Boston Consulting Group, 2012); Taylor and Keeter, *Millennials*(see Chap. 3, n. 6).

2. 이와 관련된 추가 증거는 다음을 참고하라. Saratovsky and Feldmann, *Cause for Change;* Davis, *Fundraising;* Stephanie M. Lerner, "Next-Generation Philanthropy: Examining a Next-Generation Jewish Philanthropy Network," *The Foundation Review 3*(4) (2011): 82–95; 미국 바깥 지역의 증거는 다음을 참고하라. Charities Aid Foundation, *The Future Stars of Philanthropy: How the Next Generation Can Shape a Bright Future*(London: Charities Aid Foundation, 2013).

3. Zunz, *Philanthropy in America* (see Chap. 3, n. 4); Hall, "Historical Overview" (see Chap. 3, n. 4); Ostrower, *Why the Wealthy* (see Chap. 2, n. 6); and Nielsen, *The Golden Donors* (see Chap. 1, n. 2).

4. Crutchfield, Kanna, and Kramer, *Do More than Give* (see Chap. 3, n. 2); Ellen Remmer, *What's a Donor to Do? The State of Donors Resources in America Today* (Boston: The Philanthropic Initiative, Inc., 2000).

5. 교육 자료와 프로그램을 제공하는 다른 단체로는 파운데이션 센터 / 그랜트크래프트(Foundation Center/GrantCraft), 기부 약정, 록펠러 필란트로피 어드바이저(Rockefeller Philanthropy Advisors), 시너고스(Synergos), 필란트로피 워크숍(The Philanthropy Workshop)이 있다. 엑스포넌트 필란트로피, 리소스 제너레이션, 슬링샷, 여러 지역사회 재단과 그 밖의 단체들도 차세대를 위한 동료 기부 서클을 제공한다.

6. L. A. Hill et al., *Collective Genius: The Art and Practice of Leading Innovation* (Brighton, MA: Harvard Business Review Press, 2014).

8장 가치가 매끄럽게 연결된 삶

1. *2016 U.S. Trust Study* (see Chap. 1, n. 10); Rosqueta, Noonan, and Shark, "I'm Not Rockefeller" (see Chap. 2, n. 6); Schervish, "Today's Wealth" (see Chap. 2, n. 6); Ostrower, *Why the Wealthy* (see Chap. 2, n. 6).

2. "These 20 Heroes Under 40 Give Millennials a Good Name," *Observer*, March 30, 2016.

3. 제인 폰다는 여러 상을 받은 유명 배우이자 정치활동가, 작가, 전직 패션모델, 피트

니스 업계의 거물이다. 그녀는 로빈 모건(Robin Morgan), 글로리아 스타이넘(Gloria Steinem)과 함께 여성 미디어 센터(Women's Media Center)를 설립했다.

4. 팻 미첼은 베테랑 뉴스 제작자이며 PBS 최초 여성 회장 겸 CEO로 알려져 있다. 현재 여성 미디어 센터 회장이며 많은 이사회에 참여한다.

5. Lynne C. Lancaster and David Stillman, *When Generations Collide: Who They Are. Why They Clash. How to Solve the Generational Puzzle at Work*(New York: Harper Business, 2002).

6. Bugg-Levine and Emerson, *Impact Investing*(see Chap. 4, n. 5); Jed Emerson, "The Blended Value Proposition: Integrating Social and Financial Returns," *California Management Review 45*(4) (2003): 35-51.

7. Peter Singer, *The Life You Can Save: Acting Now to End World Poverty*(New York: Random House, 2009).

8. *Mind the Gaps: The 2015 Deloitte Millennial Survey*(Deloitte Touche Tohmatsu Limited, 2015).

9. Aaron Hurst, *The Purpose Economy: How Your Desire for Impact, Personal Growth and Community Is Changing the World*(Boise, ID: Elevate, 2014).

9장 거인들의 어깨 위에서

1. 이 비유는 원래 아이작 뉴턴이 1675년 로버트 훅에게 보낸 편지에서 사용되었다. 이 표현의 기원은 다음을 참고하라. Robert K. Merton, *On the Shoulders of Giants: A Shandean Postscript*(Chicago: University of Chicago Press, [1965] 1993).

2. 다음의 글에 소개된 내용이다. Bruce Feiler, "The Stories that Bind Us," *New York Times*, March 15, 2013.

3. Ibid.

4. Tivadar Soros, *Masquerade: The Incredible True Story of How George Soros' Father Outsmarted the Gestapo.* trans. Humphrey Tonkin(New York: Arcade Publishing, [1965] 2011), p. 203.

5. Robert L. Payton and Michael Moody, "Stewardship," in *Philanthropy in America: A Comprehensive Historical Encyclopedia*, ed. Dwight F. Burlingame (Santa Barbara, CA: ABC-CLIO, Inc., 2004), pp. 457-460.

6. 윤리적 유서에 관한 내용은 다음을 참고하라. Susan B. Turnbull, *The Wealth of Your Life: A Step-by-Step Guide for Creating Your Ethical Will*, 3rd ed.(Charlotte, NC: St. Benedict Press, 2012); Eric Weiner, *Words from the HEART: A Practical Guide to Writing an Ethical Will*(Deutsch-Weiner Enterprises, Inc., and Family

Legacy Advisor, 2010).

7. U.S. Trust, *2016 U.S. Trust Insights on Wealth and Worth: Annual Survey on High-Net-Worth and Ultra-High-Net-Worth Americans*(Charlotte, NC: Bank of America Private Wealth Management, 2016).

8. Scott Fithian and Todd Fithian, *The Right Side of the Table: Where Do You Sit in the Minds of the Affluent?* (Denver, CO: FPA Press, 2007).

10장 여러 세대로 구성된 팀 만들기

1. 앤드루 카네기는 본인의 접근 방식이 존 웨슬리(John Wesley)의 돈에 관한 유명한 설교와 비슷하다고 언급한 바 있다. 다시 말해 최대한 돈을 많이 벌어 저축할 수 있을 만큼 가장 많이 저축한 다음 가진 모든 것을 기부하는 것이 인간의 의무라는 것이다. Andrew Carnegie, "The Advantages of Poverty," in *The Gospel of Wealth and Other Timely Essays*(New York: The Century Co., 1900). See also Joseph Frazier Wall, *Andrew Carnegie*(Pittsburgh, PA: University of Pittsburgh Press, 1989).

2. Peter M. Ascoli, *Julius Rosenwald: The Man Who Built Sears, Roebuck and Advanced the Cause of Black Education in the American South*(Bloomington, IN: Indiana University Press, 2006).

3. Elizabeth Arias, Melonie Heron, and Jiaquan Xu, "United States Life Tables, 2012," *National Vital Statistics Reports* 65:8(2016), https://www.cdc.gov/nchs/data/nvsr/nvsr65/nvsr65_08.pdf. 앤드루 카네기와 줄리어스 로즌월드 같은 부자들의 기대 수명은 다양한 이유에서 당시의 평균을 웃돌았다. 하지만 그들의 실제 수명은 그 시대를 고려하면 여전히 놀라운 수준이었고, 이처럼 아주 나이 많은 사람들이 후원한 대의는 대단히 훌륭했다.

4. '제트 세대'와 관련해 다음을 참고하라. Elizabeth Segran, "Your Guide to Gen Z: The Frugal, Brand-wary, Determined Anti-Millennials," *Fast Company, September 8, 2016; and David Stillman and Jonah Stillman, Gen Z @ Work: How the Next Generation Is Transforming the Workplace*(New York: HarperBusiness, 2017).

5. 차세대가 가족재단을 더 많이 통제하는 방향으로의 점진적 변화는 다음을 참고하라. Richard Nalley, "Family Foundations: Millennials Take Charge," *Barron's*(December 10, 2016).

6. 스티브 트리트의 테드 토크(TED Talk) "동료가 되기(Becoming a Peer)"를 참고하라.

7. 세대별 특징에 관한 많은 내용과 각 역사적 세대의 정의는 다음 책에서 비롯된 것

이다. William Strauss and Neil Howe, originally given in *Generations: The History of America's Future, 1584 to 2069* (New York: Quill, 1991). 이것이 비영리세계에서 어떻게 전개되는지에 관한 내용은 다음을 참고하라. Saratovsky and Feldmann, *Cause for Change*(see Chap. 5, n. 2); and Lancaster and Stillman, *When Generations Collide*(see Chap. 8, n. 5).

8. 고액 기부에 대한 잠재력에도 불구하고 비교적 주목받지 못했던 엑스 세대에 관한 내용은 다음을 참고하라. Heather Joslyn, "Generation X Comes of Age as Donor Group with Big Potential," *Chronicle of Philanthropy*(September 6, 2016).

9. Dan Schawbel, *The High School Careers Study*(Boston, MA: Millennial Branding, 2014).

10. Stillman and Stillman, *Gen Z @ Work*.

11. 이것은 '집단 정체성 형성(group identity formation)' 이론의 중요한 발견이다. Bruce W. Tuckman, "Developmental Sequence in Small Groups," *Psychological Bulletin* 63(1965): 384–399.

12. 여러 세대로 구성된 가족재단의 다양한 모델이 지닌 복잡성에 관한 내용은 다음을 참고하라. Kelin E. Gersick, *Generations of Giving: Leadership and Continuity in Family Foundations*(Lanham, MA: Lexington Books, 2004).

11장 차세대의 자선적 정체성

1. James Grubman, *Strangers in Paradise: How Families Adapt to Wealth Across Generations*(San Jose, CA: Family Wealth Consulting, 2013).

2. "이전 세대의 성공, 재산, 가능성에 압도되다"라는 표현은 다음의 글에 나온다. Kristin Keffler, "Grace in the Cauldron of Chaos"(Illumination360, 2010), http://www.connect-gens.com/docs/Article-Grace-in-the-Cauldron-of-Chaos-Next-Gen.pdf.

3. Bryan Stevenson, *Just Mercy: A Story of Justice and Redemption*, reprint edition (New York: Spiegel & Grau, 2015).

4. Jeffrey Jensen Arnett, *Emerging Adulthood: The Winding Road from the Late Teens through the Twenties*(New York: Oxford University Press, 2014).

5. Meg Jay, *The Defining Decade: Why Your Twenties Matter—And How to Make the Most of Them Now*(New York: Grand Central Publishing, 2012), p. 6.

6. Erik H. Erikson, *Identity and the Lifecycle*(New York: W.W. Norton & Company, [1959] 1994).

7. James E. Hughes, Jr., Susan E. Massenzio, and Keith Whitaker, *The Voice of the*

Rising Generation: Family Wealth and Wisdom (Bloomberg Press, 2014). 이 책은 차세대 자산 보유자들을 독자로 하며 그들에게 이전 세대의 성공적인 발자취에 압도당하지 말고, 개성과 회복력을 키우고, 본인만의 목소리를 찾으라고 격려한다.

8. 참고할 만한 책은 다음과 같다. Charles Bronfman, and Jeffrey Solomon, *The Art of Doing Good: Where Passion Meets Action* (San Francisco: Jossey-Bass, 2012); and Paul Shoemaker, *Can't Not Do: The Compelling Social Drive That Changes Our World* (Hoboken, NJ: Wiley, 2015). Shoemaker writes extensively on the importance of identity formation, which he calls "finding your focus."

9. PricewaterhouseCooper, *Anticipating a New Age in Wealth Management: Global Private Banking and Wealth Management Survey* (PwC Private Banking and Wealth Management, 2011), https://www.pwc.com/gx/en/private-banking-wealth-mgmt-survey/pdf/global-private-banking-wealth-2011.pdf.

12장 결론 : 기부의 황금기를 최대한 활용하기

1. Havens, O'Herlihy, and Schervish, "Charitable Giving" (see Chap. 1, n. 10).

2. 이런 민주주의적 문제에 관한 논의는 다음을 참고하라. Rob Reich, Chiara Cordelli, and Lucy Bernholz, eds., *Philanthropy in Democratic Societies: History, Institutions, Values* (Chicago: University of Chicago Press, 2016); David Callahan, "Hollowed Out: Big Donors, Inequality, and the Threat to Civil Society," *Inside Philanthropy* (November 17, 2016); Joel L. Fleishman, *The Foundation: A Great American Secret: How Private Wealth is Changing the World* (New York: Public Affairs Books, 2007).

3. 이 연구의 문제점 중 하나는 표본 선택의 편향이다. 이 편향에 대한 추가 설명과 이 편향이 부분적으로 연구 목적에 도움이 된다고 여겨지는 이유는 "부록"에서 확인할 수 있다.

4. www.gatesnotes.com/2016-Annual-Letter.

부록 B 가족을 위한 최선의 전략

1. As reported in Feiler, "The Stories that Bind Us." (see Chap. 9, n. 2).

2. Hurst, *The Purpose Economy.* (see Chap. 8, n. 9).

부록 C 조언자를 위한 최선의 전략

1. PricewaterhouseCooper, *Anticipating a New Age.* (see Chap. 11, n. 9).

2. Fithian and Fithian, *The Right Side of the Table.* (see Chap. 9, n. 8).

3. Grubman, *Strangers in Paradise.*(see Chap. 11, n. 1).

부록 E 조사 방식과 데이터

1. 21/64 and Dorothy A. Johnson Center for Philanthropy, *Next Gen Donors*(see Chap. 1, n. 15).
2. 인터뷰 대상자는 설문조사 참가자 중에서 선별하지 않았다. 설문조사가 익명으로 실시되었기 때문이다. 우리는 인터뷰 대상자가 설문에 참여했다는 사실을 인터뷰 도중에 밝혔을 때만 그 사실을 알 수 있었다.
3. 인터뷰는 두 단계—첫번째는 2012년, 두번째는 2015년에서 2016년—에 걸쳐 집중적으로 진행되었다.
4. 조사 도구와 인터뷰 가이드는 nextgendonors.org에서 구할 수 있다.
5. 설문조사에 대한 자세한 내용은 보고서 원본을 참고하라. 21/64 and Dorothy A. Johnson Center for Philanthropy, *Next Gen Donors*(see Chap. 1, n. 15).
6. 설문조사 응답자가 모든 인구통계학 관련 질문에 빠짐없이 응답한 것은 아니며, 모든 인터뷰 대상자가 이 정보 수집을 위한 온라인 설문지를 작성한 것도 아니다. 각 질문에 대한 응답자 수는 〈표 A.1〉에 'n'으로 표시한다.
7. 우리는 인터뷰를 마친 뒤 인터뷰 대상자 중 두 명이 당시 마흔이 조금 넘은 나이라는 것을 발견했다. 연령 편차가 크지 않고 충분한 인터뷰 데이터 확보가 더 중요했으므로 그들을 인터뷰 표본에 포함했다. 하지만 설문조사 표본에서는 마흔을 넘긴 모든 응답자를 제외했다.
8. 미국 차세대 기부자들의 많은 자질을 전 세계 차세대 기부자들이 공유하고 있다는 초기 증거는 다음을 참고하라. Clark et al., "What do the next..."(see Chap. 1, n. 15).
9. 이와 관련된 데이터는 다음을 참고하라. Taylor, *Next America*(see Chap. 1, n. 12).
10. Lisa A. Keister, *Faith and Money: How Religion Contributes to Wealth and Poverty*(Cambridge: Cambridge University Press, 2011). 유대인들이 전체 인구 대비 평균 기부율과 기부 중앙값이 높다는 증거는 다음을 참고하라. Jim Gerstein, Steven M. Cohen, and J. Shawn Landres, *Connected to Give: Key Findings from the National Study of American Jewish Giving*(Los Angeles: Jumpstart, 2013).
11. Urvashi Vaid and Ashindi Maxton, *The Apparitional Donor: Understanding and Engaging High Net Worth Donors of Color*(POC Donor Collaborative, 2017).

찾아보기

임팩트 세대

차세대 기부자들의 기부 혁명

초판 1쇄 인쇄 2021년 8월 10일
초판 1쇄 발행 2021년 8월 20일

지은이 샤나 골드세커, 마이클 무디 | 옮긴이 신봉아 | 감수자 노연희
펴낸이 신정민

편집 박민영 김승주 이희연 | 디자인 신선아 이주영 | 저작권 김지영 이영은
마케팅 정민호 김경환 | 홍보 김희숙 함유지 김현지 이소정 이미희 박지원
제작 강신은 김동욱 임현식 | 제작처 상지사

펴낸곳 (주)교유당
출판등록 2019년 5월 24일 제406-2019-000052호

주소 10881 경기도 파주시 회동길 210
문의전화 031) 955-8891(마케팅), 031) 955-2680(편집)
팩스 031) 955-8855
전자우편 gyoyudang@munhak.com

ISBN 979-11-91278-59-0 03330

* 교유서가는 (주)교유당의 인문 브랜드입니다.
* 이 책의 판권은 지은이와 (주)교유당에 있습니다.
* 이 책 내용의 전부 또는 일부를 재사용하려면 반드시 양측의 서면 동의를 받아야 합니다.